부동산 공법

무작정 따라하기

부동산 공법 무작정 따라하기
The Cakewalk Series – Legal Secrets to Success in Real Estate

초판 1쇄 발행 · 2022년 6월 10일
초판 2쇄 발행 · 2023년 4월 30일

지은이 · 서영창, 남우현
발행인 · 이종원
발행처 · (주)도서출판 길벗
출판사 등록일 · 1990년 12월 24일
주소 · 서울시 마포구 월드컵로 10길 56(서교동)
대표 전화 · 02)332-0931 | **팩스** · 02)323-0586
홈페이지 · www.gilbut.co.kr | **이메일** · gilbut@gilbut.co.kr

담당 · 박윤경(yoon@gilbut.co.kr) | **디자인** · 박상희 | **마케팅** · 정경원, 김진영, 최명주, 김도현, 이승기
제작 · 이준호, 손일순, 이진혁, 김우식 | **영업관리** · 김명자, 심선숙, 정경화 | **독자지원** · 윤정아, 최희창

편집진행 및 교정교열 · 최원정 | **전산편집** · 김동광
CTP 출력 및 인쇄 · 예림인쇄 | **제본** · 예림바인딩

ISBN 979-11-6521-994-9 13320
(길벗도서번호 070455)

정가 30,000원

독자의 1초까지 아껴주는 길벗출판사

- **(주)도서출판 길벗** IT실용서, IT/일반 수험서, IT전문서, 경제실용서, 취미실용서, 건강실용서, 자녀교육서 www.gilbut.co.kr
- **길벗스쿨** 국어학습, 수학학습, 어린이교양, 주니어 어학학습, 학습단행본 www.gilbutschool.co.kr

부동산 공법
무작정 따라하기

서영창, 남우현 지음

길벗

토지의 가치를
객관적으로 평가해줄 책

우리가 부동산 공법을 공부하는 목적은 '부동산의 내재가치'를 실현하기 위함이다. 얼마 전 대형 개발사업자가 「택지개발촉진법」, 「도시개발법」, 「주택법」, 「공공주택특별법」 등으로 주택공급을 위한 신도시 조성을 위하여 용도지역을 상향하거나 개발제한구역을 해제하여 엄청난 특혜를 받고 있어 사회적 문제가 되고 있다.

필자는 부동산의 가치를 객관적으로 분석하기 위하여 '부동산 공법의 숲'을 이해하려는 일반 투자자, 공인중개사, 시행사, 건설산업인 등 다양한 부동산 시장 참여자를 위해 이 책을 쓰게 되었다. 이 책은 경매 및 상권분석의 전문가인 남우현 저자의 기존 책을 인터넷 시대에 맞게 개정하면서, 토지개발을 위한 여러 가지 개발절차 및 규제 법규를 추가한 것이다. 지난 30여 년의 개발 경험을 바탕으로 토지개발의 기본사항 및 인허가 리스크 해결절차를 설명하였으며 보다 전문적인 내용은 법령 및 지침 등으로 안내하였다.

이 책의 구성을 살펴보면, 첫째마당에서는 일반인이 부동산 가치 분석을 하기 위해 필요한 기초상식을 안내하였고, 둘째마당에서는 '국토의 효율적

이용'을 달성하기 위한 국가 및 지자체의 노력인 '국토이용 4단계'를 설명하였으며, 셋째마당에서는 실제 각종 개발 인허가 절차 및 규제내용을 안내하였다. 마지막으로 넷째마당에서는 개발가치 실현의 일반상식을 모았다.

우리나라 공법은 「헌법」 제23조에 보장된 국민의 사유재산권을 보호하기 위하여 국민의 편에 서서 제정되었다기보다, 부동산 공법을 관장하는 15개 중앙행정부가 「헌법」 제122조의 '국토의 효율적 이용'을 달성하기 위한 수많은 행정법을 집행하는 도구로 만들어졌기 때문에, 일반인이 부동산 공법을 공부하여 부동산의 (개발)가치를 직접 실현하기는 너무 어렵다.

국가와 지자체는 국토의 효율적 이용을 위해 국토계획과 도시관리계획을 수립하는 반면, 도시지역이 아닌 녹지 및 비도시지역은 보전을 원칙으로 하며 제한적으로 개발을 허용한다.

토지를 규제하고 있는 부동산 법률은 약 150여 가지(시행령, 규칙을 포함하면 400여 가지) 이상으로, 이 법률들이 수평적이고 중복적으로 토지개발을 규제하여 허가대행 용역사도 이해하기 어려운 경우가 많아 국민이 고통을 받고 있다. 국토교통부가 315가지 '토지이용규제안내서'를 제공하고는 있지만 일반인이 이해하기 어려운 것이 현실이다.

또한 중앙행정부의 권한을 위임받은 지자체장은 수많은 법률규정에 따른 허가제도의 재량권을 이용하여 「행정기본법」에 규정된 행정의 기본원칙에 맞게 적극 행정을 하기보다는 국토교통부 등 상급기관의 업무지침 또는 선례가 없는 경우에는 민원 또는 감사 지적 등이 두려워 소극행정을 하고 있다.

법률에서 개발행위허가 기준을 조례 및 허가권자의 재량적 판단에 위임하고 있어 그 재량권이 일탈 또는 남용될 수 있는데, 국토교통부는 워낙 다양한 상황이 존재하기 때문에 지침으로 정리할 수 없어 일반 국민을 위한 해설서는 만들지 못하고 있다.

결국 국민은 허가청이 불허하면 법원의 취소판결을 받기 위해 소송을 제기할 수밖에 없다. 그러나 법원은 국가 및 허가권자의 공익실현을 위한 재량적 판단 권한을 존중하기 때문에(대법원 2004두6181) 허가청의 불허처분을 취소하라는 판결을 얻어내기란 굉장히 어렵다. 게다가 허가권자의 재량권 일탈·남용은 허가신청자인 국민이 입증해야 하는데(2015두41579), 일반인은 도움받을 공공기관 또는 법률전문가가 부족해 재산권을 보호받는 데 엄청난 시간과 비용을 들여야 한다.

수많은 부동산 공법이 여러 행정부처에 나누어져 있고, 사회발전에 따라 진화하면서 생긴 틈새가 많은데도 국토교통부는 국민을 위하여 작은 것조차 고치려고 하지 않는 것이다.

예를 들면 국가와 지자체는 건축법 (지정)도로가 되지 못한 일반 공중의 통행로인 마을길 등을 공공(공익)시설로서 적극적으로 관리하여 그 현황도로 이용 주민의 통행(자유)권을 보장해야 할 책임이 있는데도, 현황도로 소유자의 배타적사용권과 주민들의 통행권 분쟁을 대부분 법원으로 내몰고 있다. 이제 지자체는 「건축법」의 도로관리대장(도로망)과 농어촌도로대장(도로망) 등을 인터넷에 공개하고, 국토부는 대법원이 물권법정주의의 예외로 배타적사용권이 포기·제한되었다고 판결한 수많은 판례(2016다264556)를 근거로 일선 허가청을 위한 업무지침을 만들어 행정 효율성을 높이고 주민들 간의 분쟁을 줄여야 한다.

앞으로 부동산 공법은 국가가 집행하기 쉬운 법이 아니라 국민이 이해하기 쉬운 법령으로 개정되어, 국민 스스로 '국토의 효율적 이용'에 참여할 수 있어야 할 것이다.

바쁜데도 저자의 질문에 친절하게 가르침을 주신 법무법인 민주의 김영태 변호사, 법무법인 나은의 이헌제 변호사, ㈜웅진설계 김종수 대표, 유신㈜ 이동훈 이사 그리고 이천시 이상훈 팀장(건축사), 당진시 이용규 팀장(기술사)에게 감사드리고, 부동산 공법의 이해를 돕기 위하여 유튜브 동영상 제작에 수고한 디디알부동산 연구원 배연자 원장과 고유진 대리에게 고마움을 표한다.

서영창

차례

둘째 마당

국토이용 체계 4단계 이해하기

셋 째 마 당

개발 인허가 절차

넷째마당

토지개발의 일반 상식

부동산 투자에 성공하려면 부동산 공부(公簿)를 잘 보고 임장활동을 통해 그 부동산의 내재가치를 찾을 줄 알아야 한다. 부동산 공법은 부동산의 종류에 따라 그 깊이가 다르다. 토지의 가치는 공부에 나타나지 않은 미공시권리에 따라 결정되는 경우가 많다. 토지개발을 위한 인허가는 복합민원이고 허가권자의 재량권이 크다. 그래서 국민의 권리를 보호하는 민원 관련 법령을 이해하여 내 권리를 찾아야 한다.

첫째
마당

공법의
기초상식

부동산 종류에 따른 투자가치 분석

> **민법 제99조**
> ① 토지 및 그 정착물은 부동산(不動産)이다.
> ② 부동산 이외의 물건은 동산(動産)이다.

부동산이란 토지와 건축물(정착물)을 말하는데, 거래시장에서 부동산의 종류는 크게 주택, 상가, 토지로 나눌 수 있다. 부동산은 다른 곳으로 옮길 수 없고, 건축물은 생산기간이 길며, 토지는 늘릴 수 없는 상품이다. 때문에 수요·공급 법칙이 일반 상품과 다르게 작동된다. 그래서 부동산의 종류에 따라서 부동산 가치판단 기준의 하나인 부동산 공법의 깊이가 달라진다.

그리고 21세기에 부동산 투자를 하기 위해서는 부동산 시장에 영향을 미치는 소득증대, 인구고령화 및 생산인구 감소, 주 5일 근무제 및 웰니스, 워라블(Work-life blending) 등 미래의 소비자가 현재 부동산 시장에 영향을 주는 다양한 요소를 알아야 한다.

아파트가 대부분인 주거용 부동산의 가치를 평가하는 것은 비교적 쉽다. 집의 가치는 주로 남편보다는 아내의 안목에 따라 결정되며 주거용 부동산의 공법은 「주택공급에 관한 규칙」과 세법의 기본사항만 이해하면 된다. 다만 주거용 부동산 시장은 수요와 공급에 따라 민감하게 변화

주거용 부동산의 가치 평가는 비교적 쉽다.

일반인은 상권의 미래가치를 예측하기 어렵다.

한다. 아파트는 공급되는 데 택지개발 기간을 포함해 보통 5~10년 정도 걸리므로 아무리 실력 있는 정부라도 실수요자인 국민의 요구에 맞게 제때 공급하기 어렵다. 일반인이 부동산 투자시기를 맞추기 어려운 이유이다.

수익형 부동산이 대부분인 상업용 부동산은 주로 개발협의가 된 도시지역의 주거·상업·공업지역에 공급되므로 부동산 공법에 의한 인허가는 그리 어렵지 않다. 하지만 공급업자가 그 토지의 지역상권에 따른 건축물의 '최유효 이용'을 판단하여 개발가치를 실현하므로, 일반인은 특정 지역의 상권의 발전, 즉 미래가치를 예측하기 어렵다. 수익형 부동산은 시세차익보다 임대수익을 위해 주로 투자하는 상품이다.

토지는 객관적 가치비교가 정말 어렵다.

토지는 주로 건축물이 없는 나대지 또는 자연 상태의 임야 또는 농지이므로 단기간에 엄청난 수익(시세차익)을 얻을 수 있는 투기적 상품이라고 생각하기 쉽다. 하지만 토지시장에서 부동산 공법을 모르면 우연히 성공할 수도 있지만 실패 확률이 크다. 대도시로부터 접근성이 좋은 곳 또는 대형 개발계획이 수립된 지역에 한발 빨리 투자하면 성공할 수 있다고 생각하기 쉽지만 현실은 그렇지 않다.

건축물이 밀집된 도시지역의 주거·상업·공업지역의 토지 및 건물과 달리 도시지역의 녹지지역과 비도시지역의 토지는 사전에 허가여부를 판단할 수 있는 객관적 기준이 부족해서 가치평가가 아주 어렵다. 또한 수요보다 공급면적이 워낙 넓어서, 그 지역의 토지가격이 동반상승하기 어렵고 인허가도 어려울 뿐만 아니라 환금성 또한 극히 낮아 투자에 실패하기 쉽다.

예를 들어 1980년대 남해안 (관광형) 개발계획 정보를 믿고 섬의 임야에 투자한 사람들은 그 계획이 실현되지 않아서 지금도 원금 회복이 안 되고 있다. 한 지인은 1990년대 충남도청 이전 후보지 계획 도면에 상업지역으로 그려진 곳에 투자하였는데, 대상지가 변경된 후 현장을 가보니 저수지 주변의 낭떠러지 임야였다고 한다.

2000년대 초에 수도권 전원주택단지에 투자한 사람의 일부는 지적공부에 필지가 분할되어 개별 등기로 소유권은 가지고 있지만, 실제 현장을 가보니 농림지역의 임야로서 산림이 울창하고 경사도가 높아 개발이 전혀 안 되는 토지여서 난감한 상황에 놓였다.

최근에는 세종시 등에 소액투자하여 큰 수익을 올릴 수 있다는 기획부동산의 권유로 농지 및 임야에 지분 투자하는 경우가 있는데, 이런 곳은 개발계획이 취소되면 전혀 가치가 없는 토지가 된다.

결국 어떤 지역의 부동산 가치는 개발계획 같은 외적 요인에 따라 결정되기도 하지만, 그 토지가 가지고 있는 내적 요인, 즉 인허가 기준에 따라 달라지기도 한다. 따라서 부동산 공법을 익혀 그 부동산이 가지고 있는 '내재가치'를 객관적으로 판단할 수 있는 눈을 키우면 부동산 투자 또는 개발에 성공할 수 있는 탁월한 도구를 갖게 되는 것이다.

부동산의 내재가치를 판단하는 기준은 그리 간단하지 않다. 150여 개(시행령 및 규칙까지 포함하면 400여 개)의 부동산 법령에 흩어져 있는 개발규정을 알아야 하기 때문이다. 그러나 이러한 공법들을 간과하고 큰돈을 과감하게 투자하는 경우를 주변에서 많이 볼 수 있다. 가장 흔히 볼 수 있는 예가 국토종합계획, 신도시 건설계획, 고속도로, 철도, 공항, 항만 등

알아두세요

지적공부
지번, 지목, 면적, 좌표 등 토지의 표시와 해당 토지의 소유자 등을 기록한 대장 및 도면을 말하며, 시·군·구별로 보관 관리하고 있는 공적장부를 말한다.

교통시설의 설치계획 등 국가 주도의 대형 개발계획 정보를 미리 알고 묻지마 투자를 하는 경우이다. 또 다른 예로는 전원주택용 토지를 구입하기 위하여 그 위치 및 접근성 또는 풍수 등 자연 상태만을 비교해 구입하는 경우를 들 수 있다. 또는 토지를 안전하고 저렴하게 구입할 수 있다는 생각으로 경매를 선택하기도 한다. 하지만 경매는 국가가 채권자의 권리실현을 돕기 위하여 소유권은 이전해주지만 그 토지의 인허가 가능성을 검토해주거나 등기부에 없는 타인의 (제한)권리를 모두 해결(말소)해주지 않으므로 유의해야 한다. 그러므로 잃지 않는 투자를 하기 위해서는 사유재산권을 제한하고 있는 수많은 부동산 공법 기준을 판단할 수 있어야 한다.

헌법 제122조
국가는 국민 모두의 생산 및 생활의 기반이 되는 국토의 효율적이고 균형 있는 이용·개발과 보전을 위하여 법률이 정하는 바에 의하여 그에 관한 필요한 제한과 의무를 과할 수 있다.

국토계획법 제1조(목적)
이 법은 국토의 이용·개발과 보전을 위한 계획의 수립 및 집행 등에 필요한 사항을 정하여 공공복리를 증진시키고 국민의 삶의 질을 향상시키는 것을 목적으로 한다.

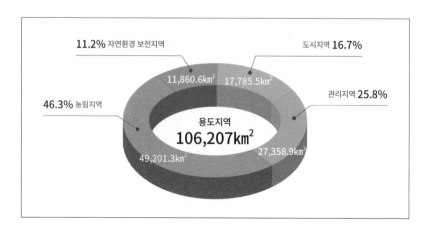

'국토의 효율적 이용'을 위하여 제정된 각종 부동산 공법에서 알아야 할 첫 번째는 도시지역과 비도시지역의 특징이다. 도시지역은 국토계획에 따라 지방자치단체가 관할 구역 내의 토지를 개발목적으로 지정한 용도지역이므로 비교적 개발이 쉽다. 그러나 비도시지역은 용도지역 결정에 토지적성평가 등 일부는 검토하지만 수많은 부동산 공법이 수평·대립적인 관계로 중복하여 존재하므로 국가가 수많은 공법으로 추구하고자 하는 '국토의 효율적 이용'에 대한 교집합을 일반인이 찾는 것은 극히 어렵다.

잠깐만요

토지적성평가

토지적성평가란 각종 토지이용계획 및 주요시설 설치계획을 입안하고자 할 때, 그 토지가 갖는 환경적·사회적 가치를 과학적으로 평가하여, 보전할 토지와 개발 가능한 토지를 구분할 수 있는 정량적·체계적인 판단근거를 제공하기 위한 기초조사이다.

	토지적성평가		도시·군 기본계획 수립	
녹지지역	개발적성	마등급	도시·군 관리계획 수립	
관리지역		라등급		
농림지역		다등급	용도지역	지정/변경
자연환경보전지역	보전적성	나등급	도시계획시설	설치/정비/개량
		가등급	지구단위계획구역	지정/변경/계획입안

출처: 한국토지주택공사

그래서 내 토지의 내재가치를 이해하기 위해서는 먼저 15개 중앙부처가 '국토의 효율적 이용'이라는 공익(公益)을 증진하기 위해 만든 150여 개의 공법에 흩어져 있는 규제를 이해하면서, 사익, 즉 내 토지의 미래가치를 찾는 방안을 알아야 한다.

국토이용체계 4단계
1. 이용계획체계: 국토종합계획 − 시도종합계획 - 도시군종합계획
2. 용도지역제: 용도지역 − 용도지구 - 용도구역
3. 개발체계: 면적(대·중·소)에 따른 개발기준 및 절차
4. 수도권규제: 「수도권정비계획법」의 추가규제

이때 '국토의 효율적 이용'을 위한 중앙부처의 각종 공법은 중복규제의 형태이다. 그래서 이 책에서는 이해가 쉽도록 '국토이용 4단계'로 나누어 하나씩 설명하려고 한다.

부동산 공법의 기본 개념, 부동산 용어해설을 기초로 공법을 공부하려는 일반 투자자, 공인중개사, 시행사, 전문업역자 등은 각자의 필요에 따라 개발 인허가 기준 및 절차와 그 인허가 리스크를 해결하는 방법을 이해하여야 한다.

이런 공법이 적용되는 허가실무를 이해하기 위해서는 먼저 법제처의 '국토법령정보센터'에서 해당 법령을 공부한 후에, 단편적인 질문은 허가청에 직접할 수 있지만, 전원주택 같은 소형 개발 인허가도 허가권자의 재량권이 크고 대부분 복합민원이므로 민원인이 직접 여러 실과의 의견을 종합하기 어려워서 토지개발 인허가 용역사인 토목측량설계사무실의 도움을 받아야 한다. 또한 지구단위계획, 도시계획시설 등 중대형개발은 워낙 어려워서 종합엔지니어링 업체에 용역을 의뢰하여야 한다.

앞으로 이 책에서 사용하는 법령의 제목은 법제처 사이트에서 찾을 수 있는 약칭(略稱)을 주로 사용하겠다.

토지의 가치분석은 '토지이용계획확인서'부터

투자의 실패를 줄여주는 부동산 공법 분석

토지투자는 개발호재 지역에 투자하여 수익을 얻는 경우가 대부분이다.
하지만 호재지역이라도 내재가치인 개발 인허가 가치를 확인하지 않고
투자하면 수익률이 형편없는 경우도 의외로 많다.
20세기까지만 해도 비도시지역의 임야 또는 농지의 활용도나 미래가치
는 산지전용허가 또는 농지전용허가 가능 여부로 평가하였다. 그리고

보통 등기사항증명서(구 등기부등본)로 소유권 등 권리관계를 파악하고 지적도(임야도) 및 토지(임야)대장으로 그 토지의 지목, 면적, 경계 및 방향 정도만 확인하여 매매하였다.

그러나 21세기가 되면서 임야 및 농지를 개발할 때에 「국토의 계획 및 이용에 관한 법률」(약칭: 국토계획법)에 의한 도시계획이 산지전용허가 또는 농지전용허가보다 더 강한 규제로 작용한다. 이제는 비도시지역의 임야 또는 농지를 개발하거나 거래하기 위해서는 '토지이용계획확인서'에 기재된 각종 부동산 공법 규제사항을 꼼꼼히 살피고 거래해야 한다. 게다가 비도시지역의 토지는 개발수요보다 공급이 워낙 많아서 도시지역의 토지와 달리 환금성이 떨어진다. 따라서 개발계획정보로 인한 일시적인 분위기에 휩쓸려 투자하거나 주관적인 판단을 기준으로 투자하면 실패할 확률이 높다는 점을 늘 염두에 두어야 한다.

토지의 내재가치를 알려주는 토지이용계획확인서

토지의 내재가치란 곧 인허가를 통한 개발의 실현이다. 일반인이 토지 투자에 성공하기 위해서는 인허가를 통해 토지의 개발을 실현하여야 한다. 인허가가 가능한지 파악하려면 먼저 「국토계획법」 등 100여 가지 법령에서 정한 334가지(2022년 2월 3일 기준) 용도지역별 허용제한을 알아야 한다. 둘째로 형질변경을 위한 개발행위허가 및 전용허가 기준을 알아야 한다. 그리고 이런 기준의 분석은 '토지이용계획'에서부터 시작된다.

또한 토지이용계획확인서 등 공부(公簿)의 내용과 실제 현황이 다를 수 있으므로 임장활동 등으로 본인이 직접 확인하여야 한다. 경사도, 입목 축적 등의 허가기준을 정확히 확인하는 것은 용역사의 도움을 받아야

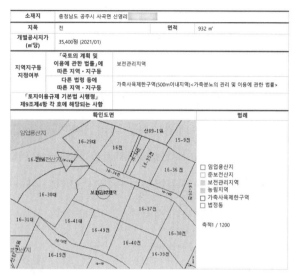

소재지	충청남도 공주시 사곡면 신영리		
지목	전	면적	932 m²
개별공시지가 (㎡당)	35,400원 (2021/01)		
지역지구등 지정여부	「국토의 계획 및 이용에 관한 법률」에 따른 지역·지구등	보전관리지역	
	다른 법령 등에 따른 지역·지구등	가축사육제한구역(500m이내지역)<가축분뇨의 관리 및 이용에 관한 법률>	
「토지이용규제 기본법 시행령」 제9조제4항 각 호에 해당되는 사항			

'토지이음' 사이트에서 열람한 '토지이용계획'

그 토지의 활용용도 및 인허가 기간 및 난이도, 공사비용 등을 추정해볼 수 있다. 이때 개발행위허가는 법원이 허가권자에게 공익판단 재량권을 부여하고 있으므로(대법원 2004두6181), 혹시 있을지도 모르는 인허가 리스크를 미리 알아보는 것은 굉장히 중요하다.

잠깐만요

허가권자의 재량에 맡겨진 개발행위허가

법원은 다음과 같이 허가권자에게 공익판단 재량권을 부여하고 있다. 즉, 허가기준이 구체적으로 허가관련 법률에 규정되어 있지 않고, 그 판단 권한을 허가권자에게 위임한다는 것이다. 따라서 만약 객관적이지 못한 허가 반려처분이 나올 경우 우리는 예상치 못한 손실을 막기 위해 미리 허가 가능성을 파악하거나 소송으로 다툴 실익이 있는지를 알아야 한다.

토지의 형질변경허가는 그 금지요건이 불확정개념으로 규정되어 있어 그 금지요건에 해당하는지 여부를 판단함에 있어서 행정청에게 재량권이 부여되어, 토지의 형질변경행위를 수반하는 건축허가는 재량행위에 속한다. 재량행위는 행정청의 재량에 기한 공익판단의 여지를 감안하여 법원은 독자의 결론을 도출함이 없이 당해 행위에 재량권의 일탈·남용이 있는지 여부만을 심사하게 되고, 이러한 재량권의 일탈·남용 여부에 대한 심사는 사실오인, 비례·평등의 원칙 위배 등을 그 판단 대상으로 한다(대법원 2004두6181). 또한 허가권자의 재량권의 일탈·남용에 대하여는 그 행정행위의 효력을 다투는 사람이 증명책임을 진다(대법원 87누861, 2015두41579).

사회의 변화에 따른 부동산 공법

불과 몇 년 전까지만 해도 토지투자는 수도권 및 대도시의 경우 인근의 신도시 등 대규모 택지개발계획 정보를 미리 알거나, 국가기간망(도로, 철도, 공항 등) 개발계획을 미리 알아서 그곳에 '묻지마' 투자를 하면 성공할 수 있다고 생각했다. 하지만 이제는 우리나라의 인구감소 및 고령화로 생산인구가 줄어들고 있어, 수도권의 아파트단지를 제외하고 더 이상의 대형개발은 쉽지 않을 것이다.

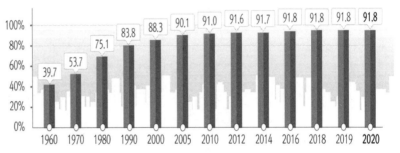

| 도시지역 인구 비율 추이 |

(출처: 국토교통부)

수도권 과밀화 및 농촌인구의 도시화로 인한 주택부족 등이 사회적 문제가 되었고, 최근 국민 삶의 질 향상에 따른 국가의 국토이용방법이 달라져서 국가와 지자체는 수도권 등 대도시 근처의 각종 신도시 건설, 도시재정비를 통한 도시뉴타운정책으로 주택공급에 주력하고 있다. 또한 지방에는 지역명소 및 자연환경을 활용한 관광자원화(관광휴양체육형 시설)와 농촌뉴타운 등 공익성이 있는 개발사업에 적극적인 지원을 하고 있다. 이런 균형발전정책에 동승하면 개발이익의 실현이 쉬워질 수 있을 것이다.

국가 및 지자체는 「국토기본법」과 「국토계획법」으로 '인구를 유입시키고 산업을 유치하기 위한 도시지역(국토의 16.7%)'을 지정하고, 그중 주거·상업·공업지역(국토의 4%)을 집중 개발하고 있다. 그래서 도시지역 중 주거·상업·공업지역 내의 토지는 상대적으로 인허가가 쉽고, '토지이음'

사이트의 '토지이용계획+도시계획'으로 개발가치의 실현 가능성을 어느 정도 알 수 있다. 하지만 국토의 12%인 도시지역의 녹지지역 중에서도 대도시 외곽에 지정된 개발제한구역, 도시공원, 상수원보호구역 등은 개발이 엄격이 제한되고 있다.

그리고 국토의 83.3%인 비도시지역의 토지는 대부분 농지와 임야인데 그중 관리지역을 제외한 농림지역 및 자연환경보전지역은 다른 용도로의 전용을 엄격히 제한하고 있어 개발이 쉽지 않다. 그래서 일반인은 용역사의 도움을 받아야 하는데, 이때에도 소유자 또는 투자자가 '국토의 효율적 이용'을 위한 국가 규제의 개념을 이해하고 있다면 투자를 결정하는 데 큰 도움이 될 것이다.

그러므로 국토의 약 95% 이상을 차지하는 도시지역 외곽의 녹지지역과 비도시지역의 농지 및 임야를 전용하여 건축물을 짓거나 관광휴양사업 등을 하기 위한 시설물을 설치하려는 실수요자 또는 개발업자는 그 인허가 기준인 '부동산 공법'을 공부하여야 하고, 일반인은 많은 사람이 선호하는 장소에 많은 사람이 원하는 용도로 허가가 될 수 있는지를 알기 위해 부동산 공법 규제의 기본사항을 공부하여야 할 것이다.

여기서 허가란 그 토지의 건축허가·토목허가·환경허가 기준을 말하는 것으로. 앞으로 하나씩 공부해가기로 한다. 우선 부동산 공법 전체를 쉽게 찾아보기 위해서는 법제처의 '국가법령정보센터'를 활용하여야 한다.

법제처 '국가법령정보센터' 활용하기

일반 국민이 부동산 공법을 차근차근 공부할 수 있는 길이 열린 것은 인터넷의 발달과 더불어 '법제처'에서 각종 법령 및 생활정보를 제공한 덕분이다. 국가법령정보센터에는 법령 5,739건(2023. 3. 31. 기준), 기타 규정(행정규칙 19,525건, 자치법규 136,216건 등)이 매우 많다. 참고로 부동산 개발규제를 하는 공법(公法)은 150여 개이고(시행령과 규칙을 포함하면 400여 개), 용도지역을 정하는 법률은 119개이며, 중앙행정부는 15곳이다.

① 「국토계획법」을 찾아보자. 국가법령정보센터의 검색란에 '국토의 계획 및 이용에 관한 법률'을 입력하면 되지만 이 법명의 약칭인 '국토계획법'을 입력해도 된다. 만약 정확한 법명을 모르면 검색란에 비슷한 단어 하나를 넣어서 여러 법령 중에서 「국토계획법」을 찾으면 된다.

② 법률, 시행령, 시행규칙 안에서 원하는 법조문을 찾으려면 화면 오른쪽의 '화면 내 검색'란에 찾으려는 단어를 입력한다. 예를 들어 '개발행위허가'에 대한 법조문을 공부하고자 하면 검색란에 '개발행위허가'를 입력하면 모든 법조문을 찾을 수 있다.

③ 어떤 공법을 집중으로 공부하려면 현행법이 아닌 연혁법령까지 보아야 한다. 그리고 그 법령의 부칙에서 경과규정을 보면 그 법령의 효력 및 변화를 알 수 있다.

④ 이때 '제정·개정이유'를 클릭하면 이 법이 개정된 이유와 당시 법조문을 모두 볼 수 있는데, 그 법령 개정취지를 통하여 우리 사회의 변화를 짐작할 수 있다.

⑤ 이 법령에서 중앙행정부장관에게 위임한 내용은 행정규칙(훈령·예규·고시)을 통하여 확인할 수 있다. 법령에서 위임한 행정규칙은 법원도 허가권자의 재량권을 존중하여 법령과 같은 수준으로 판단하므로 필요 시 구체적으로 공부하여야 한다.

⑥ 법령에서 지자체 조례로 위임한 경우에는 이 사이트의 자치법규(조례·규칙)에서 찾거나, '자치법규정보시스템'에서 관련 조례를 찾을 수 있다. 이 조례는 각 지자체마다 다를 수 있으나, 각 지자체 조례는 법령의 범위 내에서 법령과 같은 수준으로 인정되므로 정확히 이해하여야 한다.

부동산 공부는 '부동산종합증명서'에서 확인하자

18가지 공부를 한 번에 확인한다

2016년에 전국적으로 시행된 '부동산종합증명서'를 이용하면 18가지 공부를 한 곳에서 볼 수 있어 매우 편리하다(공간정보관리법 제76조의 2~5조). 국가는 국토의 효율적 이용을 위하여 많은 부동산 공법으로 사유재산권을 제한하며, 동시에 국민이 그 개발규제를 이해하기 쉽도록 각종 공부 및 인터넷사이트를 통해 규제사항 대부분을 국민에게 알려주고 있다. 다만 공법의 규제가 많고 복잡해서 이해하기 쉽지는 않다.

잠깐만요

공간정보의 구축 및 관리 등에 관한 법률

2009년 6월 9일 '측량법', '지적법', '수로업무법'을 합하여 '측량수로지적법'이 제정되었는데, 다시 2014년 6월 3일 법명을 「공간정보관리법」으로 변경하였다. 그중 부동산종합공부의 등록사항에 대한 조항은 다음과 같다.

「공간정보관리법」 제76조의3(부동산종합공부의 등록사항 등) 지적소관청은 부동산종합공부에 다음 각 호의 사항을 등록하여야 한다.(개정 2016. 1. 19.)
1. 토지의 표시와 소유자에 관한 사항: 이 법에 따른 지적공부의 내용
2. 건축물의 표시와 소유자에 관한 사항(토지에 건축물이 있는 경우만 해당한다): 「건축법」 제38조에 따른 건축물 대장의 내용
3. 토지의 이용 및 규제에 관한 사항: 「토지이용규제 기본법」 제10조에 따른 토지이용계획확인서의 내용
4. 부동산의 가격에 관한 사항: 「부동산 가격 공시에 관한 법률」 제10조에 따른 개별공시지가, 개별주택가격(17조) 및 공동주택가격(18조) 공시내용
5. 그 밖에 대통령령으로 정하는 사항(부동산등기법 제48조에 따른 부동산의 권리에 관한 사항)

'부동산종합증명서'는 지적 7종, 건축물 4종, 토지 1종, 가격 3종, 등기 3종의 18가지 공부를 하나로 모은 것이다. 토지, 토지+건축물, 토지+집합건물 세 가지 종류가 있는데 국토교통부의 부동산통합민원사이트 '일사편리(kras.go.kr)'에서 열람 및 발급할 수 있다. 다만 모든 내용을 그대로 옮긴 것이 아니므로 더 구체적인 내용이 필요하면 등기사항증명서는 인터넷등기소에서 발급받고, 나머지 공부는 '정부24' 사이트 또는 '토지이음' 사이트 등에서 발급받아 확인하면 된다.

예를 들면 건축물이 있는 토지를 매입하기 위해서는 토지이용계획확인서, 건축물대장, 등기사항증명서를 확인해야 한다. 첫 번째로 토지이용계획확인서를 발급받아 「국토계획법」 및 지자체 도시계획조례에서 그 토지에 허용되는 건축물 용도(종류)를 확인하고 도시·군관리계획 도면(지적도 포함) 등을 보고 도시계획시설의 제한 등을 확인한다. 두 번째로 건축물대장을 보고 건축물의 용도, 연면적, 사용승인일 등 건축 관련 정보를 확인하여야 한다. 세 번째로 등기사항증명서를 보고 소유자 및 소유권에 따른 각종 제한권리를 확인하여야 한다. 이런 여러 공부를 종합한 것이' 부동산종합증명서'이므로 부동산 거래에 활용하면 편리하다.

만약 부동산종합증명서의 건축물 (층별) 용도, 지목, 경계, 면적 등이 실제 현황이 다를 때에는 해결책이 있는지, 그 대지 및 건축물이 현재 '최유효이용'이 되고 있지 않다면 주변 상권에 맞게 용도를 바꿀 수 있는지 등을 「국토계획법」 등 관련 공법을 살펴보아 판단하여야 한다.

지적공부, 건축물대장, 등기사항증명서 등 여러 공부의 기재 내용이 서로 다른 경우도 있다. 이때 지적 관련 사항은 지적공부가 우선하고, 건축물에 대한 기록은 건축물대장이 우선하며, 소유권에 대한 기록은 등기사항증명서가 우선한다.

'부동산종합증명서'로
18가지 공부 확인하기

부동산종합증명서는 여러 부동산 공적 장부의 규제 정보를 전자적으로 통합·발췌하여 작성된 것이다. 일사편리 사이트에서 간편하게 무료로 열람할 수 있으나(발급은 유료임) 등기기록은 특정 권리사항만 표시되므로 필요 시 자세한 정보를 별도로 확인하여야 한다. 아래 사례는 '건축물이 있는 토지'에 대한 부동산종합증명서이다.

(✻) 일사편리 사이트에서 '종합증명서 열람 및 발급'으로 들어가 본인인증을 한 후 해당 지번 주소를 입력하고 신청사항을 선택한 다음 열람 및 발급하면 된다.

✱ 부동산종합증명서에서 토지와 건축물 표시, 소유자, 등기 특정 권리사항, 토지이용계획을 확인할 수 있다.

고유번호	4150031029-1-			**부동산종합증명서(토지,건축물)**		건축물 명칭		장변호	6 · 1
소재지	경기도 이천시 신둔면 뫼재마을로하빌길 110 (경기도 이천시 신둔면 고척리 987-8)					건축물 동명칭	1동	대장유형	일반

토지 표시 (관련필지가 다수일 경우 별도 발급)						건축물 표시 (✱ 표시 항목이 총괄일 경우 합계를 표시함)		
구분	법정동	지번	지목	면적(㎡)	개별공시지가 (원/㎡)	✱ 대지면적(㎡)	211.8	✱ 주용도	제1종근린생활시설
					기준일자 공시지가	✱ 건축면적(㎡)	96.95	주구조	철근콘크리트구조
대표	고척리		대	211.8	2021.01.01	499,000	✱ 연면적(㎡)	250.17	지붕	(철근)콘크리트
	- 이 하	여 백 -				✱ 건폐율(%)	45.77	높이	11.05
						✱ 용적율(%)	118.12	층수(지상/지하)	3/0
						✱ 건물수		✱ 부속건물(동/㎡)	
						✱ 허가일자	2016.04.06	✱ 가구/세대/호	
						✱ 착공일자	2016.04.12	✱ 주차 대수	2
						✱ 사용승인일자	2016.11.25	승강기	0

토지, 건축물 소유자 현황 (집합건물일 경우 건축물 소유자는 기재하지 않음. 토지는 건축물의 대표지번을 기준으로 작성됨)					
구분	변동일자	변동원인	성명 또는 명칭	등록번호	주소
토지	2019.08.30	소유권이전	유	82 -1*****	경기도 여주시 여양로 (오학동)
건축물	2019.08.30	소유권이전	유	82 -1*****	경기도 여주시 여양로 (오학동)

등기 특정 권리사항 (등기기록의 권리정보 중 일부 특정권리의 유무만 기재한 것임. 기준시점 : 2022년 03월 13일 20시 38분)				
구분	소유권	용익권 (지상권, 지역권, 전세권, 임차권)	담보권 (저당권, 근저당권, 질권, 근질권)	기타(압류, 가압류, 가처분, 경매개시결정, 강제관리, 가등기, 환매특약)
유/무(토지)	유	무	유	무
유/무(건축물)	유	무	유	무

토지이용계획	「국토의 계획 및 이용에 관한 법률」에 따른 지역 지구 등	다른 법령 등에 따른 지역 지구 등	「토지이용규제 기본법 시행령」 제9조제4항 각호에 해당되는 사항
	계획관리지역, 지구단위계획구역(지역특화발전특구(이천 도자예술촌)), 문화시설, 소로2류(접합), 종로3류(접합)	가축사육제한구역(2019-02-25X전부제한지역)(가축분뇨의 관리 및 이용에 관한 법률), 배출시설설치제한지역(물환경보전법), 자연보전권역(수도권정비계획법), 수질보전특별대책지역(환경정책기본법)	[해당없음]

이 부동산종합증명서는 부동산종합공부의 기록사항과 틀림없음을 증명합니다.

2022년 03월 15일

종합형 수수료 : 1000원

경기도 이천시장

✱ 층별 현황, 토지표시 연혁, 건축물 변동 연혁, 토지 및 건축물 소유자 연혁을 확인할 수 있다.

고유번호	4150031029-1-			**부동산종합증명서(토지,건축물)**		건축물 명칭		장변호	6 · 2
소재지	경기도 이천시 신둔면 뫼재마을로하빌길 110 (경기도 이천시 신둔면 고척리 987-8)					건축물 동명칭	1동	대장유형	일반

층별 현황								
주/부	층명칭	층별구조	층별용도	면적(㎡)	주/부	층명칭	층별구조	층별용도	면적(㎡)
주0	1층	철근콘크리트구조	소매점	96.95	주0	2층	철근콘크리트구조	소매점	96.95
주0	3층	철근콘크리트구조	소매점	56.27					

토지 표시 연혁				건축물 변동 연혁		
지목	면적(㎡)	이동일자	이동사유	변동일자	변동원인	변동내역
대	211.8	2015.04.14	토지개발사업 완료	2019.05.28	표시변경(직권)	국토교통부 건축정책과-281 (2018.1.11.)호에 의거 건축물대장 내진설계 여부 기재
	- 이 하	여 백 -		2016.11.29	신축	신축(사용승인에 의한 신규작성)

토지 소유자 연혁			건축물 소유자 연혁			
변동일자 변동원인	성명 또는 명칭 등록번호	주소	변동일자 변동원인	성명 또는 명칭 등록번호	지분	주소
2019.08.30 소유권이전	유 82 -1*****	경기도 여주시 여양로 (오학동)	2019.08.30 소유권이전	유 82 -1*****	1/1	경기도 여주시 여양로 (오학동)
2016.03.11 소유권이전	장 88 -1*****	경기도 여주시 애련정로 (창전동)	2017.01.12 소유권보존	장 88 -1*****	1/1	경기도 이천시 애련정로 (창전동)
2016.02.29 소유권이전	배 60 -2*****	충청북도 청주시 흥덕구 오송읍 연제만수길	2016.11.25 소유자등록	장 88 -1*****	1/1	경기도 이천시 창전동 애련정로81 601호 (창전동)
2015.04.15 소유권이전	이천도자기사업협동조합 134471-0*****	경기도 이천시 경충대로 (관고동)		- 이 하 여 백 -		
2015.04.15 소유권보존	이천시 외1인 3155					
2015.04.14 지적확정	이천도자기사업협동조합 외1인 134471-0*****	경기도 이천시 경충대로 (관고동)				

* '가격연혁'에서 연도별 공시지가를 확인할 수 있다.

고유번호	4150031029-1- ▓▓▓		부동산종합증명서(토지,건축물)		건축물 명칭		장번호	6 · 3
소재지	경기도 이천시 신둔면 뮤차에슬로하늬길 110 (경기도 이천시 신둔면 고척리 597-6)				건축물 동명칭	1동	대장유형	일반

가격 연혁 (개별주택가격의 경우 일반건축물의 용도가 주택인 경우만 표시)									
개별주택가격 (원)	기준일자								
	주택가격								
대표지번 개별공시지가 (원/㎡)	기준일자	2021.01.01	2020.01.01	2019.01.01	2018.01.01	2017.01.01	2016.01.01	2015.07.01	
	공시지가	499,000	415,000	385,000	336,000	322,000	307,000	306,800	

알아두세요

확인도면

지적도(임야도) 위에 도시계획시설 등 도시관리계획에 의한 토지이용계획 내용을 더한 도면이다.

* 토지이용계획 확인도면과 지적(임야)도를 확인할 수 있다.

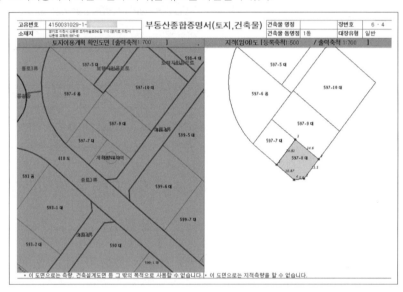

✱ 경계점좌표등록사항을 확인할 수 있다.

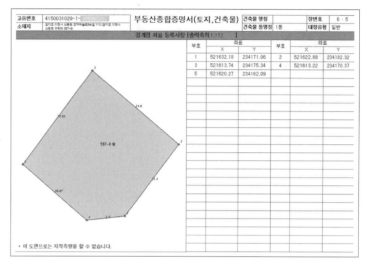

✱ 안내사항, 토지이용계획도면 범례를 확인할 수 있다. '안내사항'이란 건축물대장에
'위반건축물'로 표시된 것 등 중요사항을 안내하는 곳이다. 범례란 확인도면에 여러
규제 내용을 직접 써넣을 수 없어 각종 선, 부호 또는 색깔 등으로 구분하고 그 뜻을 별
도의 표에 표시하는 것이다. 범례의 행위규제 내용은 토지의 가치에 큰 영향을 미치는
것이므로 유의하여야 한다.

지적 관련 공부 보는 눈 키우기

지적 관련 공부

부동산종합증명서에 기재된 18가지 부동산 공부 중 지적 관련 공부를 살펴보자. 토지대장, 지적도, 임야대장, 임야도는 대부분 알 것이다. 공유지연명부, 대지권등록부, 경계점좌표등록부는 다소 생소할 수도 있다.

'지적(地籍)'이란 토지의 위치, 형태, 지번, 경계, 면적, 사용목적, 건축물 등 땅의 모든 정보를 기록해 놓은 문서이다. 쉽게 땅의 주민등록이라고 생각하면 된다. 일반 토지는 지적도와 토지대장에 그 내용이 기록되어 있고, 지목이 임야인 토지는 임야도와 임야대장에 정리되어 있다. 이 지적공부는 실제와 다른 내용이 있을 수 있으므로 유의하여야 한다.

지적도 및 임야도를 작성하기 위해서는 측량이 필요하다. 측량은 일제강점기인 1912년부터 시행되었는데, 당시는 측량기술이 부족하여 실제와 상당한 차이가 있었다. 최근에는 인공위성과 단말기를 이용한 GPS 시스템을 활용하여 종이지적에서 수치지적(경계점좌표등록)으로 바뀌고 있어 오차 범위가 몇 센티미터에 불과하다.

토지대장

| 부책식 토지대장 | 카드식 토지대장 | 전산식 토지대장(현행) |

토지대장으로 토지의 소재, 지번, 지목(사용목적), 면적, 소유자 성명과 그 토지의 고유번호 및 이동(異動) 사유, 토지등급 등을 확인할 수 있다(공간정보관리법 제71~72조). 토지대장을 보면 지난 100여 년 동안의 그 토지의 이력을 알 수 있다. 토지의 분할 및 합병 등으로 그 토지의 신설, 변경, 말소 근거를 확인할 수 있는 것이다. 지금까지의 토지대장은 '부책대장(1910~1975년) → 카드대장 → 전산대장(현행)' 순서로 진화하였다. 이 대장들을 살펴보면 토지의 이력을 추적해볼 수 있다.

토지의 수평투영면적을 실제 크기의 1/1,200로 줄여서 종이에 그린 것을 '도해지적'이라고 하는데, 현재 실제 경계와 지적도의 경계가 다른 경우가 굉장히 많다. 또한 내 토지에 지적도에 없는 현황도로가 있거나, 내 임야에 오랫동안 물이 흐르면서 사실상 구거가 만들어졌거나, 이웃집의 담장이 내 경계를 침범하였다면 지자체 관련부서 및 토목측량사무실의 도움을 받아서 처리하여야 한다.

 알아두세요

토지의 이동
'토지의 이동'이란 토지의 표시를 새로 정하거나 변경 또는 말소하는 것을 말한다(공간정보관리법 제2조 28).

알아두세요

지적도
토지이용계획확인서의 도시계획 도면은 지적도에 도시계획 사항을 더한 것이라서 지금은 지적도를 거의 사용하지 않는다. 다만 수치지적이 없고 도해지적밖에 없는 곳은 그 지적도로 측량을 하여 내 토지의 경계를 결정하므로 지적도가 중요하다.

잠깐만요

도해지적: 1910년대부터 지적경계를 종이에 표시한 것으로 종이에 그려진 대로 측량을 해야 하므로 측량성과의 일관성이 부족하다.

수치지적: 지적경계를 좌표로 표시한 것으로 수치에 따라 측량하여 정밀한 측량이 가능하다. 현재 도해지적이 수치지적으로 바뀌고 있다.

| 지적도 |

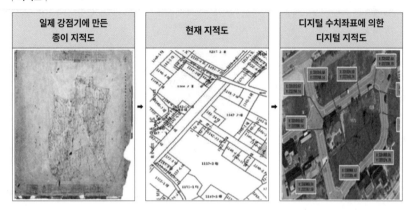

| 일제 강점기에 만든 종이 지적도 | 현재 지적도 | 디지털 수치좌표에 의한 디지털 지적도 |

임야대장, 임야도

지목이 임야인 토지는 임야대장 및 임야도에 등록된다. 임야대장에는 토지대장과 마찬가지로 토지의 소재, 지번, 면적, 연혁 등이 기록되어 있다. 임야도는 토지의 실제 크기를 축척 1/6,000로 줄여서 종이에 옮긴 것이다. 그런데 지목이 임야라고 하여도 분할 등으로 새로 측량을 하면 등록전환되어 축척이 1/1,200로 바뀌면서 지적도에 그려진다. 현행 전산식 임야대장은 인터넷 발급이 되지만, 카드식 또는 부책식 대장은 소관청(지자체)에 신청해야 한다.

✏️ 알아두세요 ──

등록전환

임야대장 및 임야도에 등록된 토지를 토지대장 및 지적도에 옮겨 등록하는 것을 말한다[공간정보관리법 제2조(정의) 30].

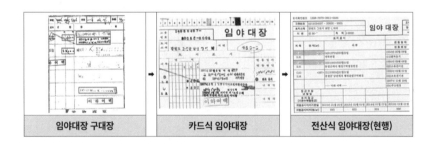

| 임야대장 구대장 | 카드식 임야대장 | 전산식 임야대장(현행) |

지적재조사사업

'2023년 지적통계'에 따르면 2022년 말 전국 지적공부에 등록된 필지 수는 39,514천 필지이고 면적은 100,443.6㎢이다. 지목별로는 임야 63.3%, 답(畓) 11.1%, 전(田) 7.5%, 과수원 0.6%이므로 산림 및 농경지가 우리나라 전체 면적의 약 82.5%를 차지하고 있다.

| 지적재조사, 왜 해야 하나요? |

(출처: 국토교통부 보도자료)

그런데 국토의 약 15%가 지적도와 불일치하여 토지 관련 민사 소송비용이 연간 4,000억 원이 발생하는 등 이웃 간의 갈등이 있었다. 이에 국토부는 2012년 「지적재조사에 관한 특별법」을 제정하였다. 이 「지적재조사에 관한 특별법」에 따라 2012년부터 2030년까지 단계적으로 시행하는 지적재조사사업은 '지적재조사지구'를 지정하여 새롭게 측량된 토지정보를 기반으로 경계를 효율적으로 조정하면서 여러 분쟁을 해소해가고 있다. 이 법이 시행되기 전의 '지적불부합지'란 지적공부에 등록된 사항(경계·면적·위치)이 실제 현황과 일치하지 아니하는 10필지 이상의 집단적인 지역을 말한다. 이런 곳은 지적보다 현황을 우선으로 하여 경계를 정했던 것이다[지적불부합지 정리 지침 제11조(국토교통부예규)].

| 지적재조사 사업 주요 사례 |

| 토지 정형화 | 건축물 저촉해소 | 맹지해소 |

사업 전 → 사업 후

직선경계 / 경계저촉 해소 / 도로확보

| 2021년 조사결과 대비 사업효과 비교 |

(단위 : 필지)

구분	2012~2020년 사업완료			2021년 사업완료			증가율
	대상토지	효과발생 토지	비율	대상토지	효과발생 토지	비율	
정형화율	332,614	244,139	73.4%	124,699	102,751	82.4%	12.8%↑
저촉해소율	152,046	108,105	71.1%	52,332	47,214	90.2%	26.8%↑
맹지해소율	35,530	25,314	65.7%	9,250	8,396	90.7%	38.0%↑

그러므로 이런 지적불부합지 또는 지적재조사지구 내의 토지가 일반 토지와 어떤 점이 다른지는 시·군·구청 민원실 또는 지적재조사팀에 질문하여야 한다. 예를 들어 지적재조사지구 내 토지의 맹지가 없어질 수도 있다. 이 사업이 완료되면 개인, 마을, 국가 전체의 부동산 가치가 크게 상승할 것이다.

대지권등록부, 공유지연명부

'대지권등록부'란 「부동산등기법」에 따라 대지권 등기가 되어 있는 경우 그 대지권 비율 등이 기록된 공부로서, 아파트처럼 하나의 건축물에 소유권이 여러 개인 집합건물인 경우 그 토지의 지분권을 표시하는 것이고, '공유지연명부'는 한 필지의 토지를 둘 이상이 소유한 경우 그 토지의 일부 소유권(지분권) 등을 기록한 것이다.

고유번호			대지권등록부			전유부분 건물표시		장번호	
토지소재		지번		대지권 비율		건물명칭			
지 번									
대지권 비율									
변 동 일 자	소유권 지분				소 유 자				
변 동 원 인				주 소			등 록 번 호		
							성명 또는 명칭		
년 월 일									
년 월 일									
년 월 일									
년 월 일									

270㎜×190㎜ [백상지(150g/㎡)]

경계점좌표등록부

「도시개발법」에 따른 도시개발사업, 농어촌정비사업 등 31가지 토지개발사업이 완료되면 지적확정측량을 하여야 한다(공간정보관리법 제86조 및 영 제83조). 토지개발사업 완료 후 지적확정측량을 통해 필지의 경계점을 X, Y 좌표로 등록하게 되면 '경계점좌표등록부'라는 디지털 지적이 새롭게 만들어진다. 이때 1/1,200 지적이 1/500 등 대축척으로 변환되어 필지 경계의 정확도와 측량의 정밀도가 높아진다.

더 구체적인 사항은 「공간정보관리법」과 「지적재조사법」 등을 공부하여야 한다.

| 경계점좌표등록부 |

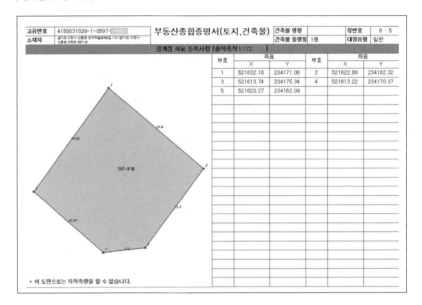

부호	좌표 X	좌표 Y	부호	좌표 X	좌표 Y
1	521632.18	234171.06	2	521622.88	234182.32
3	521613.74	234175.34	4	521613.22	234170.37
5	521620.27	234162.09			

무작정
따라하기

'정부24' 사이트에서
부동산 공부 발급받기

'정부24'에서는 정책정보, 기관정보 등을 안내하고, 각 기관의 주요 서비스를 신청·발급하는 서비스를 제공한다. 부동산 관련 공부도 이곳에서 무료 또는 유료로 발급받을 수 있다. 다만 등기사항증명서는 법원에서, 도시계획정보는 '토지이음'에서 서비스하고 있다.

① '정부24' 사이트 첫 화면에서 자주 찾는 서비스를 안내하고 있다.

② 국민의 편의를 위하여 토지 제증명 일괄신청 서비스를 제공한다.

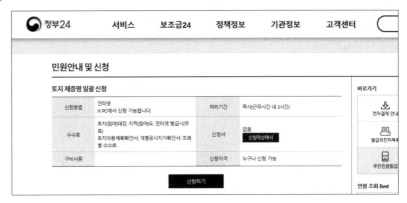

정부24의 일괄신청이란?

자주 이용하는 서비스 중 유사분야 민원서비스(제증명)를 하나의 화면에서 용도에 따라 필요대로 선택하고 동시 신청할 수 있는 서비스로 최소 정보 입력만으로 빠르고 간편하게 이용할 수 있다.

건축물대장에서
확인할 사항

일반건축물대장과 집합건축물대장

'부동산종합증명서'에 나오는 건축물 관련 공부는 일반건축물의 '일반건축물대장'과 집합 건축물의 '집합건축물대장'이 있다. '집합건축물'이란 1동의 건물이 여러 개로 독립되어 있어 「집합건물법」(집합건물의 소유 및 관리에 관한 법률)에 의하여 각각의 소유권 목적으로 할 수 있는 건축물을 말한다. 건축물대장에는 표제부와 전유부가 있고, 총괄표제부가 있다(건축물대장의 기재 및 관리 등에 관한 규칙 제5조).

건축물에 관한 내용이 등기부와 다르면 건축물대장의 기록이 우선하고, 소유권 등 권리관계에 관한 부분은 등기사항증명서가 우선한다.

건축물대장, 이것만은 확인하자

건축물대장에서 확인해야 할 중요한 사항 몇 가지를 살펴보자.

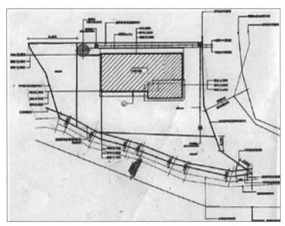

첫째로 위반건축물인지 확인한다. 위반건축물은 건축물대장 오른쪽 상단에 기재되어 있다(건축법 제79조 및 규칙 제8조). 다만 행정력이 모자라서 모든 불법 건축물을 관할청이 알 수 없어 민원(고발)이 있거나 정기조사에서 발견된 것만 건축물대장에 기재되어 있으므로 유의하여야 한다. 이 위반건축물의 종류 및 원인도 여러 가지이므로 표시가 있거나 위반이 의심스러울 경우 건축사 및 지자체 건축과를 통하여 자세히 확인해야 한다.

건축물현황도면

둘째, '건축물 현황도면'을 활용하자. 건축물 현황도면은 건축물의 배치도(대지의 경계, 건축선후퇴면적 및 후퇴거리 포함), 대지에 직접 접한 도로, 각층 평면도 등 대지의 현황을 표시하는 도서(圖書)로, 허가신청자가 작성하여 제출한 것이므로 건축법 진입로 등을 확인하는 근거가 될 수 있다.

셋째, 대지에 건축물이 없는데도 등기부 또는 건축물대장이 있지 않은지 확인한다. 이때에는 허가담당자가 현지를 확인한 후 '건축물부존재증명(2003년 규칙 제25조)'을 발급하면 기존 등기부를 말소할 수 있다.

세움터에서 건축물부존재증명 발급 신청을 할 수 있다.

넷째, 등기사항증명서 또는 건축물대장이 없는 건축물인지 확인한다. 보존등기는 의무가 아니므로 본인이 신청하지 않아서 등기부가 없을 수도 있으나, 건축물대장이 없는 이유는 여러 가지가 있다. 낡은 건물이라도 현재 사용하는 건축물은 대부분 합법적인 건축물일 것이므로 차분히 근거를 찾아가면 된다.

예를 들어 2006년 5월 9일 전에는 비도시지역의 농지에 200㎡ 미만, 2층 이하의 주택을 지으려면 농지전용신고만 하고 먼저 건축을 한 후 건축물대장기재신청을 하였으나, 이웃 토지 경계침범 등의 이유로 건축물대장이 만들어지지 못한 경우가 있었다.

다섯째, 등기사항증명서는 있는데 건축물대장이 없는 건물인지 확인한다. 원래 등기부란 그 원인서류가 건축물대장 등 건축허가 관련 서류인데, 1992~2001년까지 건축물관리대장과 가옥대장이 건축물대장으로 합병되면서 그 이기(移記) 조건에 맞지 않아 대장등록을 하지 못한 건축물이 존재한다. 이때 건축물관리대장 또는 가옥대장을 찾거나 그 폐쇄대장 등을 찾는 등 양성화한 근거를 찾으면 건축물대장은 없지만 불법건축물이 아닌 원인을 알 수도 있다. 또는 준공 직전의 건축물이 경매(근저당권의 실행) 등으로 소유권이 이전될 때 준공검사가 되지 않아서 건축물대장은 없지만 건축물 보존등기를 하여 소유권을 이전하는 경우가 있다. 더 자세한 내용은 「건축물대장의 기재 및 관리 등에 관한 규칙」, 「집합건물법」, 「건축법」, 「주택법」 등을 확인하여야 한다.

'세움터' 사이트에서 건축물대장 발급받기

'부동산종합증명'에서도 건축물대장의 중요 내용을 확인할 수 있는데, 건축물 관련 정보 전체는 '정부24' 또는 '세움터'에서 인터넷으로 건축물대장을 열람하거나 발급받아 확인하면 된다. 세움터에서는 건축 관련 총 151종의 민원을 관리하고 있다. 그중 건축물대장은 19종이다. 세움터 사이트에서 건축물대장을 발급하는 방법을 알아보자.

① 세움터의 '건축물대장 발급'이나 '건축물현황도 발급' 페이지로 들어간다. 건축물현황도의 평면도는 본인(배우자, 직계존비속 포함), 국가 및 지방자치단체, 감정평가사, 임차인, 건축사·법무사·중개사(의뢰한 증빙서류 필요) 등만 발급이 가능하다(2007년 개정 후 2011년 확대). 배치도는 누구나 발급받을 수 있다. 그런데 2021년 8월 13일부터 다중이용건축물은 소유자 동의 없이 평면도 발급이 가능해졌다.

② 소재지를 입력하면 조회 결과가 나타난다. 표제부, 전유부 등 발급할 항목을 선택하고 '신청할 민원 담기' 버튼을 클릭한 후 발급 신청 버튼을 클릭한다.

③ 발급이나 열람을 선택하고 '주민등록번호 표시 여부'를 체크한 후 신청하기 버튼을 누르면 신청한 목록과 처리상태가 나타난다. 잠시 후 '처리중' 버튼이 열람이나 발급으로 바뀌면 클릭하여 확인한다.

'토지이음'에서 토지이용계획과 도시계획으로 확인할 사항

'토지이용계획확인서'란 「토지이용규제기본법」에 근거하여, 그 제한사항을 공시하기 위하여 만들어졌다. 국가는 '국토의 효율적 이용(헌법 제122조)'을 달성하기 위하여 수많은 부동산 공법을 제정하여 「헌법」 제23조에 보장된 국민의 사유재산권을 제한할 수 있지만 그 제한이 필요 최소한에 그쳐야 한다.

> **헌법 제122조**
> 국가는 국민 모두의 생산 및 생활의 기반이 되는 국토의 효율적이고 균형 있는 이용·개발과 보전을 위하여 법률이 정하는 바에 의하여 그에 관한 필요한 제한과 의무를 과할 수 있다.
>
> **헌법 제23조**
> ① 모든 국민의 재산권은 보장된다. 그 내용과 한계는 법률로 정한다. ② 재산권의 행사는 공공복리에 적합하도록 하여야 한다.

토지이용계획확인서는 하나의 필지마다 용도지역을 지정하고 그 용도지역 내의 도시·군관리계획에 의한 행위제한 내용을 확인할 수 있는 공부(공적 장부)이다. 일종의 필지별 행위제한표로서 그 토지의 객관적 가치를 평가하는 데 제일 중요한 공부이다.

토지이용계획확인서로 확인할 수 있는 것은 필지별(토지소재지) 지목(28종), 면적, 개별공시지가와 「국토계획법」 및 다른 법령(지자체 조례 포함)에 의한 334개 용도지역·지구 등과 기타 제한을 알 수 있다. '확인도면'은 도시계획시설 등과 지적도(임야도)를 합한 도면이다. 구체적인 설명은 '둘째마당, 국토이용 체계 4단계 이해하기'에서 설명한다.

알아두세요

도시·군관리계획
도시·군관리계획은 국토의 효율적 이용을 달성하기 위하여 지자체장이 수립하는 것으로, 국민의 재산권을 직접 제한하는 10년 기준의 중기 법정계획이다.

알아두세요

행위제한
'국토의 효율적 이용'을 달성하기 위해 제정된 여러 부동산 공법에는 대부분 '행위제한' 규정이 있다. 각 법령에 규정된 행위제한의 개념은 조금씩 다르지만 통상 그 법령을 적용하는 (용도)지역 내에서 허용 또는 불허되는 건축물 및 시설물의 용도(종류), 규모 등을 말한다. 자세한 내용은 그 법령 및 「토지이용규제법」 제11조의 '규제안내서'를 토지이음 사이트에서 참조하면 될 것이다.

그리고 '토지이음' 사이트는 2021년 2월 1일 개편되어 그동안 토지이용규제서비스(Luris)과 도시계획정보서비스(Upis)에서 제공한 정보를 통합해서 제공하는 종합포털이다. 이곳에서는 토지이용계획과 도시계획 사항 및 도면 등을 모두 볼 수 있고, 자료실에서는 실무에서 자주 찾아보는 ① 국토계획법 해설집, ② 도시계획제도 길라잡이, ③ 도시계획 최신 업무편람, ④ 토지이용용어사전, ⑤ (전국) 도시·군기본계획 등을 다운로드할 수 있다.

무작정
따라하기

토지이용계획과 도시계획 확인하기

'토지이음'에서는 토지이용계획, 도시계획, 규제안내서, 고시정보 등을 제공한다. 차근
차근 따라하며 확인해보자.

① 토지이음 첫 화면에서 토지이용계획을 선택한 후 해당 필지의 소재지번을 입력하고
열람 버튼을 누르면 토지이용계획의 지정현황이 뜬다. 지목, 면적, 개별공시지가, 「국
토계획법」의 용도지역, 다른 법령의 용도지역 그리고 확인도면을 볼 수 있다. 오른쪽
상단에 '처음 오셨나요?'가 있는데, 이곳에서는 도시계획 및 토지이용계획, 규제안내
서가 무엇인지 설명하고 있다.

② 지적도 하단에 '지역·지구 등 안에서의 행위제한내용'을 보면 지정된 용도지역, 용도
지구, 용도구역에 따른 행위제한내용을 확인할 수 있다. 오른쪽 '새창 보기'를 클릭하
면 해당 규제법령집을 볼 수 있다. 유의할 사항은 '지구단위계획구역'은 행위제한이
다르므로 지자체 홈페이지에서 '지구단위계획 지침'을 다운로드하여 결정된 행위제한
내용을 보거나, 지자체 도시과로 반드시 확인하여야 한다.

③ 지적도 하단 오른쪽에 있는 '행위제한내용 설명'의 '행위가능여부'를 클릭하면 건축물 리스트와 해당 토지에 건축물을 지을 수 있는지 가능 여부가 표시된다. 그러나 지구단 계획구역 내인 경우에는 지구단위계획지침을 확인하거나 지자체 도시과에 확인하여 야 한다.

④ 행위가능여부 옆의 건폐율·용적률을 누르면 해당 토지의 용도지역과 시행령에 따른 용적률과 건폐율, 건축선, 도로조건을 알 수 있다. 그러나 지구단위계획구역 내인 경우에는 지구단위계획지침을 확인하거나 지자체 도시과에 확인하여야 한다.

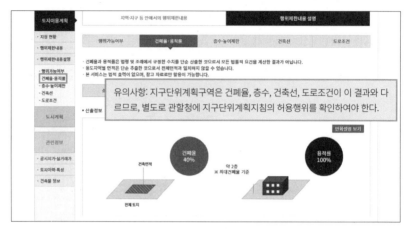

⑤ 그리고 해당 필지 인근의 상세한 '도시계획'을 확인할 수 있다. 만약 내 필지에 도시계획시설이 결정되어 있으면 그 부분은 내 토지라도 마음대로 사용할 수 없다. 또한 주변에 공원 등 유익한 도시계획시설이 결정되었지만 시행되지 않은 상태라면 향후 이 시설이 없어질 수도 있으므로 유의하여야 한다.

⑥ '규제안내서'의 '쉬운 규제안내서'에 건축물 명칭을 입력하면, 그 인허가 절차가 안내된다. 오른쪽의 '이전 규제안내서 보기'에서 각종 건축물의 인허가 절차를 다운받을 수 있어 큰 도움이 된다. 하지만 그 내용이 어렵고 2010년 12월 자료이므로 그 이후 법명 및 내용이 변경된 것도 있으므로 유의하여야 한다.

⑦ 인허가절차는 '건축허가(신고) → 착공신고 → 사용승인' 순서로 안내되고 있다. 자세한 내용은 건축사(개발행위허가는 토목측량설계사무실) 또는 허가청 건축과나 도시과에 상담하면 된다.

⑧ '쉬운 인허가사례'에는 각종 건축물의 인허가 절차를 그림으로 설명하고 있다.

• 단독주택

인허가사례

→ 사례1 : 두 개 이상의 용도지역이 지정된 경우, 건폐율과 용적률은 이렇게 계산합니다.

사례2 : 건축물 사이 또는 도로와의 간격, 건축선 규정은 상황별로 달라집니다.

사례3 : 비용을 최소화해서 전원주택을 짓고 싶어요.

부동산 공시가격 및
실거래가를 확인하자

공시지가는 무엇일까?

공시지가는 국토교통부장관이 조사·평가하여 공시하는 '표준지공시지가'와 시·군·구청장이 결정·공시하는 '개별공시지가'로 나누어져 있다. 개별공시지가란 시장 등이 표준지공시지가를 기준으로 개별토지의 특성에 따른 토지가격비준표상의 가격배율을 곱하여 산정한 후 감정평가업자의 검증과 부동산평가위원회의 심의 등을 거쳐 결정·공시하는 단위면적(㎡)당 토지가격을 말한다.

「부동산공시법」(부동산 가격공시에 관한 법률) 제10조에 의하여, 시장·군수·구청장은 국세·지방세 등 각종 세금의 부과, 그 밖의 다른 법령에서 정하는 목적을 위한 지가산정에 사용되도록 하기 위하여 시·군·구 부동산가격공시위원회의 심의를 거쳐 매년 공시지가의 공시기준일 현재 관할구역 안의 개별토지의 단위면적당 가격, 즉 개별공시지가를 결정·공시하고, 이를 관계 행정기관 등에 제공한다.

2004년 노후된 아파트가 새 아파트보다 실제 거래가격은 높은데도 재산세는 낮게 부과되는 불공평한 점이 발견되어, 2005년 1월 4일 「부동산공시법」을 개정하여 토지와 주택을 합산한 가격을 공시하여 이를 해결하였다.

「부동산공시법」에 따라 다음과 같은 부동산 가격 관련 공부가 존재한다. 토지는 '개별공시지가확인서', 건축물 중 주택은 '개별주택가격확인서', '공동주택가격확인서', 비주거용 건축물은 '비주거용 개별부동산가격확인서', '비주거용 집합부동산가격확인서' 등이다.

개별공시지가 활용 현황

2022년 개별공시지가는 전국 공시대상 토지 3,459만 필지 중 54만 필지를 표준지로 정하고, 나머지 필지는 각 시·군·구 공무원이 표준지를 기준으로 결정하였다. 개별공시지가는 다음 표와 같이 조세, 부담금 부과 등에 사용되고 있다.

개별공시지가 활용 현황	
조 세	재산세(지방교육세 등 포함)
	종합부동산세(농어촌특별세 포함)
	양도소득세, 상속세 및 증여세 등
부담금	재건축부담금, 개발부담금 등
공적평가 기준	선매 및 불허처분 토지 매수가 산정
	도로·산지 매수청구 시 매수예상가격
	자연공원·하천구역토지의 매수청구가격
행정분야	불법건축물 이행강제금 산정기준
	실거래신고가격 검증, 국가자산추계
	국·공유재산 대부 및 사용료 산정
	도로점용료 산정기준
	사회복지법인, 공익법인 등의 기본 재산의 처분
	사학기관, 기술대학, 학교설립에 따른 수익용 기본재산 산정 등

복지분야	건강보험료 산정기준, 기초노령연금·기초생활보장 수급대상자 판단 기준
	장애인 연금 대상자·생계유지곤란자의 병역감면 판단 기준
	사업주/장애인 융자·지원금 산정 기준
	노인복지주택 부자격자 판단 기준
	신혼부부 전세임대주택 입주대상자 선정
	국민주택채권 매입기준 및 국민임대주택 입주자 선정
	교통사고 유자녀 지원 관련 기준
	근로장려금 신청자격 판단 기준 등
기타	공직자 재산등록, 일반 토지거래의 지표 등

실제 대출 또는 보상 감정평가 등에서는 개별공시지가 아닌 표준지공시지가를 기준으로 평가한다. 표준지란 토지이용상황이나 주변 환경, 기타 자연적, 사회적 조건이 일반적으로 유사하다고 인정되는 일단의 토지 중에서 이를 대표할 수 있는 필지를 말하는데, 그 선정기준은 일반적으로 ① 지가의 대표성, ② 토지 특성의 중용성(中庸性), ③ 토지용도의 안정성, ④ 토지구별의 확정성이다. 그리고 표준지는 ① 적정가격 기준, ② 실제용도 기준, ③ 나지상정, ④ 공법상 제한상태 기준, ⑤ 개발이익 반영, ⑥ 일단지 상정을 반영하여 평가한다.

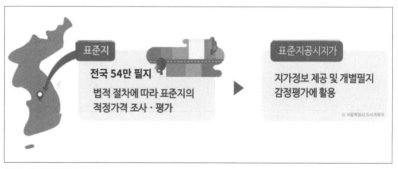

(출처: 서울특별시 도시계획과)

참고로 2007년부터 양도소득세 과세제도가 실지거래가 과세로 바뀌고 그 거래금액이 등기사항증명서에 기재되었다. 하지만 그 이전의 취득금액은 확인할 방법이 없어 신고자가 취득금액을 모를 때에는 「소득세법」 제97조에 의하여 매매사례가액·감정가액·환산가액을 순차적으로 적용하도록 규정되어 있다. '환산취득가액'을 선택할 때에는 개별공시가의 상승률이 중요하다. 취득가액을 모를 경우 매도 당시 개별공시지가와 취득 당시 개별공시지가의 상승률로 취득가액을 환산하기 때문이다.

$$양도\ 당시의\ 실지거래가액,\ 제176조의2\ 제3항\ 제1호의\ 매매사례가액\ 또는\ 같은\ 항\ 제2호의\ 감정가액 \times \frac{취득\ 당시의\ 기준시가}{양도\ 당시의\ 기준시가(제164조\ 제8항에\ 해당하는\ 경우에는\ 같은\ 항에\ 따른\ 양도\ 당시의\ 기준시가)}$$

개별공시지가는 2005년부터 매년 5월 31일까지 결정·공시하도록 개정되었다. 단 개별주택 및 공동주택, 비주거용부동산의 공시일은 매년 4월 30일이다. 이 기준일은 그해 1월 1일로 공시되기 때문에 실제 조사·결정·공시는 5월 말인데도 마치 1월 1일에 결정된 것처럼 보인다. 예를 들면 취득일이 2005년 3월인 경우에는 2005년 1월 1일 개별공시지가가 아닌 2004월 1월 1일 개별공시지가를 취득 시 개별공시지가로 보아야 하고, 실제 양도가액을 취득 시와 양도 시 개별공시지가 변동률(대부분 상승률)로 나누면 취득가액이 산출(환산)되는 것이다.

실거래가 공개시스템

국토부가 제공하는 '실거래가 공개시스템'도 부동산 시세를 알아보는 데 도움이 된다. 국토부의 매매 실거래 공개는 2006년 1월 30일부터 「부동산 거래신고 등에 관한 법률」(약칭: 부동산거래신고법)에 의하여 모든 부동산은 취득 후 30일 이내(2007년 6월 29일부터 60일 이내였으나 2020년 2월 21일부터 30일 이내로 변경됨)에 그 취득한 금액을 실제거래가액으로 신고해야 한다. 그 신고한 자료를 근거로 국토부가 공개하는 것이고 등기사항증명서에 실거래 금액이 기재되는 것이다. 공개 대상은 부동산거래신고 및 주택거래신고를 한 주택(아파트, 연립·다세대, 단독·다가구), 오피스텔, 토지, 상업·업무용 부동산과 2007년 6월 29일 이후 체결된 아파트 분양·입주권이다.

전월세(임대차) 실거래가 공개는 2011년 1월부터 읍·면·동 주민센터 및 일부 공개 가능한 대법원 등기소의 주택(아파트, 연립·다세대, 단독·다가구, 오피스텔) 확정일자 자료를 대상으로 하였으나, 2021년 6월 1일부터는 「부동산거래신고법」에 의하여 전월세도 계약일로부터 30일 이내에 양 당사자 공동으로 신고할 의무가 발생하여 그 실거래 자료를 근거로 공개한다. 다만 2022년 5월 31일까지는 계도기간이므로 과태료를 부과하지 않는다.

또한 부동산 거래의 투명성 강화를 위해 부동산 직거래 여부와 거래를 중개한 공인중개사 소재지는 2021년 말까지 공개하고, 공장·창고의 실거래가 등은 2022년 하반기까지 공개하기로 하였다.

국토교통부 '실거래가 공개시스템'에서 시세 알아보기

2006년 「부동산거래신고법」과 2007년 「소득세법」에 의해 매매금액에 대한 실거래가 신고의무가 발생되었다. 두 법률의 처벌이 중대하여 지금은 실거래가 신고제도가 잘 정착되었다. 다만 계약 후 30일 이내에 신고된 자료를 공개하므로 시차가 조금 있다는 사실을 감안해야 한다.

① 국토교통부 실거래가 공개시스템 사이트(rt.molit.go.kr)에 접속한다.

② 아파트, 연립·다세대, 단독·다가구, 오피스텔, 분양·입주권, 상업·업무용, 토지 중 여기서는 서울 강남구 개포동 개포주공아파트 거래사례를 찾아보자.

③ 서울 강남구 개포동 개포주공아파트 거래사례를 검색해본다. 매매와 전월세 중 매매의 연도별, 면적별, 금액별 시세를 찾아본다.

④ 실거래 계약일자, 종류, 주소, 면적, 금액 등 조건에 따라 검색한다. 찾은 조건별 자료
는 엑셀파일로 다운로드할 수 있다.

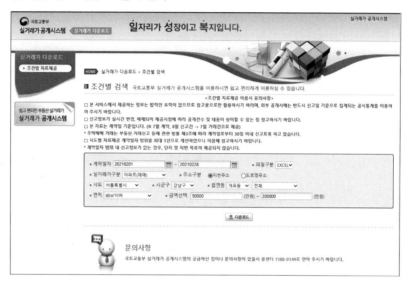

등기사항증명서에서 소유권 및 권리관계 확인하기

 알아두세요

등기사항증명서

2011년 등기부등본에서 '등기사항증명서'로 명칭이 변경되었다. 부동산 등기부 전산화업의 완료로 등기사항증명서는 법원 등기소 또는 대법원 인터넷등기소(www.iros.go.kr)에서 유료로 누구나 쉽게 발급받을 수 있다.

부동산을 거래할 때 등기사항증명서에서 확인해야 할 사항은 매매대상 토지 또는 건물의 소유자 및 제한권리이다. 「부동산등기법」에 의한 등기부란 전산정보처리조직에 의하여 입력·처리된 등기정보자료를 대법원규칙에 따라 편성한 것을 말한다(부동산등기법 제2조 제1호). 등기정보자료란 1필의 토지 또는 1개의 건물에 대한 정보를 법정서식인 '등기기록'에 기재해야 하는 사항을 말한다. 등기기록 서식에는 토지등기기록, 건물등기기록, 구분건물등기기록이 있다(규칙 별표 제1~3호 서식). '등기사항증명서'란 이 등기부의 등기정보자료의 일부 또는 전부의 열람과 이를 증명하는 공부를 말한다.

등기사항증명서에는 소재지번 및 고유번호가 있고, ① 표제부, ② 갑구, ③ 을구로 구분되어 있다(부동산등기법 제15조). 표제부에는 '부동산 표시에 관한 사항'이 기록되어 있고, 갑구에는 '소유권에 관한 사항', 을구에는 '소유권 외의 권리'에 관한 사항이 기록되어 있다. 구체적인 등기신청절차나 등기실행방법은 대법원규칙으로 위임되어 있으므로, 「부동산등기법」 및 「부동산등기규칙」을 확인하면 된다.

 알아두세요

표제부

토지 등기기록의 표제부에는 표시번호, 접수연월일, 소재·지번, 지목, 면적, 등기원인이 기록되어 있고(부동산등기법 제34조), 건물 등기기록의 표제부에는 건물의 종류, 구조와 면적 등과 도면의 번호(같은 지번에 여러 개의 건물이 있는 경우와 구분건물인 경우)가 기록된다(법 제40조).

등기사항증명서 확인이 중요한 것은 1960년부터 우리나라 「민법」이 소유권 이전 등 물권변동에 있어 형식주의를 채택하기 때문이다. 등기사항증명서 관련 법률은 ① 「부동산등기법」, ② 「부동산등기 특별조치법」,

③「부동산 실권리자명의 등기에 관한 법률」(약칭: 부동산실명법), ④「부동산소유권 이전등기 등에 관한 특별조치법」(약칭: 부동산소유권이전등기법), ⑤「축사의 부동산등기에 관한 특례법」(약칭: 축사등기법) 등이 있다.

변경등기 신청

토지의 분할·합병과 표제부의 등기사항이 변경된 경우에는 토지소유자(등기명의인)는 1 개월 이내로 변경등기를 신청해야 하는데(부동산등기법 제35조), 등기관은 등기명의인의 신청이 없으면 지적소관청으로부터 통지받은 내용으로 직권으로 변경등기를 하여야 하고 (법 제36조), 건물분할·구분·합병 등의 부동산 표시변경등기도 등기관이 직권으로 변경등기를 할 수 있다. 즉 소유자가 1개월 이내에 변경신청하지 않으면 부과되던 과태료 규정이 2017년 「건축법」 개정으로 폐지되어 결국 소관청의 촉탁(囑託)으로 등기부가 자동으로 정리되는 것이다(규칙 제75조부터 제80조까지 및 제96조부터 제101조까지 등). 그러므로 2017년 이후의 등기부는 표제부 기재사항이 건축물대장 및 토지대장의 내용과 같아지게 되었다.

1990년에 제정된 「부동산등기 특별조치법」은 부동산소유권 이전등기를 의무화하고, 타인 명의를 빌려 이전등기를 하거나 미등기 전매한 경우에는 1~3년 이하의 징역 또는 3천만~1억 원 이하의 벌금형에 처하며, 부동산소유권 이전등기를 하려면 그 계약서를 지자체의 검인(檢印)을 받아 등기신청 시 첨부하여야 한다.

1995년에 제정된 「부동산실명법」은 부동산에 관한 소유권 기타 물권을 실체적 권리관계에 부합하도록 실권리자 명의로 등기하게 함으로써 부동산등기제도를 악용한 투기·탈세·탈법행위 등 반사회적 행위를 방지하고 부동산거래의 정상화와 부동산가격의 안정을 도모하여 국민경제의 건전한 발전에 이바지하려는 것으로, 이를 위반하면 5년 이하의 징역 또는 10억 원 이하의 벌금형에 처할 수 있다.

종중이나 배우자 간에 타인명의로 등기를 한 경우로서 조세포탈, 강제

집행의 면탈 또는 법령상 제한의 회피 등 위법을 목적으로 하지 아니하는 경우에 그 등기는 유효하다. 하지만 신탁회사를 제외한 명의신탁약정에 의한 부동산의 물권변동은 무효이므로 부동산 거래에 있어 등기부 명의인이 진정한 소유자가 되는 것이다.

「부동산소유권이전등기법」은 과거 8·15 광복과 6·25 한국전쟁 등을 거치면서 부동산 소유관계 서류가 멸실되거나 소재불명되어 실제 소유자와 등기부의 권리가 일치하지 않거나 보존등기가 없어진 경우들이 있어 재산권 행사를 못하는 사람들이 간편하게 등기를 할 수 있도록 시행된 법률이다. 1978년부터 6년 동안, 1993년과 2006년 각각 2년 동안, 그리고 2020년 8월 5일부터 2년간 총 4번에 걸쳐 시행되고 있다. 이번 특별조치법의 적용 대상은 1995년 6월 30일 이전에 매매·증여·교환 등으로 사실상 양도됐거나 상속받은 부동산과 보존 등기되지 않은 부동산이다. 자세한 절차는 그 부동산 소재 지자체에 질의하면 안내받을 수 있다.

2010년 시행된 「축사의 부동산 등기에 관한 특례법」(약칭 축사등기법)은 축산농가의 재산권을 보장하고 민생안정에 기여하기 위해 제정되었다. 그 전에는 축사가 토지에 견고하게 정착되어 소를 사육하는 용도로 계속 사용할 수 있고 건축물대장에도 등록되어 과세대상에 해당됨에도 불구하고 축사 둘레에 벽을 갖추지 않으면 건물로 소유권보존등기가 되지 않았다. 이에 개방형 축사 중 지붕 및 견고한 구조를 갖추고 건축물대장에 등록되어 있으며 연면적이 100㎡를 초과하는 건축물을 「부동산등기법」의 건물로 등기할 수 있게 되었다.

**무작정
따라하기**

부동산 등기사항전부증명서
열람 및 발급하기

① 대한민국법원 '인터넷등기소' 첫 화면에서 부동산등기의 열람하기나 발급하기를
클릭한다.

② 주소를 검색하여 부동산 등기부를 열람 및 발급한다.

③ 등기부 표제부에서는 소재지번 및 건물내역을 확인할 수 있는데, 이 기재사항과 건축물대장이 다르면 건축물대장이 우선한다.

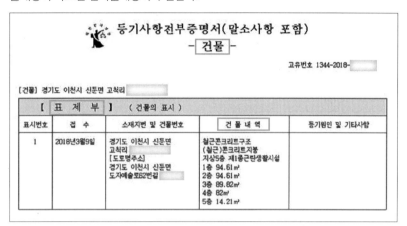

④ 건물등기부 갑구의 소유권 및 제한권리를 확인한다.

【 갑　　구 】	（소유권에 관한 사항）			
순위번호	등 기 목 적	접 수	등 기 원 인	권리자 및 기타사항
1	소유권보존	2018년3월9일 제9719호		소유자　　　　주식회사 110111-　　　 서울특별시 강남구 테헤란로 508, 10층 (대치동, 　　　)
	신탁			신탁원부　제2018-201호
2	소유권이전	2018년5월25일 제21848호	2017년8월23일 매매	소유자 배　　600622-******* 충청북도 청주시 흥덕구 오송읍 연제만수길 　　　　　　(　　　　　)
	1번 신탁등기말소		신탁재산의 처분	

⑤ 건물등기부 을구에는 소유권 이외의 권리가 기재된다. 주로 은행 등에서 대출받은 근저당권 내용을 유의하여 확인하여야 한다. 기타 제한권리가 있다.

【 을 구 】		(소유권 이외의 권리에 관한 사항)		
순위번호	등 기 목 적	접 수	등 기 원 인	권리자 및 기타사항
1	근저당권설정	2018년5월25일 제21849호	2018년5월25일 설정계약	채권최고액 금600,000,000원 채무자 배 　충청북도 청주시 흥덕구 오송읍 연제만수길 근저당권자 주식회사하나은행 110111-0672538 　서울특별시 중구 을지로 35 (을지로1가) 　(일산동동지점) 공동담보 토지 경기도 이천시 신둔면 고척리
2	근저당권설정	2021년6월23일 제32777호	2021년6월23일 설정계약	채권최고액 금636,000,000원 채무자 장 　경기도 이천시 신둔면 도자예술로 근저당권자 신용협동조합 210141- 　전라북도 전주시 덕진구 무삼지로 공동담보 토지 경기도 이천시 신둔면 고척리
3	1번근저당권설정등 기말소	2021년6월23일 제32816호	2021년6월23일 해지	

-- 이 하 여 백 --

부동산의 가치는
공부와 임장으로 분석하라

부동산 가치 분석: 최유효 이용 + 지역상권분석

도시지역의 부동산 가치는 그 건축물 및 토지의 최유효 이용과 수익률, 그리고 장기적으로는 주변 상권의 변화에 따라 달라진다. 먼저 그 건축물이 그 지역에서 최유효 이용 상태인지 살펴보아야 한다. 여기서 건축물의 '최유효 이용'이란 건축물대장의 사용용도와 실제용도가 그 지역에서 가장 적합한 용도인지, 건축물 준공 후「국토계획법」의 용도지역이 변경되었는지, 또는 최근 인근에 임대수익률의 변동이 있었는지에 따라 결정될 것이다.

예를 들어 수익형 부동산의 경우, 그 건축물이 허가 또는 준공 당시에는 사용용도가 최적이었으나 지역상권이 변하여 현재는 최유효 이용에 미달되는 용도로 사용되는 경우가 있다. 또는「국토계획법」의 용도지역이 변경되어 건축물의 허용용도 및 건폐율·용적률이 달라졌는데 건축물 용도 등을 변경하지 못하거나, 동종시설이 늘어나서 임대료가 하락하여 수익률이 하락하면 결국 최유효 이용에 이르지 못한 것이다.

주변 상권의 변화도 부동산의 가치에 영향을 미친다. 상가의 입지유형과 배후지 성숙도 분석(도입기-성장기-성숙기-쇠퇴기)에 따라 가치를 분석하는 방법들을 알아보자. 먼저 점포의 입지유형에 따른 건축물의 최유효

 알아두세요

건폐율
대지(면적) 위에 지을 수 있는 건축물의 바닥면적 비율이다. 예를 들어 건폐율이 60%라면 100㎡의 토지 위에 60㎡의 건축물(1개 층 바닥면적)을 지을 수 있다.

용적률
대지(면적) 위에 지을 수 있는 건축물의 각층 합산면적 비율이다. 예를 들어 용적률이 400%라면 100㎡의 토지 위에 400㎡의 건축물(각 층 바닥면적의 합계)을 지을 수 있다.

이용을 살펴보자.

어떤 지역에 점포를 개설하여 사업에 성공하려 한다면 넬슨이 분류한 4가지 입지유형 중 어느 것에 해당하는지 확인해볼 필요가 있다.

넬슨의 입지유형

| 넬슨의 입지유형 |

업종분류	집심(集心)성 점포	집재(集在)성 점포	산재(散在)성 점포	국부적(局部的) 집중성 점포
내용	배후지의 중심지에 입지	동일 업종이 한 곳에 입지	서로 분산되어야 유리한 점포	관공서, 학교 등에 모이는 점포
업종	백화점, 귀금속, 고급식당, 화랑	증권회사, 금융, 가구점, 오피스	잡화점(편의점), (한)의원, 독서실	법원, 세무서, 학교 등 핵시설

첫째, 집심(集心)성 점포란 백화점, 귀금속점, 갤러리, 고급음식점 등 고급업종 또는 소비성이 높은 고객이 모이는 중심상업지역(Central Business Districts)이거나, 대규모 배후지의 중심지에 있어야 영업이 잘되는 고급업종의 점포를 말한다.

둘째, 집재(集在)성 점포란 증권회사, 금융사, 가구점, 전문음식점 등 한 곳에 모여 있어야 수요가 크게 늘어날 수 있는 업종이다. 예를 들면 여의도의 금융가, 논현동의 고가가구 단지 등이다.

셋째, 산재(散在)성 점포란 동일 업종의 점포가 늘어나도 그 업종 상권이 급격히 커지지 않아 한정된 상권을 서로 나누어야 하므로 분산되어야 유리한 업종이다. 예를 들면 잡화점(편의점), 동네병원, 독서실, 목욕탕 등이다.

넷째, 국부(局部)적 집중성 점포란 주로 핵시설을 중심으로 동일 업종이 모이는 상권을 말한다. 예를 들어 법원 근처에는 변호사·법무사 사무실 및 일반음식점이 모여 있고 세무서 근처에는 세무사 사무실이 모여 있다. 마찬가지로 대학 근처에 고시원이나 원룸 및 일반음식점 등이 모이게 마련이다.

건축주는 그 건축물을 직영 또는 임대하려면 그 지역상권 및 입지유형에 맞는 건축물 용도를 정하고 적절히 사용공간을 배분하여야 최유효 이용에 이를 것이다. 이외에도 최소비용이론, 최대수요이론, 소매인력의 법칙 등이 있다.

지역 라이프사이클

어느 상권이나 '도입기 → 성장기 → 성숙기 → 쇠퇴기'를 거치게 된다. 장기적 관점에서 건축물의 가치를 분석하기 위해 주변 상권의 변화를 예측할 때에는 그 지역 라이프사이클에 맞게 분석하자.

지역 라이프사이클은 지역에 따라 다르지만 일반적으로 도입기는 신도시 등의 개발계획이 확정된 후 아파트단지 또는 인구집중시설의 토목공사가 시작되고 건축물이 준공되어 사용자들이 입주하는 초기 단계이다.

성장기는 주거지역 및 인구집중 시설이 입주하고 교통시설 등 기반시설이 완비되어 배후상권이 안정되면서 조금씩 커져가는 시기이다.

성숙기는 배후상권이 안정되어 주거지역 및 상업지역이 완성되는 시기, 또는 주변지역으로부터 유입인구가 늘어나는 시기이다. 이 성숙기는 그 주거지역이 노후화되거나 또는 인구집중 시설이 다른 곳으로 이전을 계획하는 시기까지 장기간 계속될 수 있다.

쇠퇴기는 지역상권을 대표하는 시설 또는 업종이 이전하거나, 기반시설이 노후화되어 가지만 도시재개발이 용이하지 않아 슬럼화되어가는 시기를 말한다.

도시지역의 상권분석 방법은 여러 학자들의 상권분석 이론에 근거하여

알아두세요

베버(Alfled Weber)의 최소비용이론

비용(운송비, 인건비 등)이 최소인 곳에 입지해야 이윤극대화가 가능하다는 이론

뢰슈(August Lösche)의 최대수요이론

생산비보다는 시장확대가능성이 있는 곳에 입지하는 것이 이윤극대화가 가능하다는 이론

레일리(W. J. Reily)의 소매인력의 법칙

도시간의 상권(고객)흡인력은 인구규모에 비례하고 거리의 제곱에 반비례한다는 법칙

알아두세요

상권분석 이론

레일리(W. Reilly)의 소매인력법칙, 허프(D. L. Huff)의 소매지역이론, 넬슨(R. L. Nelson)의 소매입지이론, 페터(R. M. Fetter)의 공간균배의 원리 등이 있다.

전문적인 분석도 필요하지만, 그 분석 결과도 결국 분석자의 필요에 따라 주관적일 수밖에 없을 것이다. 소상공인진흥공단의 '상권분석시스템' 및 통계청 사이트에서 주변 상권자료를 기초로 그 건물의 용도 및 수익률을 분석하고, 향후 그 지역상권의 변화를 예측하면서 건물 및 토지의 가치를 분석하면 더 합리적인 판단을 하는 데 도움이 된다.

무작정
따라하기

상권분석하기

'소상공인시장진흥공단'에서 제공하는 '상권정보시스템'과 통계청에서 제공하는 '통계지리정보시스템'을 이용하면 상권분석에 크게 도움이 될 것이다.

① '소상공인시장진흥공단(www.semas.or.kr)'에 로그인한 후 '상권정보' 메뉴를 클릭한다.

② '간단분석'에서 업종과 위치를 선택하고 '분석하기'를 클릭한다.

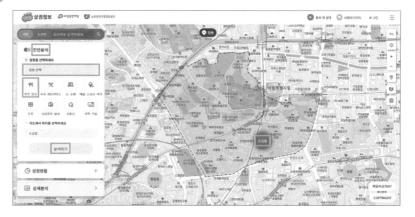

③ 간단분석 결과를 보고 '인쇄하기' 또는 '상세분석'으로 이동한다. 상세분석에서 지도를 클릭하면 '상권분석', '경쟁분석', '수익분석', '입지분석' 선택메뉴가 뜬다. 원하는 분석을 눌러 확인한다. 상세분석에서 지도를 클릭하면 '상권분석', '경쟁분석', '수익분석', '입지분석' 선택메뉴가 뜬다. 원하는 분석을 눌러 확인한다.

④ 각종 분석서 및 상권분석 보고서를 출력하여 활용하자.

생활권역 통계지도 활용하기

통계청에서 제공하는 '통계지리정보서비스(SGIS)'를 활용하면 다양한 통계자료를 얻을 수 있다. 생활권역 통계지도로 상권분석에 필요한 자료를 찾아보는 방법을 알아보자.

① SGIS(sgis.kostat.go.kr)에 접속하여 로그인한다.

② '활용서비스', '생활권역 통계지도' 경로로 들어가 시·군·구를 선택한 후 시설유형으로 지점을 선택한다.

③ 대형마트 중 원하는 곳을 선택해보자.

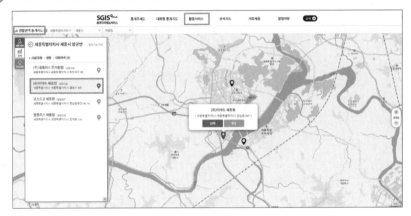

④ '반경기준(0.5km, 1km, 2km)'으로 인구, 가구, 주택, 사업체, 종사자 수를 확인할 수 있다.

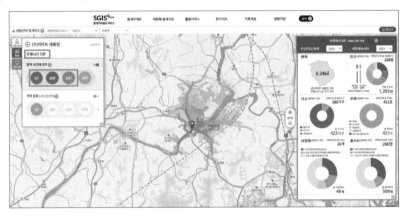

⑤ '주행시간 기준(5분, 10분, 15분, 20분)'으로 인구, 가구, 주택 수 등을 확인할 수 있다. 생활권역 통계지도를 출력하여 상권분석에 활용할 수 있으니 참고하자.

토지의 가치 분석하기

토지의 가치를 분석하는 것은 건축물의 가치를 분석하는 것보다 훨씬 어렵다. 건물의 가치는 이미 조성된 대지 위에 29가지 건축물 및 시설 중 그 용도지역에서 이미 지어진 또는 지을 수 있는 건축물의 최유효 이용 및 주변 상권의 변화만 살펴서 그 가치를 평가하면 된다.

하지만 건축물이 없는 토지는 훨씬 많은 것을 고려하여야 한다. 예를 들어 「국토계획법」에 의한 용도지역이 도시지역 중 자연녹지 또는 계획관리지역이라도 다른 법률에 의하여 지정된 군사시설보호구역, 문화재보호구역이면 개발이 어렵다. 또한 비도시지역인 경우 그 지방자치단체의 도시계획조례에서 허용되는 건축물이라도 형질변경 허가 등은 별도로 받아야 하고 119가지 법령에 의한 334가지 용도지역의 개발제한 규정이 중복적으로 적용될 수 있어 토지의 개발가치를 사전에 판단하기 어려운 것이다.

토지 가치분석 1: 공부 확인

토지 가치분석의 첫 번째는 '공부 확인'이다. 공부를 통해 용도지역에 따른 행위제한을 분석하는 것이다. 인구와 산업의 유치를 위한 도시지역의 주거·상업·공업지역은 이미 개발계획(도시계획) 및 개발협의가 되어 있다. 따라서 생활환경 보호를 위한 각종 규제만 조심하면 된다. 하지만 녹지지역과 비도시지역은 보전이 주목적인 토지이므로 토지의 형질변경 등을 제한하는 각종 규제가 존재한다. 그래서 먼저 '토지이음' 사이트에서 토지이용계획 및 도시계획으로 「국토계획법」에 의한 용도지역과 다른 법령에 의한 용도지역을 확인하고 부동산종합증명 및 지적공부도 살펴본다. 그 용도지역에 따른 각각의 법령 및 지자체 조례에 의한 개발제한을 꼼꼼히 확인하여야 한다.

 알아두세요

공부의 공신력(公信力)

좁은 의미로 공신력이 없다는 것은 등기부의 소유자가 진짜 주인이 아닐 수도 있다는 뜻이다. 넓은 의미로 공신력이 없다는 것은 각종 공부에 기재된 내용이 사실과 같지 않거나 아예 기재되지 않은 타인의 권리가 있어 부동산 거래에서 피해가 발생할 수 있다는 것이다.

토지 가치분석 2: 임장

토지이음의 토지이용계획 및 도시계획과 각종 지적공부 등은 평면적이고 개괄적일 수밖에 없어 실제 현장을 보지 않으면 알 수 없는 (자연)환경적 제한이 굉장히 많다. 또한 공부의 공신력이 없어 진정한 소유자 파악 및 각종 제한권리를 공부만으로 확인하기 쉽지 않은 것이 현실이다. 그래서 토지가치를 평가할 때는 반드시 현장을 확인하여야 한다. 그때 확인하여야 할 것들을 몇 가지 알아보자.

첫째, 지적공부의 경계와 실제 경계가 다르거나, 소유자 및 주민의 편의에 따라 공부와 다르게 변경된 지적이 있으면 추후 소유자와 이용자 간의 분쟁이 될 수 있다. 그러므로 만약 (지적)도면과 실제 현황이 다르면 마을 이장 및 토지점유자, 면사무소(행정복지센터), 공인중개사 등에게 확인해야 한다.

| 불법 폐기물 확인 | 타인의 나무 등 지상물 확인 |

둘째, 불법적인 구조물 및 폐기물이나 지하의 불법 폐기물 매립 등을 확인하는 것이다. 만약 불법 폐기물이 지하에 매립되어 오염되어 있다면 엄청난 비용을 들여서 복구해야 한다. 타인의 나무 또는 인삼재배사 등 지상물을 파악하는 것도 중요하다. 소나무는 별도로 공시되지 않으면 보상할 필요가 없으나 조경수 또는 인삼 등 특수작물은 보상하는 것이 원칙이므로, 주변에 수소문해서 잘 처리해야 한다.

| 법정지상권 | 분묘기지권 | 유치권 |

셋째, 타인의 권리가 있는지 확인하자. 등기부 및 지적공부에 나오지 않는 타인의 권리를 미공시권리라고 하는데, 현장을 살펴보면 법정지상권, 분묘기지권, 유치권, 특수지역권, 주위토지통행권 등을 확인할 수 있다.

| 고압선로 | 축사 |

넷째, 주변 경치를 보면서 혹시 근처에 대형 축사 등 환경오염시설, 고압선로 등이 있는지 살펴보자. 축사의 냄새는 상당히 역겨울 수 있고, 특히 돈사의 냄새는 저기압인 날에는 굉장히 멀리 퍼지므로 유의하여야 한다. 또한 주변의 개발이 내 토지에 어떤 영향을 미칠 것인지도 확인해보아야 한다.

임장활동을 하고 나면 그 토지의 개발가치를 찾아야 하는데 그때는 전문가 또는 허가청에 질의하여야 한다. 건축물은 건축사가 전문가이고 토지는 형질변경허가를 대행하는 사무실이 전문이며, 권리관계는 변호사가 전문가이다. 그러므로 토지가치를 실현해주는 개발허가 여부를 확인하려면 공부 분석과 임장활동 결과물을 가지고 용역업체의 도움을 받아서 허가청에 질의 또는 신청하면 된다.

임장 다니며 할 일			임장 후 전문가에게 질의
부동산		**사람**	
1	공부와 현황 차이	이장 등 주민과 면담	토목 측량
2	지상물 조사	점유자와 면담	건축사
3	미공시 권리 확인	면사무소에 질의	변호사(법무사)
4	주변 환경 및 개발사례	현지 공인중개사 면담	기타

토지가치 분석 3: 개발행위허가 및 농지·산지전용허가 기준이나 조건 확인

공부를 확인하고 임장활동을 마쳤다면 그 토지에서 허용되는 건축물 및 시설이 실제로 허가될 수 있는지 알아보아야 한다. 즉 개발행위허가 기준 및 농지·산지전용허가 기준에 맞는지를 확인하는 것이다. 녹지지역 및 비도시지역은 임야 또는 농지인 경우가 많으므로, 형질변경 허가(개발행위허가 및 전용허가)를 받을 수 있는 조건이 되는지 판단해야 한다.

예를 들어 개발대상 토지가 임야라면 건축허가의 진입로 규정은 보전산지인지 또는 준보전산지인지에 따라 개발행위허가 또는 산지전용허가의 진입로 확보기준이 다르다.

특히 단독주택이 아닌 건축물은 개발행위허가에서 진입로 확보기준이 다르다. (소)하천 및 구거에 배수로 연결이 가능하여야 하고, 경사도, 입목축적 등이 법령 및 지자체 도시계획조례 기준의 범위 내인지 확인하여야 한다. 주변 환경과의 조화 등 환경허가 기준에 맞는지도 확인하여

알아두세요

형질변경

지목이 대(垈)인 경우에는 건축물을 곧바로 지을 수 있지만, 지목(사실상 지목 포함)이 임야 또는 농지인 경우에는 지목을 대로 바꾸는 절차가 선행되어야 한다. 이런 절차는 개발행위허가 또는 농지(산지)전용허가에서 이루어진다. 다만 이런 형질변경허가는 건축허가(신고)와 함께 신청되기 때문에 일반인은 그 허가에서 허가권자의 재량권이 큰 것을 간과하기 쉽다.

야 한다.

또한 개발면적이 5,000㎡가 넘는 중대형 개발은 (사전)재해영향평가 및 사전환경성 검토(소규모환경영향평가) 대상이 되면 인허가 기간 및 용역비용이 늘어나므로 유의하여야 한다.

일반인이 허가를 신청하지 않고 허가청의 여러 부서를 돌아다니면서 허가 가능성을 종합적으로 확인하는 것은 사실상 불가능하다. 따라서 토목측량설계사무실이나 종합엔지니어링회사와 상담하는 것이 안전하다.

참고로 기획부동산이 개발정보를 가지고 남보다 한발 빠른 투자를 권유하는 것은 그 자체가 문제 있는 것은 아니다. 다만 미확정 개발정보로 투자를 권하거나 분할이 안 되는 땅을 제안하는 경우, 또는 개발이 확정된 곳이라도 지분으로 이전등기를 권장한다면 투기적 거래일 가능성이 있으므로 거절하거나, 반드시 현장을 가보고 매입의사를 결정하여야 한다.

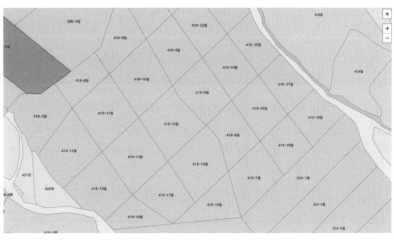

2004년 기획부동산의 분할(맹지)

예를 들면, 2005년 이전에는 비도시지역의 임야는 개발행위허가를 받지 않고도 분할이 가능하였기 때문에 마치 바둑판처럼 내부도로 없이 분할되어 거래되었지만, 내부도로가 없으면 건축허가를 받을 수 없는 맹지가 된다. 그리고 2006년 이후 개발행위허가를 받아 지적도에 내부도로를 분할하여 매매할 수 있게 되었지만 실제 현장을 보면 지적도의 도로 위에 입목이 울창하거나, 단지 외부도로가 없어 사실상 개발이 불가능한 토지도 많다.

결론적으로 토지는 다른 상품과 달리 외형만 보고 가치를 판단하기 어렵고 허가 가능성까지 분석하여야 한다. 이를 위해 첫째, 공부로 허용건축물의 종류와 개발행위허가 및 전용허가기준을 검토하자. 둘째, 임장활동으로 공부와 현황이 다른 것이 있는지 혹은 타인의 제한권리가 있는지 확인하여야 한다. 셋째, 허가 여부를 토목사무실 및 허가권자에게 문의해야 한다. 그러나 녹지 및 비도시지역의 토지는 규제법령이 여러 곳에 흩어져 있어 사전에 모든 규제를 알 수 없고, 또한 허가권자의 재량권이 있어 허가를 신청해보지 않고 사전에 규제를 파악하기는 사실상 어렵다.

그러므로 녹지 및 비도시지역의 토지를 거래할 때에는 반드시 건축 및 개발행위허가를 받을 수 있는지 확인하거나, 허가 조건부로 계약하는 것이 안전하다. 또한 비수도권의 비도시지역의 토지는 수도권 및 대도시의 도시지역과 달리 개발이 굉장히 장기간에 이루어지므로 유의하여야 한다.

토지 가치 판단 순서

① **공부 확인하기**

'토지이음', '일사편리', '정부24', '세움터' 등을 활용하여 공부를 파악한다. 개발행위
허가 기준은 「국토계획법」으로부터 위임받은 도시계획조례와 「개발행위허가운영지
침」을 확인하자.

1) '토지이음'에서 토지이용계획의 용도지역별 허용행위 및 도시관리계획 확인

> **국토계획법 시행령 제71조(용도지역 안에서의 건축제한)**
> ① 법 제76조 제1항에 따른 용도지역 안에서의 건축물의 용도·종류 및 규모 등의
>   제한은 다음 각 호와 같다.
>   [별표2~25] → (건축물 용도 제한을) 지자체 도시계획조례에 위임

2) 개발행위허가 기준: 「국토계획법 시행령」 [별표1의2]에 의해 도시계획조례에 위임

> **국토계획법 시행령 제56조(개발행위허가의 기준)**
> ① 법 제58조 제3항에 따른 개발행위허가의 기준은 [별표1의2]와 같다. → 지자
>   체 도시계획조례에 위임
> ④ 국토교통부장관은 제1항의 개발행위허가기준에 대한 세부적인 검토기준을
>   정할 수 있다. → 개발행위허가운영지침에 위임

② **임장하기**

현장을 직접 확인하고 주민, 마을대표, 공인중개사를 만나 탐문한다.

1) 지적도와 현장의 차이가 있는지, 해당 토지에 현황도로가 있는지 등을 확인한다.

2) 해당 토지에 타인의 미공시권리가 있는지 확인한다.

3) 주변에 혐오시설이 있는지 확인한다.

4) 주민들의 반대 등 민원발생 가능성이 있는지 검토한다.

③ 토목측량설계사무실과 상담하고 허가청의 유권 해석을 이해하여 개발허가가 가능한 지 확인한다.

> **전문가(토목측량설계사무실)와 함께 검토해야 할 전체 순서**
>
> **1. 도로(진입로) 개설에 따른 허가 여부를 판단한다.**
>   ① 기반시설인 진입로(사도 개설) 확인
>   ② 맹지에서 탈출하는 방법 확인(도시계획조례 참조)
>
> **2. 개발행위허가 기준에 따라 허가 난이도가 달라지므로 임야의 경우 지자체마다 다른 경사도 기준을 확인한다.**
>   ① 경사도 13~25° 이상의 허용여부 및 전용면적
>   ② 입목축적(산림경영기술자) 등
>
> **3. 일정 면적 이상의 개발은 환경허가를 받아야 하므로 환경부 고시(환경공간정보서비스) 등을 통해 환경성을 검토한다.**
>   ① (사전)재해영향성 평가, 사전환경성 검토
>   ② 오염부하량 배정, 생태등급 등 검토
>
> **4. 위치에 따른 민원 발생 가능성을 검토한다.**
>   ① 공사·발파로 인한 소음, 가축으로 인한 악취 등 확인
>   ② 마을도로 이용으로 인한 교통 및 분진 등 확인
>
> **5. 기타**
>   ① 지상문화재 및 매장문화재 등 문화재 관련 허가 검토
>   ② 군사시설, (연접) 도시계획심의 등 확인

plus+

 알아두세요

법사가격

경매 시 법원은 감정평가사가 평
가한 가격을 기준으로 입찰 최저
가격을 결정한다. 아파트는 시세
와 비슷하거나 약간 높게 나오지
만 토지의 경우는 천차만별이다.

경매 토지의 법사가격을 믿을 수 없다

법원이 경매로 부동산을 매각하려면 감정평가사의 감정이 있어야 한다. 법원은 경매 물건의 최저입찰금액을 결정할 때에 법사가격을 근거로 한다. 이 법사가격은 시세를 반영한 것이지만, 토지의 경우 신뢰하기 어려운 경우가 있다.

원래 주거·상업·공업지역의 건축물을 감정할 때에는 비교사례가 있고 수익분석이 가능하며 원가분석법 등을 이용할 수 있어 비교적 객관적 시세를 찾기 쉽다. 하지만 녹지지역과 비도시지역의 토지가격은 이런 감정평가 기준이 없기 때문에 법사가격이 실제 시세를 제대로 반영하지 못한 경우가 많다.

국토의 95% 이상을 차지하고 있는 녹지(12%) 및 비도시지역(83.3%)의 부동산 감정 평가가 제대로 되고 있지 않아 여러 문제가 발생한다. 국토의 효율적 이용은 물론 균형발전을 저해하며, 정당한 보상 또는 대출을 받아야 할 서민에게는 큰 손해가 생기는 것이다. 감정평가가 적절한 시세를 반영하지 못한 사례를 몇 가지만 설명한다.

'토지이음' 사이트에서 열람한 '토지이용계획'

첫째, 도시지역은 개발목적의 토지이므로 용도지역(주거·상업·공업·녹지)별로 허용되는 건축물 용도가 다르고 이에 따라 가치 또한 달라진다. 건축허가는 상대적으로 용이하다. 다만 비도시지역은 원래 보전 목적의 토지이므로 용도지역별로 허용되는 건축물의 용도보다도 개발행위허가, 전용허가, 환경허가 등 인허가 여부가 훨씬 중요하다. 그래서 녹지 및 비도시지역 토지의 가치를 평가할 때에는 어떤 종류의 건축허가 또는 개발행위허가가 되는지도 중요하지만, 기반시설인 진입로, 상하수도 등이 확보 되었는지와 이 개발로 인한 주변 환경과의 조화 등이 더 중요하다.

제목	건축신고 처리알림 【최창★】				

귀하의 건축신고는 건축법 제14조 및 같은법 시행령 제11조에 따라 다음과 같이 처리하고 신고필증을 교부하오니 건축신고 조건 및 제반법규 사항에 위배됨이 없도록 건축하시기 바라며, 관련부서에서는 업무에 참고하시기 바랍니다.

신고번호	건축주	주소			용도지역
2018-신축	최	용인시 수지구 상현로			계획관리
대지위치		대지면적(㎡)	지목	건축면적(㎡)	연면적(㎡)
보개면 상상리		3,920	임	396	396
건축물의 종류		구조/지붕	층수 (지하/지상)	건폐율(%)	용적률(%)
제1종근린생활시설(소매점)		경량철골/판넬	0/1	10.1	10.1
비고	- 일괄처리사항 (산지전용, 개발행위) - 공작물 축조신고 [옹벽(역T형) H=3m, L=198m]				

소매점 허가된(수리된) 건축신고서

반대로 허가를 받아 공사 중인 토지를 감정평가하는 경우, 허가를 받았다가 준공되지 않으면 원래의 가치로 돌아가야 하기 때문에 허가가치를 인정 못하겠다고 판단하는 것은 크게 잘못된 것이다. 예를 들어 경매를 통하여 토지를 구입할 경우 이미 건축허가가 된 토지는 허가되지 않은 토지보다 훨씬 높게 평가되어야 한다. 왜냐 하면 한 번 허가된 곳은 각종 인허가 리스크가 이미 제거되었기 때문에 취소되어도 다시 허가를 받기 그리 어렵지 않기 때문이다.

둘째, 녹지 및 비도시지역의 지구단위계획구역을 감정평가할 때이다. 도시지역 중 주거·상업·공업지역의 지구단위계획구역은 「국토계획법」의 용도지역과 지구단위계획 지침의 용도가 큰 차이가 없으나, 녹지 및 비도시지역에서는 엄청난 차이가 있을 수 있다. 그러나 일부 감정평가사들은 지구단위계획 지침을 확인하지 않고 감정하는 경우가 있다. 지구단위계획 지침은 지자체 공보에서 확인 가능하다.

경 기 도 보			
제5130호			2014. 12. 23.(화)

5) 상업 용지(문화지원시설)
○ 기정

도면 번호	위치	구분		계획내용
CS1 ~ CS2	경기도 이천시 신둔면 고척리 195 번지 외	용 도	허용용도	○ 건축법 시행령 별표1 • 제4호 제2종근린생활시설 중 　가목 일반음식점, 나목 휴게음식점, 마목 공연장, 바목 사무소, 아목 청소년게 　임제공업의 시설, 복합유통게임제공업의 시설, 인터넷컴퓨터 게임제공업의 시설 • 제5호 문화 및 집회시설 중 　가목 공연장, 라목 전시장, 마목 동식물원 • 제7호 판매시설을 중 상점 • 제10호 교육연구시설 중 나목 교육원, 연수원 및 이와 유사한 시설 • 제12호 수련시설 • 제13호 운동시설 • 제14호에 의한 업무시설 중 나목 일반업무시설 • 제15호에 의한 숙박시설 중 가목 일반숙박시설 　－ 바닥면적 합계 660㎡이하, 3층 이하에 한함 • 제27호 관광휴게시설

예를 들어, 계획관리지역에서 지구단위계획을 수립한 이천의 도자예술촌(예스파크)은 총면적 12만 3천 평인데, 그중 6만 평은 주거용도로서 221개 예술인 건축물이 있고, 1만 평은 상업용도로서 음식점 등이 있으며, 나머지는 도로, 공원 등 공공시설이다.

| 주거용지와 상업용지의 차이 |

	상업용지	주거용지
건폐율	60%	40%
용적률	200%	100%
층수	6~20층	3층 이하
허용용도	음식·숙박 가능	근린생활(예술에 한정)

그런데 대부분의 감평사들은 「국토계획법」의 계획관리지역을 기준으로 표준지공시지가, 주변의 거래사례, 도로와 접도상황 등으로 평가할 뿐, 지구단위계획 지침에 규정되어 있는 주거용도와 상업용도의 허용용도, 건폐율, 용적률에 있어 차이가 있는 경우가 많은데도 그 차이를 반영하지 않고 있는 경우가 있다. 실제로 이곳은 주거용도와 상업용도 토지의 허용용도가 다르고, 건폐율, 용적률, 층수 등에서 두 배 이상의 차이가 있다. 그런데 이런 점은 전혀 반영시키지 않고 인근 거래사례 위주로 감정을 하기 때문에 법원경매에 부쳐졌을 때 또는 은행 대출을 받을 때 큰 불이익을 받게 된다.

건축물 대장이 없는 건축물(2006년 5월 8일 이전 비도시지역에 존재)

셋째, 주로 녹지지역과 비도시지역에는 건축물대장이 없는 건축물이 있는 경우가 있다. 이런 무허가건축물이 있는 토지는 감정평가사가 제대로 평가하지 못하고 있다. 이런 건축물의 태생 또는 양성화에 대한 검토가 어렵기 때문이다.

예를 들면 2006년 5월 8일까지는 비도시지역의 농지에 200㎡ 미만, 2층 이하의 건축물을 짓는 경우 건축허가(신고)를 받지 않고 면사무소에 농지전용신고만 하고 건축물을 지은 후에 건축물대장을 만들어 달라고 요청할 수 있었다. 그런데 준공 후에 본인이 준공신청을 하지 않았거나 이웃 경계침범 등 법령위반을 이유로 건축물대장을 만들지 못하고, 결국 보존등기를 하지 못한 채로 사용하고 있는 건축물이 있다.

그리고 임야는 1961.7.27. 전용허가제도가 생겼고, 사유림은 1970년부터 「산림법」에 모든 임야가 형질변경 허가(신고)대상이 되었으므로 그 이전에 임야 위에 농가주택을 짓기 위한 형질변경은 허가대상이 아니므로 불법이 아니다(대법원 2007두6939, 93도403). 또한 1973년에 농지전용허가 제도가 생겼고, 농가주택은 1990년부터 허가(신고)대상이었기 때문에 그 이전에 농지나 임야에 지은 무허가건물은 처벌 근거가 없어 양성화가 필요한 것이다. 1988년에 농지에 무허가건축물 양성화 조치가 시행되었다(농지불법전용억제 및 처리대책). 이때 농업인이 아니면 전용부담금은 납부해야 한다.

> 토지소유자가 일단의 택지를 조성·분양하면서 개설한 도로는 다른 특단의 사정이 없는 한 그 토지의 매수인을 비롯하여 그 택지를 내왕하는 모든 사람에 대하여 그 도로를 통행할 수 있는 권한을 부여한 것이라고 볼 것이어서, 토지소유자는 그 토지에 대한 독점적이고 배타적인 사용수익권을 행사할 수 없다(대법원 2009다8802, 2016다264556 전원합의체 판결 등).

넷째, 녹지 및 비도시지역에는 건축법 도로(법정도로+지정도로)가 없는 경우가 아주 많다. 그래서 마을길 또는 농로를 진입도로로 건축신고한 건축물이 많은데, 이 진입로가 사유인 경우에는 이웃끼리 분쟁이 있을 수 있고 감정평가도 제대로 하기 어렵다. 왜냐하면 사유지를 내 건축물의 진입로로 사용하려면 원칙적으로 그 소유자의 사용승낙이 필요한데, 예외적으로 법원에서 배타적사용권의 포기 또는 제한되어 사용승낙이 필요 없이 건축허가(신고)를 해줄 수 있다고 해석하면서, 그 결정은 허가권자가 종합적으로 분석하여 판단할 수 있는 재량권을 부여하였다(대법원 2005다21517 판결 등). 그러나 사례가 워낙 다양하여 「건축법」 또는 「국토계획법」에 모두 담을 수도 없고 국토부에서도 지침으로 정리해주지 못하고 있어, 감정평가사들도 민법과 공법을 종합적으로 판단하기 어렵기 때문에 실제 감정평가 금액이 시세와 다른 경우가 의외로 많다. 그리고 수도권 등 과밀된 면적(국토의 10%)을 제외한 나머지 비수도권의 90% 이상의 토지 가치를 제대로 평가해야 전국의 균형발전이 이루어지고 지방의 주민도 불이익을 받지 않을 것이다.

개발허가는 복합민원이고 재량행위이다

많은 법령에 의한 복합민원

도시지역의 주거·상업·공업지역으로 결정된 용도지역은 국가 및 지자체가 모든 법령의 개발규제를 확인하고 도시관리계획에 맞게 개발을 원칙적으로 허용한 곳이다. 따라서 사전에 인허가 리스크를 거의 확인할 수 있다. 반면 비도시지역의 토지는 개발협의가 되지 않은 곳이므로 그 토지의 내재가치는 개발허가 신청 후에 확인될 수 있어 어떤 전문가도 허가를 신청해보지 않고 사전에 판단하기는 쉽지 않다. 그 이유는 토지개발허가란 수많은 공법이 중복적으로 규제되는 '복합민원'이고, 환경허가 등은 법령에 허가기준을 구체적으로 규정하지 않고 허가 여부에 대한 재량권을 허가권자에게 부여하였기 때문이다.

여기서 '복합민원'이란 허가를 받기 위한 민원내용이 복합적이라는 뜻이다. 예를 들어 임야 또는 농지에 전원주택을 지으려면 건축허가, 개발행위허가, (농지·산지)전용허가 및 각종 점용허가 등을 동시에 받아야 한다. 즉 「건축법」 또는 「국토계획법」의 한 곳에 개발규제가 모두 있는 것이 아니라 (다른 법률을 배제한다는 규정이 없는 한) 모든 공법이 중복적으로 적용된다는 것이다.

복합민원을 해결하는 절차는 각종 허가 법령 및 「민원처리법」(민원 처리에

행정절차법

행정안전부가 1998년에 신규 제정한 법률로, 행정청이 각종 처분을 하거나 법령·정책·제도 등을 제정·수립 또는 변경하는 경우 이에 대한 합리적인 기준과 공정한 절차를 마련하고, 국민의 의견을 직접 듣고 반영할 수 있는 기회를 보장하여 국민의 권익보호와 행정의 공정성·투명성·신뢰성을 확보하려는 것으로, (행정)처분·신고·입법예고·행정예고·행정지도의 절차에 관해 다른 법률에 특별한 규정이 없는 한 이 법을 따른다.

관한 법률)과 「행정절차법」, 「행정기본법」에 규정되어 있으므로, 그 절차 및 기준에 맞아야 한다. 허가란 「민원처리법」 제2조에 의한 일반민원 중 법정민원이다. 허가는 각종 개발사업에 공통적으로 적용되는 것도 있고 선택적으로 적용되는 것이 있다.

반면 비도시지역의 토지라도 단독주택은 개발로 인한 훼손면적이 비교적 적고 인간의 삶의 기본시설이기 때문에 허가보다 낮은 수준인 신고로 가능하다. 농업용 시설은 농업인의 경영안정을 위한 시설이기에 일반건축물보다 형질변경 등 전용이 쉽다. 일반인은 여러 가지 허가의 종류 및 인허가 기준의 개념 정도만 공부하고 용역업체의 도움을 받으면 허가를 신청하기 전에도 내 토지의 내재가치를 어느 정도 판단할 수 있을 것이다.

잠깐만요

허가(許可)

허가란 강학상 법령에 의한 일반적 금지를 특정한 경우에 해제하여 적법하게 일정한 행위(사실행위 또는 법률행위)를 할 수 있게 하는 행위를 말한다. 실정법에서는 허가·면허·인가·승인 등의 여러 가지 용어가 사용되고 있으며, 허가는 상대적 금지의 경우에만 가능하고 절대적 금지에 있어서는 허용되지 않는다. 허가란 주로 국가기관 이외의 사인(私人) 또는 단체를 대상으로 한 용어이며, 국가기관이 행정목적을 수행하기 위한 경우에 대상이 동급관청인 때에는 '협의', 상·하급간인 때에는 '승인'이란 용어를 사용하는 것이 일반적이며, 그 효력에 있어서는 동일하다.

신고(申告)

신고란 일정한 사항을 행정청에 통지함으로써 의무가 끝나는 것으로 법령 등에 규정된 요건을 갖춘 신고서가 해당 기관에 도달된 때에 신고의 의무가 이행된 것으로 본다(행정절차법 제40조). 다만 법령 등으로 정하는 바에 따라 행정청에 일정한 사항을 통지하여야 하는 신고로서 법률에 신고의 수리(受理)가 필요하다고 명시되어 있는 경우에는 행정청이 수리하여야만 효력이 발생한다(행정기본법 제34조). 예를 들면, 건축신고가 개발행위허가를 수반한 경우에는 개발행위허가 여부에 허가권자의 재량권이 있으므로 허가청이 수리해야만 효력이 발생되는 것이다(대법원 2010두14954 전원합의체 판결).

허가의 종류

허가의 종류는 개발면적에 따라 크게 다르지만 소형 면적의 경우 건축신고, 개발행위허가, 전용허가 등이고, 중·대형개발의 경우 수많은 환경허가 및 주민 보호 등이 추가된다. 특히 도시지역에서는 지자체 건축조례에, 비도시지역에서는 도시계획조례에 허가기준에 대한 판단이 위임되어 있어 허가권자의 재량권이 부여된다. 따라서 개발하려는 부동산 소재지 관할 지자체의 각종 조례를 확인해야 한다. 공장 등 환경오염물질을 배출하는 시설은 '배출시설설치허가'도 있다.

| 허가의 종류 |

대분류	허가명칭	근거법령	허가명칭	근거법령
건축허가	건축신고	건축법	도로점용허가	도로법
토목허가	개발행위허가	국토계획법	사도개설허가 등	사도법 등
	전용허가	농지법, 산지관리법	국유재산사용허가	국유재산법
환경허가	재해영향성평가	자연재해대책법	(소)하천점용허가	(소)하천법
	소규모환경영향평가	환경영향평가법	농업생산기반시설	농어촌정비법

아래 표는 수많은 허가 중 일반적인 150여 가지만 골라 정리한 것이다.

No.	법률명칭	조	허가명칭	
1		11	건축허가	⑤ (인·허가) 의제
2		14	건축신고	
3	건축법	10	(건축 관련 입지와 규모의) 사전결정	
4		20	가설건축물의 건축허가·(축조)신고	
5		29	(공용건축물에 대한 특례) 건축협의	
6		83	(옹벽 등의) 공작물의 축조신고	
7	주차장법	19	부설주차장의 설치	
8	소방시설법	7	건축허가 등의 동의	

9	국토계획법	30	도시·군관리계획의 결정
10		43	도시·군계획시설의 설치·관리
11		51	지구단위계획구역의 지정 등
12		56	개발행위의 허가
13		61	(개발행위허가) 관련 인·허가 등의 의제
14		75-4	성장관리계획구역에서의 개발행위 등
15		86	도시·군계획시설사업의 시행자(지정)
16		88	도시·군계획시설사업의 실시계획의 인가
17		81	시가화조정구역의 행위제한
18	부동산거래신고법	11	토지거래계약에 대한 허가
19	국유재산법	30	행정재산의 사용·수익허가
20		41	일반재산의 대부 또는 처분
21	공유재산법	20	사용·수익허가
22	도로법	27	(도로구역) 행위제한 등
23		29	다른 법률에 따른 인·허가 등의 의제
24		36	도로관리청이 아닌 자에 대한 도로공사 시행의 허가
25		40	접도구역의 지정 및 관리
26		52	도로와 다른 시설의 연결
27		61	도로의 점용허가
28		107	(다른 사업시행) 도로관리청과의 협의 또는 승인
29	농어촌도로정비법	5	(군수 외의 자에 대한) 도로정비 허가
30		6	도로기본계획-(7)정비계획-(8)사업계획-(9)노선지정
31		12	다른 법률에 따른 인·허가 등의 의제
32		18	도로의 점용허가
33	사도법	4	사도개설허가
34	하천법	27	하천공사시행계획의 수립
35		30	하천관리청이 아닌 자의 하천공사
36		32	다른 법률에 따른 인·허가등의 의제
37		33	하천의 점용허가 등
38		38	홍수관리구역 안에서의 행위제한
39	소하천정비법	8	소하천정비시행계획 수립(종합계획-중기계획)
40		10	(관리청이 아닌 자의) 공사시행허가
41		10-2	다른 법률에 따른 인가·허가 등의 의제
42		14	소하천의 점용 등 허가

43	공유수면법	8	공유수면의 점용·사용 허가
44		10	협의 또는 승인
45		17	점용·사용 실시계획의 승인 또는 신고
46		28	공유수면의 매립면허
47		35	국가 등이 시행하는 매립의 협의 또는 승인
48		38	공유수면매립실시계획의 승인
49	군사기지법	13	행정기관의 허가 등에 관한 협의
50		14	보호구역 등에서의 협의업무의 위탁 등
51	문화재보호법	35	국가지정문화재의 허가(현상변경·보존)
52		13	(조례) 역사문화환경 보존지역에서의 행위제한
53		56	등록문화재의 현상변경 신고
54	매장문화재법	8	매장문화재 유존지역에서의 개발사업 협의
55		11	매장문화재의 발굴허가 등
56	관광진흥법	15	(관광숙박업) 사업계획의 승인
57		16	사업계획 승인 시의 인·허가 의제 등
58		58	(관광지 조성계획) 인·허가의 의제
59	체육시설법	12	사업계획의 승인
60		28	다른 법률과의 관계
61	교육환경법	9	교육환경보호구역에서의 금지행위 등
62	토지보상법	20	(수용) 사업인정
63	농지법	34	농지의 전용허가·협의
64		35	농지전용신고
65		36	농지의 (타용도) 일시사용허가 또는 협의
66	초지법	20	(초지조성허가) 허가·인가 등의 의제
67		23	초지전용허가·신고 또는 협의
68	산지관리법	8	산지에서의 구역 등의 지정
69		14	산지전용허가
70		15	산지전용신고
71		15-2	산지일시사용허가·신고
72		25	토석채취허가·신고
73	산림자원조성법	36	입목벌채 등의 허가·신고
74	산림보호법	9	산림보호구역에서의 행위의 허가 및 신고

75	장사법	8	분묘의 개장신고(改葬申告)
76		27	분묘의 개장허가(연고·무연고)
77	농어촌정비법	23	농업생산기반시설의 사용허가
78		82	농어촌 관광휴양단지 개발사업계획의 승인
79		83	관광농원 개발사업계획의 승인
80		85	농어촌관광휴양지사업자의 신고
81		106	(마을정비구역)(농어촌정비사업) 다른 법률과의 관계
82		111	(마을정비구역 등) 토지의 형질변경 등의 허가
83	골재채취법	22	골재채취의 허가
84		23	다른 법률과의 관계
85	수도법	7	④ 상수원보호구역에서의 토지형질변경허가
86		17	일반수도사업의 인가
87		38	(조례에 따른) 상수도 공급신청
88	지하수법	7	지하수 개발·이용의 허가
89		13	지하수보전구역에서의 행위 제한
90	하수도법	16	공공하수도관리청이 아닌 자의 공사시행 허가
91		17	인가·허가 등의 의제
92		24	공공하수도의 점용허가
93		27	배수설비의 설치 신고
94		34	개인하수처리시설의 설치신고
95	공원녹지법	24	도시공원의 점용허가
96		27	도시자연공원구역에서의 행위허가
97		38	녹지의 점용허가
98	자연공원법	20	공원관리청이 아닌 자의 공원사업의 허가
99		21	(공원계획 결정) 다른 법률에 따른 허가 등의 의제
100		23	공원구역에서의 행위허가
101	환경영향평가법	16	전략환경영향평가서의 작성 및 협의 요청 등
102		44	소규모 환경영향평가서의 작성 및 협의 요청 등
103	자연재해대책법	4	재해영향평가 등의 협의
104		4	④-⑥ 재해영향성 검토 및 영향평가 사전검토
105	사방사업법	14	사방지에서의 입목(立木)·죽(竹)의 벌채 등의 허가
106		20	사방지(砂防地) 지정의 해제
107	물환경보전법	33	수질오염물질 배출시설 설치의 허가 및 신고
108	대기환경보전법	23	대기오염물질 배출시설 설치의 허가 및 신고

109	소음·진동관리법	8	소음·진동 배출시설 설치의 허가 및 신고
110	가축분뇨법	11	배출시설의 설치 허가
111	폐기물관리법	29	폐기물처리시설의 설치 승인 또는 신고
112		32	다른 법령에 따른 허가·신고 등의 의제
113	토양환경보전법	12	특정토양오염관리대상시설의 신고
114	환경오염시설법	6	(통합관리사업장) 배출시설 통합허가
115	택지개발촉진법	9	택지개발사업실시계획의 승인
116		11	다른 법률과의 관계
117	주택법	15	사업계획의 승인(주택건설사업·대지조성사업)
118	공공주택 특별법	6	공공주택지구의 지정 등 *특별관리지역
119		18	다른 법률에 따른 인가·허가 등의 의제
120	도시개발법	11	도시개발사업의 시행자 지정
121		17	실시계획의 인가
122		19	관련 인·허가 등의 의제
123	도시정비법	50	사업시행계획인가
124		57	인·허가 등의 의제 등
125	도시재정비법	8	(재정비촉진지구) 행위 등의 제한
126	소규모주택정비법	29	사업시행계획인가
127		55	다른 법률의 인·허가등의 의제 등
128	청소년활동법	11	청소년 수련시설의 설치·운영의 허가
129		33	다른 법률에 따른 인·허가 등의 의제
130		52	(수련지구조성) 다른 법률에 따른 인·허가 등의 의제
131	산업입지법	12	(산업단지에서의) 토지의 형질변경 등의 허가
132		21	다른 법령에 따른 인·허가 등의 의제 등
133	산업집적법	13	공장설립의 승인
134		13-2	인가·허가 등의 의제
135		14	공장의 건축허가(일괄협의)
136		16	공장의 등록(일괄협의)
137	물류시설법	21	(복합물류터미널) 인·허가 등의 의제
138		27	물류단지의 개발사업 시행자의 지정
139		28	물류단지 개발실시계획의 승인
140		30	(물류단지 실시계획) 인·허가 등의 의제
141		52	물류단지시설 등의 건축허가 및 사용승인

142	광업법	42	채굴계획의 인가
143		43	허가 등의 의제
144	온천법	10	온천개발계획의 승인
145	어촌·어항법	8	(어항종합개발사업) 인가·허가 등의 의제
146		23	어항개발사업시행의 허가
147	수산자원관리법	47	보호수면 안에서의 공사 등의 승인
148	항만법	10	항만개발사업 실시계획의 승인
149		98	(실시계획) 관련 인가·허가 등의 의제
150	제주특별법	147	개발사업의 시행승인 등
151		148	인·허가 등의 의제
152		355	③ 1. 도로 신설 등의 허가
153	지역개발지원법	16	지역개발사업구역 지정의 고시
154		17	토석 채취 등의 허가
155	도서개발촉진법	7	(6-7) 사업계획의 수립 및 확정

무작정 따라하기

대한민국 법원 '종합법률정보'에서 판례 찾기

① 법조문에 대한 최종 유권해석은 대법원 판례이다. 대한민국 법원 종합법률정보 (glaw.scourt.go.kr)에서 '키워드'로 관련 판례를 찾아보자. 예를 들어 '개발행위허가' 라고 검색하면 판례들이 뜬다. 더보기를 누르면 검색결과가 뜬다.

② 판례는 민사, 형사, 세무, 일반행정으로 구분되고, 대법원, 고등법원, 하급심으로 분류된다. 가장 기본이 되는 전원합의체 판결문도 따로 볼 수 있다.

③ '법령' 메뉴로 들어가 '개발행위허가'가 포함된 법령을 검색하여 하나씩 읽다 보면 공법제한을 이해하는 데 많은 도움이 될 것이다. 그리고 '개발행위허가'에 대한 규칙, 예규, 선례(부동산등기선례)도 확인할 수 있다.

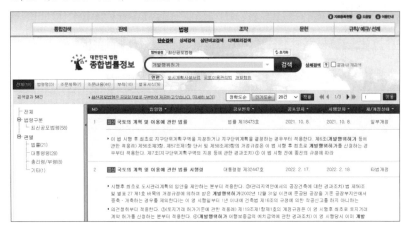

④ '규칙/예규/선례' 메뉴로 들어가 '개발행위허가'에 대한 규칙, 예규, 선례(부동산등기선례)도 확인할 수 있다.

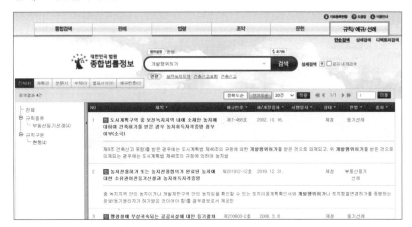

사전심사·사전결정·사전심의 활용하기

국가는 '국토의 효율적 이용'을 위하여 수많은 공법을 규정하여 국민의 '사유재산권'을 제한할 수밖에 없다. 그러나 일반 국민(민원인)은 수많은 공법적 규제를 다 이해할 수 없어 사실상 보이지 않는 고통을 받고 있다. 이에 국가는 국민의 재산권을 보호하기 위해 각종 '사전확인 제도'를 제공한다.

> **민원 처리에 관한 법률(약칭: 민원처리법)**
>
> 행정안전부(민원제도혁신과)
>
> 제30조(사전심사의 청구 등) ① 민원인은 법정민원 중 신청에 경제적으로 많은 비용이 수반되는 민원 등 대통령령으로 정하는 민원에 대하여는 행정기관의 장에게 정식으로 민원을 신청하기 전에 미리 약식의 사전심사를 청구할 수 있다.

대표적인 사전확인 제도는 「민원처리법」 제30조 및 영 제33조에 규정된 '사전심사', 「건축법」 제4조의5의 '질의민원', 제10조의 '사전결정', 「토지 인허가간소화법」(토지이용 인·허가 절차 간소화를 위한 특별법) 제9조의 '사전심의'이다.

사전심사는 민원인이 개발하려는 용도의 건축물 또는 시설물이 허용되는지 등을 확인하지 않고 토지를 매입하였다가 추후 허가가 되지 않으면 경제적으로 큰 부담이 될 수 있기에 이를 방지하고자 만든 제도이다. 민원인이 대규모 경제적 비용이 수반되는 민원을 정식으로 행정기관에 제출하기 전에 약식서류로 본 민원의 가능 여부를 확인하여 불가 처분 시 발생할 수 있는 경제적 손실을 예방할 수 있도록 운영하고 있다. 통상 매도자는 허가 여부와 무관하게 계약금 및 잔금을 치르길 원하고, 매수자는 불허되면 계약금을 손해보거나 잔금을 치른 경우 다시 매각해야 하는 상황이 발생하므로 허가조건부 매매를 하길 원한다.

민원인이 허가권자에게 약식의 사전심사를 청구하면 그 행정기관의 장은 결과 여부를 통보한다. 나중에 정식으로 민원을 신청하면 민원인의 귀책사유 또는 불가항력 등 정당한 사유로 이행할 수 없는 경우를 제외하고 허가권자는 당초 통보한 대로 민원을 해결하여야 한다(민원처리법 제30조 3항).

민원은 1회에 처리되는 것을 원칙으로 하되, 복합민원의 경우에는 민원실무심의회를 설치·운영하여(법 제32조 3항 3호) 전문가의 의견을 듣고 필요 시 현장확인 등을 통하여 효율적으로 민원을 처리해야 한다. 이때 민원인이 참석하여 심의위원에게 설명할 수 있으며, 창업·공장설립 등은 신속한 처리를 위하여 민원실무심의회의 심의를 생략하고 민원조정위원회에 상정하여 심의할 수 있다(영 제36조).

「건축법」에서는 건축허가와 관련된 '질의민원'을 '건축민원전문위원회'에서 심의해서 답변하고 있다(건축법 제4조의2).

건축법

국토교통부(건축정책과 - 건축제도 일반)

제10조(건축 관련 입지와 규모의 사전결정) ① 제11조에 따른 건축허가 대상 건축물을 건축하려는 자는 건축허가를 신청하기 전에 허가권자에게 그 건축물의 건축에 관한 다음 각 호의 사항에 대한 사전결정을 신청할 수 있다.

'사전결정'은 건축허가를 신청하기 전에 대지에 건축하려는 건축물의 허용 여부, 건축기준 및 제한에 따른 건축 가능한 건축물 규모, 건축허가를 받기 위하여 신청자가 고려하여야 할 사항 등을 확인받는 것이다. 이 사전결정 신청에 개발행위허가, 산지전용허가·신고(보전산지는 도시지역만), 농지전용허가·신고 및 협의, 하천점용허가도 포함될 수 있으며, 이 결정 내용은 건축허가와 동일한 효력을 2년간 가지며, 이 기간이 경과하면 사전결정의 효력이 상실된다.

'사전심의'는 주로 녹지 및 비도시지역의 대형 토지의 개발 가능성 여부를 사전에 심사하는 제도로서 사전심사 또는 사전결정보다 훨씬 복잡하고 어렵다.

이 제도는 토지의 소유권 또는 사용권을 확보하지 못한 경우에도 심의를 신청할 수 있는 장점이 있지만, 인허가 결정에 수년이 소요될 수 있는 대형 허가의 신속한 처리를 위하여 각종 위원회(지방도시계획위원회, 건축위원회, 경관위원회, 교통영향평가심의위원회, 지방산지관리위원회, 재해영향평가심의위원회)의 전부 또는 일부를 통합한 '통합심의위원회'를 구성하여 운영하는 것이므로 엄청난 시간과 비용이 소요된다. 그래서 허가 여부를 확인하여야만 토지 취득을 진행할 수 있는 기업체 부동산 담당자의 입장에서는 꼭 필요한 제도일 것이다.

물론 실력 있는 인허가 용역업체는 대부분 사전에 허가 가능성을 알 수 있다. 특히 건축허가는 대부분 알 수 있으며, 토목허가도 상당 부분 알 수 있다. 그러므로 시간에 쫓기는 경우 사전확인 제도는 이중으로 시간이 낭비될 수 있고 비용도 이중으로 지불되며, 허가권자도 관련 실과의 검토를 이중으로 하여 행정력이 낭비될 수 있어 이런 제도의 활용을 권하지 않고 있기도 하다.

'국민신문고'에서 기존 민원 사례 공부하고 내 민원 질의하기

허가는 대부분 사유재산권을 제한하는 것이므로 엄격한 법규정에 따라 처리되어야 하는데, 허가 관련법이 모든 상황을 담지 못하고 추상적일 때가 많다. 그래서 그 법조문의 해석에 허가권자와 민원인 사이에 이견이 있거나, 허가권자의 재량권의 일탈·남용이 의심스러우면 국민신문고를 통하여 그 기관의 공식적인 의견을 듣거나 또는 상급기관에 유권해석을 요청할 수 있다. 이때 기존의 다른 질문 사례를 읽어보고 질문하면 더 좋은 회신(결과)을 얻을 수 있을 것이다.

① 국민은 행정(공공)기관에 처분 등 특정한 행위를 요구할 수 있다. 먼저 국민신문고에서 다른 사람이 질문한 민원을 자세히 살펴본다.

② 「민원처리법」 및 신청 절차에 따라 민원을 신청한다.

③ 민원 처리기간은 7~14일 이내이다.

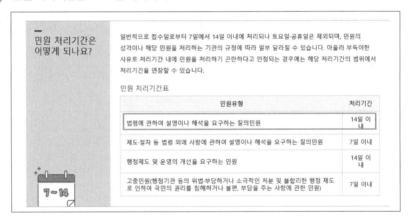

민원 처리기간은 어떻게 되나요?

일반적으로 접수일로부터 7일에서 14일 이내에 처리되나 토요일·공휴일은 제외되며, 민원의 성격이나 해당 민원을 처리하는 기관의 규정에 따라 일부 달라질 수 있습니다. 아울러 부득이한 사유로 처리기간 내에 민원을 처리하기 곤란하다고 인정되는 경우에는 해당 처리기간의 범위에서 처리기간을 연장할 수 있습니다.

민원 처리기간표

민원유형	처리기간
법령에 관하여 설명이나 해석을 요구하는 질의민원	14일 이내
제도·절차 등 법령 외의 사항에 관하여 설명이나 해석을 요구하는 질의민원	7일 이내
행정제도 및 운영의 개선을 요구하는 민원	14일 이내
고충민원(행정기관 등의 위법·부당하거나 소극적인 처분 및 불합리한 행정 제도로 인하여 국민의 권리를 침해하거나 불편, 부담을 주는 사항에 관한 민원)	7일 이내

④ 「민원처리법」이외의 법률과 「민원처리법」 적용을 받는 행정기관을 안내한다.

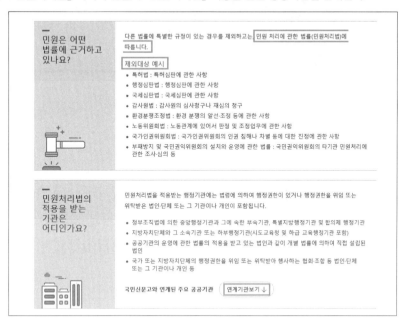

민원은 어떤 법률에 근거하고 있나요?

다른 법률에 특별한 규정이 있는 경우를 제외하고는, 민원 처리에 관한 법률(민원처리법)에 따릅니다.

제외대상 예시

- 특허법 : 특허심판에 관한 사항
- 행정심판법 : 행정심판에 관한 사항
- 국세심판법 : 국세심판에 관한 사항
- 감사원법 : 감사원의 심사청구나 재심의 청구
- 환경분쟁조정법 : 환경 분쟁의 알선·조정 등에 관한 사항
- 노동위원회법 : 노동관계에 있어서 판정 및 조정업무에 관한 사항
- 국가인권위원회법 : 국가인권위원회의 인권 침해나 차별 등에 대한 진정에 관한 사항
- 부패방지 및 국민권익위원회의 설치와 운영에 관한 법률 : 국민권익위원회의 타기관 민원처리에 관한 조사·심의 등

민원처리법의 적용을 받는 기관은 어디인가요?

민원처리법을 적용받는 행정기관에는 법령에 의하여 행정권한이 있거나 행정권한을 위임 또는 위탁받은 법인·단체 또는 그 기관이나 개인이 포함됩니다.

- 정부조직법에 의한 중앙행정기관과 그에 속한 부속기관, 특별지방행정기관 및 합의제 행정기관
- 지방자치단체와 그 소속기관 또는 하부행정기관(시도교육청 및 하급 교육행정기관 포함)
- 공공기관의 운영에 관한 법률의 적용을 받고 있는 법인과 같이 개별 법률에 의하여 직접 설립된 법인
- 국가 또는 지방자치단체의 행정권한을 위임 또는 위탁받아 행사하는 협회·조합 등 법인·단체 또는 그 기관이나 개인 등

국민신문고와 연계된 주요 공공기관 연계기관보기 ↓

013 ▶ 허가민원은 고충민원이다

「민원처리법」의 법정민원인 허가민원을 허가권자가 불허(거부)하면 이의
제기, 행정심판, 행정소송 또는 고충민원 처리절차 등으로 해결할 수 있
다. 이때 유의할 점은 허가권자의 재량권이 크다는 것이다. 따라서 곧바
로 소송으로 해결하려 하기보다는, 임장활동을 통하여 현장 및 사실관
계를 정확히 조사하고 면사무소와 시청 관련과에 상담한 후 상급기관에
질의 또는 컨설팅을 받거나 국민권익위에 고충민원을 신청하는 것이 더
좋을 수 있다.

왜냐하면 허가기준이 구체적으로 허가관련 법률에 규정되어 있지 않고,
그 판단권한을 허가권자에게 위임하여 허가권자의 재량적 판단에 따라
허가여부가 결정되는 경우가 많기 때문이다. 재량행위에 대한 사법심사
는 대법원은 재량권의 일탈·남용이 있는지 여부만을 심사하는데 사실
오인, 비례·평등의 원칙 위배 등으로 판단한다(대법원 2004두6181). 이때
허가권자의 재량권 일탈·남용에 대한 입증책임은 허가신청자에게 있다
(대법원 2015두41579).

지목이 대(垈)가 아닌 토지나 형질변경이 되지 않은 토지에 건축허가를
신청하면 대부분 복합민원이 된다. 「민원처리법」 제31조에 복합민원을
처리하는 행정기관의 장은 처리할 주무부서를 지정하고 그 부서로 하여
금 관계 기관·부서 간의 협조를 통하여 민원을 한꺼번에 처리하게 하여

야 한다고 규정되어 있다. 그리고 이 절차와 구비서류 등을 민원편람에 수록하여 민원인에게 열람하게 하여야 한다(영 제35조)고 규정되어 있으니 이를 잘 활용하자.

민원처리법 시행령 제35조(복합민원의 처리 방법 및 절차 등)
② 행정기관의 장은 관계 기관의 장과 협의하여 법 제31조 제1항에 따른 복합민원의 종류와 접수방법·구비서류·처리기간 및 처리절차 등을 미리 정하여 민원인이 이를 열람할 수 있도록 게시하고, 민원편람에 수록하여야 한다.

또한 복합민원도 가급적 1회 방문 처리하도록 규정하였으므로(법 제32조), 민원인은 복합민원을 심의하기 위한 실무기구의 운영을 요구할 수 있다(영 제36조). 그러므로 특정부서의 잘못된 유권해석 또는 횡포를 막으려면 (사전)허가 신청 후 민원실무심의회의 설치 및 운영을 요구하여 그 결과를 가지고 추후 불허하였을 때 진행할 수도 있는 행정심판 또는 행정소송에 임할 자료로 활용하는 것이 현명하다.

제36조(민원실무심의회의 설치·운영 등)
① 행정기관의 장은 법 제32조 제3항 제3호에 따라 복합민원을 심의하기 위하여 그 소속으로 민원실무심의회를 설치·운영하여야 한다. 이 경우 민원실무심의회의 명칭은 해당 기관의 특성을 고려하여 달리 정할 수 있다.

허가청의 행정처분에 이의가 있으면 그 처분일로부터 60일 이내에 이의제기할 수 있다. 이의신청과 별도로 처분일로부터 90일 이내에 행정심판 또는 행정소송을 제기할 수 있다(행정심판법 제27조). 다만 행정심판에서 처분이 (직권)취소될 가능성은 낮다. 행정소송도 법원은 허가권자의 공익판단을 존중하고 있으므로 사실상 허가청의 불허를 취소하는 판결을 받아내기는 어렵다. 특히 허가청은 개발허가관련 규정을 현행법으로만 판단하려고 하면서 연혁법 또는 법률 미비를 검토하려고 하지 않기 때문에 반드시 법률전문가의 도움을 받아야 한다.

또한 민원인이 허가청의 유권해석이 납득되지 않으면 상급기관으로부터 허가기준 등에 대한 사전컨설팅을 받을 수 있는 '사전컨설팅 제도'도 있다(허가청도 활용할 수 있다). 그리고 「민원처리법 시행령」 제17조에 따라 고충민원을 신청하면 감사부서가 조사할 수 있다. 또한 국민권익위에 고충민원의 해결을 재차 신청할 수 있다.

민원처리법 제2조(정의)

5. '고충민원'이란 행정기관 등의 위법·부당하거나 소극적인 처분(사실행위 및 부작위를 포함한다.) 및 불합리한 행정제도로 인하여 국민의 권리를 침해하거나 국민에게 불편 또는 부담을 주는 사항에 관한 민원(현역장병 및 군 관련 의무복무자의 고충민원을 포함한다.)을 말한다.

허가 관련 법률은 구체적으로 규정되어 있지 않고 추상적인 기준이 대부분이므로, 공법을 집행하는 허가청과 신청자의 해석이 다를 수 있다. 그러므로 허가민원의 처리과정에서 관련 법조문의 해석에 이견이 있으면 먼저 중앙행정부의 의견을 받아서 법제처에 유권해석을 의뢰할 수 있다.

법제처에 해석 요청이나 질의는 중앙행정기관, 지방자치단체, 민원인이 할 수 있다. 민원인이 법제처에 질의하려면 먼저 법령 소관 중앙행정기관의 장에게 법령해석을 요청하여 법령해석을 받아야 하고, 그 법령해석이 법령에 위반된다고 판단되는 경우에는 해당 법령 소관 중앙행정기관의 장에게 법제처에 법령해석을 요청하도록 의뢰할 수 있다(법제업무운영규정 제26조 제7항).

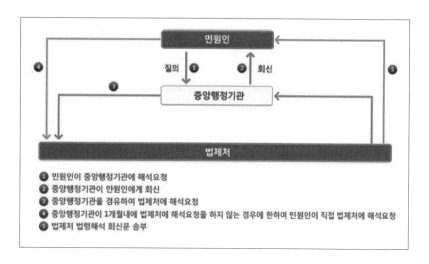

① 민원인이 중앙행정기관에 해석요청
② 중앙행정기관이 민원인에게 회신
③ 중앙행정기관을 경유하여 법제처에 해석요청
④ 중앙행정기관이 1개월내에 법제처에 해석요청을 하지 않는 경우에 한하여 민원인이 직접 법제처에 해석요청
⑤ 법제처 법령해석 회신문 송부

법령해석 요청을 의뢰한 민원인은 법령 소관 중앙행정기관의 장이 1개월 이내에 법제처에 법령해석을 요청하지 않으면 직접 법제처에 법령해석을 요청할 수 있다(법제업무운영규정 제26조 제9항). 다만, 다음 같은 경우에는 법령해석 요청이 반려되니 유의하여야 한다.

법령해석요청이 반려되는 대표적 사례

- 법제처에 법령해석을 요청할 때에는 법령 소관 중앙행정기관(부, 처, 청,위원회 등 포함)의 의견을 반드시 첨부해야 합니다. 법령 소관 중앙행정기관 의견을 첨부하지 않으면 반려됩니다.

- 민원인 의견이 법령 소관 중앙행정기관 의견과 동일하거나, 민원인 의견이 없는 법령해석 요청은 반려됩니다.

- 「형법」, 「민법」, 「행정소송법」, 「질서위반행위규제법」, 「집합건물의 소유 및 관리에 관한 법률」 등 법무부 소관 법령과 형벌 또는 과태료 규정은 법제처 법령해석대상이 아닙니다.

- 법률이 「헌법」에 위반되는지, 시행령·시행규칙이 「헌법」, 법률 또는 시행령에 위반되는지 여부는 법제처 법령해석 대상이 아닙니다.

- 법령해석 요청 시 해석 대상 법령 조문을 특정해야 합니다.

  * (예시) 개발제한구역내의 도시계획시설의 경우 「개발제한구역의 지정 및 관리에 관한 특별조치법」, 「국토의 계획 및 이용에 관한 법률」, 「건축법」 중 어느 법률을 우선하여 적용하는지? → 법률의 조문이 특정되지 않아 법령해석 진행 불가

- 법령 조문의 해석이 아닌 구체적 사실 인정 여부에 관한 사항은 법제처 법령해석 대상이 아닙니다.

  * (예시1) 타인 소유의 산림에 어떤 물건을 쌓아 두었고, 쌓여 있는 물건이 버려진 형상으로 놓여 있는 상황이 지속되는 경우를 「산림보호법」 제16조 제1호에 따른 '오물이나 쓰레기를 버리는 행위'로 볼 수 있는지? → 쌓여 있는 물건의 종류, 상태 등 구체적 사실 행위를 판단해야 하는 것이므로 법령해석 진행 불가

  * (예시2) 개발제한구역 내 집단취락지역이 도시계획시설로 지정된 경우 가설건축물을 설치할 수 있는지? → 해당 지역의 도시군계획의 내용, 지목 현황, 시설의 설치 목적 등 구체적 사실관계에 따라 판단되는 사항이므로 법령해석 진행 불가

- 이미 이루어진 처분이나 행위가 위법 또는 부당한지 여부는 법제처 법령해석 대상이 아닙니다.

  * (예시) 건축허가를 받은 임야에서 대체산림자원조성비를 납부하고 대지를 조성하던 중 건축허가를 철회하고 주택건설사업 승인을 받았는데 다시 대체산림자원 조성비를 부과한 것은 부당하지 않은지?

법원의 사법해석은 구체적 쟁송의 해결을 목적으로 추상적인 법규범의 객관적 의미를 파악하는 데 중점을 두고, 법제처가 행하는 정부유권해석은 해당 법령의 집행으로 달성하려는 목적의 효율적 수행에 중점을

둔다.

정부유권해석의 기속력

- 민원인의 질의에 대한 행정기관의 법령해석이나 하급 행정기관의 질의에 대한 상급 행정기관의 법령해석은 그와 다른 법원의 사법해석이 나올 경우 그 효력이 부인된다.
- 따라서 행정기관인 법제처의 정부유권해석은 법원의 사법해석과 달리 관계 행정기관을 법적으로 구속하는 효력은 없다.
- 그러나 법제처의 정부유권해석은 정부 견해의 통일성과 행정 운영의 일관성을 위한 기준을 제시한다는 점에서 관계 행정기관이 정부유권해석과 달리 집행할 경우 부적절한 집행으로 인한 징계나 감사원의 감사 등을 통한 책임문제가 제기될 수 있으므로 법제처의 정부유권해석은 관계 행정기관에 대한 사실상의 구속력은 가진다고 할 수 있다.

사법해석과 정부유권해석

- 법원이 행하는 사법해석은 구체적 쟁송의 해결을 목적으로 추상적인 법규범의 객관적 의미를 파악하는 데 중점을 둔다.
- 법제처가 행하는 정부유권해석은 행정기관이 앞으로 법령을 집행하여 행정목적을 달성하는 데 있어 그 방향과 기준을 제시, 즉 해당 법령의 집행으로 달성하려는 목적의 효율적 수행에 중점을 둔다.
- 따라서 법제처의 정부유권해석은 법령에 담긴 정책집행의 방향을 제시하는 기능을 수행한다는 점에서 법 집행의 결과 발생한 구체적이고 특정한 법적 분쟁에 대하여 하는 사법해석과는 기능적으로 차이가 있다.

'법령해석례' 찾아보기

공법 조문에 대한 행정부의 최고 유권해석은 법제처의 법령해석이다. 국가법령정보센터 또는 정부입법지원센터 사이트에서 법령해석례를 찾아보자.

① 정부입법지원센터(www.lawmaking.go.kr), 또는 국가법령정보센터(www.law.go.kr)에 접속한다.

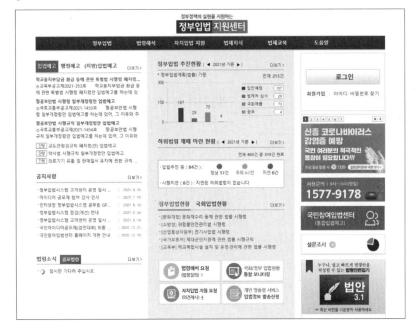

② 법령해석 메뉴에서 법령해석례를 클릭한 후에, 관련 키워드를 검색해 기존의 '해석례'를 찾는다. 안건번호 및 안건명으로도 찾을 수 있다. 마땅한 키워드가 없으면 유사한 해석을 검색한다.

③ 질의 요지 및 질의 배경과 법제처의 회답 및 이유를 볼 수 있다. 해석 이유에 관련 법령까지 포함되어 있어 공법 이해에 큰 도움이 된다.

국민의 권리를 보호하는 행정기본법과 정보공개법

행정기본법

2021년 3월 23일 제정된 「행정기본법」은 그동안 「헌법」 원칙 및 학설과 판례에 따라 확립된 원칙인 ① 법치행정, ② 평등, ③ 비례, ④ 권한남용 금지, ⑤ 신뢰보호, ⑥ 부당결부금지의 원칙 등을 행정의 법 원칙으로 규정하였다(행정기본법 제8~13조). 또한 일부 개별법에 따라 운영되고 있는 처분에 대한 이의신청 제도를 확대하여 이의신청 결과를 통보받은 날부터 90일 이내에 행정심판 또는 행정소송을 제기할 수 있도록 하고(법 제46조), 행정처분의 재심사 제도를 도입하는(법 제37조) 등 행정 분야에서 국민의 실체적 권리를 강화하여 국민의 권익 보호와 법치주의의 발전에 이바지하게 되었다. 일부 법조문은 부칙에 6개월 또는 2년 후에 시행하기로 규정하였다.

개인정보보호법과 정보공개법

부동산 공법은 대부분 국민의 사유재산권을 제한하는 법률이다. 또한 각종 허가에 적용되는 기준이기도 하다. 그런데 내 건축물 또는 토지에 대한 제한사항을 알고자 하면 각종 공부 이외에 허가청이 가지고 있는 기존의 허가 등 행정정보가 필요할 때가 있다. 특히 경매로 타인의 부동산을 취득하거나 매매로 취득하는 경우에 그 부동산의 가치를 제대로 판단하려면 전 소유자의 허가 관련 서류를 확인해야 할 때가 있다.

이때 타인의 건축허가 또는 개발행위허가 및 전용허가 등 각종 허가 관련 행정정보에 개인정보가 포함된 경우에는 「개인정보보호법」에 저촉되는 경우가 있다. 또 그런 서류의 보관연한이 지나면 폐기하는 지자체도 있다. 이런 이유로 행정정보를 얻는 것은 쉽지 않은 일이다. 그리고 허가제도가 현행처럼 완성되기 전의 허가신청 서류는 미비한 것이 많아서 한 번의 행정정보공개로 원하는 답을 얻기 어려울 때도 있다.

허가 신청자인 국민은 국토의 효율적 이용을 위하여 국가가 제정한 각종 부동산 공법에 따르되, 허가권자가 재량권 일탈·남용을 한다고 판단되는 경우에는 행정안전부가 관장하는 「민원처리법」, 「행정절차법」, 「(행정)정보공개법」(공공기관의 정보공개에 관한 법률) 및 「개인정보보호법」 등을 이해하거나 법률전문가인 변호사의 도움을 받아 내 부동산에 해당되는 각종 행정규제를 정확히 찾아내서 권리를 찾거나 불이익을 받지 않아야 한다.

그런데 행정정보를 가지고 있는 지자체는 「정보공개법」 제3조에 의하여 행정정보를 적극적으로 공개하여야 함에도 불구하고 「개인정보보호법」에 위반될까 봐 또는 동료 직원의 과실 및 허가제도의 미비로 인한 시비가 발생될까 봐 행정정보 공개에 소극적인 경우들이 있다.

예를 들어 내 건축물 진입로가 공도(公道)에 연결되는 중간에 사유인 현황도로가 있다면 이 현황도로의 배타적사용권의 포기 또는 제한에 대해서 파악하는 것이 중요한데, 내 건축물 관련 지적공부만으로 판단하기 어려울 때가 있다. 그래서 내 건축물의 허가신청 서류만이 아니라 그 사유인 진입로(현황도로)가 생긴 시기 및 배경을 찾으려면 이웃집 건축허가

서류까지 확인해야 할 필요가 있다.

대법원은 이런 현황도로의 사용승낙은 채권적 관계로 당사자 간에만 유효하다고 해석한다. 다만 토지를 분양하기 위하여 그 내·외부에 만든 현황도로와 주민자조사업 등으로 개설된 도로는 배타적사용권의 포기 또는 제한을 인정하고 있다(대법원 전원합의체 판결 2016다264556). 따라서 적당한 대법원 판례를 찾아서 허가공무원에게 제시해야 할 때가 있다.

대부분의 지자체는 「정보공개법」 제11조 3항에 '공공기관은 공개 청구된 공개 대상 정보의 전부 또는 일부가 제3자와 관련이 있다고 인정할 때에는 그 사실을 제3자에게 지체 없이 통지하여야 하며, 필요한 경우에는 그의 의견을 들을 수 있다.'라는 규정에 얽매여 제3자가 동의하지 않으면 '비공개대상정보'라는 이유로 행정정보를 아예 공개하지 않으려고 한다.

정보공개법 제9조(비공개대상정보)

① 공공기관이 보유·관리하는 정보는 공개대상이 된다. 다만, 다음 각호의 어느 하나에 해당하는 정보는 공개하지 아니할 수 있다.

6. 해당 정보에 포함되어 있는 성명·주민등록번호 등 개인에 관한 사항으로서 공개될 경우 사생활의 비밀 또는 자유를 침해할 우려가 있다고 인정되는 정보. 다만, 다음 각 목에 열거한 개인에 관한 정보는 제외한다.

　　다. 공공기관이 작성하거나 취득한 정보로서 공개하는 것이 공익이나 개인의 권리 구제를 위하여 필요하다고 인정되는 정보

8. 공개될 경우 부동산 투기, 매점매석 등으로 특정인에게 이익 또는 불이익을 줄 우려가 있다고 인정되는 정보

③ 공공기관은 제1항 각 호의 범위에서 해당 공공기관의 업무 성격을 고려하여 비공개 대상 정보의 범위에 관한 세부 기준을 수립하고 이를 공개하여야 한다.

그러나 각 지자체는 「정보공개법」 제6조의 '비공개대상정보' 제6호 다목에 의한 '공공기관이 작성하거나 취득한 정보로서 공개하는 것이 공익이나 개인의 권리 구제를 위하여 필요하다고 인정되는 정보'라는 규정

을 적극적으로 해석하여 개인정보는 보호하되 가급적 모든 행정정보를 공개하여 주민들 간의 분쟁해결에 적극 나서는 것이 옳다. '행정정보의 공개'에 대한 법 해설은 서울시가 2019년 12월 발간한 『2020 정보공개 업무 매뉴얼』을 참고하면 큰 도움이 될 것이다.

첫째마당을 간단히 정리하면, 국가는 '국토의 효율적 이용'을 위하여 15개 중앙행정부가 관장하는 119가지 법령에 의한 334가지 용도지역에 따른 행위제한과 수많은 개발규제를 두고, 개별 법령에 의한 각종 허가제도를 통하여 국가 발전을 이루려고 한다. 반면 토지를 개발하려는 일반 국민은 수많은 공법규제를 다 이해할 수 없지만 먼저 부동산 공부 및 임장활동으로 부동산의 가치를 판단하고 용역사에 의뢰하여 허가를 받게 되는데, 허가담당자가 법령 미비 또는 법령 이해부족으로 허가를 반려 또는 불허하게 되면 각종 법령에 규정된 제도를 활용하고 법률전문가의 도움을 받아 권리를 찾을 수밖에 없다.

다행히 국토부 등 중앙행정부는 수많은 인터넷 사이트를 통하여 국민에게 각종 공법제한 및 허가에 대한 설명을 하고 있고, 「민원처리법」의 이의제기, 고충민원 신청제도를 두고 있다. 또한 법제처의 유권해석 및 상급기관의 컨설팅 그리고 최종적으로 법원이 판결을 통하여 국민의 권리를 보호하고 있기 때문에 이런 국가의 권리보호 절차 및 대법원 판례를 통해 본인의 권리를 찾아야 할 것이다.

plus+

허가권자는 추상적인 법조문을 재량적으로 해석하고 있다

「헌법」제23조는 국민의 재산권은 보장되나 공공의 필요 등에 의해 법률로 제한할 수 있다고 규정한다. 또한「헌법」제122조는 허가권자가 국토를 효율적으로 이용·관리할 의무가 있다고 규정하고 있다. 여기서 법률이란 국회에서 만든 법률뿐만 아니라 행정부의 시행령(대통령령)과 시행규칙(장관령)도 포함한다. 행정부에서는 이 법령을 구체적으로 집행하는 데 필요한 일선 공무원의 업무처리용 지침서를 훈령 또는 예규 형식으로 내려보내는데 공무원에게는 상급기관에서 하달받은 업무지침이 내부적으로 구속력이 있다.

허가권자의 행정재량권은 현실적으로 필요하다. 법률에 규정된 행정활동만 할 수는 없기 때문에 일부는 전문성 있는 행정기관과 공무원의 재량적 판단에 맡길 수밖에 없는 것이다. 모든 허가권자와 담당자인 공무원이 국민과 국가 모두를 위한 소신 있는 행정을 하게 되면 문제가 없다. 하지만 그렇지 않아 문제가 생기는 경우도 늘 염두에 두어야 한다.

보전해야 할 토지를 개발 인허가하는 것도 문제일 수 있지만, 국민의 사유재산권을 무지나 억지로 제한하는 것은 더 큰 문제이다. 허가담당자에게 구두로 상담하고 그 공무원의 해석에 무조건 따르는 사람은 자기 권리를 포기하는 사람이다. 법 위에서 잠자는 것과 같다.

자기 권리를 찾기 위해서는 구두상담이 아닌 인허가 서류(사전심사 포함)를 접수해야 한다. 허가담당자 중에는 업무에 능하여 긍정적 사고를 가진 사람도 있을 것이고, 법조문에서 명시적으로 허용되는 내용만 허가가 가능하다고 소극적인 판단을 하는 사람도 있을 것이다.

반면 인허가를 신청하는 민원인의 입장에서는 행정재량권이 있는 공무원의 입장을 이해하여야 쉽게 인허가를 받아낼 수 있다. 공무원이 제일 두려워하는 것은 감사부서 및 감사원의 업무지적과 민원발생이다. 자칫 징계를 받게 되면 수십 년 동안 쌓아온 명예가 실추되거나, 인사고과에 악영향을 미치기 때문에 특히 인허가 부서에 근무하는 직원이 보수적인 것은 어쩌면 당연하다. 공무원은 국민의 입장보다는 국가의 입장 또는 본인의 입장에 서서 업무를 처리할 수밖에 없다.

허가를 대행하는 건축 및 토목측량사무소에서는 자주 허가를 받아왔던 단순·반복적인 사안인 경우에는 직접 신청서를 제출하지만, 약간이라도 재량권이 있다고 판단되면 일단 기본적인 인허가관련서류를 지참하여 담당자와 구두로 협의하게 된다. 이때 담당자와 원칙적인 협의가 되면 다행이지만 만약 담당자가 이런저런 이유를 들어 구두로 불허한 경우에는 건축 및 토목사무소에서는 의뢰인에게 안 된다고 말한다. 하지만 이때 그냥 포기하면 안 된다. 본인이 직접 허가담당자 및 상급자를 만나서 왜 불허되었는지, 그 불허의 법적 근거가 되는 법률조문을 확인하여야 한다.

이때 불허사유가 법률조문에 명확하지 않고 추상적인 법조문에 대한 허가권자의 재량적 판단이라면, 일단 그 법조문에 대한 법령, 지침서, 질의회신(집), 보도자료, 해당 부처 상급기관질의, 법제처유권해석, 대법원판례 등으로 허가담당자를 다시 설득할 자료를 찾아 제시할 필요가 있다. 그래도 허가권자가 도저히 납득할 수 없는 해석 또는 행정처분을 한다면 이의신청과 행정소송 절차를 통하여 권리를 찾아야 한다. 부동산 공법은 사회의 발전에 따라 규제가 강화되고 있지만, 반대로 국민의 재산권도 「헌법」의 비례의 원칙과 「행정기본법」에 의하여 보호되고 있기 때문이다.

각종 행정정보 찾고, 정보공개 신청하기

각종 공부 및 인터넷으로 찾을 수 없는 행정정보는 공개 요청할 수 있다. 청구신청하는 방법을 알아보자. 참고로 서울시 부동산관련 각종 정보는 서울시 부동산정보광장(https://land.seoul.go.kr:444/land/) 사이트를 활용하고, 경기도 부동산 관련 각종 정보는 경기도 부동산포털(htttps://gris.gg.go.kr) 사이트를 활용하면 도움이 된다.

① 정보공개(open.go.kr) 사이트에 찾고 싶은 행정정보를 키워드로 검색한다.

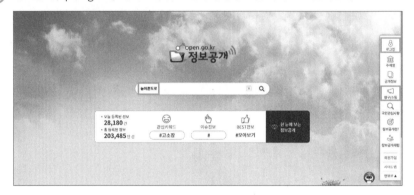

② 행정기관이 보유한 모든 행정정보는 청구신청 절차에 따라 신청할 수 있다.

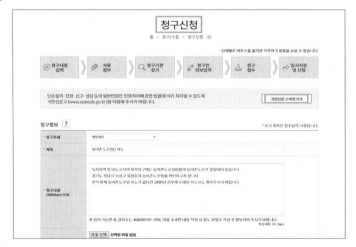

③ '관심정보관리' 메뉴에서 관심있는 키워드나 기관 정보를 설정하면 맞춤형 정보를 제공한다. 이 사이트에서 찾을 수 있는 공개 정보도 많으므로 참고하면 좋다. 국민의 알 권리를 보장하기 위하여 정보공개를 원칙으로 하나 비공개 정보도 있다.

부동산의 객관적 가치를 판단하기 위해서는 소유권 등 권리관계도 중요하지만, 그 부동산의 내재가치인 인허가를 통한 개발가치를 알아야 한다. 또한 토지를 개발하여 건축물을 지으려면 먼저 '국토이용 체계 4단계'를 알아야 한다. 첫째는 국가계획 및 도시계획에 의한 '국토이용계획 체계'이고, 둘째는 도시관리계획의 '용도지역제'이며, 셋째는 개발규모에 따른 '개발체계'이고, 넷째는 '수도권규제'이다.

둘째
마당

국토이용 체계
4단계 이해하기

국토이용계획 체계

부동산 공법은 '국토의 효율적 이용'을 위한 법이다

국토의 효율적 이용을 위한 '국토이용 체계 4단계'의 첫 번째는 '국토이용계획 체계'이다. 우리나라 국토면적은 약 100,443.6㎢(2023년 지적통계. 2022.12.31. 기준)인데 그중 건축물이 밀집되어 있는 주거·상업·공업지역의 면적은 국토의 4%에 불과하고, 나머지 95% 이상이 녹지지역(12%)과 비도시지역(83.3%)이다.

> **헌법 제122조**
> 국가는 국민 모두의 생산 및 생활의 기반이 되는 국토의 효율적이고 균형 있는 이용·개발과 보전을 위하여 법률이 정하는 바에 의하여 그에 관한 필요한 제한과 의무를 과할 수 있다.

「헌법」 제122조에 국가는 '국토의 효율적 이용'을 달성하기 위하여 법률로 (사유재산권을) 제한할 수 있다고 규정되어 있다. 이를 근거로 「국토기본법」 등 150여 가지의 부동산 공법이 사유재산권을 사실상 제한하고 있는 것이다. 부동산의 객관적 가치를 알기 위한 토지의 내재가치인 허가 가능성을 검토하려면 먼저 국토계획을 알아야 한다.

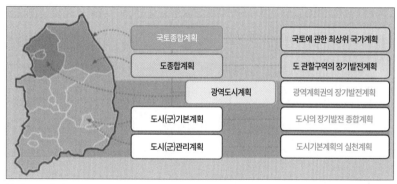

국토종합계획	국토에 관한 최상위 국가계획
도종합계획	도 관할구역의 장기발전계획
광역도시계획	광역계획권의 장기발전계획
도시(군)기본계획	도시의 장기발전 종합계획
도시(군)관리계획	도시기본계획의 실천계획

(출처: 국토교통부)

국토교통부는 「국토기본법」에 의하여 국토종합계획을 수립하고, 지자체는 도종합계획과 시·군종합계획을 수립하는데, 시·군종합계획(도시·군계획)은 다시 도시·군기본계획과 도시·군관리계획으로 나누어진다. 이 도시·군관리계획은 사유재산권을 직접 규제하며 국민은 이 규제 내용을 '토지이용계획확인서'를 통하여 알 수 있다.

'국토의 효율적 이용'을 위한 국토이용체계는 ① 국토이용계획체계, ② 용도지역제, ③ 개발체계, ④ 수도권규제로서, 이 중 용도지역에 따른 개발체계가 토지의 개발가치(인허가 가치) 실현에 영향을 미치는 것이므로 개발체계를 이해하는 것이 제일 중요하다. 참고로 「국토계획법」의 용도지역은 21개이고, 각종 공법에 있는 용도지역까지 합하면 334가지인데 이 용도지역별 행위제한이 각기 다르다.

개발체계란 ① 대형개발은 대부분 공익사업이므로 지구지정을 하여 주민의견을 수렴하면서 개발하고, ② 중형개발은 지구단위계획을 수립하여, ③ 소형개발은 개발행위허가를 통하여 국토의 효율적 이용을 달성하려고 하는 것이다. 그리고 개발행위허가에는 농지·산지·초지전용허가 등 많은 허가가 의제되어 있다.

참고로 대형토지 개발은 도시계획업체(종합엔지니어링)가 인허가 용역을 대행하고 중소형 개발 및 농림어업용 개발은 토목측량설계사무실에서 대행한다. 건축물을 짓기 위한 개발이라도 형질변경이 안 되어 있는 곳의 개발가치를 평가할 때는 도시계획 및 개발행위허가 대행업체의 역할이 건축사보다 선행되어야 한다. 그리고 도시지역 중 주거·상업·공업지역에서 형질변경이 완료된 지역의 개발은 건축사만으로 충분할 수 있다.

「국토계획법」에는 ① (광역)도시계획, ② 용도지역·지구·구역 및 행위제한, ③ 도시계획시설, ④ 지구단위계획, ⑤ 개발행위허가·성장관리계획 등이 규정되어 있다. 「국토계획법」에 의한 용도지역은 크게 도시지역과 비도시지역(관리+농림+자연환경보전지역)으로 나누어지는데, 도시지역은 다시 주거·상업·공업·녹지지역으로 나뉜다. 이 중 주거·상업·공업지역은 인구와 산업을 밀집시키기 위하여 개발협의(국토이용체계)를 1차적으로 마친 토지이므로 허용 용도에 맞게 대지의 접도 여부 등만 확인하면 건축허가 및 개발행위허가를 받기 어렵지 않다. 수급상황에 따른 가치평가는 '① 수익성 → ② 안정성 → ③ 환금성' 순서로 하면 된다.

비도시지역은 원칙적으로 보전 목적의 토지로, 개발행위허가를 받기 어려운 곳이 굉장히 많다. 이 중 관리지역은 다시 토지적성평가를 통하여 '계획관리지역', '생산관리지역', '보전관리지역'으로 나눈다.

계획관리지역 및 생산관리지역은 유보용도로 판단하여 자연녹지지역과 함께 개발 가능성이 상대적으로 높은 편이다.

반면 농림지역은 농림어업인을 위하여 농림어업용 시설만 허가되는 것이므로 개발이 어렵다. 자연환경보전지역도 원칙적으로 도시인에게는 개발이 안 되는 곳이므로 투자가치가 낮은 곳처럼 보인다. 그러나 경관, 공기, 물 등 주변 자연환경으로만 보면 보전관리지역 또는 농림지역, 자연환경보전지역이 계획관리지역보다 전원주택부지로서의 가치가 높을 수 있으므로, 비도시지역의 가치는 도시지역처럼 허용용도, 건폐율, 용적률 등으로만 평가하는 것보다, 인허가 난이도로 평가되어야 한다.

| 국토계획법에 따른 용도지역의 행위제한 법률 |

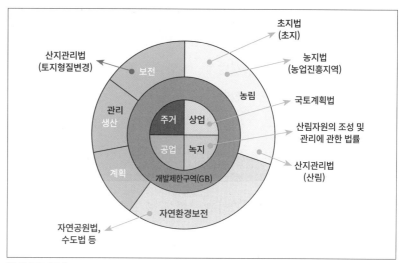

(출처: 국토교통부)

도시지역 외곽에는 개발제한구역(≒GB)이 지정되고, 비도시지역에는 자연환경보전을 위하여 「자연공원법」, 「수도법」의 상수원보호구역 등 많은 행위제한이 있는데, 녹지지역 및 비도시지역은 국토의 95% 이상을 차지하므로 토지의 수요보다 공급이 워낙 많아서 환금성이 떨어진다. 따라서 비도시지역의 부동산 투자기준은 '환금성 → 안정성 → 수익성' 순서가 될 것이다. 또한 도시지역의 주거·상업·공업지역이 아니라 녹지 및 비도시지역에 투자할 경우에는 그 지역에서 가장 선호하는 용도로 건축허가가 될 것인지를 판단하는 것이 중요하다. 이때 허용되는 건축물의 종류보다 각종 개발허가(개발행위, 전용, 환경허가 등)가 가능한지 알아보는 것이 더 중요하다는 것을 기억하자.

비도시지역은 도시지역과 달리 개발협의를 지자체가 미리 해놓지 않고 필요 시 제한적으로 개발허가를 해주는 곳이다. 따라서 사전에 인허가 여부를 모두 확인하기는 사실상 불가능하다. 어떤 용도의 건축물을 지을 수 있는지, 또는 대형단지를 조성할 수 있는지는 실력 있는 전문가라도 사전에 예측하기 어렵고, 그 개발기간은 아무도 장담할 수 없다.

그러므로 여러분이 성공적인 토지투자 및 토지개발을 하려면 먼저 '국토의 효율적 이용'을 달성하기 위한 국가 및 지자체의 각종 행정계획 및 개발제도(체계)를 이해하고, 다음으로 부동산 인허가 절차를 이해하여야 한다.

차근차근 공부해나가면 되는데, 일단 허가청의 법률을 익혀두는 것이 중요하다. 여기서 법률이란 법령과 조례, 판례법, 지침, 고시 등을 포함한다.

그리고 국민의 허가, 인가, 승인, 협의 등을 규제하는 국토이용체계 4단계를 공부해야 한다. 전문적으로 공부하려면 『국토계획법 해설집』(국토부 발행) 등과 '국토의 계획 및 이용에 관한 연차보고서'를 참고하자.

📝 알아두세요 ────

2021 국토의 계획 및 이용에 관한 연차보고서

「국토기본법」 제24조에 따라 국토의 계획 및 이용의 현황과 주요 시책에 관한 내용을 2020년 12월 31일 기준으로 관계부서에서 작성한 자료를 종합하여 2021년도 정기국회에 제출하기 위하여 작성한 것으로, 연차보고서는 매년 작성된다.

> **비례(比例)의 원칙(原則)**
> 2021년 3월 23일 제정된 「행정기본법」 제10조에는 '행정작용은 ① 행정목적을 달성하는 데 유효하고 적절할 것, ② 행정목적으로 달성하는 데 필요한 최소한도에 그칠 것, ③ 행정작용으로 인한 국민의 이익침해가 그 행정작용이 의도하는 공익보다 크지 아니할 것'의 원칙이 지켜져야 한다고 명시하였다.

행정부의 행정활동에는 국민의 활동기준을 정하는 행정입법과 행정계획이 있고, 사인(국민)에게 직접적으로 일정한 행위(인허가 등)를 하는 행정행위가 있다. 결국 국가는 이 행정활동을 통하여 국토관리를 하는 것이다. 그리고 지자체는 「국토계획법」에 의한 도시(관리)계획을 세워 국토의 효율적 이용을 완성한다.

그리고 이러한 행정의 집행에 있어 「헌법」 제122조의 '국토의 효율적 이용'과 「헌법」 제23조의 '사유재산권 보호'와의 균형을 찾는 '비례의 원칙' 이 지켜져야 한다. 특히 비도시지역의 개발행위허가(형질변경)는 기속행 위가 아닌 재량행위라서 사전에 허가여부를 확인하기 굉장히 어려워 전 문용역사의 도움을 꼭 받아야 한다. 허가권자의 재량권에 대한 공부는 대법원 판례를 파악하면 도움이 될 것이다.

국토이용계획 체계와 '국가계획'

국토의 효율적 이용을 위한 국토(공간)계획 체계인 국토이용체계 4단계 중 첫 번째인 '국토이용계획 체계'는 「국토기본법」에서 시작된다. 국토이 용계획은 크게 중앙행정부가 수립하는 국가계획과 그에 근거해 지방자 치단체(광역지자체와 기초지자체)가 수립하는 지자체 계획으로 나눌 수 있다. 2002년 「국토계획법」이 제정되기 전의 국토계획체계는 「국토건설종합 계획법」, 「국토이용관리법」, 「도시계획법」을 기본으로 하였다. 90여 개의 개별 법령에 의해 토지이용규제 및 개발행위허가가 이루어졌기 때문에 일관성 있고 효율적인 국토계획 및 국토관리가 어려울 수밖에 없었다. 이에 국토의 난개발을 방지하고 국토의 지속가능한 발전을 도모하기 위 하여 국토 및 토지이용계획체계를 개편하여 「국토기본법」을 제정한 것 이다.

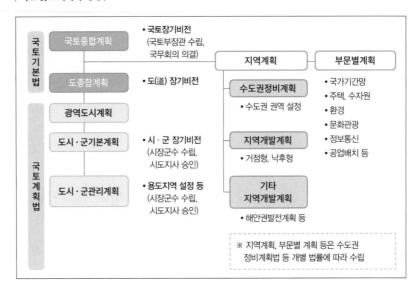

「국토기본법」은 국가와 지방자치단체는 국토의 균형 있는 발전(제3조)과 경쟁력 있는 국토 여건의 조성을 위하여 국토의 기간시설 및 국토자원의 효율적 이용과 관리에 노력해야 한다(제4조)는 의무를 규정한다. 그리고 이를 달성하기 위하여 국토종합계획, 도종합계획, 시·군종합계획과 부문별 계획, 지역계획을 수립하고 있다.

국토종합계획은 모든 국가계획 및 지자체계획의 기본이 되는데, 제5차 국토종합계획(2020~2040년)에서 '국토공간 전략'은 첫째, 국토 개발에서 국토 관리의 시대로의 변화를 반영하고, 둘째, 인구감소와 저성장의 위기를 극복할 준비를 기본구상으로 한다. 그 실천계획(2021~2025년)은 제5차 국토종합계획의 실질적 추진을 위해 계획관련 소관(중앙)부처가 제출한 계획을 토대로 국토교통부가 종합한 것으로, 자세한 내용은 국토교통부 홈페이지의 '정책자료'에서 '정책정보'로 들어가면 다운로드할 수 있다.

'도종합계획'은 도 또는 특별자치도의 관할구역을 대상으로 하여 해당 지역의 장기적인 발전 방향을 제시하는 종합계획인데, 경기도는 「수도권정비계획법」의 수도권정비계획으로 대체하고 제주도는 「제주특별자치도 설치 및 국제자유도시 조성을 위한 특별법」(약칭: 제주특별법)에 따른 종합계획으로 대체하여 도종합계획을 수립하지 않는다. 이 계획은 각 광역지자체 홈페이지에서 다운로드할 수 있다.

'시·군종합계획'은 특별시·광역시·시 또는 군의 관할구역을 대상으로 하여 해당 지역의 기본적인 공간구조와 장기 발전 방향을 제시하고, 토지이용, 교통, 환경, 안전, 산업, 정보통신, 보건, 후생, 문화 등에 관하여 수립하는 계획이다. 그런데 「국토기본법」의 시·군종합계획은 「국토계획법」에 따라 수립되는 도시계획인 도시·군기본계획과 도시·군관리계획으로 갈음하므로 별도로 시·군종합계획은 수립하지 않는다.

전국 각 지자체의 도시·군기본계획은 토지이음 사이트 및 각 지자체 홈페이지에서 다운로드할 수 있다.

'부문별계획'은 각 중앙행정부가 국토 전역을 대상으로 하여 특정 부문에 대한 장기적인 발전 방향을 제시(수립)하는 계획이다. 예를 들어 제4차 국가철도망 구축계획(2021~2030년)은 향후 10년간 철도망 구축의 기본방향과 노선 확충계획 등을 담고 있는 중장기 법정계획으로 토지의 미래가치를 분석하는 데 중요한 자료이다. 국토교통부 및 한국교통연구원 사이트 등에서 다운로드할 수 있다.

구분	제4차 국토종합계획(수정)(2011~2020)	제5차 국토종합계획(2020~2040)
비전	• 새로운 도약을 위한 글로벌 녹색국토	• 모두를 위한 국토, 함께 누리는 삶터
목표	• 경쟁력 있는 통합국토 • 지속 가능한 친환경국토 • 품격 있는 매력국토 • 세계로 향한 열린국토	• 어디서나 살기 좋은 균형국토 • 안전하고 지속 가능한 스마트국토 • 건강하고 활력 있는 혁신국토

공간
전략
	• 개방형 국토발전축
	  5+2 광역경제권 중심 거점도시권
		• 연대와 협력을 통한 유연한 스마트국토
		  구축

발전 전략	〈6대 전략〉 • 국토경쟁력 제고위한 지역 특화 및 광역적 협력 강화 • 자연친화적, 안전한 국토 조성 • 쾌적하고 문화적인 도시·주거환경 • 녹색교통·국토정보 통합 네트워크 구축 • 세계로 열린 신성장 해양국토 기반 구축 • 초국경적 국토경영 기반 구축	〈6대 전략〉 • 개성 있는 지역발전과 연대·협력 촉진 • 지역산업 혁신과 문화관광 활성화 • 세대와 계층을 아우르는 안심생활공간 조성 • 품격 있고 환경 친화적인 공간 창출 • 인프라의 효율적인 운영과 국토 지능화 • 대륙과 해양을 잇는 평화국토 조성

지역
발전
방향
	• 광역경제권 형성하여 지역별 특화발전, 글
	  로벌 경쟁력 강화
	• 지역특성을 고려한 전략적 성장거점 육성
	  (대도시와 KTX 정차도시 중심으로 도시권
	  육성)
		• 공간 재배치를 통해 압축적 발전,
		  지역 간 다양한(하드웨어 + 소프트웨어)
		  연계·협력으로 경쟁력 강화
		• 혁신도시 등 균형발전 거점을 지속 육성하
		  고 수도권과 지방의 상생

집행	• 지역개발사업 남발 방지위한 효율적인 지역 개발 시스템 구축 • 재원조달방식 다양화	• 계획 모니터링 및 평가 연동 • 국토-환경 계획 통합관리

국가균형발전계획과 지역계획

2004년에 제정된 「국가균형발전특별법」에 따라 수립한 '국가균형발전
계획'은 지역 간의 불균형을 해소하고, 지역의 특성에 맞는 자립적 발전
을 통하여 국민생활의 균등한 향상과 국가균형발전에 이바지하는 것을
목적으로 5개년 계획으로 수립되며(법 제4조) 기획재정부와 산업통상자
원부가 관리한다.

그리고 「국가균형발전특별법」에는 부문별 발전계획안 및 시행계획의 수

립(법 제5조), 시·도 발전계획의 수립(법 제7조), 성장촉진지역 등의 개발(법 제16조), 공공기관의 지방 이전 및 혁신도시 활성화(법 제18조)를 위한 국가균형발전위원회의 설치(법 제22조) 및 시·도 지역혁신협의회(법 제28조)와 시·군·구 지역혁신협의회(법 제29조)가 있으며, 국가균형발전특별회계를 설치하여 사업시행 재원을 조달하고 있다(법 제30조).

국가균형발전특별회계 예산은 새만금사업지역을 포함한 '특수상황지역'과 접경지역, 개발대상도서, 수도권 소재 공공기관의 지방 이전 및 혁신도시, 국가혁신융복합단지 등에 국가균형발전위원회 심의를 거쳐 집행한다.

이때 '지역계획'은 특정 지역을 대상으로 특별한 정책목적을 달성하기 위하여 수립하는 계획으로, 중앙행정기관장 또는 지방자치단체장이 지역 특성에 맞는 수도권발전계획·지역계획을 수립하는데(법 제16조), 수도권발전계획은 「수도권정비계획법」에 의하여 수립되고 기타 지역계획은 2014년에 제정된 「지역개발 및 지원에 관한 법률」(약칭: 지역개발지원법)으로 수립된다. 자세한 내용은 이 법령과 각종 지침을 확인하면 된다.

| 지역개발지원법 시행 이전 지역개발제도 |

구분	근거법령	목적	지정현황
신발전지역	신발전지역법	성장 잠재력을 보유한 낙후지역을 성장동력 거점으로 육성	9개 종합구역, 115개 지구, 2,775㎢
개발촉진지구	지역균형개발법	개발수준이 현저하게 낮은 낙후지역 지원	41개 지구, 4,598㎢
특정지역	지역균형개발법	지역의 역사·문화·경관자원 활용과 특정산업 육성·활성화	8개 문화권, 6,819㎢
지역종합 개발지구	지역균형개발법	공공기관의 유치 등 지역의 혁신거점을 구축하고 특화발전을 선도하기 위한 종합개발	1개 지구, 0.75㎢
광역개발권	지역균형개발법	지방 대도시권과 신산업지대를 광역적으로 개발, 수도권에 대응하는 지방 발전 거점으로 육성	10개 권역, 53,274㎢

「지역개발지원법」은 「지역균형개발 및 지방중소기업 육성에 관한 법률」과 「신발전지역 육성을 위한 투자촉진 특별법」에 분산되어 있는 다양한 지역개발제도를 하나의 '지역개발계획' 및 '지역개발사업구역'으로 통합·단일화하고 지역개발사업의 추진체계를 지방자치단체와 민간 주도로 전환하였다. 또한 '투자선도지구'를 지정하여 실질적인 지역발전의 토대를 마련할 수 있도록 하였으며 낙후지역 중 낙후도가 심한 지역은 '지역활성화지역'으로 지정·지원할 수 있도록 하였다.

여기서 「지역개발지원법」의 '투자선도지구'란 지역의 성장거점으로 육성하고 특별히 민간투자를 활성화하기 위하여 지정·고시된 지구이다. 「국토계획법」, 「건축법」, 주택공급에 관한 특례와 65가지 인허가 의제를 적용하며, 조세·부담금의 감면 혜택을 받을 수 있는 지구이다. '거점지역'이란 산업·문화·관광·교통·물류 등의 기능 수행에 필요한 인적·물적 기반을 갖추고 있어 중심이 되는 지역을 말한다.

 알아두세요

투자선도지구
지역개발계획에 반영된 지역개발사업구역 중 선도적 사업효과가 기대되는 전략적 사업 추진 지역(수도권 제외)이다. 산업·문화·관광·물류 등 지역의 선도적 전략사업을 추진하기 위한 지역개발사업구역의 전부 또는 일부 지역이다. 개발규모는 거점형이 100,000㎡ 이상, 낙후형은 30,000㎡ 이상이다.

투자선도지구 지정 요건(지역개발지원법 제45조)
1. 광역교통망 등 기반시설이 충분히 확보되어 있거나 확보될 수 있을 것
2. 지역특화산업, 문화·관광 등의 분야에서 성장 잠재력이 양호할 것
3. 투자 또는 고용창출 예상규모가 대통령령으로 정하는 기준을 충족할 것
4. 그 밖에 성장거점으로 육성 또는 민간투자 활성화가 쉬운 지역으로서 대통령령으로 정하는 기준을 충족할 것

「지역개발지원법」의 '지역활성화지역'이란 낙후지역 중 개발수준이 다른 지역에 비하여 현저하게 열악하고 낙후도가 심하여 국가 및 지방자치단체의 특별한 배려가 필요한 지역으로서 국토교통부장관이 지정한 지역을 말한다. 여기서 '낙후지역'이란 「국가균형발전특별법」(약칭: 국가균형발전법) 제2조 제6호에 따른 성장촉진지역 및 특수상황지역을 말한다.

경기도는 「수도권정비계획법」에 의한 규제를 받는 곳이다. 하지만 경기

도 북부지역과 강원도의 일부 지역인 '접경지역'은 예외이다. 2000년 1월 21일 남북분단으로 인한 지역적 특수성으로 낙후된 접경지역의 경제발전 및 주민복지향상을 지원하고, 접경지역의 자연환경을 체계적으로 보전·관리하며, 평화통일기반을 조성하기 위하여 「접경지역 지원 특별법」(약칭: 접경지역법)을 제정하였다(법 제1조). '접경지역 발전종합계획'을 수립하고 '접경특화발전지구'를 지정하여 지역균형발전을 위한 각종 지원을 하고 있다.

이 「접경지역법」은 접경지역의 이용·개발과 보전에 있어 다른 법률에 우선하여 적용된다. 하지만 「국토기본법」, 「수도권정비계획법」, 「군사기지법」(군사기지 및 군사시설 보호법)에 우선되지 않으므로 유의하여야 한다(법 제3조). 접경지역의 범위는 2008년 11월 11일 「군사기지법」의 민간인 통제선이 축소되면서 확대되었고, 2011년 5월 19일 접경지역의 범위가 읍·면·동에서 시·군 단위로 확대 개편되면서 경기도 고양시, 양주시, 동두천시, 포천시, 강원도 춘천시가 접경지역에 포함되어 보다 넓은 접경지역 발전계획을 수립할 수 있게 된 것이다.

그리고 「동·서·남해안 및 내륙권 발전 특별법」(약칭: 해안내륙발전법)에 따라 수립한 해안권발전종합계획과 내륙권발전종합계획에서 지정한 지역과 해안경관을 활용한 관광·휴양거점 육성 및 이에 필요한 민간투자를 활성화하기 위하여 지정·고시된 '해양관광진흥지구' 등도 지역계획이다.

「해안내륙발전법」에서는 개발계획의 승인 시 도시관리계획 변경·결정을 의제하여 원활한 사업추진을 지원하며, 실시계획의 수립 시 사업의 신속한 추진을 지원하기 위해 「건축법」, 「공유수면관리법」 등 42개 법률에 대한 인·허가 의제를 규정하고 있다.

「폐광지역 개발 지원에 관한 특별법」(약칭: 폐광지역법)에 의한 '폐광지역진
흥지구'는 석탄산업의 사양화로 인하여 낙후된 폐광지역(廢鑛地域)의 경
제를 진흥시켜 지역 간의 균형 있는 발전과 주민의 생활 향상을 도모하
기 위해 제정된 곳이다. 이 지구는 「지역개발지원법」의 지역개발사업계
획을 수립하여 각종 특례 및 지원을 받아 개발된다.

| 해안내륙발전법의 6개 초광역권 발전종합계획(2020~2030년) |

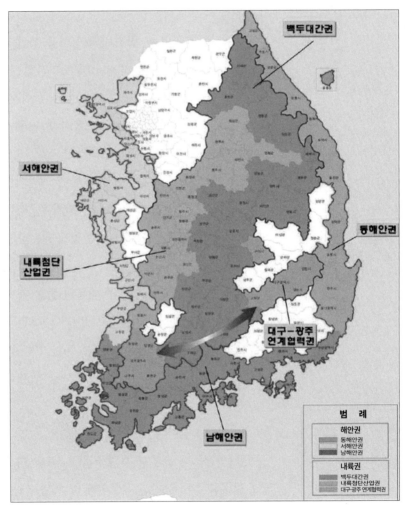

(출처: 국토교통부)

국토교통부 홈페이지에서 각종 국가계획 찾기

✱ 국토교통부 홈페이지(www.molit.go.kr) '정책자료' 메뉴의 '정책정보'로 들어가면 제5차 국토종합계획을 다운로드할 수 있다.

✱ 국토교통부 홈페이지 '정책자료' 메뉴의 '법령정보'에서 '행정규칙(훈령·예규·고시)' 으로 들어가면 '토지' 관련 행정규칙을 찾을 수 있다.

✱ 국토교통 정보시스템(www.molit.go.kr/network/) 상단의 '국토·하천·도시·건축' 메뉴로 들어가면 국토·하천·도시·건축 사이트를 찾을 수 있다.

✱ 국토교통 정보시스템 상단의 '주택·토지' 메뉴로 들어가면 주택·토지 사이트를 찾을 수 있다.

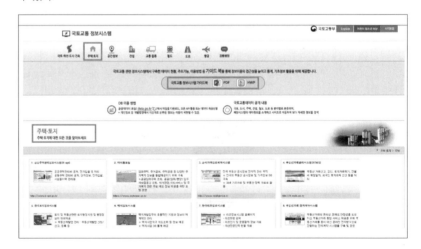

（＊） 국토교통 정보시스템 상단의 '공통행정' 메뉴로 들어가면 공통행정 사이트를 찾을 수 있다.

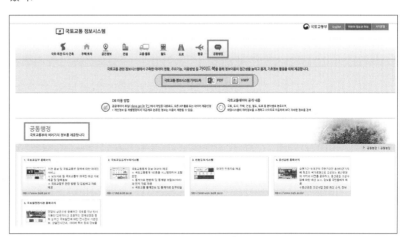

국토계획법의 '도시계획' 제도

원래 도시지역은 「도시계획법」, 비도시지역은 「국토이용관리법」으로 규제하여 왔다. 그리고 국토의 자연환경을 보전하기 위해 제정된 「개발제한구역법」(개발제한구역의 지정 및 관리에 관한 특별조치법), 「자연공원법」, 각종 환경 관련법 등과 이용을 위주로 하는 「농지법」, 「산지관리법」 등과 공적개발을 위한 각종 개발법 등으로 국토의 효율적 이용을 달성해왔다.

그러나 외환위기 이후 부동산가격의 폭락을 경험한 국가는 2002년에 「도시계획법」, 「국토이용관리법」을 합하여 「국토계획법」을 제정하고 전국토를 효율적으로 이용하기 위하여 도시지역과 비도시지역을 합하여 선계획·후개발하게 되었다.

「국토계획법」의 '도시계획'이란 국토의 효율적 이용을 위하여, 인구의 도시 집중에 따른 과밀화와 도시의 무질서한 확산, 인구의 고령화와 저출산에 따른 지방소멸 등의 도시문제를 완화 또는 해소시키고 미래의 문제를 예방하기 위하여 필요한 계획으로, 공공복리의 증진과 국민의 삶의 질 향상을 위해 시행하는 것이다(법 제1조).

도시계획과 도시·군계획, 도시기본계획과 도시·군기본계획 그리고 도시관리계획과 도시·군관리계획은 같은 개념이다.

행정구역이 특별시·광역시·특별자치시·특별자치도·시인 경우 도시계획, 도시기본계획, 도시관리계획, 도시계획시설, 도시계획시설사업, 도시계획사업 명칭을 사용한다. 그리고 행정구역이 군인 경우 군계획, 군기본계획, 군관리계획, 군계획시설, 군계획시설사업, 군계획사업의 명칭을 사용한다(법 제5조).

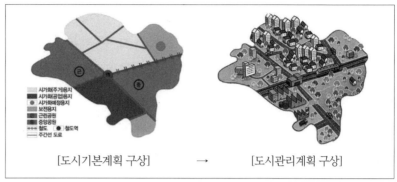

[도시기본계획 구상] → [도시관리계획 구상]

(출처: 국토교통부)

이 「국토계획법」에 의하여 지자체가 수립하는 도시계획은 도시·군기본계획과 도시·군관리계획으로 나누어진다. 2009년 2월 6일부터 도시·군계획은 지자체장이 수립하고 시도지사의 승인(결정)으로 확정된다.

「국토계획법」의 도시계획에는 광역도시계획, 도시기본계획, 도시관리계획 3가지가 있다. 이 중 '광역도시계획'은 「국토계획법」에서 규정한 최상위 계획이다.

광역도시계획이란 인접한 둘 이상의 특별시·광역시·시 또는 군의 행정구역에 대하여 장기적인 발전방향을 제시하거나 시·군의 공간구조개편, 광역토지이용·광역시설, 도시기능분담 등을 제시하는 등 적정한 성장관리가 필요할 때에 '광역계획권'을 지정하고 그 개발·이용·보전계획을 수립하는 것을 말한다.

광역도시계획은 국가계획에 부합되어야 한다. 따라서 광역도시계획의 내용이 국가계획의 내용과 다를 때에는 국가계획이 우선한다(법 제4조). 마찬가지로 광역도시계획이 수립되어 있는 지역에 수립된 도시·군기본계획은 그 광역도시계획에 부합되어야 한다. 따라서 도시·군기본계획의 내용이 광역도시계획의 내용과 다를 때에는 광역도시계획이 우선한다(법 제4조 3항).

이런 행정계획은 20년 단위의 지침적인 장기계획으로 도시·군관리계획처럼 국민의 사유재산권을 직접 제한하지 않지만, 도시계획체계의 최상위 계획으로서 도시·군관리계획을 제한한다. 결국 토지의 개발가치에 영향을 미치는 장기발전계획인 것이다. 따라서 자세히 검토하면 투자에 큰 도움이 될 것이다.

대표적인 광역계획은 '수도권 광역도시계획'이다. 2040년 수도권 광역도시계획은 제5차 국토종합계획(2020~2040년), 제4차 수도권정비계획(2021~2040년)의 국토·도시 계획 재정비에 맞춰 광역적 교통·환경 문제를 해소하고 인구감소·저성장 시대에 맞는 실효적인 수도권 발전계획이다.

그리고 수도권 외의 13개 광역도시계획도 비슷한 절차로 수립되었다. 13개 광역도시계획에는 부산권, 광주권, 대구권, 대전권, 행복도시, 전주권, 창원권, 청주권, 전남서남권, 광양만권, 제주권, 공주역세권, 내포신도시권이 속한다.

국토교통부장관 또는 도지사는 '광역계획권'을 지정할 수 있다. '광역도시계획'은 관할 시장 또는 군수가 공동으로 입안하거나 도지사가 입안하여 주민의견을 청취하고 지방의회와 지방도시계획위원회의 자문을 받아 국토교통부장관에게 승인 신청을 한다.

승인되면 지체 없이 공고하고 일반인에게 열람시켜야 하며(광역도시계획 수립지침 4-3-4) 이 광역도시계획을 수립하는 기준인 '광역도시계획수립지침'은 국토교통부장관이 훈령으로 제정하며 국토부 사이트에서 누구나 다운로드할 수 있다.

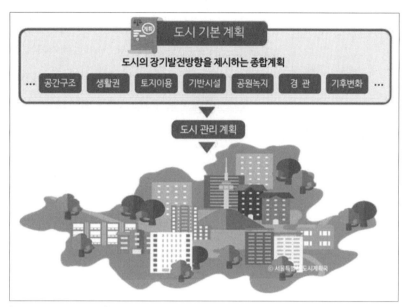

(출처: 서울특별시 도시계획국)

다음으로 「국토계획법」의 도시·군기본계획과 도시·군관리계획은 국가
계획과 광역도시계획에 부합되게 수립되어야 하며 「국토기본법」의 시·
군종합계획에 갈음하는 20년 단위의 장기계획이다.

도시·군기본계획은 특별시·광역시·시 또는 군의 관할구역에 대하여
기본적인 공간구조와 사회경제적이고 물리적인 측면을 포괄하여 도시
의 장기발전방향을 제시하는 종합계획으로 도시·군관리계획 수립의 지
침이 되는 계획인데, 일반 국민에게는 직접적인 구속력이 없으나 지자
체가 수립하는 도시·군관리계획의 기본적인 방향제시를 하는 구속력을
가진다.

도시·군기본계획은 지역의 특성과 현황을 반영하여 목표와 방향을 설
정하며, 목표연도는 계획수립시점으로부터 20년을 기준으로 하되 5년
마다 보완수정하고 있다. 도시·군기본계획의 입안권자는 시장·군수이
고 구체적인 입안 및 수립기준은 국토부훈령인 「도시·군기본계획수립

지침」에 규정되어 있으며, 승인된 각 지자체의 도시·군기본계획은 '토지이음' 사이트에서 다운로드할 수 있다.

'도시·군기본계획'에서 '시가화예정용지'는 주변지역의 개발상황, 도시기반시설의 현황, 수용인구 및 수요, 적정밀도 등을 고려하여 지역별 또는 생활권별로 배분하되 그 위치는 표시하지 않으며. 시가화예정용지의 세부용도 및 구체적인 위치는 도시·군관리계획의 결정(변경)을 통해 정한다(도시·군기본계획수립지침 4-4-3 용도구분 및 관리).

그리고 비도시지역의 난개발 방지 및 합리적인 성장관리를 위하여 비도시지역에 대한 '성장관리방안'을 제시할 수 있다(도시·군기본계획수립지침 4-4-6).

국토계획법의 '도시·군관리계획' 제도

(출처: 서울특별시 도시계획국)

도시·군관리계획은 도시·군기본계획 및 광역도시계획이 제시하는 지표 및 방향을 도시 공간에 구체적으로 실현하기 위한 방법을 제시하는 행정계획으로 일반 국민의 사적 토지이용 즉 건축행위 시 용도, 건폐율, 용적률, 층수 등에 대한 구속력을 가지는 법정계획이다.

도시·군관리계획의 목표년도는 기준년도로부터 장래의 10년을 기준으로 하고, 연도의 끝자리는 0년 또는 5년으로 한다. 도시·군기본계획을 5년마다 재검토하거나 급격한 여건변화로 인하여 도시·군기본계획을 다시 수립하는 경우 도시·군관리계획을 재검토하여야 한다(도시군관리계획 수립지침 1-5-1-3).

도시·군관리계획이란 특별시·광역시·특별자치시·특별자치도·시 또는 군의 개발·정비 및 보전을 위하여 수립하는 토지이용·교통·환경·경관·안전·산업·정보통신·보건·후생·안보·문화 등에 관하여 다음 사항 중 1가지 이상이 포함된 계획을 말한다. 도시·군관리계획을 재정비하는 경우에는 이를 하나의 계획으로 종합하여 수립한다.

1. 용도지역·용도지구의 지정·변경에 관한 계획
2. 개발제한구역·도시자연공원구역·시가화조정구역 또는 수산자원보호구역의 지정·변경에 관한 계획
3. 기반시설의 설치·정비 또는 개량에 관한 계획
4. 도시개발사업 또는 정비사업에 관한 계획
5. 지구단위계획구역의 지정 또는 변경에 관한 계획과 지구단위계획
6. 입지규제최소구역의 지정 또는 변경에 관한 계획과 입지규제최소구역계획

도시·군관리계획의 입안자는 시장 또는 군수이고, 결정권자는 시·도지사인데 대도시(인구 50만 이상)는 시장이 직접 결정한다. 그리고 개발제한구역의 지정 및 변경에 관한 도시·군관리계획 등 중요한 사항은 국토부장관이 결정한다(법 제29조).

시·도지사가 도시·군관리계획을 결정하고자 하는 때에는 도시계획위원회의 심의를 거치도록 한다. 다만 건축물의 높이에 관한 사항, 건축물의 배치·형태·색채에 관한 사항, 경관계획에 관한 사항에 대하여는 건축위원회와 도시계획위원회의 공동심의를 거치도록 한다(법 제30조3항).

그리고 도시와 농촌·산촌·어촌 지역의 도시·군관리계획은 해당 지역의 인구밀도, 토지이용의 특성, 주변환경 등을 종합적으로 고려하여 차등화되게 입안하도록 하였다(법 제25조).

도시·군관리계획의 입안 및 수립기준은 국토부 훈령인 '도시·군관리계획 수립지침'에 규정되어 있다. 이 지침은 국토부 및 법제처 사이트에서 다운로드할 수 있다. 도시·군관리계획은 워낙 방대하고 그 규제내용도 많아서 각 필지별로 그 규제 내용을 토지이음 사이트 또는 토지이용계획확인서 및 개별 법령에서 찾아야 한다.

도시·군관리계획 결정의 효력 발생 시기는 「토지이용규제법」(토지이용규제기본법)의 절차에 따라 지적이 표시된 지형도면의 고시일이다. 구체적인 규제(제한)사항 및 도면은 토지이음 사이트에 공개해야 하며, 일반 국민이 토지이용계획확인서 및 개별법령으로 알기 어려운 사항은 지자체의 담당부서로부터 상세한 안내 및 상담을 받을 수 있다.

'도시·군계획사업'과 '도시·군계획시설사업'

「국토계획법」에 의한 '도시·군계획사업'이란 도시·군관리계획을 시행하기 위한 도시·군계획시설사업, 「도시개발법」에 따른 도시개발사업, 「도시정비법」(도시 및 주거환경정비법)에 따른 정비사업을 말한다(법 제2조).

잠깐만요

민간이 제안할 수 있는 도시계획사업

주민(이해관계인 포함)은 다음 사항을 시장·군수에게 도시·군관리계획 입안을 제안할 수 있다(법 제26조).
1. 기반시설의 설치·정비·개량에 관한 사항
2. 지구단위계획구역의 지정·변경과 지구단위계획의 수립·변경에 관한 사항
3. 개발진흥지구(공업기능·유통물류기능 등을 집중적으로 개발·정비하기 위한)의 지정·변경에 관한 사항
4. 용도지구 내 건축물이나 그 밖의 시설의 용도·종류·규모 등의 제한을 지구단위계획으로 대체하기 위한 용도지구
5. 입지규제최소구역의 지정·변경과 입지규제최소구역계획의 수립·변경에 관한 사항

'도시·군계획시설사업'이란 「국토계획법」이 정한 46가지 기반시설을 도시·군관리계획으로 결정하여 설치하는 사업이다. 여기서 기반시설이란 도로·공원·학교 등 도시기능 유지에 기본적으로 필요한 물리적 시설을 말한다.

기반시설의 종류는 7개 시설군에 46가지 시설이 있다[52가지에서 46가지로 통합·정비(2018. 12. 27.)]. 7개 시설군은 다음과 같다.

1. 교통시설 8가지
2. 공간시설 5가지
3. 유통 및 공급시설 9가지
4. 공공문화체육시설 8가지
5. 방재시설 8가지
6. 보건위생시설 3가지
7. 환경기초시설 5가지

| 기반시설 |

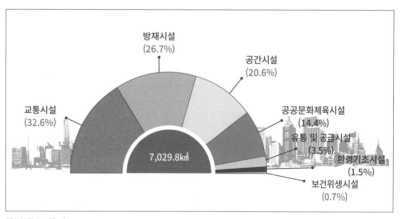

(출처: 국토교통부)

도시·군계획시설은 다른 법령에 의하여 허가·승인·인가 등을 받아 도시·군관리계획의 결정을 받은 것으로 의제되는 경우도 있다. 도시계획시설을 설치하려면 「도시·군계획시설의 결정·구조 및 설치기준에 관한 규칙」 및 조례를 따라야 한다.

도시·군계획시설 사업시행자는 국가, 지자체장, 공공기관 및 개인이다. 사업시행자는 도시계획시설사업 대상 토지 중 국·공유지를 제외한 면적의 3분의 2 이상에 해당하는 토지를 소유하고, 토지소유자 총수의 2분의 1 이상에 해당하는 자의 동의를 얻어야 한다(영 제96조).

이 도시계획시설은 민간도 제안하여 시행자로 지정될 수 있으므로 필요시 「도시·군계획시설의 결정·구조 및 설치기준에 관한 규칙」에 규정된 개별법 및 「국토계획법」에 따라 설치할 수 있으나, 그 절차가 엄격하여 시간과 비용이 많이 소요되므로 이미 결정된 도시계획시설을 활용하려면, 지자체의 도시계획시설의 집행시기를 확인하는 것이 중요하다.

기반시설은 도시·군관리계획으로 결정하여 설치하는 것이 원칙이지만, 용도지역, 기반시설의 특성에 따라 도시지역 및 지구단위계획구역에서 도시계획시설로 결정하지 않고 개별법의 허가·승인·인가 등을 받아 설치할 수 있는 시설(다음 표의 ●, ◆)이 있고, 비도시지역에 개별법의 허가·승인·인가 등을 받아 설치할 수 있는 시설(다음 표의 ●, ○)이 있다.

그리고 「도시개발법」, 「도시정비법」, 「택지개발촉진법」, 「주택법」, 「산업입지법」(산업입지 및 개발에 관한 법률), 「관광진흥법」의 지역에는 해당 법률에서 설치를 허용하는 도시계획시설이라면 모두 가능하다(국토계획법 제51조 1항 2~7호).

| 기반시설 | 도시계획시설 종류 및 내용 | 도시·군계획시설의 결정·구조 및 |
| 7개 시설군, 46개 시설 | | 설치기준에 관한 규칙 → 조례 |

구분	종류 및 내용
교통 시설 (8)	1.도로(일반도로, 자동차전용도로, 보행자전용도로, 자전거도로, 고가도로, 지하도로) 2.철도(철도, 도시철도, 고속철도, 사업의 시설)◆ 3.항만◆ · 4.공항(도심공항터미널◆○)◆ · 5.주차장○(노외주차장) 6.자동차정류장○(전세버스여객자동차터미널◆), 화물터미널, 공영·공동차고지 7.궤도◆○ · 8.차량검사 및 면허시설●
공간 시설 (5)	9.광장○(교통광장, 일반광장, 경관광장, 지하광장, 건축물부설광장◆) 10.공원(소공원/어린이공원/근린공원/역사공원/문화공원/체육공원/수변공원/묘지공원)◆ (공원 안의 기반시설●) · 11.녹지 · 12.유원지◆ · 13.공공공지●
유통 및 공급 시설 (9)	14.유통업무설비(유통단지, 대규모점포·임시시장·전문상가단지 및 공동집배송센터, 화물터미널 등) 15.수도공급설비 · 16.전기공급설비(◆)○/신재생에너지(◆) 17.가스공급설비●(◆)(○) · 18.열공급설비● · 19.◆방송·통신시설● 20.공동구 · 21.시장● · 22.◆유류저장●(◆) 및 송유설비○
공공·문화 체육시설(8)	23.학교(◆○유치원, 특수·대안, 통신대)(대학◆) · 24.공공청사● 25.문화시설● · 26.체육시설(●공공 체육시설) · 27.연구시설● 28.사회복지시설● · 29.공공직업훈련시설● · 30.청소년수련시설●
방재 시설(8)	31.하천 · 32.유수지 · 33.저수지◆● · 34.방화설비● 35.방풍설비◆● · 36.방수설비● · 37.사방설비● · 38.방조설비●
보건위생 시설(3)	39.장사시설● · 40.도축장(◆○500㎡ 미만)◆ · 41.종합의료시설●(종합병원)
환경기초 시설(5)	42.하수도 · 43.폐기물처리 및 재활용시설◆(○) 44.수질오염방지시설(◆)(○) · 45.폐차장● · 46.빗물저장 및 이용시설●

●, ◆ : 도시지역 및 지구단위계획구역에서 개별법의 허가·승인·인가를 받아 설치할 수 있는 시설
○ : 비도시지역(지구단위계획구역 제외)에서 도시관리계획으로 설치하지 않아도 되는 시설
(○), (◆)는 그 시설 중 일부 시설만 개별법으로 설치할 수 있는 시설
◆ : 지구단위계획에서 시·도, 대도시 도시·군계획조례로 제한할 수 있는 도시계획시설이고, 그 이외에는 모두 가능함(국토계획법 시행령 제45조 3항 2호)

도시계획시설의 (민간) 입안 제안 및 결정절차

도시·군관리계획의 입안자는 시장·군수이므로(법 제24조) 도시·군계획사업의 하나인 도시계획시설사업은 시장·군수가 입안해야 하나, 민간도 '기반시설의 설치정비 또는 개량에 관한 사항'의 입안을 제안할 수 있다(법 제26조). 이 입안 제안 및 결정절차는 다음과 같다. 민간이 제안서를

작성하여 접수하면 시(기초)도시계획위원의 자문과 각 실협의에서 검토한 후 입안을 하는데, 「국토계획법」의 절차에 따라 전략환경영향평가와 관련실과 및 관련기관과의 협의를 거쳐 도(광역)도시계획위원회 심의를 거쳐 결정된다.

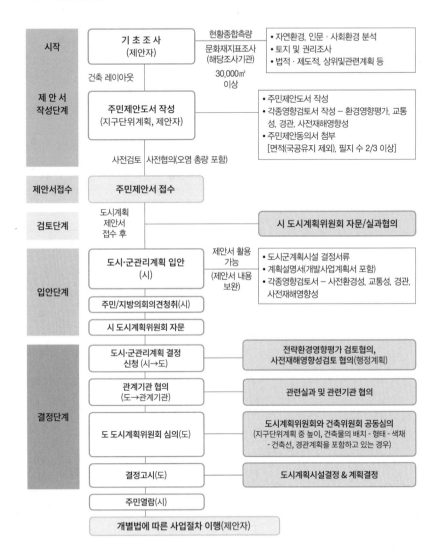

그리고 입안제안은 다음의 절차에 따라 '토지이음' 사이트에 제출할 수 있다.

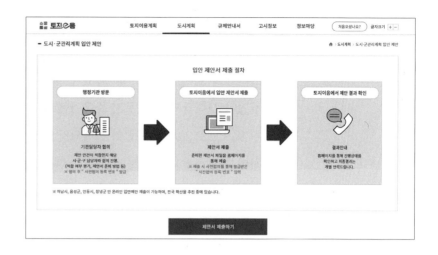

장기 미집행 도시계획시설 해제 절차

도시·군계획시설이 결정되면 시장·군수는 결정·고시일로부터 3개월 이내(도시정비·재생법령은 2년 이내)에 재원조달계획, 보상계획 등을 포함하는 단계별 집행계획을 수립하여야 한다(법 제85조).

단계별 집행계획은 2단계로 나누어진다. 3년 이내에 시행하는 도시·군계획시설사업은 제1단계 집행계획에 포함되도록 하며 3년 후에 시행하는 도시·군계획시설사업은 제2단계 집행계획에 포함되도록 하여야 한다(법 제85조).

이런 계획은 해당 지방자치단체 공보와 인터넷 홈페이지에 게재하도록 되어 있으므로 일반 국민도 도시계획시설의 결정 또는 해제 결정을 확인할 수 있다. 구체적인 사항은 「민원처리법」에 의하여 담당부서에서 질의하면 자세한 답변(구두 또는 문서)을 들을 수 있다.

도시계획시설로 결정된 후 10년 이내에 실시계획의 인가 등이 진행되지 않으면 지목이 '대(垈)'인 토지는 사업시행자 또는 지자체에 매수청구를 할 수 있다(법 제47조). 매수 청구된 토지의 매수가격·매수절차 등에 관하여 「토지보상법」(공익사업을 위한 토지 등의 취득 및 보상에 관한 법률)을 준용한다(법 제47조 4항).

그리고 도로·공원·철도 등 도시·군계획시설이 결정된 이후 해당 시설 사업이 시행되지 않아 토지 소유자에 대한 재산권 침해 문제가 발생할 수 있으므로 20년간 사업이 시행되지 않으면 해당 도시·군계획시설 결정이 자동 실효되도록 하고 있다(법 제48조 및 법률 제6655호 부칙 제16조).

> **국토계획법 부칙 제16조(도시계획시설결정의 실효기산일에 관한 경과조치)**
> 1. 2000년 7월 1일 이전에 결정·고시된 도시계획시설의 기산일은 2000년 7월 1일
> 2. 2000년 7월 2일 이후에 결정·고시된 도시계획시설의 기산일은 당해 도시계획시설의 결정·고시일

「국토계획법」 제48조에 따라 2000년 7월 1일 이전 결정 고시된 도시계획시설 중 20년 이상 집행되지 않은 도시계획시설은 2020년 7월 1일 자동으로 실효되었다. 국가는 2012년부터 2020년 7월 1일 자동실효에 대비하여 도시·군계획시설결정 고시일부터 10년이 지난 정비대상시설을 우선해제대상, 해제대상 또는 조정대상으로 분류하여 도시·군관리계획에 반영하도록 도시·군관리계획 정비기준을 세워 지방자치단체의 장이 2016년 12월 31일까지 관할 구역의 도시·군관리계획을 전반적으로 재검토하여 정비토록 하였다(법 제34조 2항). 이 조문은 2020년 7월 1일이 지났으므로 2021년 1월 12일 폐지되었다.

2017년 1월 1일부터 장기미집행 도시·군계획시설에 대해 토지소유자가 도시·군계획시설 결정 해제를 신청할 수 있게 됐다. 이때 입안권자가 해제 입안하지 않을 수 있는 경우는 해당 도시·군계획시설결정의 실효 시까지 해당 도시·군계획시설을 설치하기로 집행계획을 수립하거나 변경하는 경우 또는 해당 도시·군계획시설에 대하여 실시계획이 인가된

경우 등이다(법 제48조의2).

토지소유자가 도시·군계획시설 결정 해제를 신청하는 과정은 다음과 같다.

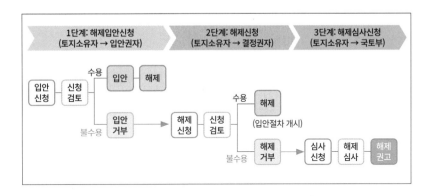

그런데 지방자치단체가 도시·군계획시설 결정의 실효 시기가 도래한 사업에 대하여 실시계획을 인가하여 해당 사업이 실제로는 시행되지 않으면서도 도시·군계획시설 결정이 실효되지 않는 경우가 발생할 수 있다. 그래서 토지소유자에 대한 재산권 침해를 최소화하기 위한 다음 제도가 마련되었다.

도시·군계획시설결정의 고시일부터 10년이 지나 실시계획을 작성하거나 인가받은 도시·군계획시설사업의 시행자가 실시계획 고시일부터 5년 또는 7년 이내에 토지수용위원회에 재결신청을 하지 아니한 경우에는 실시계획 고시일부터 5년 또는 7년이 지난 다음 날 그 실시계획의 효력이 상실되도록 하였다(법 제88조 7항, 2019. 8. 20.).

2020년 7월 1일 자동실효된 도시계획시설 때문에 피해를 입은 국민이 의외로 많다. 장기 미집행 도시·군계획시설 설치의 경우 등 청취한 주민 의견을 도시·군관리계획안에 반영하려는 경우 또는 관계 행정기관의 장과의 협의 및 도시계획위원회 심의에서 제시된 의견을 반영하여 도시·군관리계획을 결정하려는 경우로서, 그 내용이 중요한 사항인 경우에는 다시 공고·열람하게 하여 주민의 의견을 듣도록 하였다(법 제28조 4항, 신설 2021. 1. 12.). 따라서 이해당사자는 이런 결정에 적극 참여하여 권리를 찾아야 할 것이다.

일반 국민이 이 기반시설 및 도시·군계획시설에 대해 공부하는 목적은 결국 내 토지의 가치에 큰 영향을 미치기 때문이다. 만약 내 토지 또는 그 주변의 토지가 도시계획시설로 결정되면 주변 토지의 가치가 상승 또는 하락할 수 있다. 그 도시계획시설 시행에 저해되는 개발허가를 받을 수 없음은 물론이다. 국가 및 지자체 등 사업시행자가 내 토지를 수용해야 할 수도 있다. 내 토지의 가치를 분석하기 위하여 도시·군관리계획시설의 결정 절차를 이해하여야 하는 이유이다.

도시개발법에 의한 '도시개발사업'

「국토계획법」에 의한 도시·군관리계획으로 결정된 용도지역으로 일시에 개발수요가 몰리거나, 도시·군관리계획 시행 전에 형성된 도시에 기반시설의 재정비가 필요할 때에 주민(조합 포함) 또는 공공기관, 국가 및 지방자치단체 등이 도시를 계획적이고 체계적으로 확장·정비할 수 있도록 「도시개발법」에 의하여 '도시개발구역'을 지정하여 도시개발사업을 할 수 있는 제도가 있다.

2000년 이전의 주택단지개발, 산업단지개발 등은 단일목적의 개발방식으로 추진되었다. 하지만 이런 개발방식은 신도시의 개발 등 복합적 기능을 갖는 도시를 종합적·체계적으로 개발하는 데는 한계가 있다.

그래서 「도시계획법」(현 국토계획법)의 도시계획사업에 관한 부분과 토지구획정리사업법을 통합·보완하여 도시개발에 관한 기본법으로서의 「도시개발법」을 제정한 것이다. 종합적·체계적인 도시개발을 위한 법적 기반을 마련하고, 이 도시개발사업에 민간부문의 참여를 활성화하여 다양한 형태의 도시개발이 가능하도록 한 것이다.

'도시개발구역'은 원칙적으로 시·도지사가 직권으로 지정하거나 시장·군수·구청장의 요청을 받아 지정한다. 하지만 개발대상 토지면적의 3분의 2 이상에 해당하는 토지 소유자의 동의를 받으면 민간(법인)도 '도시개발구역'의 지정을 제안할 수 있다(법 제11조 5항).

이는 민간의 자본·기술을 활용하기 위한 제도로서 민간도 조합, 순수민간법인 또는 민관합동법인 등의 형태로 도시개발사업의 시행자가 될 수 있다(법 제11조). 도시개발구역 내의 「국토계획법」의 도시·군관리계획으로 지정된 용도지역이 개발계획에 따라 다시 변경될 수 있어 민간의 참여가 유도되면서 도시는 다양한 개발수요에 부응할 수 있게 된다.

시행방식은 '도시개발사업'의 성격에 따라 수용 또는 사용에 의한 방식, 환지방식, 양자 혼용방식 중에서 자유롭게 선택할 수 있다(법 제21조). 도시개발사업이 원활하게 진행되도록 민간 사업시행자도 사업부지 면적의 3분의 2 이상에 해당하는 토지를 소유하고, 토지소유자 총수의 1/2 이상에 해당하는 자의 동의를 얻으면 토지수용이 가능하다(법 제22조).

토지의 수용 또는 사용에는 「토지보상법」을 준용하도록 하여 수용권의 행사로 토지소유자의 재산권을 침해할 소지를 최소화하도록 하였다. 수용되는 경우 「헌법」 제23조 3항에 의한 정당한 보상이 이루어지게 되어, 기존 거주자에게는 조성된 토지에서 이주자택지를, 영업을 하고 있는 자에게는 생활대책용지를 우선 분양하게 된다.

도시개발사업의 시행자가 개발할 수 있는 도시개발구역의 규모는 도시지역 안의 주거 및 상업지역, 자연녹지지역, 생산녹지(전체 사업면적의 30% 이내일 때만)는 10,000㎡ 이상, 도시지역 외의 지역은 300,000㎡ 이상이다. 단 공동주택(아파트, 연립주택) 건설이 포함된 경우에는 100,000㎡ 이상이다. 또한 주거, 생산, 교육, 유통, 위락 등 복합기능의 도시를 개발하는 경우에는 그 규모를 3,300,000㎡ 이상으로 하여 난개발을 방지하고 있다(영 제2조 및 제9조).

2008년 4월 12일 「도시개발법」을 개정하여, 도시개발사업의 시행자도 지정권자에게 개발계획의 변경을 요청할 수 있도록 하였다(법 제4조 제2항). 2012년 4월 1일 「도시개발법」을 개정하여 결합개발, 순환개발, 친환경 도시개발 등을 활성화하고 그 실효성을 확보하기 위하여 「도시개발법」에서 정하고 있는 규제의 일부 완화하거나 용적률 완화 등의 인센티브를 제공할 수 있도록 하였다(법 제71조의2 신설). 이런 규정을 허가권자가 적절하게 조율하지 못하면 특정인에게 특혜가 될 수 있다. 2021년 8월 14일부터 도시개발구역 및 주변 지역에 부동산투기가 성행하거나 성행할 우려가 있으면 개발행위허가를 제한할 수 있다(영 제17조의2 신설).

도시개발사업을 시행할 수 있는 민간사업시행자의 자격, 도시개발사업으로 만들어진 토지의 공급방식 등 더 구체적인 사항은 「도시개발법」과 시행령, 시행규칙 그리고 국토부 훈령인 '도시개발업무지침'을 참고하면 된다. 이는 법제처 국가법령정보센터에서 다운로드할 수 있다.

다음 표는 도시개발사업 절차도이다.(아파트를 건축할 수 없는 도시 외곽의 자연녹지에 이 「도시개발법」의 '도시개발구역' 지정 절차를 통하여 허가권자의 사업승인을 받아서 지구단위계획을 수립하면 아파트 건설사업을 할 수 있다.)

| 도시개발사업 절차도 | (총 소요기간 18~24개월)

구 역 지 정 단 계	소요기간: 10~12개월

※ 환지방식으로 시행하고자 하는 경우 개발계획 수립 시 지정권자는 환지방식이 적용되는 지역의 토지면적 2/3 이상, 토지소유자와 토지소유자 1/2 이상의 동의 필요

도시개발구역 지정 요청: 제7조
(요청자: 시장)

1. 지정서류 작성 및 제출 (시행자 → 시장)
2. 주민의견청취·실과협의 (14일 이상 공람공고)
3. 주민의견제출 검토통보(30일 이상: 공람기간 종료일부터)

도시개발구역 지정 요청: 제7조
(민간 제안)

• 시장에게 구역지정 제안(제11조) – 민간의 경우 토지면적 2/3의 소유자의 동의 필요
• 제출도서(규칙 제12조) – 2개월
• 지정제안 수용 통보(시행령 제 23조)
  – 1개월 이내(시장 → 민간사업자)
  – 실과협의 지연 시 1개월 연장 가능

※ 도시지역의 면적은 10,000㎡ 이상이어야 하고, 비도시지역은 5,000㎡ 미만이어야 하는데, 비도시지역에는 공공시설(공원 등)의 설치용 도로만 가능함

도시개발구역 지정: 제8조
(지정권자: 도지사/시장)

1. 관계행정기관장 및 실과협의 (농지, 산지, 환경, 재해 등)
2. 협의의견 조치계획 작성 (협의 결과, 법령기준 등 종합검토)
3. 시도시계획위원회 심의 (도시·경관 공동위원회 개최)
4. 심의의견 조치계획 작성

• 100,000㎡ 미만의 구역지정 및 개발계획 시장, 군수에게 위임(도사무위임 조례 별지별표)

* 6~10개월 이상
  – 접수검토 2~3개월
  – 실과협의 2~3개월
  – 공동심의 2~3개월 (용도지역변경 등)
  – 소규모환경평가 4~5개월 이상

도시개발구역지정의 고시(제9조)

• 결정조건 부여
• 관보·공보에 고시 및 공람

개발계획수립
– 1개월

※ 구역지정과 동시에 지구단위계획 구역으로 결정고시된 것으로 봄

(지정권자: 시장)

사업시행자 지정: 제11조

– 1개월 내외

실 시 계 획 단 계	소요기간 : 7~10개월

※해제의 경우(제10조)

• 3년 내 실시계획인가
• 공사완료(환지방식의 경우 신청환지처분)의 공공일 다음 날 시행

제17조
• 기타: 국공유지 감정평가 및 지적측량

실시계획작성: 제17조(시행자)

• 실시계획 인가서류 작성
  – 지구단위계획, 기본설계도서
  – 의제서류: 농지전용

실시계획인가(시행자 → 시장)

• 관련실과 협의
• 협의결과, 법령기준 등 검토

– 관계기관협의 2~3개월 이상

실시계획의 고시: 제18조(시장)

• 일반 공람
• 지구단위계획결정·고시된 것으로 봄
• 관련 인·허가 등의 의제: 제19조

• 소요기간은 허가권자 및 담당자의 재량과 사업부지 개발계획의 보완점의 다소에 따라 달라짐

도시정비법에 의한 정비사업

1970년대 이후 산업화·도시화 과정에서 서울 등 대도시에 주택들이 대량 공급되었다. 이 주택들이 노후화되면서 체계적이고 효율적으로 정비할 필요성이 대두되었고, 이에 2002년 12월 30일 「도시정비법」(도시 및 주거환경정비법)을 제정하였다.

그전에는 「도시재개발법」 및 「도시저소득주민의 주거환경 개선을 위한 임시조치법」 및 「주택건설촉진법」의 재개발사업·재건축사업 및 주거환경개선사업이 각각 개별법으로 규정되어 있었다. 따라서 도시 및 주거환경의 정비에 관한 제도적 뒷받침이 미흡하였고 이를 보완하기 위해 「도시정비법」으로 통합된 것이다.

이후 정비사업에 대한 사회적 수요가 더욱 급증하였고 시장상황 변화에 부응하기 위하여 법률개정이 빈번하게 이루어졌다. 일반 국민은 이해하기 어려울 뿐 아니라 정비사업을 둘러싼 분쟁이 다수 발생하였다. 이에 2018년 2월 9일 복잡한 정비사업 유형을 통합하여 단순화하고 불명확한 규정을 명확하게 하기 위해 「도시정비법」을 개정하였다.

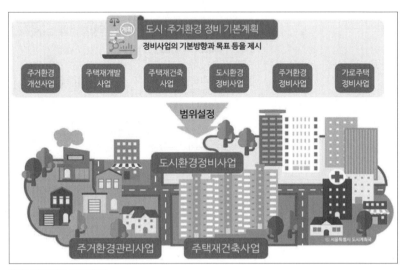

(출처: 서울특별시 도시계획국)

「도시정비법」제4조는 특별시장·광역시장·특별자치시장·특별자치도지사 또는 시장은 관할구역 내의 정비사업(주거환경개선사업, 재개발사업, 재건축사업)의 기본방향, 계획기간, 개략적인 정비구역의 범위 등의 내용(법제5조)이 포함되어 있는 도시·주거환경정비기본계획을 10년 단위로 수립하여야 한다. 이때 주민의 의견을 공청회·공람 등으로 들어야 하고 지방의회의 의견을 들어야 한다(법 제6조). 그리고 5년마다 그 타당성 여부를 검토하도록 하였다. 다만 인구 50만 명 미만의 시는 정비사업의 수요가 많지 아니한 점을 고려하여 도시·주거환경정비기본계획을 수립하지 않고 정비구역을 지정할 수 있도록 하였다.

'정비구역'은 시장 등의 신청에 의하여 시·도지사가 도시·군계획 절차에 따라 지정할 수 있다(법 제8조). 또한 정비구역 지정 신청 시 건폐율·용적률 계획 등 정비계획을 함께 수립한다(법 제9조).

정비계획의 입안대상지역은 「도시정비법 시행령」제7조의 [별표1]에서 ① 주거환경개선사업을 위한 정비계획, ② 재개발사업을 위한 정비계획, ③ 재건축사업을 위한 정비계획, ④ 시도 조례로 규정한 정비계획, ⑤ 건축물 붕괴위험, 각종 재해위험지역으로 구분한다. 그리고 정비계획이 수립된 곳은 「국토계획법」에 의한 지구단위계획이 수립된 것으로 본다(법 제17조).

'정비사업' 대상이 되는 '노후·불량건축물'이란 훼손 또는 일부 멸실되어 안전사고 우려가 있는 건축물, 설비노후화 및 안전진단 기준 미달된 건축물, 주거환경이 불량한 시·도 또는 대도시(인구 50만 이상) 조례로 정한 건축물, 도시미관 저해 및 노후건축물로 시·도 조례로 정한 건축물(경과연수 20~30년)을 말한다(법 제2조).

정비사업의 시행자는 사업별로 다르다. 주거환경개선사업은 시장·군수 등이 직접 시행하되 '토지 등 소유자'의 과반수 동의를 얻어 토지주택공사 등을 사업시행자로 지정할 수 있다(법 제24조). 재건축사업·재개발사업의 시행자는 조합 또는 조합원 과반수 동의를 받아 토지주택공사, 건설업자, 등록사업자 등과 공동으로 시행한다(법 제25조). 재개발사업·재건축사업의 공공시행은 시장·군수가 직접 또는 토지주택공사(건설업자 또는 등록사업자와 공공시행 포함)에게 시행하게 할 수 있다.

그리고 조합의 설립, 정관작성, 토지 등 소유자의 동의방법 등과 관리처분계획 및 사업시행계획인가, 분양받을 권리, 사업시행방식 등에 대한 구체적인 규정은 「도시정비법」 및 시행령, 규칙, '단독주택지 재건축 업무처리기준' 등에 규정되어 있고, '도시·주거환경정비기본계획'의 수립기준은 국토부 훈령인 「도시·주거환경정비기본계획 수립지침」에 규정되어 있다. 이 규정은 법제처 국가법령정보센터에서 다운로드할 수 있다.

도시·주거환경정비기본계획의 입안권자는 특별시장·광역시장·특별자치시장·특별자치도지사 또는 시장이다. 기본계획의 입안은 시의 게시판, 인터넷 홈페이지, 관련 시민단체, 주택단지 등의 게시판 및 반상회 등에 홍보하여 주민들의 많은 참여를 유도한다(도시·주거환경정비기본계획 수립지침 5-1-1). 공청회를 개최할 때에는 공청회 개최예정일 14일 전까지 게시판 및 인터넷 홈페이지, 일간신문에 1회 이상 기본계획의 개요 등을 공고하여야 하며(지침 5-2-2) 기본계획이 수립되면 기본계획의 요지 및 열람장소를 포함하여 지체 없이 해당 지방자치단체의 공보에 고시하여야 한다(지침 5-3-6). 그러므로 일반 국민은 모든 행정계획을 사전 또는 사후에 충분히 알 수 있다.

서울시의 정비사업에 대한 정보는 '정비사업 정보몽땅(cleanup.seoul.go.kr)'에서 찾을 수 있다.

도시재정비법에 의한 재정비사업

「도시재정비 촉진을 위한 특별법」(약칭: 도시재정비법)은 낙후된 도시지역의 주거환경을 개선하고 기반시설을 확충하고 도시기능을 회복시키기 위해 제정되었다(시행 2006. 7. 1.). 그 목적은 각종 정비사업을 좀 더 광역적으로 계획하고 체계적이고 효율적으로 추진하고 주택공급 확대와 함께 도시의 균형발전을 도모하는 것이다.

「도시재정비법」에는 ① 재정비촉진지구, ② 재정비촉진계획, ③ 재정비촉진사업, ③ 재정비촉진사업의 지원, ④ 개발이익의 환수, ⑤ 세입자를 위한 임대주택 건설 등이 규정되어 있다.

이 중 '재정비촉진지구'에는 주거지형, 중심지형, 고밀복합형이 있다. 주거지형은 노후·불량 주택과 건축물이 밀집한 지역으로서 주로 주거환경의 개선과 기반시설의 정비가 필요한 지구이다.

중심지형은 상업지역, 공업지역 등으로서 토지의 효율적 이용과 도심 또는 부도심 등의 도시기능의 회복이 필요한 지구이다.

마지막으로 고밀복합형은 주요 역세권, 간선도로의 교차지 등 양호한 기반시설을 갖추고 있어 대중교통 이용이 용이한 지역으로서 도심 내 소형주택의 공급 확대, 토지의 고도이용과 건축물의 복합개발이 필요한 지구이다.

'재정비촉진계획'이란 재정비촉진지구의 재정비촉진사업을 계획적이고 체계적으로 추진하기 위해 지구 내의 토지이용, 기반시설의 설치 등에 관해 세운 계획이다. 재정비촉진계획이 결정되면 「도시정비법」의 기본계획의 수립, 「도시개발법」의 개발계획의 수립, 「국토계획법」의 도시·군관리계획의 결정 및 도시·군계획시설사업의 시행자 지정의 효력이 발생한다.

이때 「국토계획법」에 의한 용도지역의 변경 등이 결정되므로, 토지 등의 소유자는 재정비촉진계획의 결정 절차에 관심을 가질 필요가 있다.

| 촉진계획 결정 절차 |

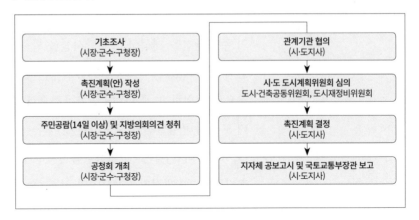

재정비촉진계획은 시장·군수·구청장이 계획을 수립하여 주민공람과 공청회 등을 거쳐 특별시장·광역시장 또는 도지사에게 결정을 신청한 다. 이에 결정권자는 관계 행정기관의 장과 협의하고, 지방도시계획위 원회 심의 또는 건축위원회 및 지방도시계획위원회의 공동심의를 거쳐 결정한다.

이런 행정계획의 개략적인 범위 및 진행절차도 공청회, 홈페이지, 공보 등을 통하여 사전 또는 사후에 충분히 알 수 있다.

또한 재정비촉진지구 내 재정비촉진사업의 활성화와 주택공급의 확대 를 위해 여러 가지 특례를 부여한다. 구역지정 요건의 완화, 용적률·층 고제한의 완화, 소형평형의무비율, 지방세의 감면, 과밀부담금의 면제, 특별회계의 설치 등의 다양한 특례가 있다.

세입자 및 소규모 주택 또는 토지 소유자의 주거안정을 위하여 시장·군 수·구청장이 주거실태를 조사하여 임대주택 건설계획 등을 재정비촉진 계획에 포함하도록 하였다(법 제30조). 또한 재정비촉진사업 시행자가 이 를 건설·공급하도록 하고 있다.

기반시설의 설치비용은 원칙적으로 사업시행자가 부담하도록 하고, 증가된 용적률의 75% 범위 안에서 사업의 종류에 따라 일정 비율을 임대주택으로 건설·공급하도록(영 제34조) 하는 등 원활한 사업시행을 저해하지 않는 범위 내에서 개발이익을 철저히 환수하도록 되어 있다.

도시재정비사업을 시행할 수 있는 사업시행자의 자격, 도시재정비사업으로 만들어진 토지의 공급방식 등 더 구체적인 사항은 「도시재정비법」과 시행령, 시행규칙 그리고 국토부 훈령인 '재정비 촉진계획 수립지침', '재정비 촉진사업의 임대주택 및 주택규모별 건설비율' 등에 있다.(법제처 국가법령정보센터에서 다운로드할 수 있다.)

도시재생법에 의한 도시재생사업

인구와 각종 산업기반이 집중된 도시의 주거·경제·사회·문화적 환경을 건전하고 지속가능하게 관리하고 재생하는 것은 국가 경제 성장과 사회적 통합의 안정된 기반을 구축하는 데 필수불가결한 과제이다.

이에 2013년 6월 4일 「도시재생법」(도시재생 활성화 및 지원에 관한 특별법)이 제정되었다.

「도시재생법」의 목적은 도시재생에 필요한 각종 물리적·비물리적 사업을 시민의 관심과 의견을 반영하여, 계획적이고 종합적인 도시재생 추진체계를 구축하는 것이다. 또한 도시의 자생적 성장기반을 확충하고 경쟁력 제고하며 지역 공동체를 회복하여, 궁극적으로 지속적 경제성장 및 사회적 통합을 유도하고 도시문화의 품격을 제고하는 등 국민 삶의 질을 향상시키는 것을 목표로 하고 있다.

'도시재생'이란 인구의 감소, 산업구조의 변화, 도시의 무분별한 확장, 주거환경의 노후화 등으로 쇠퇴하는 도시를 지역 역량의 강화, 새로운 기능의 도입·창출 및 지역자원의 활용을 통하여 경제적·사회적·물리적·환경적으로 활성화시키는 것을 말한다(법 제2조).

국가는 '국가도시재생기본방침'을 정하고, 지자체장은 '도시재생전략계획'을 수립하여 '도시재생활성화지역' 및 '도시재생활성화계획'을 수립하여 '도시재생사업'을 시행한다.

국가도시재생기본방침은 국토교통부장관이 도시재생 활성화를 위해 10년마다, 필요한 경우 5년마다 정비하는 국가 도시재생전략이다. 이 방침은 「국토기본법」의 국토종합계획의 내용에 부합하여야 한다.

국가도시재생기본방침의 주요 내용에는 ① 도시재생의 의의 및 목표, ② 국가가 중점적으로 시행하여야 할 도시재생 시책, ③ 도시재생전략계획 및 도시재생활성화계획의 작성에 관한 기본적인 방향 및 원칙, ④ 도시재생선도지역의 지정기준, ⑤ 도시 쇠퇴기준 및 진단기준, ⑥ 기초생활인프라의 범위 및 국가적 최저기준 등이 포함된다(법 제4조).

'도시재생전략계획'이란 도시 전체 또는 일부 지역, 필요한 경우 둘 이상의 도시에 대하여 도시재생과 관련한 각종 계획, 사업, 프로그램, 유형·

무형의 지역 자산 등을 조사·발굴하고, '도시재생활성화지역'을 지정하는 등 도시재생 추진전략을 수립하기 위한 계획이다(법 제12조).

국가도시재생기본방침과 도시·군기본계획에 부합해야 하며 전략계획 수립권자는 특별시장·광역시장·특별자치시장·특별자치도지사·시장·군수(광역시의 군수 제외)이다.

'도시재생활성화지역'이란 국가와 지방자치단체의 자원과 역량을 집중함으로써 도시재생을 위한 사업의 효과를 극대화하려는 전략적 대상지역이며 그 지정 및 해제를 '도시재생전략계획'으로 결정하는 지역으로, '도시재생활성화계획'에 따라 각종 '도시재생사업'을 시행하는 곳이다.

도시재생사업의 시행자는 ① 지방자치단체, ② 공공기관, ③ 지방공기업, ④ 도시재생활성화지역 내의 토지소유자, ⑤ 마을기업, 사회적기업, 사회적협동조합 등 지역주민 단체 등으로, 주민(이해관계자 포함)은 전략계획수립권자에게 도시재생활성화지역의 지정 또는 변경을 제안할 수 있다(법 제18조).

| 도시재생사업 현황정보(2021. 5.) |

(출처: 국토부 보도자료)

'도시재생사업'이란 도시재생활성화지역에서 도시재생활성화계획 및 개별 법령에 따라 시행하는 사업을 말한다. 도시재생사업의 종류는 다음과 같다.

1. 국가 추진사업
2. 지자체 추진사업
3. 주민 제안사업
4. 도시(재)정비사업
5. 도시개발 및 역세권개발사업
6. 산업단지개발 및 재생사업
7. 항만재개발사업
8. 전통시장 정비사업
9. 도시·군계획시설사업
10. 경관법의 경관사업
11. 빈집정비 및 소규모 주택정비사업
12. 공공주택사업
13. 공공지원민간임대주택 공급사업
14. 전통시장 상업기반시설 현대화사업
15. 복합환승센터 개발사업
16. 관광단지 조성사업
17. 도시첨단물류단지 개발사업
18. 방치건축물 정비사업 등이 있다.

도시재생에 대한 자세한 정보는 '도시재생종합정보체계(Urban Regeneration Information System)' 사이트에서 확인할 수 있다.

소규모주택정비법, 방치건축물정비법

도시 및 주택정비에 관련된 법률은 2017년 2월 8일 제정된 「빈집 및 소규모주택 정비에 관한 특례법」(약칭: 소규모주택정비법)과 2013년 5월 22일 제정된 「공사중단 장기방치 건축물의 정비 등에 관한 특별조치법」(약칭: 방치건축물정비법)이 있다.

먼저 「소규모주택정비법」은 방치된 빈집을 효율적으로 정비하고 소규모주택 정비를 활성화하기 위하여 필요한 사항 및 특례를 규정함으로써 주거생활의 질을 높이는 데 목적을 두고 있다.

저출산·고령화와 저성장 기조가 지속되고 전국 주택보급률이 100%를 초과함에 따라 다수의 대규모 정비사업이 지연·중단되고 있고 구도심이 쇠퇴하여 빈집이 지속적으로 증가하였다. 이에 안전사고나 범죄발생의 우려가 있고 도시미관이나 주거환경에 장해가 되는 등 다양한 사회문제가 유발되고 있어 빈집 및 소규모주택 정비에 대한 공공의 다각적 지원이 요구되었다.

이에 「소규모주택정비법」을 새로이 제정하고, 「도시정비법」의 가로주택정비사업 및 주택재건축사업(정비구역이 아닌 곳)을 이 법으로 이관하여 사업절차를 간소화하였다. 또한 사업 활성화를 위하여 건축규제완화, 임대주택건설 등의 특례규정과 정비지원기구 지정, 임대관리업무 지원, 기술지원 및 정보제공 등의 지원규정을 신설하였다.

'소규모주택정비사업'은 노후·불량건축물이 밀집되는 지역 또는 가로구역에서 다음 기준을 모두 충족해야 한다. ① '자율주택정비사업'은 노후불량 건축물이 2/3 이상이고, 나대지가 전체 면적의 2/1 이내인 곳에, 단독주택 10호 또는 연립주택 및 다세대주택 20호 미만으로 개량 또는 건설하기 위한 사업이다. ② '가로주택정비사업'은 종전의 가로(街路)를 유지하면서, 면적이 10,000㎡ 미만이고, 노후불량 건축물이 2/3 이상이며, 단독주택 10호 이상 또는 공동주택 20세대 이상을 정비하는 사업이다. ③ '소규모재건축사업'은 면적이 10,000㎡ 미만이고, 노후불량 건축물이 2/3 이상이며, 공동주택 200세대 미만인 곳을 재건축하는 사업이다(영 제3조).

100,000㎡ 이내의 '소규모주택정비 관리지역' 내에서 공공이 가로주택정비를 추진할 때 토지 등 소유자 3분의 2 이상 동의 시 수용이 가능하고(법 제35조의2 신설, 시행 2021. 9. 21.), 자율주택정비는 주민들의 80% 이상 합의 시 매도청구권이 있어 사업의 신속한 추진이 가능하다(법 제35조, 시행 2021. 9. 21.)

빈집 등의 추정기준(제9조 관련)	
구분	**추정 사용량**
전기사용량	1. 매월 사용량이 최근 12개월 이상 10kWh 이하인 상태로 지속되는 경우 2. 매월 사용량이 최근 12개월 이상 동일하게 지속되는 경우 3. 최근 12개월 동안 사용량의 합계가 120kWh 이하인 경우 4. 전기계량기가 사용이 중지된 상태로 최근 12개월 이상 지속되는 경우
상수도 사용량	1. 매월 사용량이 최근 12개월 이상 0(단수)인 상태로 지속되는 경우 2. 매월 사용량이 최근 12개월 이상 동일하게 지속되는 경우
기타 에너지	위에 준하는 경우

'빈집'이란 특별자치시장·특별자치도지사·시장·군수·구청장(자치구)이 거주 또는 사용 여부를 확인한 날부터 1년 이상 아무도 거주 또는 사용하지 아니하는 주택을 말한다. '빈집정비사업'이란 이 빈집을 개량 또는 철거하거나 효율적으로 관리 또는 활용하기 위한 사업을 말한다.

지방자치단체장은 빈집실태조사 결과를 토대로 지방도시계획위원회 심의를 거쳐 빈집정비계획을 수립·시행한다(법 제4조). 빈집이 안전사고나 범죄 발생의 우려가 높은 경우에 '빈집정비계획'에서 정하는 바에 따라 철거 등 필요한 조치를 명할 수 있고, 소유자가 특별한 사유 없이 이에 따르지 아니하면 직권으로 철거할 수 있다(법 제11조). 또한 도시지역의 유해한 빈집은 누구나 신고할 수 있고, 붕괴 등 안전사고 우려가 높은 집에 소유자가 적절한 조치를 하지 않으면 이행강제금이 부과된다(영 제46조 신설, 시행 2021. 10. 14.).

지방자치단체장은 시·도지사는 빈집실태조사 결과를 토대로 빈집을 효율적으로 정비하기 위한 정보시스템(빈집정보시스템)을 구축할 수 있다(법 제15조).

'빈집정비사업'은 시장·군수 등 또는 빈집 소유자가 직접 시행하거나, 한국토지주택공사·지방공사·건설업자·주택등록사업자·부동산투자회사·사회적기업 등과 공동으로 시행할 수 있다(법 제10조).

가로주택정비사업·소규모재건축사업의 시행자는 관리처분계획을 포함하는 사업시행계획서를 작성하고 이를 조합 총회 의결 등을 거쳐 지방자치단체장에게 인가받아 사업을 시행할 수 있다(법 제29~30조).

빈집 및 소규모주택 정비사업으로 공공·준공공임대주택을 전체 연면적의 20% 이상 건설하는 경우 용적률은 관계 법령에서 정하는 상한까지 완화할 수 있다(법 제49조).

기타 자세한 사항은 「소규모주택정비법」 및 시행령, 규칙과 국토교통부 고시인 「빈집정비사업에 관한 업무지침」 등을 참고하고, 이 법의 소관부서인 국토교통부 주거재생과(빈집정비사업·자율주택정비사업·가로주택정비사업), 주택정비과(소규모재건축사업)에 질의하면 된다.

다음으로 「방치건축물정비법」은 공사가 중단되어 장기간 방치된 건축물의 정비사업에 필요한 사항을 규정함으로써 공사가 중단된 현장의 미관을 개선하고 안전을 확보하며 국토와 경제자원의 생산적 이용을 극대화하려는 목적으로 제정되었다.

이 법에 근거하여 국토교통부장관이 '공사 중단 건축물 정비기본계획'을 수립하고 관할 시·도지사가 '공사중단 건축물 정비계획'을 수립하여 공사중단 건축물을 체계적으로 정비하게 할 수 있게 된 것이다.

'공사중단 건축물'이란 「건축법」 또는 「주택법」에 따라 공사착수 후 건축 또는 대수선 중인 건축물로서 실태조사를 통하여 공사를 중단한 총 기간이 2년 이상으로 확인된 것을 말한다. 건축물 및 이에 관한 소유권 외의 권리와 정비사업을 위하여 필요한 공사중단 건축물의 대지, 대지에 정착된 입목, 건물, 그 밖의 물건 및 이에 관한 소유권 외의 권리도 포함된다.

'정비사업'이란 미관개선·안전관리·범죄예방 등의 목적으로 특별자치시장·특별자치도지사·시장·군수·구청장(자치구)이 '공사중단 건축물 정비계획'에 따라 다음 정비방법을 통하여 공사중단 건축물을 철거하거나 완공하여 활용하는 일련의 사업을 말한다.

정비방법
① 제7조에 따른 철거명령 및 대집행
② 제8조에 따른 공사비용의 보조 또는 융자
③ 제9조에 따른 분쟁의 조정
④ 제10조에 따른 조세 감면
⑤ 제12조에 따른 공사중단 건축물의 철거·신축·공사재개
⑥ 제12조의2에 따른 위탁사업에 의한 철거·신축 또는 공사재개
⑦ 제12조의3에 따른 대행 사업에 의한 공사재개

기타 자세한 사항은 「방치건축물정비법」 및 시행령, 규칙과 국토교통부가 고시한(2022.12.23.) 제3차 공사중단 건축물 정비기본계획(2023~2025년) 등을 참고하자.

| 공사중단 건축물 정비 추진체계 |

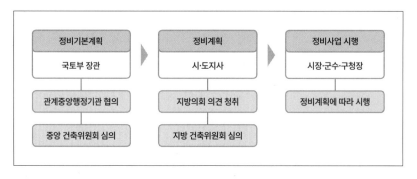

용도지역제

토지이용규제(기본)법의 334가지 용도지역

국토의 효율적 이용을 위한 '국토이용 체계 4단계'의 두 번째는 용도지역제이다. 국토는 39,514천 필지(2022.12.31. 기준)로 구성되는데, 각 필지별로 「국토계획법」에 의한 21가지 용도지역 중 하나 이상으로 정해져 있고, 또한 여러 개별 법령에서 다양한 목적으로 수많은 (용도)지역·지구 등을 지정하여 각종 토지이용규제가 중복으로 규제하고 있다. 그래서 일반 국민은 이 토지이용규제의 내용 전체를 쉽게 알 수 없어 경제활동에 상당한 불편이 있다. 이에 국가(국토교통부)는 2005년 12월 7일 「토지이용규제기본법」을 제정하였다.

「토지이용규제기본법」은 ① 새로운 토지이용규제를 수반하는 지역·지구 등의 신설을 엄격히 제한하고, ② 기존의 지역·지구 등을 정기적으로 재평가하여 지속적으로 정비하며, ③ 지역·지구 등의 지정 시 주민의 의견을 청취하고 지형도면의 고시를 의무화하고, ④ '규제안내서'의 작성과 토지이용규제의 내용을 전산화하는 등 토지이용규제의 투명성을 확보하고 국민의 토지이용의 편의를 도모한다.

기존의 지역·지구는 119가지 법령과 16개 지자체 조례의 334가지로 「토지이용규제법」 시행령, 고시에 규정되어 있으며 이 용도지역제는 주로 건축법제 및 개발행위허가로 규제하고 있다.

그런데 현행 334개의 용도지역제가 너무 경직되어 효율적인 공익사업의 진행이 늦어질 수 있다. 그래서 앞으로는 용도지역제 등을 조금 약화시켜 포괄적인 허가기준만을 제시하고, 행정계획의 수립대상을 단위 공간까지 확대하며, 허가권자인 지자체장의 심의 및 허가 재량권을 확대하여 국토의 효율적 이용을 달성하기 위해 개선하려고 한다.

국토교통부장관과 지방자치단체장은 국토이용정보체계를 이용하여 필지별로 지역·지구 등의 지정 여부 및 행위제한 내용을 일반 국민에게 제공하여야 한다(법 제9조). 이 '규제안내서'는 315가지이고, 토지이음 사이트에서 다운로드할 수 있다. 다만 일반인은 규제안내서만으로 해당 땅에 적용되는 규제가 무엇인지 이해하기 어렵기 때문에 엔지니어링업체의 도움을 받는 것이 좋다.

| [별표] 규제안내서 작성 대상 시설(제1조의2 관련)(개정 2016. 8. 5.) |

구분	대상 시설	법적 근거
건축행위	「건축법 시행령」[별표1] 각 호의 건축물(영 제2조 제1~4호 제외)	「건축법 시행령」[별표1]
건축행위 외의 행위	토지의 형질 변경	「국토계획법」 제56조 제1항 제2호
	토석의 채취	「국토계획법」 제56조 제1항 제3호
	토지 분할	「국토계획법」 제56조 제1항 제4호
	물건의 적치	「국토계획법」 제56조 제1항 제5호
	도로의 점용	「도로법」 제61조
	사도의 개설	「사도법」 제4조
	사설묘지의 설치	「장사 등에 관한 법률」 제14조
	용도변경허가	「건축법」 제19조

「국토계획법」의 용도지역 이외에 개별법령 및 조례에 의한 용도지역도 많은데, 이 용도지역 명칭은 '토지이용계획확인서' 및 토지이음의 토지이용계획에서 대부분 확인할 수 있다. 또한 그 용도지역별 행위제한은 각각의 법령 및 조례에서 확인할 수 있다.

다만 확인할 내용이 워낙 많아 이 책에 모두 담는 것은 어렵다. 용도지역의 근거법률과 명칭만 다음 표에 소개한다. 자세한 내용은 법제처의 법령정보센터에서 법령 및 훈령 등을 다운로드하여 확인하자. 이해가 되지 않으면 인허가 대행 용역사인 (종합)엔지니어링업체 또는 지자체 해당 부서 및 그 법령 소관부서로 문의하면 된다.

토지이용규제기본법에 의한 334가지 용도지역

[법(243)+시행령(37)+고시(54)]

| 토지이용규제 기본법 [별표](개정 2022. 2. 3., 시행 2022. 8. 4.) |

토지이용규제를 하는 지역·지구 등(제5조 제1호 관련)		
연번	근거 법률	지역·지구 등의 명칭
1	「2018 평창 동계올림픽대회 및 동계패럴림픽대회 지원 등에 관한 특별법」 제32조	대회관련시설 설치·이용지역
2	「2018 평창 동계올림픽대회 및 동계패럴림픽대회 지원 등에 관한 특별법」 제40조	동계올림픽 특별구역
3	「가축분뇨의 관리 및 이용에 관한 법률」 제8조	가축사육제한구역
4	「간척지의 농어업적 이용 및 관리에 관한 법률」 제8조	간척지활용사업구역
5	「개발제한구역의 지정 및 관리에 관한 특별조치법」 제3조	개발제한구역
6	「건축법」 제18조	건축허가·착공 제한지역
7	「건축법」 제60조	가로구역별 최고 높이 제한지역
8	「경제자유구역의 지정 및 운영에 관한 특별법」 제4조	경제자유구역
9	「고도 보존 및 육성에 관한 특별법」 제10조 제1항 제1호	역사문화환경 보존육성지구
10	「고도 보존 및 육성에 관한 특별법」 제10조 제1항 제2호	역사문화환경 특별보존지구
11	「골재채취법」 제34조	골재채취단지
12	「공공주택 특별법」 제6조 및 제40조의7	공공주택지구 또는 도심 공공주택 복합지구
13	「공공주택 특별법」 제6조의2	특별관리지역
14	「공항소음 방지 및 소음대책지역 지원에 관한 법률」 제5조	소음대책지역
15	「공항소음 방지 및 소음대책지역 지원에 관한 법률」 제5조	제1종 구역
16	「공항소음 방지 및 소음대책지역 지원에 관한 법률」 제5조	제2종 구역
17	「공항소음 방지 및 소음대책지역 지원에 관한 법률」 제5조	제3종 구역
18	「공항시설법」 제2조	공항·비행장개발예정지역
19	「공항시설법」 제2조	장애물 제한표면
20	「관광진흥법」 제52조	관광지
21	「관광진흥법」 제52조	관광단지
22	「교육환경 보호에 관한 법률」 제8조	교육환경보호구역
23	「교육환경 보호에 관한 법률」 제8조 제1항 제1호	절대보호구역

24	「교육환경 보호에 관한 법률」 제8조 제1항 제2호	상대보호구역
25	「국제경기대회 지원법」 제26조	대회관련시설 설치·이용 지역
26	「국토계획법」 제2조 제7호	도시·군계획시설의 부지
27	「국토계획법」 제36조 제1항 제1호	도시지역
28	「국토계획법」 제36조 제1항 제1호 가목	주거지역
29	「국토계획법」 제36조 제1항 제1호 나목	상업지역
30	「국토계획법」 제36조 제1항 제1호 다목	공업지역
31	「국토계획법」 제36조 제1항 제1호 라목	녹지지역
32	「국토계획법」 제36조 제1항 제2호	관리지역
33	「국토계획법」 제36조 제1항 제2호 가목	보전관리지역
34	「국토계획법」 제36조 제1항 제2호 나목	생산관리지역
35	「국토계획법」 제36조 제1항 제2호 다목	계획관리지역
36	「국토계획법」 제36조 제1항 제3호	농림지역
37	「국토계획법」 제36조 제1항 제4호	자연환경보전지역
38	「국토계획법」 제37조 제1항 제1호	경관지구
39	「국토계획법」 제37조 제1항 제2호	고도지구
40	「국토계획법」 제37조 제1항 제3호	방화지구
41	「국토계획법」 제37조 제1항 제4호	방재지구
42	「국토계획법」 제37조 제1항 제5호	보호지구
43	「국토계획법」 제37조 제1항 제6호	취락지구
44	「국토계획법」 제37조 제1항 제7호	개발진흥지구
45	「국토계획법」 제37조 제1항 제8호	특정용도제한지구
46	「국토계획법」 제37조 제1항 제9호	복합용도지구
47	「국토계획법」 제38조의2	도시자연공원구역
48	「국토계획법」 제39조	시가화조정구역
49	「국토계획법」 제40조	수산자원보호구역
50	「국토계획법」 제40조의2	입지규제최소구역
51	「국토계획법」 제50조	지구단위계획구역
52	「국토계획법」 제75조의2	성장관리계획구역
53	「국토계획법」 제63조	개발행위허가제한지역
54	「군사기지 및 군사시설 보호법」 제4조 및 제5조	군사기지 및 군사시설 보호구역
55	「군사기지 및 군사시설 보호법」 제4조 및 제5조	통제보호구역

56	「군사기지 및 군사시설 보호법」 제4조 및 제5조	제한보호구역
57	「군사기지 및 군사시설 보호법」 제4조 및 제6조	비행안전구역
58	「군사기지 및 군사시설 보호법」 제4조 및 제6조	비행안전 제1구역
59	「군사기지 및 군사시설 보호법」 제4조 및 제6조	비행안전 제2구역
60	「군사기지 및 군사시설 보호법」 제4조 및 제6조	비행안전 제3구역
61	「군사기지 및 군사시설 보호법」 제4조 및 제6조	비행안전 제4구역
62	「군사기지 및 군사시설 보호법」 제4조 및 제6조	비행안전 제5구역
63	「군사기지 및 군사시설 보호법」 제4조 및 제6조	비행안전 제6구역
64	「군사기지 및 군사시설 보호법」 제4조 및 제7조	대공방어협조구역
65	「금강수계 물관리 및 주민지원 등에 관한 법률」 제4조	수변구역
66	「금강수계 물관리 및 주민지원 등에 관한 법률」 제15조	건축 등 허가제한지역
67	「금강수계 물관리 및 주민지원 등에 관한 법률」 제16조	폐수배출시설 설치 제한지역
68	「금강수계 물관리 및 주민지원 등에 관한 법률」 제20조	폐기물매립시설 설치 제한지역
69	「급경사지 재해예방에 관한 법률」 제6조	붕괴위험지역
70	「기업도시개발 특별법」 제5조	기업도시개발구역
71	「낙동강수계 물관리 및 주민지원 등에 관한 법률」 제4조	수변구역
72	「낙동강수계 물관리 및 주민지원 등에 관한 법률」 제15조	건축 등 허가제한지역
73	「낙동강수계 물관리 및 주민지원 등에 관한 법률」 제16조	폐수배출시설 설치 제한지역
74	「낙동강수계 물관리 및 주민지원 등에 관한 법률」 제21조	폐기물매립시설 설치 제한지역
75	「농어촌리모델링법」 제6조	정비구역
76	「농어촌정비법」 제9조	농업생산기반 정비사업 지역
77	「농어촌정비법」 제82조	농어촌 관광휴양단지
78	「농어촌정비법」 제94조 및 제95조	한계농지등 정비지구
79	「농어촌정비법」 제101조	마을정비구역
80	「농업생산기반시설 및 주변지역 활용에 관한 특별법」 제7조	농업생산기반시설 및 주변지역 활용구역
81	「농지법」 제28조 제1항	농업진흥지역
82	「농지법」 제28조 제2항 제1호	농업진흥구역
83	「농지법」 제28조 제2항 제2호	농업보호구역
84	「도로법」 제25조	도로구역

85	「도로법」 제28조	입체적 도로구역
86	「도로법」 제40조	접도구역
87	「도로법」 제45조	도로보전입체구역
88	「도시개발법」 제3조	도시개발구역
89	「도시 및 주거환경정비법」 제8조	정비구역
90	「도시 및 주거환경정비법」 제19조 제7항	도시·주거환경정비기본계획을 공람 중인 정비예정구역 및 정비계획을 수립 중인 지역
91	「도시재정비 촉진을 위한 특별법」 제5조	재정비촉진지구
92	「도청이전을 위한 도시건설 및 지원에 관한 특별법」 제6조	도청이전신도시 개발예정지구
93	「독도 등 도서지역의 생태계 보전에 관한 특별법」 제4조	특정도서
94	「동·서·남해안 및 내륙권 발전 특별법」 제7조	해안권 및 내륙권 개발구역
95	「마리나항만의 조성 및 관리 등에 관한 법률」 제10조	마리나항만구역
96	「무인도서의 보전 및 관리에 관한 법률」 제10조 제1항 제1호	절대보전무인도서
97	「무인도서의 보전 및 관리에 관한 법률」 제10조 제1항 제2호	준보전무인도서
98	「무인도서의 보전 및 관리에 관한 법률」 제10조 제1항 제3호	이용가능무인도서
99	「문화산업진흥 기본법」 제24조	문화산업단지
100	「문화재보호법」 제2조 제3항	지정문화재
101	「문화재보호법」 제13조	역사문화환경 보존지역
102	「문화재보호법」 제27조 및 제70조의2	보호구역
103	「문화재보호법」 제32조 및 제74조	임시지정문화재
104	「문화재보호법」 제53조	등록문화재
105	「물류시설의 개발 및 운영에 관한 법률」 제22조	일반물류단지
106	「물환경보전법」 제33조 제5항	배출시설설치 제한지역
107	「민간임대주택에 관한 특별법」 제22조	기업형임대주택 공급 촉진지구
108	「백두대간 보호에 관한 법률」 제6조 제2항	백두대간보호지역
109	「백두대간 보호에 관한 법률」 제6조 제2항 제1호	핵심구역
110	「백두대간 보호에 관한 법률」 제6조 제2항 제2호	완충구역
111	「사방사업법」 제4조	사방지
112	「산림문화·휴양에 관한 법률」 제13조	자연휴양림
113	「산림보호법」 제7조	산림보호구역

114	「산림자원의 조성 및 관리에 관한 법률」 제19조	채종림 등
115	「산림자원의 조성 및 관리에 관한 법률」 제47조	시험림
116	「산업기술단지 지원에 관한 특례법」 제2조제1호	산업기술단지
117	「산업입지 및 개발에 관한 법률」 제6조	국가산업단지
118	「산업입지 및 개발에 관한 법률」 제7조	일반산업단지
119	「산업입지 및 개발에 관한 법률」 제7조의2	도시첨단산업단지
120	「산업입지 및 개발에 관한 법률」 제8조	농공단지
121	「산업입지 및 개발에 관한 법률」 제8조의3	준산업단지
122	「산업입지 및 개발에 관한 법률」 제39조	특수지역
123	「산업입지 및 개발에 관한 법률」 제40조의2	공장입지 유도지구
124	「산업집적활성화 및 공장설립에 관한 법률」 제33조	공공시설구역
125	「산업집적활성화 및 공장설립에 관한 법률」 제33조	녹지구역
126	「산업집적활성화 및 공장설립에 관한 법률」 제33조	복합구역
127	「산업집적활성화 및 공장설립에 관한 법률」 제33조	산업시설구역
128	「산업집적활성화 및 공장설립에 관한 법률」 제33조	지원시설구역
129	「산지관리법」 제4조 제1항 제1호	보전산지
130	「산지관리법」 제4조 제1항 제1호 가목	임업용산지
131	「산지관리법」 제4조 제1항 제1호 나목	공익용산지
132	「산지관리법」 제9조	산지전용·일시사용제한지역
133	「산지관리법」 제25조의3	토석채취제한지역
134	「새만금사업 추진 및 지원에 관한 특별법」 제2조 제1호	새만금사업지역
135	「소하천정비법」 제2조 제2호	소하천구역
136	「소하천정비법」 제4조	소하천 예정지
137	「수도권정비계획법」 제6조 제1항 제1호	과밀억제권역
138	「수도권정비계획법」 제6조 제1항 제2호	성장관리권역
139	「수도권정비계획법」 제6조 제1항 제3호	자연보전권역
140	「수도법」 제7조	상수원보호구역
141	「수목원·정원의 조성 및 진흥에 관한 법률」 제6조의2	수목원조성예정지
142	「수목원·정원의 조성 및 진흥에 관한 법률」 제19조	국립수목원 완충지역
143	「습지보전법」 제8조 제1항	습지보호지역
144	「습지보전법」 제8조 제1항	습지주변관리지역
145	「습지보전법」 제8조 제2항	습지개선지역
146	「신항만건설 촉진법」 제5조	신항만건설 예정지역

147	「신행정수도 후속대책을 위한 연기·공주지역 행정중심복합도시 건설을 위한 특별법」 제11조	예정지역
148	「야생생물 보호 및 관리에 관한 법률」 제27조	야생생물 특별보호구역
149	「야생생물 보호 및 관리에 관한 법률」 제33조	야생생물 보호구역
150	「어촌·어항법」 제17조	어항구역
151	「어촌특화발전 지원 특별법」 제9조	어촌특화발전계획 구역
152	「여수세계박람회 기념 및 사후활용에 관한 특별법」 제15조	해양박람회특구
153	「역세권의 개발 및 이용에 관한 법률」 제4조 제1항	역세권개발구역
154	「연구개발특구의 육성에 관한 특별법」 제4조	연구개발특구
155	「연구개발특구의 육성에 관한 특별법」 제35조 제1항 제1호	주거구역
156	「연구개발특구의 육성에 관한 특별법」 제35조 제1항 제2호	상업구역
157	「연구개발특구의 육성에 관한 특별법」 제35조 제1항 제3호	녹지구역
158	「연구개발특구의 육성에 관한 특별법」 제35조 제1항 제4호	교육·연구 및 사업화 시설구역
159	「연구개발특구의 육성에 관한 특별법」 제35조 제1항 제5호	산업시설구역
160	「연안관리법」 제20조의2 제2항 제1호	핵심관리구역
161	「연안관리법」 제20조의2 제2항 제2호	완충관리구역
162	「영산강·섬진강수계 물관리 및 주민지원 등에 관한 법률」 제4조	수변구역
163	「영산강·섬진강수계 물관리 및 주민지원 등에 관한 법률」 제15조	건축 등 허가제한지역
164	「영산강·섬진강수계 물관리 및 주민지원 등에 관한 법률」 제16조	폐수배출시설 설치제한지역
165	「영산강·섬진강수계 물관리 및 주민지원 등에 관한 법률」 제20조	폐기물매립시설 설치제한지역
166	「온천법」 제5조	온천공보호구역
167	「온천법」 제10조의2	온천원보호지구
168	「자연공원법」 제4조	자연공원
169	「자연공원법」 제4조	국립공원
170	「자연공원법」 제4조	도립공원
171	「자연공원법」 제4조	군립공원
172	「자연공원법」 제18조 제1항 제1호	공원자연보존지구
173	「자연공원법」 제18조 제1항 제2호	공원자연환경지구
174	「자연공원법」 제18조 제1항 제3호	공원마을지구
175	「자연공원법」 제18조 제1항 제6호	공원문화유산지구
176	「자연재해대책법」 제12조	자연재해위험개선지구

177	「자연환경보전법」 제12조 제1항	생태·경관보전지역
178	「자연환경보전법」 제12조 제2항 제1호	생태·경관핵심보전구역
179	「자연환경보전법」 제12조 제2항 제2호	생태·경관완충보전구역
180	「자연환경보전법」 제12조 제2항 제3호	생태·경관전이보전구역
181	「자연환경보전법」 제22조	자연유보지역
182	「자연환경보전법」 제23조	시·도 생태·경관보전지역
183	「자연환경보전법」 제39조	자연휴식지
184	「장사 등에 관한 법률」 제17조	묘지 등 설치 제한지역
185	「재해위험 개선사업 및 이주대책에 관한 특별법」 제6조	재해위험 개선사업지구
186	「저수지·댐의 안전관리 및 재해예방에 관한 법률」 제12조	위험저수지·댐 정비지구
187	「전원개발촉진법」 제5조	전원개발사업구역
188	「전원개발촉진법」 제11조	전원개발사업 예정구역
189	「전통사찰의 보존 및 지원에 관한 법률」 제6조	전통사찰보존구역
190	「전통사찰의 보존 및 지원에 관한 법률」 제10조	전통사찰 역사문화 보존구역
191	「전통시장 및 상점가 육성을 위한 특별법」 제37조	시장정비구역
192	「전파법」 제52조 제1항	무선방위측정장치보호 구역
193	「제주특별법」 제355조	절대보전지역
194	「제주특별법」 제356조	상대보전지역
195	「제주특별법」 제357조	관리보전지역
196	「제주특별법」 제357조	지하수자원보전지구
197	「제주특별법」 제357조	생태계보전지구
198	「제주특별법」 제357조	경관보전지구
199	「제주특별법」 제382조	지하수자원 특별관리 구역
200	「주차장법」 제12조 제6항	노외주차장 설치제한 지역
201	「지역 개발 및 지원에 관한 법률」 제11조	지역개발사업구역
202	「지역문화진흥법」 제18조	문화지구
203	「지하수법」 제12조	지하수보전구역
204	「철도안전법」 제45조	철도보호지구
205	「청소년활동 진흥법」 제47조	청소년수련지구
206	「초지법」 제5조	초지
207	「친수구역 활용에 관한 특별법」 제4조	친수구역

208	「택지개발촉진법」 제3조	택지개발지구
209	「토양환경보전법」 제17조	토양보전대책지역
210	「폐기물시설촉진법」 제10조	폐기물처리시설 입지
211	「하천법」 제10조	하천구역
212	「하천법」 제12조	홍수관리구역
213	「한강수계법」 제4조	수변구역
214	「한강수계법」 제6조	오염행위 제한지역
215	「한강수계법」 제8조의7	건축 등 허가제한지역
216	「한강수계법」 제8조의8	폐수배출시설 설치 제한지역
217	「한강수계법」 제15조의4	폐기물매립시설 설치 제한지역
218	「항만법」 제2조 제4호	항만구역
219	「항만법」 제45조	항만배후단지
220	「항만 재개발 및 주변지역 발전에 관한 법률」 제12조	항만재개발사업구역
221	「해양산업클러스터의 지정 및 육성 등에 관한 특별법」 제9조	해양산업클러스터
222	「해양생태계의 보전 및 관리에 관한 법률」 제25조	해양보호구역
223	「해양생태계의 보전 및 관리에 관한 법률」 제25조	해양생물보호구역
224	「해양생태계의 보전 및 관리에 관한 법률」 제25조	해양생태계보호구역
225	「해양생태계의 보전 및 관리에 관한 법률」 제25조	해양경관보호구역
226	「해양생태계의 보전 및 관리에 관한 법률」 제36조	시·도해양보호구역
227	「해양생태계의 보전 및 관리에 관한 법률」 제36조	시·도해양생물보호구역
228	「해양생태계의 보전 및 관리에 관한 법률」 제36조	시·도해양생태계보호구역
229	「해양생태계의 보전 및 관리에 관한 법률」 제36조	시·도해양경관보호구역
230	「해양환경관리법」 제15조	환경보전해역
231	「해양환경관리법」 제15조	특별관리해역
232	「혁신도시 조성 및 발전에 관한 특별법」 제6조	혁신도시개발예정지구
233	「환경정책기본법」 제38조	특별대책지역
234	「댐 주변지역 친환경 보전 및 활용에 관한 특별법」 제7조	댐 및 주변지역 친환경 활용 구역
235	「세계유산법」 제10조 제2항 제1호	세계유산구역
236	「세계유산법」 제10조 제2항 제2호	세계유산완충구역
237	「역사문화권 정비 등에 관한 특별법」 제14조	역사문화권정비구역

238	「도시재생 활성화 및 지원에 관한 특별법」 제23조	도시재생활성화계획이 수립된 도시재생활성화 지역
239	「도시재생 활성화 및 지원에 관한 특별법」 제41조	도시재생혁신지구
240	「도시재생 활성화 및 지원에 관한 특별법」 제56조	국가시범지구
241	「빈집 및 소규모주택 정비에 관한 특례법」 제17조의2	소규모재개발사업 시행 예정구역
242	「빈집 및 소규모주택 정비에 관한 특례법」 제43조의2	소규모주택정비 관리지역
243	「빈집 및 소규모주택 정비에 관한 특례법」 제2조 제1항 제4호	소규모주택정비사업의 사업시행구역

| 토지이용규제 기본법 시행령 [별표1](개정 2018. 6. 5.) |

토지이용규제를 하는 지역·지구 등(제3조 관련)		
연번	근거 법률	지역·지구 등 명칭
1	「국토계획법 시행령」 제30조 제1호 가목	전용주거지역
1의2	「국토계획법 시행령」 제30조 제1호 가목(1)	제1종 전용주거지역
1의3	「국토계획법 시행령」 제30조 제1호 가목(2)	제2종 전용주거지역
2	「국토계획법 시행령」 제30조 제1호 나목	일반주거지역
2의2	「국토계획법 시행령」 제30조 제1호 나목(1)	제1종 일반주거지역
2의3	「국토계획법 시행령」 제30조 제1호 나목(2)	제2종 일반주거지역
2의4	「국토계획법 시행령」 제30조 제1호 나목(3)	제3종 일반주거지역
3	「국토계획법 시행령」 제30조 제1호 다목	준주거지역
4	「국토계획법 시행령」 제30조 제2호 가목	중심상업지역
5	「국토계획법 시행령」 제30조 제2호 나목	일반상업지역
6	「국토계획법 시행령」 제30조 제2호 다목	근린상업지역
7	「국토계획법 시행령」 제30조 제2호 라목	유통상업지역
8	「국토계획법 시행령」 제30조 제3호 가목	전용공업지역
9	「국토계획법 시행령」 제30조 제3호 나목	일반공업지역
10	「국토계획법 시행령」 제30조 제3호 다목	준공업지역
11	「국토계획법 시행령」 제30조 제4호 가목	보전녹지지역
12	「국토계획법 시행령」 제30조 제4호 나목	생산녹지지역
13	「국토계획법 시행령」 제30조 제4호 다목	자연녹지지역
14	「국토계획법 시행령」 제31조 제2항 제1호 가목	자연경관지구
15	「국토계획법 시행령」 제31조 제2항 제1호 나목	시가지경관지구

16	「국토계획법 시행령」 제31조 제2항 제1호 다목	특화경관지구
17	「국토계획법 시행령」 제31조 제2항 제4호 가목	시가지방재지구
18	「국토계획법 시행령」 제31조 제2항 제4호 나목	자연방재지구
19	「국토계획법 시행령」 제31조 제2항 제5호 가목	역사문화환경보호지구
20	「국토계획법 시행령」 제31조 제2항 제5호 나목	중요시설물보호지구
21	「국토계획법 시행령」 제31조 제2항 제5호 다목	생태계보호지구
22	「국토계획법 시행령」 제31조 제2항 제7호 가목	자연취락지구
23	「국토계획법 시행령」 제31조 제2항 제7호 나목	집단취락지구
24	「국토계획법 시행령」 제31조 제2항 제8호 가목	주거개발진흥지구
25	「국토계획법 시행령」 제31조 제2항 제8호 나목	산업·유통개발진흥지구
26	「국토계획법 시행령」 제31조 제2항 제8호 라목	관광·휴양개발진흥지구
27	「국토계획법 시행령」 제31조 제2항 제8호 마목	복합개발진흥지구
28	「국토계획법 시행령」 제31조 제2항 제8호 바목	특정개발진흥지구
29	「농어촌정비법 시행령」 제29조	공장 등 설립 제한지역
30	「수도법 시행령」 제14조의2	공장설립 제한지역
31	「수도법 시행령」 제14조의3	공장설립 승인지역
32	「연구개발특구의 육성에 관한 특별법 시행령」 제29조	전용주거구역
33	「연구개발특구의 육성에 관한 특별법 시행령」 제29조	일반주거구역
34	「연구개발특구의 육성에 관한 특별법 시행령」 제29조	준주거구역

| 토지이용규제를 하는 지역·지구 등 고시(국토교통부고시 제2021-245호, 시행 2021. 3. 25.) |

토지이용규제를 하는 지역·지구 등		
연번	관계 법령	지역·지구 등 명칭
1	「상수원관리규칙」 제14조	환경정비구역
2	「서울특별시 도시계획조례」 제8조의2 제1호	역사문화특화경관지구
3	「서울특별시 도시계획조례」 제8조의2 제2호	조망가로특화경관지구
4	「서울특별시 도시계획조례」 제8조의2 제3호	수변특화경관지구
5	「서울특별시 도시계획조례」 제8조의3 제1호	공용시설보호지구
6	「서울특별시 도시계획조례」 제8조의3 제2호	공항시설보호지구
7	「서울특별시 도시계획조례」 제8조의3 제3호	중요시설보호지구
8	「부산광역시 도시계획조례」 제30조의2 제4호	일반경관지구
9	「부산광역시 도시계획조례」 제41조 제2항 제1호	항만시설물보호지구
10	「부산광역시 도시계획조례」 제41조 제2항 제2호	공용시설물보호지구

11	「대구광역시 도시계획조례」제11조 제1호	중심시가지경관지구
12	「대구광역시 도시계획조례」제11조 제2호	일반시가지경관지구
13	「대구광역시 도시계획조례」제12조 제1호	공용시설물보호지구
14	「대구광역시 도시계획조례」제12조 제2호	공항시설물보호지구
15	「인천광역시 도시계획조례」제9조의2 제1호	수변특화경관지구
16	「인천광역시 도시계획조례」제9조의2 제2호	역사문화특화경관지구
17	「인천광역시 도시계획조례」제9조의3 제2항 제1호	교정·군사중요시설물보호지구
18	「인천광역시 도시계획조례」제9조의3 제2항 제2호	공용중요시설물보호지구
19	「인천광역시 도시계획조례」제9조의3 제2항 제3호	항만중요시설물보호지구
20	「인천광역시 도시계획조례」제9조의3 제2항 제4호	공항중요시설물보호지구
21	「인천광역시 도시계획조례」제9조의4	교육특정용도제한지구
22	「대전광역시 도시계획조례」제13조	호국경관지구
23	「울산광역시 도시계획조례」제39조의2 제1호	공용시설보호지구
24	「울산광역시 도시계획조례」제39조의2 제2호	항만시설보호지구
25	「울산광역시 도시계획조례」제39조의2 제3호	공항시설보호지구
26	「세종특별자치시 도시계획조례」제12조의2 제1호	숙박시설제한지구
27	「세종특별자치시 도시계획조례」제12조의2 제2호	위락시설제한지구
28	「세종특별자치시 도시계획조례」제12조의2 제3호	위험물저장 및 처리시설제한지구
29	「강원도 도시계획조례」제6조의6 제2항 제1호	항만시설물보호지구
30	「강원도 도시계획조례」제6조의6 제2항 제2호	공항시설물보호지구
31	「강원도 도시계획조례」제6조의6 제2항 제3호	공용시설물보호지구
32	「강원도 도시계획조례」제6조의6 제2항 제4호	교정·군사시설물보호지구
33	「경상남도 도시계획조례」제6조의2 제2항 제1호	수변(水邊)경관지구
34	「경상남도 도시계획조례」제6조의2 제2항 제2호	전통경관지구
35	「경상남도 도시계획조례」제6조의2 제2항 제3호	조망권경관지구
36	「경상남도 도시계획조례」제6조의2 제3항 제1호	항만시설물보호지구
37	「경상남도 도시계획조례」제6조의2 제3항 제2호	공항시설물보호지구
38	「경상남도 도시계획조례」제6조의2 제3항 제3호	공용시설물보호지구
39	「경상남도 도시계획조례」제6조의2 제3항 제4호	교정·군사시설물보호지구
40	「제주특별자치도 보전지역 관리에 관한 조례」제10조	생태계보전지구1등급
41	「제주특별자치도 보전지역 관리에 관한 조례」제10조	생태계보전지구2등급
42	「제주특별자치도 보전지역 관리에 관한 조례」제10조	생태계보전지구3등급
43	「제주특별자치도 보전지역 관리에 관한 조례」제10조	생태계보전지구4-1등급
44	「제주특별자치도 보전지역 관리에 관한 조례」제10조	생태계보전지구4-2등급

45	「제주특별자치도 보전지역 관리에 관한 조례」 제10조	생태계보전지구5등급
46	「제주특별자치도 보전지역 관리에 관한 조례」 제11조	경관보전지구1등급
47	「제주특별자치도 보전지역 관리에 관한 조례」 제11조	경관보전지구2등급
48	「제주특별자치도 보전지역 관리에 관한 조례」 제11조	경관보전지구3등급
49	「제주특별자치도 보전지역 관리에 관한 조례」 제11조	경관보전지구4등급
50	「제주특별자치도 보전지역 관리에 관한 조례」 제11조	경관보전지구5등급
51	「제주특별자치도 보전지역 관리에 관한 조례」 제9조	지하수자원보전지구1등급
52	「제주특별자치도 보전지역 관리에 관한 조례」 제9조	지하수자원보전지구2등급
53	「제주특별자치도 보전지역 관리에 관한 조례」 제9조	지하수자원보전지구3등급
54	「제주특별자치도 보전지역 관리에 관한 조례」 제9조	지하수자원보전지구4등급

국토계획법의 용도지역과 도시·군관리계획

토지이용 및 개발제한 제도는 「국토계획법」의 용도지역제, 지구단위계획, 개발행위허가제 등으로 토지의 형질변경을 제한하고, 「건축법」과 「주택법」의 건축물 규제를 통하여 효율적인 개발을 유도하는 것인데, 국가가 사유재산권을 제한하는 대표적인 방법이 도시·군관리계획에 의한 '용도지역' 제도이다.

「국토계획법」의 용도지역은 토지를 경제적·효율적으로 이용하고 공공복리의 증진을 도모하기 위하여 서로 중복되지 않게 결정하는 지역을 말한다(법 제2조 15호). 이 용도지역의 지정 및 변경은 시장·군수가 시·도지사에게 신청하여 승인받아야 하는 '도시·군관리계획'으로, 시·도지사 및 대도시 시장(인구 50만 명 이상)이 결정한다(법 제36조).

그러므로 국토 및 토지를 개발하려면 먼저 국가 및 지자체는 국토의 효율적 이용을 위하여 각종 행정계획을 수립하여야 하고, 허가신청자는 이런 행정계획의 첫 번째인 도시관리계획으로 결정되는 용도지역제에 따른 제한에 맞게 신청해야 하며, 허가권자는 도시계획심의 등 각종 심의와 개별법에 따른 허가기준을 맞는지 검토하여 허가 여부를 결정하고 있다.

2003년 전에는 국토를 도시지역과 비도시지역으로 구분하여 도시지역에는 「도시계획법」을 적용하고 비도시지역에는 「국토이용관리법」을 적용하여 이원화해 운용하였다.

그러나 국토의 난개발 문제가 대두됨에 따라 2003년 1월 1일부터는 「도시계획법」과 「국토이용관리법」을 통합하여 비도시지역에도 「도시계획법」에 의한 도시계획기법을 도입할 수 있도록 「국토계획법」을 제정하여, 국토를 계획적·체계적으로 이용하기 위한 난개발 방지와 환경친화적인 국토이용체계를 구축한 것이다.

| 용도지역 분류 |

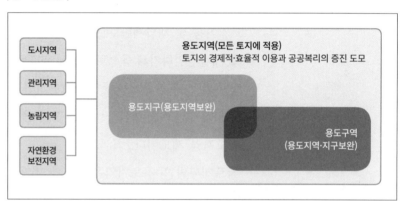

원래 「국토이용관리법」은 전 국토를 종전의 5개 용도지역(도시·준도시·농림·준농림·자연환경보전지역)으로 나누고 도시지역은 「도시계획법」으로 규제하였던 것인데, 「국토계획법」이 제정되면서 난개발 문제가 제기되었던 준도시지역과 준농림지역을 관리지역으로 통합하여 4개 용도지역(도시·관리·농림·자연환경보전지역)으로 축소하였다(법 제6조). 다시 도시지역은 주거지역·상업지역·공업지역·녹지지역으로 나누고 관리지역은 '토지적성평가'를 통하여 보전관리지역·생산관리지역·계획관리지역으로 세

분하여 용도지역은 9개가 되었다(법 제36조).

그리고 9개 용도지역은 「국토계획법 시행령」 제30조에 의하여 세분되어 총 21개의 용도지역이 된다. 각각의 용도지역에 따라 건축물의 용도(종류), 규모(건폐율, 용적률)의 최대한을 정하고 각 지자체는 그 범위 내에서 지자체 실정에 따라 자치법규로 기준을 따로 정할 수 있다(법 제76조).

용도지역은 건축물의 용도와 건폐율·용적률·높이 등을 제한한다. 용도지역에 대한 내용은 '토지이용계획확인서' 또는 '토지이음' 사이트에서 쉽게 확인할 수 있다.

용도지역에 의한 규제방식은 허용방식(포지티브)과 제한방식(네거티브)이 있다. 즉 용도지역에 따라 건축할 수 있거나 건축할 수 없는 건축물의 용도 및 종류가 한정되는 것이다.

이 규제는 「국토계획법 시행령」 [별표2~22]에 의하여 법률로 전국 공통으로 규제되는 것과 지자체의 특성에 맞게 지자체 도시계획조례에 위임하여 각 지자체가 '도시계획조례'로 건축물의 허용용도를 제한하는 것이 있다.

그러므로 「국토계획법」에 의한 용도지역에 따른 허용·용도 등을 확인하려면 반드시 그 지자체 '도시계획조례'까지 확인하여야 한다.

용도지역별 면적을 살펴보면, 도시지역은 국토의 약 16.7%이고 비도시지역은 국토의 약 83.3%이다. 다시 도시지역 중 인구와 산업이 밀집된 주거·상업·공업지역은 국토의 약 4%이고 그 외곽의 녹지지역은 국토의 약 12%이다.

알아두세요

건축물의 용도

'건축물의 용도'란 건축물의 종류를 유사한 구조, 이용 목적 및 형태별로 묶어 분류한 것을 말한다(건축법 제2조 제3호). 「건축법 시행령」 [별표1]에 29가지로 구분되어 있다.

구분		건폐율	용적율
도시지역	주거지역	70% 이하	500% 이하
	상업지역	90% 이하	1,500% 이하
	공업지역	70% 이하	400% 이하
	녹지지역	20% 이하	100% 이하
관리지역	보전관리지역	20% 이하	50% 이상 80% 이하
	생산관리지역	20% 이하	50% 이상 80% 이하
	계획관리지역	40% 이하	50% 이상 100% 이하
농림지역		20% 이하	50% 이상 80% 이하
자연환경보전지역		20% 이하	50% 이상 80% 이하

※위 규정은 '공장' 건축물을 건축하는 경우에도 동일 적용

대지의 건폐율은 「국토계획법」 제77조와 영 제84조에 의하여 최대한도가 결정된다. 또한 용적률은 「국토계획법」 제78조와 영 제85조에 의해 최대한도가 결정된다.

① 취락지구, ② 개발진흥지구, ③ 수산자원보호구역, ④ 자연공원, ⑤ 농공단지, ⑥ 산업단지(법 제77조 3항)는 시행령 제84조 4항이 정한 범위 내에서 건폐율, 용적률을 도시계획조례로 따로 정할 수 있고 지자체장이 강화 또는 완화할 수 있다(법 제77조 4항). 완화의 경우에는 시행령 제84조 6항의 범위를 초과할 수 없지만 '성장관리계획'와 '지구단위계획구역'에서는 완화할 수 있다.

예를 들면 주거복지로드맵, 저출산고령사회 대비 등 주요 국정과제 추진을 위한 후속 조치를 시행하기 위하여 학교 부지 내에 기숙사를 건설하는 경우 또는 직장어린이집 설치의무가 있는 사업주가 직장어린이집을 설치하기 위하여 기존의 건축물 외에 별도의 건축물을 건설하는 경우에 해당 용도지역의 용적률 최대한도의 범위에서 도시·군계획조례로 정하는 비율로 용적률 제한을 완화할 수 있다(시행 2019. 1. 18.).

반면 용도지역별 용적률을 도시·군계획조례로 정하는 비율 안에서 제

한할 수도 있다. 예를 들어 제2종 전용주거지역의 용적률을 현행 100%에서 50%로 낮추는 등 지방자치단체별로 용도지역별 용적률을 유연하게 운영할 수 있다(영 제85조 1항, 시행 2019. 8. 6.).

도시·군계획조례에는 「국토계획법」에서 위임한 여러 가지 규정이 있다. 특별시장·광역시장·도지사 또는 대도시의 시장 등은 법령에 따라 제1종전용주거지역, 제2종 전용주거지역 등으로 세분화된 주거지역, 상업지역, 공업지역 및 녹지지역을 해당 시·도 또는 대도시의 도시·군계획조례에 정하는 바에 따라 도시·군관리계획 결정으로 추가 세분화하여 지정할 수 있다(영 제30조 2항 신설, 시행 2019. 8. 6.).

무작정 따라하기

'토지이음' 사이트에서 용도지역 확인하기

① 토지이음 사이트에서 지번을 입력하여 용도지역을 찾아보자. '토지이용계획확인서' 에 있는 규제사항을 찾는 절차는 앞서 설명했으므로, 여기서는 '용도지역'을 찾아보는 방법을 알아보자(이 사례는 일반상업지역임).

② '지역지구 등 안에서의 행위제한내용'에 이 토지의 행위제한이 여러 개 나온다. 이 경우 시행령 제71조의 [별표9]와 조례를 클릭하여 불허되는 건축물을 확인한다.

③ 시행령 [별표9]를 클릭하면 (전국적으로 공통규제하는) '건축할 수 없는 건축물'이 나열되어 있고, '지역 여건 등을 고려하여 도시·군계획조례로 정하는 바에 따라 건축할 수 없는 건축물'의 용도가 나온다. 따라서 조례를 확인한다.

| 국토의 계획 및 이용에 관한 법률 시행령 [별표9](개정 2021. 7. 6.) |

일반상업지역안에서 건축할 수 없는 건축물(제71조 제1항 제8호 관련)

1. 건축할 수 없는 건축물
　가.「건축법 시행령」[별표1] 제15호의 숙박시설 중 일반숙박시설 및 생활숙박시설. 다만, 다음의 일반숙박시설 또는 생활숙박시설은 제외한다.
　　(1) 공원·녹지 또는 지형지물에 따라 주거지역과 차단되거나 주거지역으로부터 도시·군계획조례로 정하는 거리(건축물의 각 부분을 기준으로 한다.) 밖에 건축하는 일반숙박시설
　　(2) 공원·녹지 또는 지형지물에 따라 준주거지역 내 주택 밀집지역, 전용주거지역 또는 일반주거지역과 차단되거나 준주거지역 내 주택 밀집지역, 전용주거지역 또는 일반주거지역으로부터 도시·군계획조례로 정하는 거리(건축물의 각 부분을 기준으로 한다.) 밖에 건축하는 생활숙박시설
　나.「건축법 시행령」[별표1] 제16호의 위락시설[공원·녹지 또는 지형지물에 따라 주거지역과 차단되거나 주거지역으로부터 도시·군계획조례로 정하는 거리(건축물의 각 부분을 기준으로 한다.) 밖에 건축하는 것은 제외한다.]
　다.「건축법 시행령」[별표1] 제17호의 공장으로서 [별표4] 제2호 차목(1)부터 (6)까지의 어느 하나에 해당하는 것
　라.「건축법 시행령」[별표1] 제19호의 위험물 저장 및 처리 시설 중 시내버스차고지 외의 지역에 설치하는 액화석유가스 충전소 및 고압가스 충전소·저장소(환경친화적 자동차의 개발 및 보급 촉진에 관한 법률 제2조 제9호의 수소연료공급시설은 제외한다.)
　마.「건축법 시행령」[별표1] 제20호의 자동차 관련 시설 중 폐차장
　바.「건축법 시행령」[별표1] 제21호 가목부터 라목까지의 규정에 따른 시설 및 같은 호 아목에 따른 시설 중 동물과 관련된 가목부터 라목까지의 규정에 따른 시설과 비슷한 것
　사.「건축법 시행령」[별표1] 제22호의 자원순환 관련 시설
　아.「건축법 시행령」[별표1] 제26호의 묘지 관련 시설
2. 지역 여건 등을 고려하여 도시·군계획조례로 정하는 바에 따라 건축할 수 없는 건축물

④ 용도지역에서 도시계획조례로 불허되는 건축물 용도를 확인한다.

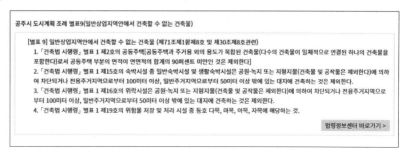

⑤ 오른쪽 '행위제한내용 설명'을 클릭하면 '행위가능여부'에서 허용 건축물, 건폐율·용적률, 층수·높이제한, 건축선, 도로조건을 차례로 확인할 수 있다.

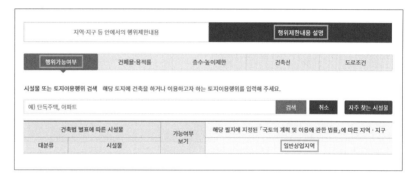

용도지역의 분류

「국토계획법」에 의한 국토의 용도구분은 4가지로, 도시지역, 관리지역, 농림지역, 자연환경보전지역이다(법 제6조). 이 중 도시지역 외 관리지역, 농림지역, 자연환경보전지역을 합하여 강학상 비도시지역이라고 한다. 도시지역은 4가지로 세분되고 다시 16가지로 세분되며, 관리지역은 3가지로 세분되고 농림지역과 자연환경보전지역을 합하면 총 21개의 용도지역이 된다. 각 지자체는 21가지 용도지역에 따른 허용 건축물 또는 불허 건축물의 종류를 도시계획조례로 규정하고 있다.

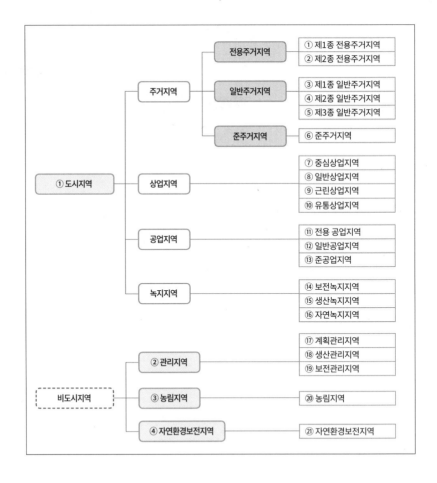

「국토계획법」의 용도지역에서 허용되는 건축물 용도 및 종류는 「건축법 시행령」[별표1]에 정해진 것을 「국토계획법 시행령」[별표2~22] 및 지자체 조례에서 허용하고 있다.

그런데 만약 새로운 유형의 건축물이 생기는 경우에는 이 시행령에서 용도지역에 건축할 수 있도록 규정하기 전까지는 새로운 유형의 건축물이 각 용도지역에서 입지가 제한되는 문제점이 있었다. 이에 2012년 1월 20일 이후에 「건축법 시행령」[별표1]에 새로이 규정될 건축물이면서 「국토계획법 시행령」[별표2~22]에 아직 정하지 않는 건축물에 대해서는, 예외적으로 특별시·광역시·시 또는 군의 도시계획조례로 용도지역에서의 건축물의 종류 및 규모 등의 제한에 관하여 정할 수 있도록 하였다(영 제71조 3항).

또한 용도지역의 지정목적 및 특성 등을 고려하여 입지 가능한 건축물을 시행령에서 열거하는 방식으로 건축행위를 허용하는 방식은 산업의 변화 등에 신속하게 대응하지 못하는 한계가 있다. 이에 2014년 1월 7일부터 다양한 용도의 건축물 등이 함께 입지하여 융·복합 효과가 크게 나타날 수 있는 준주거지역, 상업지역, 준공업지역, (비도시지역 중 중소기업의 입지수요가 높은) 계획관리지역에 대해서는 건축이 금지되는 건축물이나 시설을 제한적으로 열거하는 원칙적 허용 및 예외적 금지의 네거티브 방식으로 전환하였다(영 제71조 1항의 [별표7-11], [별표14], [별표20]).

한편 2019년 6월 20일부터 수소자동차의 보급을 활성화하기 위해 현행 준주거지역, 상업지역 및 자연환경보전지역에 건축할 수 없는 건축물인 수소자동차 충전소를 도시·군계획조례로 정하는 바에 따라 설치할 수 있도록 건축제한을 완화하는 등 부동산 공법은 사회의 발전 및 변화에 따라 수시로 개정되는 것이다.

도시지역의 종류 및 행위제한

주거지역

알아두세요 ───

도시지역

도시지역이란 '인구와 산업이 밀집되어 있거나 밀집이 예상되어 그 지역에 대하여 체계적인 개발·정비·관리·보전 등이 필요한 지역'을 말한다(법 제6조).

도시지역의 주거지역은 '거주의 안녕과 건전한 생활환경의 보호를 위하여 필요한 지역'이다(법 제36조). 이 주거지역은 다음 표와 같이 세분된다.

| 주거지역의 지정목적 |

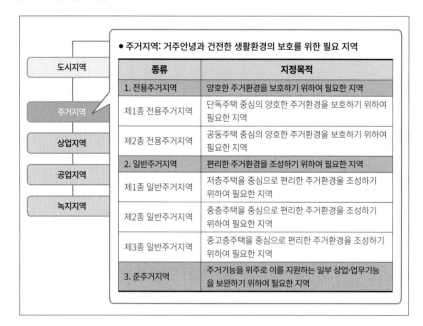

각 용도지역에서 허용되는 건축물의 용도(종류)와 건폐율, 용적률은 '전용주거지역 → 일반주거지역 → 준주거지역' 순서로 높아진다. 각 토지에 해당하는 정확한 내용은 「국토계획법」 및 시행령, 지자체 도시·군계획조례에서 확인하자.

주거지역 규제 중 몇 가지 변경사항을 알아보자. 국토부는 2011년 7월 1일부터 용도지역별 층수를 정하고 있는 「국토계획법 시행령」을 개정·시행하면서 제2종 일반주거지역 내에서의 층수 제한을 폐지했다. 평균 18층으로 층수를 제한하고 있던 제2종 일반주거지역의 층수를 완화한 것이다. 제2종 일반주거지역의 밀도관리와 건축 활성화 및 지역 여건에 맞는 경관관리를 위한 개정이었다.

2015년 12월 15일부터는 빵 제조업, 떡 제조업의 공장에 대해서는 악취방지에 필요한 조치를 하는 등의 요건을 갖춘 경우 도시계획위원회의 심의를 거쳐 1,000㎡ 미만까지 일반주거지역 내에서 도시·군계획조례로 설치를 허용할 수 있도록 하였다(영 [별표4] 2호 가목).

그리고 2019년 6월 20일에는 「게임산업진흥에 관한 법률」에 맞게 일반게임제공업의 시설을 주거지역에 건축할 수 없도록 개정하였다.

상업지역

도시지역의 상업지역은 '상업이나 그 밖의 업무의 편익을 증진하기 위하여 필요한 지역'이다. 이 상업지역은 4가지로 세분된다.

| 상업지역의 지정목적 |

● 상업 그 밖에 업무편익증진을 위하여 필요한 지역

종류	지정목적
1. 중심상업지역	도심·부도심의 상업기능 및 업무기능의 확충을 위하여 필요한 지역
2. 일반상업지역	일반적인 상업기능 및 업무기능을 담당하게 하기 위하여 필요한 지역
3. 근린상업지역	근린지역에서의 일용품 및 서비스의 공급을 위하여 필요한 지역
4. 유통상업지역	도시 내 지역간 유통기능의 증진을 위하여 필요한 지역

각 허용 건축물의 용도(종류)와 건폐율, 용적률은 '중심상업지역 → 일반상업지역 → 근린상업지역' 순서로 낮아진다.

예를 들면 중심상업지역 내에서는 상권의 연결이 끊기지 않도록 1층에 단독주택의 설치가 허용되지 않는 등 건축물의 허용 용도를 용도지역의 특성에 맞게 「국토계획법」으로 규정하고 있다. 다만 지자체 도시계획조례에 허용을 위임하는 건축물도 있다.

전에는 준주거지역 내 생활숙박시설 설치 허용기준은 주택 밀집지역으로부터 이격거리, 상업지역 내 생활숙박시설 설치허용 기준은 주거지역으로부터 이격거리로 설치기준이 달랐다. 이 때문에 준주거지역에서는 생활숙박시설의 설치가 가능하지만 인접한 상업지역에서는 설치가 제한되는 경우가 발생하였다. 이에 국토부는 2016년 11월 1일 「국토계획법 시행령」 개정을 통해 준주거지역과 인접한 상업지역 내 숙박시설 허용기준을 준주거지역 경계가 아닌 준주거지역 내 주택밀집지역을 경계로 하도록 규제를 완화한 것이다(영 [별표9] 1호 가목).

공업지역

| 공업지역의 지정목적 |

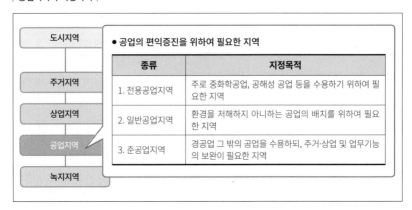

도시지역의 공업지역은 3가지로 세분되는데, 전용공업지역은 주로 공해 정도가 심한 중화학공업, 일반공업지역은 보통수준의 공업을 수용하기 위해 필요한 지역이며 준공업지역은 낮은 수준의 경공업을 수용하면서 주거·상업·업무기능이 허용된 용도지역이다. 그런데 이런 공장이 도시 내 또는 근교에 설치되면 아무리 공해저감 및 수질오염방지시설을

설치하여도 도시발전을 해칠 수 있다. 이에 1990년대부터「산업입지법」 「산업집적법」「물류시설법」 등을 제정하여 도시 외곽의 교통이 좋은 곳에 산업단지를 조성하여 개별공장이 개별적으로 설치하기 어려운 공해 및 수질오염 방지시설의 설치비용 등을 투입하였다. 그리고 이 대형 또는 공해공장을 단지 내로 유도하여 기존의 도심 내의 공업지역의 대형 및 공해공장은 대부분 산업단지로 이전하였다. 그런데 제2종 근린생활 시설의 (소형)제조장은 공업지역이 아닌 주거 및 녹지지역에도 허용되므로 이런 소형공장이 밀집된 곳은 주거 및 상업 환경을 해칠 수 있다.

녹지지역

| 녹지지역의 지정목적 |

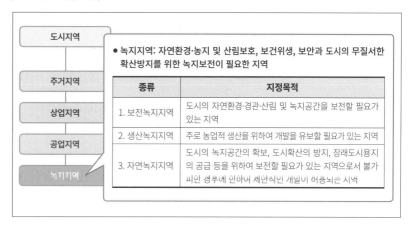

종류	지정목적
1. 보전녹지지역	도시의 자연환경·경관·산림 및 녹지공간을 보전할 필요가 있는 지역
2. 생산녹지지역	주로 농업적 생산을 위하여 개발을 유보할 필요가 있는 지역
3. 자연녹지지역	도시의 녹지공간의 확보, 도시확산의 방지, 장래도시용지의 공급 등을 위하여 보전할 필요가 있는 지역으로서 불가피한 경우에 한하여 제한적인 개발이 허용되는 지역

● 녹지지역: 자연환경·농지 및 산림보호, 보건위생, 보안과 도시의 무질서한 확산방지를 위한 녹지보전이 필요한 지역

도시지역의 녹지지역은 '자연환경·농지 및 산림의 보호, 보건위생, 보안과 도시의 무질서한 확산을 방지하기 위하여 녹지의 보전이 필요한 지역'이다(법 제36조). 주거·상업·공업지역의 외곽에서 쾌적한 도시환경을 보전하기 위하여 도시지역 내의 녹지공간을 확보한 지역이다.

녹지지역은 보전녹지·생산녹지·자연녹지로 세분되는데 각 용도지역에서 허용되는 건축물의 용도(종류)와 건폐율, 용적률은 '보전녹지 → 생산녹지 → 자연녹지' 순서로 범위가 넓어진다. 자연녹지는 필요 시 주거지역 등으로 용도지역 상향이 될 수 있는 용도지역이다. 하지만 다가구주택 등으로 이미 주변이 난개발된 자연녹지는 가치가 떨어지는 데다 '개발제한구역'으로 지정된 곳도 있으므로 유의하여야 한다.

녹지지역의 특별한 변경사항을 살펴보면, 종전에는 생산녹지지역의 건폐율을 20% 이하에서 도시계획조례로 정하던 것을 농수산물 가공·처리시설, 농수산업 관련 시험·연구시설 및 농산물 건조·보관시설의 건폐율은 해당 지자체의 농어업 인구 현황, 농수산물 가공·처리시설의 수급실태 등을 종합적으로 고려하여 60% 이하의 범위에서 도시계획조례로 정하도록 하였다. 그리고 해당 지방자치단체에서 생산되는 농산물을 처리하기 위하여 2015년 12월 15일부터 생산녹지지역 내 건폐율을 60%까지 완화할 수 있는 농산물 산지유통시설의 종류에 「농지법」 시행령에 따라 설치된 산지유통시설을 추가하였다(영 제84조 7항 3호).

또한 생산녹지지역 등에 입지 가능한 식품공장의 범위를 농수산물을 직접 가공하는 경우로 한정하던 것을 모든 식품공장으로 확대하였다(영 [별표16], [별표17], [별표19], [별표20], [별표23], 시행 2014. 11. 11.). 그리고 농어촌 지역의 의료복지를 향상시키기 위해 자연취락지구 내 입지가 제한되던 요양병원을 지방자치단체가 조례로 정하는 바에 따라 허용할 수 있도록 완화하였다.

참고로 보전녹지의 임야는 「산지관리법」의 공익산지가 되어 진입로 등이 확보되지 않으면 사실상 개발이 불가능하다. 특히 「개발제한구역법」의 보전산지이면 더욱 불가능하다. 그 이유를 살펴보면 다음과 같다.

119가지 공법에 의한 토지이용규제를 정리한 법이 「토지이용규제기본법」이고, 이 법에 따른 용도지역은 334가지이다. 그중 「국토계획법」에 의한 용도지역은 21가지이고, 「산지관리법」에 의한 용도지역은 2가지이며 세분하면 3가지(공익산지, 임업용산지, 준보전산지)이다.

그런데 임야는 「국토계획법」과 「산지관리법」에 의한 용도지역이 결정되어 그 용도지역별 행위제한을 받게 되는데(또한 다른 법령에 의한 용도지역별 행위제한도 있을 수 있다.), 「국토계획법」의 용도지역이 도시관리계획에 의하여 보전녹지로 지정되면 그 임야는 「산지관리법」에 의하여 공익산지로 분류되어 「국토계획법」에 의한 행위제한은 없어지고 「산지관리법」의 행위제한만을 받게 되는데, 다시 「산지관리법」에서 15가지 공익산지 중 보전녹지의 행위제한은 「국토계획법」으로 규정하고 있다. 때문에 「국토계획법」의 보전녹지 내의 임야의 경우 행위제한(허용 건축물 용도 등)은 「국토계획법」 및 지자체 조례의 규정에 따라야 하고, 임야이므로 산지전용허가 기준은 「산지관리법」 규정을 따르게 된다.

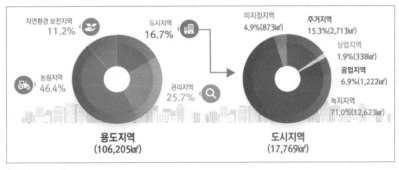

(출처: 국토교통부)

비도시지역의 종류 및 행위제한

도시지역 아닌 용도지역, 즉 관리지역, 농림지역, 자연환경보전지역을 비도시지역이라고 한다. 2002년 국토의 효율적 이용을 위한 「국토계획법」이 제정되면서 비도시지역에도 도시·군관리계획이 적용되고, 관리지역 세분화를 위한 토지적성평가 등 각종 규제가 강화되었다. 이런 보전목적의 비도시지역의 토지는 도시지역과 달리 지자체가 도시·군관리계획으로 용도지역을 결정할 때에 사전에 각종 개발협의를 검토하지 않았기 때문에, 실제 개발 인허가를 받을 때 150여 가지 공법에 흩어져 있는 엄격한 기준을 모두 통과해야 하므로 굉장히 어려운 상황이 생길 수 있다.

다만 1,000㎡ 미만의 단독주택 및 제1종 근린생활시설 등 소형 주민시설과 농·림·어업용시설, 공익용 시설 등은 비교적 허가기준이 완화되어 있다. 이 부분은 개발행위허가 기준에서 자세히 설명할 것이다.

비도시지역(국토의 약 83.3%)은 도시지역(16.7%)에 비해 면적이 워낙 넓고 도시지역 중 인구와 산업이 밀집된 주거·상업·공업지역(국토의 4%)에 비하면 공급량이 너무 많다. 그러므로 대도시로부터 접근성이 좋거나 주변에 대형시설이 있거나 자연경관이 아주 좋은 곳을 제외하고는 환금성이 낮기 때문에 투자에 유의할 필요가 있다.

국토계획법으로 비도시지역의 난개발을 막다

종전에는 「국토이용관리법」의 적용대상이었던 비도시지역은 2003년 1월 1일 「국토계획법」이 시행되면서 '선계획·후개발'의 체계가 구축되었다. 비도시지역에 대하여도 종합적인 계획인 '도시기본계획' 및 '도시관리계획'을 수립하여 그 계획에 따라 개발이 이루어지게 된 것이다.

또한 난개발이 문제되었던 관리지역(종전의 준농림지역과 준도시지역)은 「국토계획법」에 따라 보전관리지역·생산관리지역·계획관리지역으로 세분해 관리하게 되었다. 각 용도지역에서 건축할 수 있는 건축물의 용도는 각각 보전녹지·생산녹지·자연녹지지역의 수준으로 강화되고 행위제한 방식이 제한행위열거방식에서 허용행위열거방식으로 변경되는 등 난개발의 해소를 위한 제도가 마련된 것이다(영 제71조의 [별표18~20]).

개발수요가 많은 계획관리지역과 개발진흥지구는 건폐율·용적률 등을 다른 지역보다 완화할 수 있게 하되, 제2종 지구단위계획구역(2012. 4. 15.

제1종 지구단위계획과 통합됨)으로 지정하여 토지의 효율적 이용을 계획하여 고밀노개발에 따르는 기반시설 부족, 환경 훼손 등을 방지할 수 있게 하였다(법 제51조 3항 및 제52조 3항).

또한 훼손을 방지하기 위하여 농림지역의 건폐율을 60% 이하에서 20% 이하로, 용적률을 400% 이하에서 80% 이하로, 자연환경보전지역의 건폐율을 40% 이하에서 20% 이하로 각각 강화하였다(법 제77조 및 제78조).

자연취락지구 안에서 건축할 수 있는 건축물의 용도를 자연녹지지역 수준으로 정하고(영 제78조 [별표23]) 건폐율은 60%로 하였고(영 제84조 4항), 보전관리·생산관리·농림·자연환경보전지역 안에 「농지법」에서 허용되는 건축물을 건축하고자 하는 경우에는 60% 이하의 범위 안에서 조례로 따로 정하여 비도시지역의 소규모 취락에 거주하는 주민들의 편의를 도왔다(영 제84조 7항).

관리지역

비도시지역 중 관리지역이란 '도시지역의 인구와 산업을 수용하기 위하여 도시지역에 준하여 체계적으로 관리하거나 농림업의 진흥, 자연환경 또는 산림의 보전을 위하여 농림지역 또는 자연환경보전지역에 준하

여 관리할 필요가 있는 지역'을 말한다(법 제6조). 이 관리지역은 계획관리지역, 생산관리시역, 보전관리지역으로 세분되는데, 각각의 용도지역에 따라 허용건축물의 종류, 건폐율, 용적률이 다르다.

① 계획관리지역

계획관리지역은 '도시지역으로의 편입이 예상되는 지역이나 자연환경을 고려하여 제한적인 이용·개발을 하려는 지역으로서 계획적·체계적인 관리가 필요한 지역'이다(법 제36조). 허용되는 건축물의 용도 및 종류가 비도시지역에서 제일 넓고 건폐율·용적률도 가장 높다. 구체적인 내용은 각 지자체 도시·군계획 조례를 확인하여야 한다.

② 생산관리지역

생산관리지역은 '농업·임업·어업 생산 등을 위하여 관리가 필요하나, 주변 용도지역과의 관계 등을 고려할 때 농림지역으로 지정하여 관리하기가 곤란한 지역'이다.

③ 보전관리지역

보전관리지역은 '자연환경 보호, 산림 보호, 수질오염 방지, 녹지공간 확보 및 생태계 보전 등을 위하여 보전이 필요하나, 주변 용도지역과의 관계 등을 고려할 때 자연환경보전지역으로 지정하여 관리하기가 곤란한 지역'이다(법 제36조). 보전관리지역에서 허용되는 건축물의 용도 및 종류와 건폐율·용적률은 계획관리지역에 비해 낮고, 개발행위허가 기준도 차이가 크다(법 제58조 2항).

보전관리지역에서 유의할 점은 단독주택이 허용되고 있어 얼핏 계획관리지역과 가치가 비슷하다고 생각할 수 있지만, 계획관리지역에 비해 전원주택 용도 이외로는 건축물 용도 허용폭이 좁고 개발행위허가 기준(특히 임야인 경우에는 산지전용허가기준)이 엄격하여 그 가치가 크게 떨어질 수 있다는 것이다.

계획관리지역 규제의 연혁

비도시지역 중 개발압력 및 인허가 가능성이 제일 높은 계획관리지역의 연혁을 살펴보자.

(1) 2008년 1월 8일 계획관리지역 내에 10,000㎡ 미만의 소규모 공장설립을 일반적으로 허용하고, 도시계획위원회 심의절차를 생략하였다. 공장설립 절차를 간소화하여 기업활동 및 지역경제의 활성화를 꾀한 것이다(영 제57조 1항 및 [별표20] 1호).

(2) 계획관리지역의 공장입지에 대기 및 수질오염 정도를 고려하지 아니하고 획일적으로 업종을 제한하는 배출규제와 업종규제가 중복되고 있어, 2009년 7월 7일 업종제한을 폐지하고, 특정 대기·수질 유해물질의 배출 여부 및 위해 정도에 따라 공장입지를 제한하도록 하였다(영 [별표20] 1호 차목).

(3) 2013년 6월 11일에는 도시·군계획 조례가 정하는 바에 따라 계획관리지역 안에서 건축할 수 있는 건축물 중 숙박시설의 경우 해당 용도에 쓰이는 바닥면적의 합계가 660㎡ 이하이고, 3층 이하로 건축하는 제한을 폐지하여 계획관리지역 안의 다른 건축물과 같이 4층 이하의 범위에서 건축할 수 있도록 하여 숙박시설 확충 및 국민불편을 해소하였다(영 [별표20] 2호 차목).

(4) 2014년 1월 17일부터 계획관리지역에 대한 건축 행위제한 방식이 원칙적 허용 및 예외적 금지 방식으로 전환되어 계획관리지역에서

휴게음식점 등을 설치할 수 없는 지역을 구체적으로 정하였다.

(5) 2016년 7월 1일부터는 계획관리지역의 숙박시설은 도로의 경계로부터 50m 이격거리 기준이 적용된다. 단, 계획관리지역 지정 당시 관광숙박시설로 준공된 시설을 증축·개축하거나 관광숙박시설 외의 숙박시설로 준공된 시설로서 관광숙박시설로 용도변경을 하면서 증축·개축을 하는 경우에는 2018년 12월 31일까지 허가를 신청하는 경우에 한하여 이격거리 기준을 적용하지 아니하도록 하였다.

(6) 생산관리지역의 '농촌융복합산업지구' 내에 「농촌융합산업법」(농촌융복합산업 육성 및 지원에 관한 법률)에 따라 농업인 등이 설치하는 교육시설에 일반음식점 등의 설치를 허용하여 농촌 6차산업의 지원을 하고 있다(영 [별표19] 2호 바목, 시행 2015. 12. 15.).

농림지역

농림지역은 도시지역에 속하지 아니하는 「농지법」에 따른 농업진흥지역 또는 「산지관리법」에 따른 보전산지 등이다. 농림업을 진흥시키고 산림을 보전하기 위하여 필요한 지역이라서(법 제6조), 농림어업인(농업법인 포함) 또는 농림어업용도가 아니면 사실상 개발이 불가능하다. 또한 개발행위허가 및 산지전용허가 기준이 엄격하여 도시인에게는 투자가치가 없는 토지이다. 다만 귀농·귀촌하여 농업인 자격을 갖추면 산지전용허가 기준에 맞는 경우 농림어업용 시설 설치 개발이 가능한 곳도 있다. 농림지역에 농기계수리시설이 설치될 수 없었는데 2021년 1월 26일 도시·군계획조례가 정하는 바에 따라 설치할 수 있도록 규제를 완화하였다(영 [별표21]).

자연환경보전지역

자연환경보전지역은 '자연환경·수자원·해안·생태계·상수원 및 문화재의 보전과 수산자원의 보호·육성 등을 위하여 필요한 지역'이다. 자연환경·수자원·수산자원의 보전에 저해되지 않는 시설만 제한적으로 허용되므로 개발가치가 가장 낮은 용도지역이다. 다만 자연경관이 좋은 곳은 관광·휴양시설 등 공익적 개발이 제한적으로 허용되므로 공익적 개발이 가능한지 잘 평가해야 할 것이다.

용도지구의 종류 및 행위제한

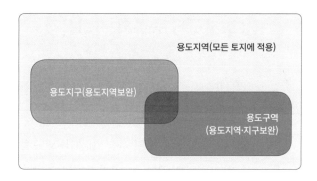

전 국토를 획일적인 기준으로 규정하면 각 지자체의 실정에 따라 비효율적인 개발이 초래될 수 있다. 「국토계획법」의 '용도지구'란 토지의 이용 및 건축물의 용도·건폐율·용적률·높이 등에 대한 용도지역의 제한을 강화하거나 완화하여 적용함으로써 용도지역의 기능을 증진시키고 경관·안전 등을 도모하기 위하여 도시·군관리계획으로 결정하는 지역을 말한다(법 제2조16호).
용도지구의 입안권자는 시장·군수이고, 지정권자는 국토부장관, 시·도지사 또는 대도시 시장이다. 용도지구의 종류는 10가지인데 시행령으로

20개로 세분되고, 다시 용도지구 지정권자는 도시·군관리계획으로 결정하여 세분할 수 있다. 시·도 또는 대도시 시장은 필요 시 조례로「국토계획법」제37조 1항에 정한 용도지구 외의 용도지구의 지정 또는 변경을 도시·군관리계획으로 결정할 수 있다(법 제37조 3항). 그리고 용도지구에서의 건축물이나 그 밖의 시설의 용도·종류 및 규모 등의 제한은「국토계획법」또는 다른 법률에 특별한 규정이 있는 경우 외에는「국토계획법 시행령」제72~82조에서 정하는 기준에 따라 특별시·광역시·특별자치시·특별자치도·시 또는 군의 조례로 정할 수 있다(법 제76조).

기타 도시·군관리계획의 입안제안에 대한 세부절차는 '도시·군관리계획수립지침'에 규정되어 있다(영 제19조의2 5항).

용도지구의 종류와 지정목적

다음 표는「국토계획법」의 10가지 용도지구와 영으로 세분된 20가지 용도지구의 지정목적을 적은 것이다.

용도지구 제도의 연혁을 보면, 2018년 4월 19일 토지이용 체계를 간소화·합리화하기 위하여 미관지구와 경관지구를 '경관지구'로 통합하고 다시 자연경관지구·시가지경관지구·특화경관기구로 세분하였다.

또한 보존지구와 시설보호지구를 '보호지구'로 통합하여 역사환경보호지구·중요시설물보호지구·생태계보호지구로 세분하였다. 또한 복잡하게 중첩되어 있는 용도지구는 지구단위계획으로 대체할 수 있게 하였다. '복합용도지구'를 신설하여(법 제37조 1항) 그 지정목적에 따라 건축제한을 완화할 수 있도록 하는 등(법 제37조 5항 및 제76조 5항 1호의3 신설) 다양한 토지이용 수요에 대응하여 유연하고 복합적인 토지이용을 할 수 있도록 유도하고 있다.

'개발진흥지구'는 종류가 다섯 가지이다. 그중 산업·유통개발진흥지구(법 제26조 1항 3호)는 난개발을 최소화하면서 급증하고 있는 미니시티역의 건축규제 완화 수요를 충족시키고 공업기능·유통물류기능 등을 집중적으로 개발·정비하기 위한 지구이다. 산업·유통개발진흥지구는 주민(이해관계자 포함)이 입안을 제안할 수 있는데(법 제26조 1항 3호), 규모는 10,000㎡ 이상 30,000㎡ 미만이어야 하고 대상 토지면적의 3분의 2 이상의 토지소유자의 동의를 받아야 하며 대상지역은 자연녹지지역, 계획관리지역 또는 생산관리지역이어야 한다. 다만 예외적으로 보전관리지역 또는 농림지역의 토지가 이미 개발되었거나 개발하여도 주변지역의 환경오염 및 환경훼손 우려가 없다고 도시계획위원회의 심의를 거친 경우에는 대상에 포함할 수 있다. 이때 대상 부지에 계획관리지역이 50% 이상 포함되어야 한다. 그리고 자연녹지지역 또는 생산관리지역 중 도시군기본계획에 반영된 지역은 계획관리지역으로 보아 산정할 수 있다(영 제19조의2). 그리고 2019년 8월 6일 방화지구 지정을 장려하기 위하여 공업지역에 설치된 건축물의 건폐율 상한을 80%로 상향하였다(영 제84조 6항 1호).

| 국토계획법 제37조, 도시·군관리계획으로 결정(상급기관) |

명칭	세분	지정목적
① 경관지구	3개 세분	경관의 보전·관리 및 형성을 위하여 필요한 지구
	자연경관지구	산지·구릉지 등 자연경관을 보호하거나 유지하기 위하여 필요한 지구
	시가지경관지구	지역 내 주거지, 중심지 등 시가지의 경관을 보호 또는 유지하거나 형성하기 위하여 필요한 지구
	특화경관지구	지역 내 주요 수계의 수변 또는 문화적 보존가치가 큰 건축물 주변의 경관 등 특별한 경관을 보호 또는 유지하거나 형성하기 위하여 필요한 지구
② 고도지구		쾌적한 환경 조성 및 토지의 효율적 이용을 위하여 건축물 높이의 최고한도를 규제할 필요가 있는 지구
③ 방화지구		화재의 위험을 예방하기 위하여 필요한 지구
④ 방재지구	2개 구분	풍수해, 산사태, 지반의 붕괴, 그 밖의 재해를 예방하기 위하여 필요한 지구
	시가지방재지구	인구가 밀집되어 있는 지역으로서 시설 개선 등을 통하여 재해 예방이 필요한 지구
	자연방재지구	토지의 이용도가 낮은 해안변, 하천변, 급경사지 주변 등의 지역으로서 건축 제한 등을 통하여 재해 예방이 필요한 지구

⑤ 보호지구	3개 구분	문화재, 중요 시설물 및 문화적·생태적으로 보존가치가 큰 지역의 보호와 보존을 위하여 필요한 지구
	역사문화환경 보호지구	문화재·전통사찰 등 역사·문화적으로 보존가치가 큰 시설 및 지역의 보호와 보존을 위하여 필요한 지구
	중요시설물 보호지구	중요시설물의 보호와 기능의 유지 및 증진 등을 위하여 필요한 지구[항만, 공항, 공용시설(공공업무시설, 도시계획조례 시설), 교정시설·군사시설]
	생태계보호 지구	야생동식물서식처 등 생태적으로 보존가치가 큰 지역의 보호와 보존을 위하여 필요한 지구
⑥ 취락지구	2개 구분	녹지지역·관리지역·농림지역·자연환경보전지역·개발제한구역 또는 도시자연공원구역의 취락을 정비하기 위한 지구
	자연취락지구	녹지지역·관리지역·농림지역 또는 자연환경보전지역안의 취락을 정비하기 위하여 필요한 지구
	집단취락지구	개발제한구역안의 취락을 정비하기 위하여 필요한 지구
⑦ 개발진흥지구	5개 구분	주거기능·상업기능·공업기능·유통물류기능·관광기능·휴양기능 등을 집중적으로 개발·정비할 필요가 있는 지구
	주거개발진흥지구	주거기능을 중심으로 개발·정비할 필요가 있는 지구
	산업유통개발진흥지구	공업기능 및 유통·물류기능을 중심으로 개발·정비할 필요가 있는 지구
	관광·휴양개발진흥지구	관광·휴양기능을 중심으로 개발·정비할 필요가 있는 지구
	복합개발진흥지구	주거기능, 공업기능, 유통·물류기능 및 관광·휴양기능 중 2 이상의 기능을 중심으로 개발·정비할 필요가 있는 지구
	특정개발진흥지구	주거기능, 공업기능, 유통·물류기능 및 관광·휴양기능 외의 기능을 중심으로 특정한 목적을 위하여 개발·정비할 필요가 있는 지구
⑧ 특정용도 제한지구		주거 및 교육 환경 보호나 청소년 보호 등의 목적으로 오염물질 배출시설, 청소년 유해시설 등 특정시설의 입지를 제한할 필요가 있는 지구
⑨ 복합용도지구		지역의 토지이용 상황, 개발수요 및 주변 여건 등을 고려하여 효율적이고 복합적인 토지이용을 도모하기 위하여 특정시설의 입지를 완화할 필요가 있는 지구
⑩ 그 밖에 대통령령으로 정하는 지구		

용도구역의 종류 및 행위제한

'용도구역'이란 토지의 이용 및 건축물의 용도·건폐율·용적률·높이 등에 대한 용도지역 및 용도지구의 제한을 강화하거나 완화하여 따로 정함으로써 시가지의 무질서한 확산방지, 계획적이고 단계적인 토지이용의 도모, 토지이용의 종합적 조정·관리 등을 위하여 도시·군관리계획으로 결정하는 지역을 말한다(법 제2조 17호).

용도구역의 종류는 5가지로 ① 개발제한구역, ② 도시자연공원구역, ③ 시가화조정구역, ④ 수산자원보호구역, ⑤ 입지규제최소구역이다. 그 행위제한은 개발제한구역은 「개발제한구역법」, 도시자연공원구역은 「공원녹지법」, 시가화조정구역과 입지규제최소구역은 「국토계획법」에 있고, 자연환경보전지역 중 수산자원보호구역은 「수산자원관리법」에 규정되어 있다(법 제80~81조 및 제83조의2). 하나씩 간략하게 살펴보기로 하자.

1) 개발제한구역법의 '개발제한구역'

'개발제한구역'은 국토교통부장관이 '도시의 무질서한 확산을 방지하고 도시주변의 자연환경을 보전하여 도시민의 건전한 생활환경을 확보하기 위하여 도시의 개발을 제한할 필요가 있거나 국방부장관의 요청이 있어 보안상 도시의 개발을 제한할 필요가 있다고 인정되면' 도시·군관리계획으로 결정한다(법 제38조). 이 개발제한구역의 지정 및 변경과 행위제한은 「개발제한구역의 지정 및 관리에 관한 특별조치법」(약칭: 개발제한구역법)에 따라 정하고 있다(국토계획법 제80조).

1971년부터 1977년까지 전국 14개 중소·대도시권에 '개발제한구역' 5,397.1㎢(국토의 5.4%)를 지정하였으나, 2000년부터 2003년 10월까지 구역존치 실효성이 낮은 7개 중소도시권 1,103㎢를 전면 해제하고, 대도시권은 2020년까지 광역도시계획 및 도시기본계획과 도시관리계획의 변경을 통하여 단계적으로 해제하였다.

특히 대규모 취락, 산업단지, 경계선 관통취락, 지정목적이 소멸된 고유목적 지역 등 지정이 불합리한 지역은 우선 해제하고, 환경평가결과 3~5등급지로서 환경적으로 보전가치가 낮은 해제지역은 국책사업, 집단취락, 공공주택건설 등 공공·공익의 개발수요 및 지역현안 등의 용도로 개발할 수 있다. 단, 우량농지는 농림축산식품부와 협의하면 된다.

개발제한구역 내에서 설치할 수 있는 건축물의 종류 및 범위는 시행령 [별표1]에 상세히 규정되어 있다. 요약하면 국책사업 시설과 거주 주민을 위한 시설만 제한적으로 허용되고 그 이외의 개발은 금지된다.

이 구역 내의 개발허가(신고) 기준은 「개발제한구역법 시행령」 [별표2]에 ① 건축물 및 공작물 설치, ② 토지형질변경 및 물건적치, ③ 이축 및 이축단지 조성, ④ 공장 및 종교시설 이축 등으로 규정되어 있는데, 개발제한구역의 훼손이 최소화되도록 최소규모로 설치하여야 한다.

그리고 허가·신고 없이 할 수 있는 행위는 「개발제한구역법 시행규칙」 [별표4]에 규정되어 있는데, ① 농림수산업 관련, ② 주택 관리, ③ 마을 공동사업, ④ 비주택용 관련, ⑤ 건축물 용도변경, ⑥ 기존 골프장 유지·보수, ⑦ 재해의 긴급복구, ⑧ 기존 대지에 물건적치 행위이다.

「개발제한구역법」은 개발제한구역의 지정으로 인한 재산권 침해에 대한 「도시계획법」의 보상규정의 미비하여 '헌법불합치결정'을 받아 2001년 1월 28일 제정되었다. 이후 구역 내의 거주자 및 소유자의 재산권을 보호하려는 노력을 「개발제한구역법」의 연혁에서 살펴보자.

(1) 취락지구의 지정요건이 10,000㎡당 '20호→ 15호→ 10호'로 완화되어(영 제25조, 시행 2002. 8. 14.), 구역 내의 주거환경 개선을 위한 각종 지원을 하고 있다.

(2) 공익사업을 위한 주택의 이축 기준도 수차례에 걸쳐 완화하였고, 공장의 이축 범위도 확대하였다(영 [별표2] 5호 나목 1) 단서, 시행 2014. 1. 28.)

(3) 주유소의 거리제한을 폐지하고(2015. 2. 5.) 기존 건축물의 용도변경 범위도 확대하였다(영 제18조 1항 4호, 시행 2014. 11. 24.).

(4) 지정 당시부터 지목이 '대'인 토지에 주택 및 근린생활시설을 신축하려는 때에는 진입로 설치를 위한 토지의 형질변경도 허용하였다(영 제14조 9호 가목, 시행 2016. 2. 11.)

(5) 개발제한구역 내 소규모 단절토지 10,000㎡(2009. 8. 7.) 미만에서 30,000㎡ 미만으로 확대하여 시·군관리계획을 수립하여 해제할 수 있도록 하였다(영 제2조 3항 5호 및 같은 조 4항, 시행 2016. 3. 30.).

(6) 축사 등 농업용 시설을 창고 등을 가장한 불법 물류창고 밀집지역에 대하여 해당 지역 면적의 30% 이상을 도시공원 또는 녹지로 조성하여 기부채납하는 조건으로 물류창고 단지를 건설할 수 있도록 훼손지 정비사업을 한시적으로 허용하였다(영 제2조의6부터 제2조의8까지 및 제13조 3항 신설, 시행 2016. 6. 30.)

(7) 개발제한구역 경계선이 관통하는 1,000㎡ 미만의 토지 등 소규모 해제권한을 시·도지사에게 위임하였다(법 제29조, 개정 2016.3.30.).

(8) 실내·외 소규모 체육시설의 종류 및 면적도 점차 늘리고, 실외체육 시설의 설치 주체는 국가·지자체·공공기관으로 제한하였다(영 [별표1] 1호 마목 나), 시행 2016. 8. 29.)

(9) 토지분할은 200㎡ 이상이더라도 분할사유가 적합한 경우만 허가하였다(영 [별표2] 1호 차목, 시행 2017. 7. 11.).

(10) 개발제한구역 내에 낚시터시설 및 화훼전시판매장을 설치하고 (2005. 9. 8.) 농업용 원두막 설치(2010. 10. 16.)에서 농막 설치(시행 2017. 7. 11.) 등으로 구역이 훼손되지 않는 범위 내에서 거주자 및 소유자의 재산권 보호에 노력하고 있다.

(11) 공익사업으로 인해 해제된 구역에 위치한 주택 및 근생시설의 신축은 구역 내의 자기 토지에 이축이 가능토록 하였다(영 [별표1] 5호 다목 다) 및 같은 호 라목 다), 시행 2020. 2. 21.).

(12) 비수도권의 해제권한(시·도지사)이 30만㎡ 이하에서 100만㎡ 미만으로 확대하였다(2023.2.28. 입법예고중).

자세한 사항은 법률 규정이 자주 바뀌므로 '국가법령정보센터'에서 「개발제한구역법령」 및 관련 지침을 다운로드하여 확인하여야 한다.

'개발제한구역' 유권해석 찾아보기

① 국토교통부 홈페이지에서 '국민참여'를 클릭하면 민원마당이 보인다.

② '민원마당'에서 '자주 찾는 질문'을 클릭하자.

③ 검색조건에 '개발제한구역'을 입력하여 궁금한 질문 제목을 찾아본다.

④ FAQ에서 국토부의 공식의견을 읽어본다. 더 궁금한 점은 상담을 하자.

2) 도시자연공원구역

'도시자연공원구역'은 '시·도지사 또는 대도시 시장이 '도시의 자연환경 및 경관을 보호하고 도시민에게 건전한 여가·휴식공간을 제공하기 위하여 도시지역 안에서 식생(植生)이 양호한 산지(山地)의 개발을 제한할 필요가 있다고 인정하면' 도시자연공원구역의 지정 또는 변경을 도시·군관리계획으로 결정할 수 있다(국토계획법 제38조의2).

이 도시자연공원구역의 지정 및 변경과 행위제한은 「도시의 공원 및 녹지에 관한 법률」(약칭: 공원녹지법)에 따로 정하고 있다(공원녹지법 제80조의2). 도시자연공원구역의 지정기준은 「공원녹지법 시행령」 제25조와 「도시자연공원구역의 지정·변경 등에 관한 지침」(국토교통부 고시)을 확인하여야 한다.

2009년 12월 29일 '도시자연공원구역' 지정제도가 신설되었다. 2010년 6월 30일에는 도시자연공원구역 내의 취락지구 지정기준이 완화되었다. 10,000㎡당 주택 수가 20호 이상이 되어야 하였으나 10호 이상만 되면 지정할 수 있도록 한 것이다. 또한 건폐율은 20%에서 40%로 완화되었다(시행 2010. 6. 30.).

'도시자연공원구역' 내에 설치할 수 있는 건축물의 종류 및 범위는 「공원녹지법 시행령」 [별표2]에 규정되어 있다. 공공용시설, 임시건축물 및 공작물, 도시민의 여가활용시설, 체력단련시설, 공익시설, 주택·근린생활시설, 노인복지시설, 어린이집시설이 제한적으로 허용된다.

도시자연공원구역 안의 행위허가의 세부기준은 「공원녹지법 시행령」 [별표3]에 규정되어 있다. 도시자연공원구역의 경치 및 미관과 공원 기능을 저해하지 않도록 하면서 ① 건축물 및 공작물의 설치, ② 구역 지정 전 기존 건축물의 증개축과 대수선, ③ 건축을 위한 토지의 형질변경, ④ 골프장 설치 기준 등이 규정되어 있다.

허가 없이 할 수 있는 경미한 행위는 시행령 [별표2의2]에 규정되어 있는데, ① 산림의 솎아베기, ② 농업을 위한 행위, ③ 실거주 주택의 유지·관리행위, ④ 실거주 미주택의 관리행위, ⑤ 건축물 용도변경에 해당되지 않는 행위, ⑥ 기존 건축물의 대지(적절하게 조성된 곳)에 물건의 적치 등이다.

'민간공원 특례사업'은 공원 결정 후 20년간 집행되지 않아 일몰제로 자동 실효되는 상황에서 민간자본을 활용하고자 2009년 12월 도입된 제도이다. 도시공원을 조성·관리하는 지자체의 재정이 여의치 않은 점을 감안하여 마련된 것이다.

과정을 살펴보면, 원칙적으로 지자체가 민간공원 사업 대상공원 선정 후 공고를 통해 제안서를 제출받은 후 도시계획위원회와 공동으로 자문을 통하여 비공원시설의 종류 및 규모 등에 대한 적정성 검토를 하여 결정한다. 적용공원 면적은 100,000㎡에서 50,000㎡ 이하로 완화되고, 비공원시설은 사업면적의 20%에서 30%로 완화되었다(공원녹지법 제21조의2).

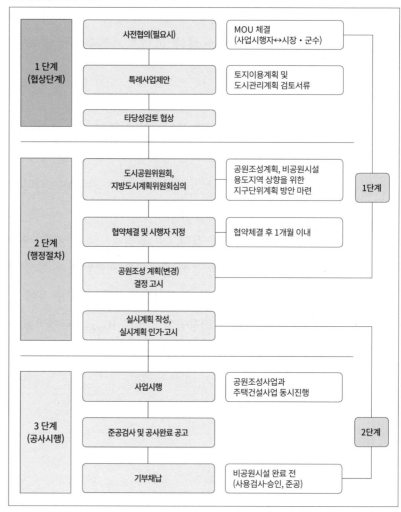

※ 비공원시설 도시관리계획 변경은 기부채납 완료 후 도시관리계획 변경 입안(용도지역 결정은 시·도지사 권한 사항)

3) 시가화조정구역

'시가화조정구역'은 시·도지사가 직접 또는 관계 행정기관 장의 요청을 받아 '도시지역과 그 주변지역의 무질서한 시가화를 방지하고 계획적·단계적인 개발을 도모하기 위하여 5~20년 동안 시가화를 유보할 필요가 있다고 인정되면' 시가화조정구역의 지정 또는 변경을 도시·군관리계획으로 결정할 수 있다. 다만, 국가계획과 연계하여 시가화조정구역의 지정 또는 변경이 필요한 경우에는 국토교통부장관이 직접 도시·군관리계획으로 결정할 수 있다(국토계획법 제39조). 원래 시가화조정구역은 국토교통부장관이 결정하는 것인데, 도시·군관리계획이 지방자치단체의 실정에 맞게 결정될 수 있도록 시가화조정구역의 지정 및 변경에 관한 국토교통부장관의 도시·군관리계획 결정 권한을 2014년 1월 17일 특별시장·광역시장·특별자치시장·도지사·특별자치도지사에게 이양하였다. 단, 국가계획과 연계하여 시가화조정구역의 지정·변경이 필요한 경우는 제외한다.

시가화조정구역에서는 국방상 또는 공익상 불가피한 도시·군계획사업만 시행할 수 있다. 다만 예외적으로 시장·군수의 허가를 받아 「국토계획법 시행령」[별표24]의 행위를 할 수 있다(법 제81조 및 영 제88조). 허용행위를 요약하면 다음과 같다.

1. 법 제81조 2항 1호의 농림어업인의 농·림·어업용 건축물 건축
2. 법 제81조 2항 2호의 ① 주택의 증·개축, ② 마을공동시설의 설치, ③ 공익시설·공용시설·공공시설의 설치, ④ 광공업용 건축물 및 공작물, ⑤ 기존 건축물의 개축·재축·대수선, ⑥ 공사용 가설건축물, ⑦ 신축이 허용되는 건축물로 용도변경 행위, 공장의 업종변경 및 근생시설로 용도변경(공해 정도가 낮은 용도로), ⑧ 종교시설의 증축
3. 법 제81조 2항 1호의 ① 입목의 벌채, ② 토지형질변경, ③ 토지의 합병·분할 등이 제한적으로 허용된다.

4) 수산자원보호구역

‘수산자원보호구역’은 해양수산부장관이 직접 또는 관계 행정기관의 장의 요청을 받아 수산자원을 보호·육성하기 위하여 필요한 공유수면이나 그에 인접한 토지에 대한 수산자원보호구역의 지정 또는 변경을 도시·군관리계획으로 결정할 수 있다(국토계획법 제40조).

「국토계획법」에 의한 모든 용도지역·용도지구·용도구역은 도시·군관리계획으로 입안·결정되는데 그 입안 및 결정권자는 국토교통부장관 또는 위임받은 시·도지사이나 예외적으로 수산자원보호구역만 입안(법 제25조)·결정권자가 해양수산부장관이다(법 제29조).

‘수산자원보호구역’의 행위제한은 자연환경보전지역’의 ‘수산자원보호구역’인 경우에는 「수산자원관리법」에서 정하는 바에 따른다(법 제76조 5항 5호).

「수산자원관리법」 제51조에 의하면 ‘수산자원보호구역’은 그 구역을 관할하는 특별시장·광역시장·특별자치시장·특별자치도지사·시장 또는 군수(이하 ‘관리관청’이라 한다)가 관리한다.

행위제한은 국방상 또는 공익상 사업시행이 불가피한 도시·군계획사업과 예외적으로 관리청의 허가를 받아 「수산자원관리법 시행령」 [별표16]의 행위를 할 수 있다(수산자원관리법 제52조 및 시행령 제40조). 허용행위를 요약하면 다음과 같다.

이때 관리관청은 기반시설 설치계획, 환경오염 방지계획 등이 허가기준에 적합하지 않거나, 수산자원보호구역의 지정목적 달성에 지장이 있거나, 해당 토지 또는 주변 토지의 합리적인 이용에 지장을 주는 경우와 법령의 제한에 위반되는 경우 이외에는 허가를 하여야 한다(신설 2012. 12. 18.). 자세한 내용은 「수산자원관리법 시행령」을 확인하자.

1. 법 제52조 2항 1호의 농림어업용 건축물 및 농림수산물 가공공장 등
2. 법 제52조 2항 2호의 ① 단독주택 및 1종근생, ② 2종근생 일반음식점은 관광단지와 관광농원 안의 660㎡ 이하로 2004년 1월 20일 허용(자연환경보전지역 안은 공공하수처리시설로 연결, 밖은 지목이 아닌 토지에 330㎡ 미만), ③ 전시장, 동식물원, ④ 종교시설, 의료시설, 교육연구시설, 아동관련시설, 자연권수련시설, 운동시설, ⑤ 숙박시설은 관광단지와 관광농원 내 2004년 1월 20일 허용(자연환경보전지역 외의 생활숙박시설), ⑥ 농수산용 창고, 동식물관련시설, ⑦ 묘지관련시설, 공익시설공공시설, 장례시설, 태양광풍력발전시설 등
3. 법 제52조 2항 3호의 ① 조림 및 임도설치, 토지의 형질변경, 토지분할합병, ② 국가·지자체·공공기관의 도로공사·하천공사, ③ 통신 등 공공시설, ④ 생선횟집 등의 어항편익시설의 설치를 할 수 있다.

5) 입지규제 최소구역

도시 외곽 위주의 개발로 인하여 기성 시가지의 공동화와 노후·쇠퇴 현상이 심해지고 인구감소 및 경제 저성장이 지속되면서 도시의 경제기반이 악화되어 도시 경쟁력도 저하되고 있다.

이에 다양한 기능의 복합적인 토지이용을 증진시켜 창의적인 도시정비를 촉진하고 지역 경제를 활성화하려는 목적으로 도시·군관리계획의 유형에 '입지규제최소구역' 및 '입지규제최소구역계획'이 추가되었다(국토계획법 제2조, 제80조의3).

'입지규제최소구역'은 해당 지역의 특성과 수요를 반영하여 토지의 이용 등에 관한 사항을 따로 지정할 수 있는 구역이다. 입지규제최소구역에서 토지의 이용 및 건축물의 용도·건폐율·용적률 등의 제한에 관한 사항은 입지규제최소구역계획에 의해 정해진다.

입지규제최소구역 지정(법 제40조의2) 및 계획 결정권자는 도시·군관리계획 결정권자로, 시·도지사 또는 대도시 시장이다.

또한 도시지역 내 주거·상업·업무·문화 등 다양한 기능의 복합적인 토지이용을 증진시키고, 스마트도시 등 혁신성장을 지원하기 위하여 입지

규제최소구역의 유효기간을 연장할 필요가 있어 2019년에서 2024년까지로 5년 연장하였다(법 제12974호 부칙 제3조 및 제4조).

> **입지규제최소구역 지정 요건(국토계획법 제40조의2)**
> 1. 도시·군기본계획에 따른 도심·부도심 또는 생활권의 중심지역
> 2. 철도역사, 터미널, 항만, 공공청사, 문화시설 등의 기반시설 중 지역의 거점 역할을 수행하는 시설을 중심으로 주변지역을 집중적으로 정비할 필요가 있는 지역
> 3. 세 개 이상의 노선이 교차하는 대중교통 결절지부터 1km 이내에 위치한 지역
> 4. 노후·불량 건축물이 밀집한 주거지역 또는 공업지역으로 정비가 시급한 지역
> 5. 도시재생활성화 지역 중 도시경제기반형 활성화계획 수립 지역
> 6. 「산업입지법」의 도시첨단산업단지(시행 2021. 7. 13.)
> 7. 「소규모주택정비법」의 소규모주택정비사업의 시행구역(시행 2021. 7. 13.)
> 8. 「도시재생법」의 근린재생형 활성화계획을 수립하는 지역(시행 2021. 7. 13.)

입지규제최소구역으로 지정된 지역은 「건축법」 제69조의 특별건축구역으로 지정된 것으로 간주하며, 「주택법」, 「주차장법」, 「문화예술진흥법」, 「건축법」 등 다른 법률 규정의 일부를 완화 또는 배제하고, 「건축법」에 따라 건축기준 등의 특례를 적용할 수 있도록 하였다(법 제83조의2).

또한 입지규제최소구역 제도의 활성화를 위하여 주민에게 입지규제최소구역의 지정 및 변경과 입지규제최소구역계획의 수립 및 변경에 관한 도시·군관리계획 입안을 제안할 수 있도록 하였다(법 제26조 1항 4호, 시행 2021. 7. 13.).

입지규제최소구역의 지정 대상을 창의적인 지역개발이 필요한 지역으로 확대하였다(법 제40조의2 1항 6호 및 영 제32조의2, 시행 2021. 7. 13.).

입지규제최소구역계획의 경미한 변경사항은 관계 행정기관의 장과의 협의, 국토교통부장관과의 협의, 중앙도시계획위원회·지방도시계획위원회의 심의를 생략할 수 있다. 여기서 경미한 변경사항은 ① 건축물 높

이의 20% 이내의 변경, ② 건축선의 1m 이내의 변경, ③ 입지규제최소
구역 면적의 10% 이내의 변경 등이다(법 제25조 제5항 신설).

기타 자세한 내용은 '국가법령정보센터'에서 「입지규제최소구역의 지정
등에 관한 지침」을 다운로드하여 확인할 수 있다.

국토계획법의 용도지역을 변경(상향)할 수 있는 법률

지자체장이 도시·군관리계획으로 결정한 용도지역은 쉽게 변경해서는
안 되는 것이다. 다만 택지개발을 통한 주택공급, 균형발전을 위한 신도
시 개발, 산업용지 (재)개발 등의 공익성 개발수요가 일시에 몰리는 경우
를 대비하여 「국토계획법」 및 여러 가지 개별법에 용도지역 변경(상향)의
예외를 두고 있다.

도시·군관리계획에 의하여 기존의 용도지역을 변경하면 그 사업지구
내의 건축물의 허용용도 범위 및 건폐율, 용적률을 높일 수 있기 때문에,
개발업자는 지자체장에게 개별 법령에 따라 사업을 제안하여 수익(특혜)
을 얻을 수 있고 국가 및 지자체는 민간의 참여로 공공사업을 적은 부담
으로 빠르게 추진할 수 있기 때문에 다음과 같은 법률에 의하여 용도지
역 변경 또는 용적률 완화 등이 허용될 수 있다.

국토계획법 제26조	기업도시법 제13조	관광진흥법 제54조
도시개발법 제2조	행복도시법 제60조	항만재개발법 제11조
택지개발촉진법 제3조의2	새만금사업법 제69조	물류시설법 제30조
도시정비법 제11조	혁신도시법 제30조	산업입지법 제21조
공원녹지법 제16조	경제자유구역법 제11조	노후거점산단법 제15조
도시재생법 제49조	지역개발지원법 제47조	평창올림픽법 제57조
공공주택특별법 제18조	농어촌지역특구법 제64	친수구역법 제15조
역세권법 제8조 등	농어촌정비법 제106조 등	기타 관련 법률 등

예를 들어 「국토계획법」의 자연녹지지역에는 아파트를 지을 수 없으나 시가화가 진행되어 기반시설이 설치된 또는 설치 예정된 곳은 도시·군 관리계획 입안자(시장·군수)와 협의하여 「국토계획법」 또는 「도시개발법」에 의하여 용도지역을 주거지역으로 변경하여 아파트 사업을 추진할 수 있는 절차가 있다. 실제로 이러한 절차를 통해 토지를 매입하여 개발하려고 한다면 종합엔지니어링(도시계획) 업체의 자문(용역)을 받아 용도지역 변경이 가능한지 검토하면 된다.

| [사례] 자연녹지에 아파트 짓기(경기도 예시) |

구 분	국토계획법	도시개발법
개 요	도시관리계획에 따른 용도지역 변경 후 지구단위계획으로 개발	도시개발법에 따른 도시개발사업 시행으로 개발
절 차	① 용도지역변경 (자연녹지지역 → 주거지역) ※ 도 심의 사항 ② 지구단위계획 수립	① 수도권정비위원회 심의 (30,000㎡ 이상 도시개발사업) ② 도시개발사업 ※ 도 심의사항
장 점	수도권정비위원회 심의 없이 용도지역 변경에 따른 지구단위계획, 대지조성사업으로 사업시행 가능	• 도시개발사업에 따른 각종 인허가 의제처리 가능 • 일반적인 비시가지의 주택지 개발에 적합
단 점	• 용도지역 변경에 대한 도시기본계획 물량 사용과 시가화용지 부족에 대한 타당성 검토 필요 • 유사지역에 대한 용도지역 변경 요청에 대한 민원 등 발생 우려	• 수도권정비위원회 심의에 따른 행정절차 장기 소요 • 수도권 자연보전권역에 도시개발사업 추진 선례가 없으면 추진 의지 약함
비 교 선 택	사업면적, 기간 등에 따라 도시기본계획의 시가화예정용지 물량, 주변 도시계획시설 현황, 지자체장의 의지 등을 고려하여 선택한다.	

국토개발체계 이해하기

대규모 개발은 '지구지정' 제도

국토의 효율적 이용을 위한 '국토이용 체계 4단계'의 세 번째는 국토개발체계이다. 국토개발체계는 크게 대규모개발, 중규모개발, 소규모개발로 나눈다. 대규모개발은 주로 공적개발로, 수용사업이므로 먼저 지구지정을 하여 행정절차에 따라 환경영향평가 등 환경보호와 주민의견 청취 등 국민의 재산권 보호를 위한 개발계획을 수립하여 진행한다. 중규모개발은 지구단위계획구역 지정 및 지구단위계획에서 기반시설 확보 및 환경보호 계획을 수립한다. 소규모개발은 도시·군관리계획의 수립 등 행정계획은 없지만 허가권자의 재량권이 큰 '개발행위허가'로 개발된다.

국토개발체계

대규모개발	지구지정	신개발	도시개발법·택지개발촉진법·산업입지법·경제자유구역법
중규모개발	지구단위계획	재개발	도시(재)정비법·항만(재)개발법·농어촌정비법
소규모개발	개발행위허가	지역개발	국가균형발전법·지역개발지원법·접경지역법·미군공여구역법·해안내륙발전법·지역특구법

대규모 개발은 주로 신도시계획 등 법률에서 국가정책사업의 추진을 위한 '국가계획'을 말하며 종류 및 면적은 여러 법령에 규정되어 있지만 대표적인 사업은 「수도권정비계획법 시행령」 제4조을 참조하면 된다(아래 표 참조). 이런 대규모 개발사업은 대부분 「토지보상법」에 의한 수용사업이다. 112가지 수용사업의 종류는 「토지보상법」 제4조 8호의 [별표]에 있다. 대표적인 대규모 개발 관련 법령을 간략히 살펴보자.

수도권정비계획법 제2조(정의)

4. '대규모개발사업'이란 택지, 공업 용지 및 관광지 등을 조성할 목적으로 하는 사업으로서 대통령령으로 정하는 종류 및 규모 이상의 사업을 말한다

수도권정비계획법 시행령 제4조

수도권정비계획법 제2조 제4호에서 '대통령령으로 정하는 종류 및 규모 이상의 사업'

1. 택지조성사업으로서 그 면적이 100만㎡ 이상인 것

   가. 「택지개발촉진법」에 따른 택지개발사업

   나. 「주택법」에 따른 주택건설사업 및 대지조성사업

   다. 「산업입지법」에 따른 산업단지 및 특수지역에서의 주택지 조성사업

2. 공업용지조성사업으로서 그 면적이 30만㎡ 이상인 것

   가. 「산업입지법」에 따른 산업단지개발사업 및 특수지역개발사업

   나. 「자유무역지역법」에 따른 자유무역지역 조성사업

   다. 「중소기업진흥법」에 따른 중소기업협동화단지 조성사업

   라. 「산업집적법」에 따른 공장설립을 위한 공장용지 조성사업

3. 관광지조성사업으로서 시설계획지구의 면적이 10만㎡ 이상인 것. 다만, 공유수면매립지에서 시행하는 관광지조성사업은 30만㎡ 이상인 것으로 한다.

   가. 「관광진흥법」에 따른 관광지 및 관광단지 조성사업과 관광시설 조성사업

   나. 「국토계획법」에 따른 유원지 설치사업

   다. 「온천법」에 따른 온천이용시설 설치사업

4. 「도시개발법」에 따른 도시개발사업으로서 그 면적이 100만㎡ 이상인 것

5. 「지역개발지원법」에 따른 지역개발사업으로서 그 면적이 100만㎡ 이상인 것

---

1) 택지개발촉진법, 공공주택특별법, 도시개발법의 대규모 개발

3기 신도시 등 대규모 택지를 조성하기 위한 법률은 「택지개발촉진법」

「공공주택특별법」, 「도시개발법」 등이 있다. 「택지개발촉진법」은 도시지역의 시급한 주택난을 해소하기 위하여 주택건설에 필요한 택지의 취득·개발·공급·관리 등에 관하여 특례를 규정함으로써 국민 주거생활의 안정과 복지 향상에 이바지함을 목적으로 하는 법이다(택지개발촉진법 제1조). 이 법에서 택지란 주택건설용지 및 공공시설 용지를 말하고, 공공시설 용지는 기반시설과 주민편익시설 및 지역 자족기능에 필요한 시설 등을 말한다(법 제2조).

'택지개발지구'는 특별시장·광역시장·도지사·특별자치도지사가 「주거기본법」 제5조에 따른 주거종합계획 중 '주택·택지의 수요·공급 및 관리에 관한 사항(택지수급계획)'에서 정하는 바에 따라 택지를 집단적으로 개발하기 위하여 지정·고시하는 지구를 말한다. 단, 3,300,000㎡ 이상의 면적을 지정하려면 국토교통부장관의 승인을 받아야 한다(법 제3조 제2항). 또한 중앙행정기관의 장이 요청하거나 한국토지주택공사가 택지수급계획의 택지공급을 위하여 1,000,000㎡ 이상의 택지개발지구 지정을 제안하면 국토교통부장관이 지정할 수 있다(법 제3조 제3항).

택지개발사업의 시행자는 국가지방자치단체, 한국토지주택공사, 주택건설사업자 등으로(법 제7조), 택지개발지구의 지정을 제안할 수 있다(법 제3조의2). 택지개발의 구체적인 내용은 '택지개발업무처리지침(국토부훈령)'에 규정되어 있다.

「공공주택특별법」은 서민의 주거안정 및 주거수준 향상을 목적으로 제정되었으며 공공주택 건설 및 무주택자 주택마련부터 공공임대주택의 건설·공급·관리까지를 포괄하고 있다(개정 2015. 5. 28.). 사전에 입주예약 신청을 받아 주택을 우선 공급할 수 있는 경우는 기존의 공공주택지구계획의 승인을 받은 경우인데, 공동주택 건설용지의 조성·개발 또는 공급에 관한 내용이 포함된 「도시개발법」에 따른 도시개발사업 실시계획의 인가, 「택지개발촉진법」에 따른 택지개발사업 실시계획의 승인 등을 받은 경우도 추가되었다(공공주택특별법 시행규칙 제13조 7항 개정, 시행 2021. 7. 12.).

구체적인 내용은 「공공주택특별법」과 영 [별표1~7] 및 「공공주택 업무처리지침」, 「민간참여 공공주택사업 시행지침」, 「공공주택지구내 공장 등의 이전을 위한 업무처리지침」, 「행복주택 후보지 선정 협의회 설치 및 운영지침」, 「기존주택등 매입임대주택 업무처리지침」, 「기존주택 전세임대 업무처리지침」을 국가법령정보센터에서 다운로드하여 확인하면 된다.

「도시개발법」은 앞 장에서 설명하였으므로 생략하고, 민간이 공동시행할 수 있는 택지조성 3법의 중요한 사항을 다음 표에 비교 정리하였다.

| 택지조성 3법 세부 비교 |

구 분	택지개발촉진법	공공주택특별법	도시개발법
인허가 절차	• 예정지구지정(개발계획) → 실시계획 → 공사 → 시행	• 지구지정 → 지구계획(개발계획 및 실시계획) → 시행	• 구역지정(개발계획) → 실시계획 → 사업시행
사업목적	• 도시지역의 주택난해소	• 저소득층의 주거안정과 무주택자 주택마련촉진	• 계획적·체계적 단지 또는 시가지 조성
주요 대상지역	• 도시기본계획의 개발 가능한 지역	• 도심이나 시가지 인근 보전가치가 낮은 개발제한구역에 주로 입지	• 도시지역(보전녹지제외) 및 광역도시기본계획·도시기본계획 개발 가능지
규 모	• 100,000㎡ 이상(공공·민간공동제안 도시지역 10,000㎡, 외 지역 30,000㎡ 이상)	• 규모제한 없음	• 용도지역별 최소 10,000㎡ 이상
지정권자	• 시·도지사 ※3,300,000㎡ 이상 또는 LH가 1,000,000㎡ 이상 제안은 국토부장관 지정	• 국토부장관 ※ 권한위임: 시·도지사 (300,000㎡ 미만 제안 시)	• 시·도지사, 대도시 시장 ※ 1,000,000㎡ 이상 국토부 협의(국가계획관련 300,000㎡ 이상 국토부장관 지정)
사업 시행주체	• 국가 및 지자체 • 공공기관(LH·지방공사) • 민간·공공 공동사업자 (협약 또는 spc) • 대행개발	• 국가, 지자체 • 공공기관(LH·지방공사) • 공공·민간 공동시행(spc) • 대행개발	• 국가, 지자체 • 공공기관(LH, 지방공사 등), 정부출연기관 • 도시개발구역의 토지소유자·조합, 특정법인 • 공공·민간 공동시행(spc)

민간토지 수용권	없음	없음	• 토지면적 2/3, 소유자 1/2 이상 동의로 가능
토지 취득방법	• 수용 또는 사용방식 ※ 도시개발법을 준용하 여 환지, 혼용방식 가능	• 수용 또는 사용방식	• 수용 또는 사용방식 • 환지방식 • 혼용방식
공급가격	• (조성원가 이하) 85m² 이하 임대주택용지, 60m² 이하 주택용지 • (감정가격) 85m² 초과 임대주택용지, 60m² 초과 주택용지	• (조성원가 이하) 85m² 이하 임대주택용지, 60m² 이하 주택용지 • (감정가격) 85m² 초과 임대주택용지, 60m² 초과 (2014. 9. 3.~) 주택용지	• 감정가격 기준

2) 경제자유구역법의 대규모 개발

「경제자유구역법」은 경제자유구역의 지정·운영을 통하여 외국인투자기업의 경영환경과 외국인의 생활여건을 개선함으로써 외국인투자를 촉진하고 나아가 국가경쟁력의 강화와 지역 간의 균형발전을 도모함을 목적으로 한다. 동북아의 국제도시로 건설하기 위해 지정되는 '경제자유구역'은 외국인 투자기업의 경영환경과 외국인의 생활여건을 개선하기 위하여 지정·고시되는 지역을 말한다. 경제자유구역은 건물의 건폐율 또는 용적률과 「체육시설법」(체육시설의 설치·이용에 관한 법률)에 의한 시설물의 설치 및 부지면적의 제한을 완화하는 등 여러 규제가 완화된다.

'경제자유구역개발계획'은 다른 법률에 따른 개발계획에 우선한다. 단, 국토종합계획, 수도권정비계획 및 「군사기지법」에 따른 계획은 제외한다(법 제3조).

경제자유구역 내 단지 등(산업단지, 자유무역지역, 항만배후단지, 첨단의료복합단지, 혁신도시, 관광단지, 항만구역, 항만재개발구역, 마리나항만구역)과 관련한 계획이 「경제자유구역법」에 따라 수립·변경될 경우, 사전에 산업통상자원부장관과의 협의를 거치는 등 일정한 요건을 갖추면 '경제자유구역개발계획'의 변경도 이루어진 것으로 본다(법 제7조의6). 또한 경제자유구역의 개발사업시행자가 실시계획 승인을 받으면 건축허가를 받은 것으로 본다(법 제11조).

경제자유구역은 9개가 조성·운영되고 있으므로 자세한 경제자유구역의 변화는 홈페이지(www.fez.go.kr)에서 알 수 있다. 구체적인 사항은 이 법령 및 「경제자유구역개발지침」을 확인하면 된다.

| 경제자유구역 |

구분		추진기간	면적(㎢)	사업비(조 원)
1차(2003)	인천	2003~2030년	122.44	81.3
	부산·진해	2003~2025년	51.07	17.6
	광양만권	2003~2027년	59.6	11.2
2차(2008)	경기	2008~2027년	4.36	3.2
	대구·경북	2008~2024년	18.46	5.8
3차(2013)	동해안권	2013~2024년	4.47	0.8
	충북	2013~2022년	4.96	1.3
4차(2020)	광주	2020~2025년	4.37	1
	울산	2020~2023년	4.7	1.2
합계			275.31	123.4

(출처: 산업통상자원부 경제자유구역기획단)

3) 산업입지법, 물류시설법 등의 대규모 개발

「산업입지 및 개발에 관한 법률」(약칭: 산업입지법)은 '산업입지의 원활한 공급과 산업의 합리적 배치를 통하여 균형 있는 국토개발과 지속적인 산업발전을 촉진함으로써 국민경제의 건전한 발전에 이바지함을 목적(산업입지법 제1조)'으로 제정되었다.

'산업입지의 개발'은 중요한 국가기간산업이지만 환경훼손과 직결된다. 따라서 시·도지사 및 대도시 시장의 의견을 듣고 산업통상자원부장관 및 관계 중앙행정기관의 장과 협의한 후 심의회의 심의를 거쳐 수립한 「산업입지개발지침」(국토교통부와 환경부 공통지침)에 의하여 추진된다.

민간기업도 산업단지 지정 요청을 할 수 있다(법 제11조). 산업단지개발계획 수립 이전에 국가 또는 지자체에 민간도 위치 등을 제안할 수 있다(산업입지개발지침 제12조의2).

「산업단지 인·허가 절차 간소화를 위한 특례법」(약칭: 산단절차간소화법)은 기업의 생산활동에 필요한 산업단지를 적기에 공급하기 위하여, 「산업입지법」의 산업단지 개발절차를 간소화(개발계획과 실시계획 통합)하는 법이다. 산업단지계획의 승인을 신청하면 지정권자는 접수한 날로부터 6개월 이내에 승인여부를 결정해야 한다.

국가산업단지 지정권자는 국토부장관, 일반산업단지는 시·도지사, 농공단지는 시장·군수·구청장이다. 도시첨단산업 단지는 국토부장관 또는 시장·군수·구청장의 신청을 받아 시·도지사가 지정하고, 스마트그린산업단지는 각 산단의 지정권자가 지정한다.

| 산업입지법의 산업단지 종류 |

단지명	조성목적 및 지정권자	근거
국가 산업단지	국가기간산업, 첨단과학기술산업 등을 육성하거나 개발 촉진이 필요한 낙후지역이나 둘 이상의 특별시·광역시·특별자치시 또는 도에 걸쳐 있는 지역을 산업단지로 개발하기 위하여 국토부장관이 지정한다.	제6조
일반 산업단지	산업의 적정한 지방 분산을 촉진하고 지역경제의 활성화를 위하여 시·도지사 또는 대도시 시장이 지정하는데, 300,000㎡ 미만은 시장·군수·구청장이 지정한다.	제7조

도시첨단 산업단지	지식산업·문화산업·정보통신산업, 그 밖의 첨단산업의 육성과 개발 촉진을 위하여 「국토계획법」에 따른 도시지역에 국토교통부장관, 시·도지사 또는 대도시 시장이 지정한다, 단, 100,000㎡ 미만의 경우 시장·군수·구청장이 직접 지정할 수 있고, 시장·군수·구청장이 시·도지사에게 도시첨단산업단지의 지정을 신청하려는 경우에는 산업단지개발계획을 작성하여 제출하여야 한다.	제7조 의2
농공단지	농어촌지역(읍·면의 지역과 그 외의 지역 중 그 지역의 농업, 농업 관련 산업, 농업인구 및 생활여건 등을 고려하여 농림축산식품부장관이 고시하는 지역)에 농어민의 소득 증대를 위한 산업을 유치·육성하기 위하여 특별자치도지사 또는 시장·군수·구청장이 지정할 수 있는데, 산업단지개발계획을 작성하여 시·도지사의 승인을 받아야 한다.	제8조
스마트 그린 산업단지	입주기업과 기반시설·주거시설·지원시설 및 공공시설 등의 디지털화, 에너지 자립 및 친환경화를 추진하는 산업단지를 말한다(법 제2조 8의2호). 산업단지 지정권자는 산업단지의 지정과 동시에 스마트그린산업단지를 지정할 수 있다.	제7조 의5

「물류시설의 개발 및 운영에 관한 법률」(약칭: 물류시설법)은 「유통단지개발 촉진법」(제정 1995. 11. 29.)에 「화물유통촉진법」의 화물터미널 및 창고 관련 규정을 통합하여 법명을 개정한 것이다(2007. 8. 3.).

'물류시설을 합리적으로 배치·운영하고 물류시설 용지를 원활히 공급 하여 물류산업의 발전을 촉진함으로써 국가경쟁력을 강화하고 국토의 균형 있는 발전과 국민경제의 발전에 이바지함을 목적(법 제1조)'으로 제 정된 법이다.

국토교통부장관은 5년 단위의 '물류단지개발종합계획'을 수립하여야 하 고, ① 물류시설(용지), ② 물류터미널(사업), ③ 물류창고(업), ④ 물류단지(개 발사업), ⑤ 지원시설 등의 허가기준은 '물류단지개발지침'에 규정되어 있 다. 지정권자는 국토부장관과 시·도지사(시장·군수의 신청에 의한)이다.

'물류시설'이란 화물의 운송·보관·하역 시설, 가공·조립·분류·수리·포 장·상표부착·판매·정보통신 등의 활동을 위한 시설, 물류의 공동화·자 동화·정보화를 위한 시설을 말한다. 또한 이런 시설이 모여 있는 물류터 미널 및 물류단지도 물류시설이다(법 제2조 1호).

국토교통부장관은 5년 단위의 '물류시설개발종합계획'을 수립하여야 하고(법 제4조) 국토교통부와 해양수산부는 공동으로 10년 단위의 '제5차

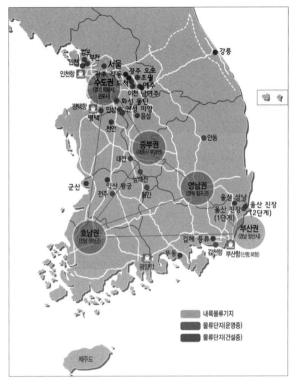

(출처: 국토교통부 교통물류실)

국가물류기본계획(2021~2030년)'을 수립하는데, 이 계획을 살펴보면 국가
물류 추진전략 및 정책방향을 알 수 있다.

'물류단지개발사업'이란 물류단지를 조성하기 위하여 시행하는 사업이
다. '도시첨단물류단지개발사업'과 '일반물류단지개발사업'으로 나뉘는
데, ① 물류단지시설 및 지원시설의 용지조성사업과 건축사업, ② 도로·
철도·궤도·항만·공항 시설 등의 건설사업, ③ 전기·가스·용수 등의 공
급시설과 전기통신설비의 건설사업, ④ 하수도, 폐기물처리시설, 그 밖
의 환경오염방지시설 등의 건설사업, ⑤ 기타 부수된 사업을 말한다.

이 사업의 절차와 구체적인 사항은「물류시설법」및「물류단지개발지침」
과「물류단지관리지침」을 확인하면 알 수 있다.

「유통산업발전법」은 유통산업(농·임·축·수산물과 공산품의 도·소매 및 보관·배송·포장)의 효율적인 진흥과 건전한 상거래 질서로 소비자 보호와 국민경제의 발전을 목적으로 하는 법이다.

4) 관광진흥법, 농어촌정비법 등의 대규모 관광단지 개발

대규모 관광단지 개발법령은 「관광진흥법」, 「국토계획법」, 「온천법」 등이 있다. 「관광진흥법」은 1986년 12월 31일 「관광사업법」에 의한 관광지에서의 관광자원의 보호·관리업무와 「관광단지개발촉진법」의 관광단지의 개발업무가 합해진 법이다.

여기서 '관광지'란 자연적 또는 문화적 관광자원을 갖추고 관광객을 위한 기본적인 편의시설을 설치하는 지역이다. 또한 '관광단지'란 관광객의 다양한 관광 및 휴양을 위하여 각종 관광시설을 종합적으로 개발하는 관광 거점지역을 말한다(관광진흥법 제2조).

'관광지'와 '관광단지'의 지정은 시장·군수·구청장의 신청에 의하여 시·도지사가 지정한다. 다만 계획관리지역이 아닌 지역에 관광지 또는 관광단지를 지정하려면 사전에 문화체육관광부장관 및 관계 행정기관의 장과 협의하여야 한다(법 제52조).

'관광지'와 '관광단지'는 면적과 시설로 구분된다(규칙 [별표18]). 관광단지는 다음 표의 공공편익시설 모두를 갖추고, 숙박시설과 운동오락시설 또는 휴양문화시설 중의 하나를 갖춘 면적이 500,000㎡ 이상인 지역을 말한다. 단, 접객시설과 지원시설은 임의시설이다. 관광지는 면적제한은 없다. 다만 공공편익시설은 필수시설이고 편익시설을 제외한 나머지 시설은 설치할 의무가 없는 임의시설이다.

관광지·관광단지의 구분기준(제58조 제1항 관련)

1. 관광단지: 가목의 시설을 갖추고, 나목의 시설 중 1종 이상의 필요한 시설과 다목 또는 라목의 시설 중 1종 이상의 필요한 시설을 갖춘 지역으로서 총면적이 500,000㎡ 이상인 지역(다만, 마목 및 바목의 시설은 임의로 갖출 수 있다.)

시설구분	시설종류	구비기준
가. 공공편익시설	화장실, 주차장, 전기시설, 통신시설, 상하수도시설 또는 관광안내소	각 시설이 관광객이 이용하기에 충분할 것
나. 숙박시설	관광호텔, 수상관광호텔, 한국전통호텔, 가족호텔 또는 휴양콘도미니엄	관광숙박업의 등록기준에 부합할 것
다. 운동·오락시설	골프장, 스키장, 요트장, 조정장, 카누장, 빙상장, 자동차경주장, 승마장, 종합체육시설, 경마장, 경륜장 또는 경정장	「체육시설의 설치·이용에 관한 법률」 제10조에 따른 등록체육시설업의 등록기준, 「한국마사회법 시행령」 제5조에 따른 시설·설비기준 또는 「경륜·경정법 시행령」 제5조에 따른 시설·설비기준에 부합할 것
라. 휴양·문화시설	민속촌, 해수욕장, 수렵장, 동물원, 식물원, 수족관, 온천장, 동굴자원, 수영장, 농어촌휴양시설, 산림휴양시설, 박물관, 미술관, 활공장, 자동차야영장, 관광유람선 또는 종합유원시설	관광객이용시설업의 등록기준 또는 유원시설업의 설비기준에 부합할 것
마. 접객시설	관광공연장, 관광유흥음식점, 관광극장유흥업점, 외국인전용유흥음식점, 관광식당 등	관광객이용시설업의 등록기준 또는 관광편의시설업의 지정기준에 적합할 것
바. 지원시설	관광종사자 전용숙소, 관광종사자 연수시설, 물류·유통 관련 시설	관광단지의 관리·운영 및 기능 활성화를 위해서 필요한 시설일 것

(비고) 관광단지의 총면적 기준은 시·도지사가 그 지역의 개발목적·개발·계획·설치시설 및 발전전망 등을 고려하여 일부 완화하여 적용할 수 있다.

2. 관광지: 제1호 가목의 시설을 갖춘 지역(다만, 나목부터 바목까지의 시설은 임의로 갖출 수 있다.)

관광·유원시설의 잦은 사고로 인명피해가 커지자, 2015년 2월 3일 '야영장업'을 「관광진흥법」의 관광객 이용시설업에 추가하고, 야영장 시설을 「건축법 시행령」 [별표1]의 건축물 용도 29번째로 등록하여 건축허가 및 개발행위허가를 통한 야영장의 안전·위생기준을 강화하고, 유원시설도 안전관리자를 배치하여 안전사고를 예방하고 있다.

「농어촌정비법」에 의한 대규모 농촌관광 개발사업이 있다.

농어촌정비사업의 종류에는 ① 농업생산기반을 조성·확충하기 위한 농업생산기반 정비사업, ② 생활환경을 개선하기 위한 농어촌 생활환경 정비사업, ③ 농어촌산업 육성사업, ④ 농어촌 관광휴양자원 개발사업, ⑤ 한계농지 등의 정비사업이 있다(법 제2조 제4호). 농림축산식품부장관 또는 해양수산부장관은 이를 개발하고 정비하기 위하여 '농어촌 정비 종합계획'을 세워야 한다(법 제4조).

이 중 '농어촌 관광휴양단지사업'의 사업규모는 1,000,000㎡ 미만까지 가능하다. 농업인이 아닌 사람도 개발할 수 있으며(법 제82조), 준공검사를 받으면 토지와 시설을 분양하거나 임대할 수 있다(법 제84조). 그리고 관광농원의 개발 및 농어촌민박사업(펜션) 등도 이 법에 규정되어 있다. 기타 농촌관련 지원법은 뒤에 설명하기로 한다.

5) 지역개발법 등의 대규모 지역개발

알아두세요

공여구역
'공여구역'이라 함은 「대한민국과 아메리카합중국간의 상호방위조약 제4조에 의한 시설 및 구역과 대한민국에서의 합중국군대의 지위에 관한 협정」 제2조의 규정에 의하여 대한민국이 미합중국에게 주한미군의 사용을 위하여 제공한 시설 및 구역을 말한다.

대규모 지역개발은 「국가균형발전법」·「접경지역법」·「미군공여구역법」·「해안내륙발전법」·「지역특화특구법」 등에 의하여 국가계획 및 지자체 계획으로 시행된다. 「국가균형발전법」·「접경지역법」·「해안내륙발전법」은 앞서 다루었으므로, 「미군공여구역법」 및 「지역특구법」을 간략히 살펴보자.

「주한미군 공여구역주변지역 등 지원 특별법」(약칭: 미군공여구역법)은 '국가안보를 위해 간접비용을 부담하여 온 주한미군기지가 위치한 지방자치단체에 대하여 국가의 지원을 확대하여 지역간 균형발전을 촉진하고, 주민들의 삶의 질을 향상시키며, 주한미군 재배치에 따라 삶의 터전을 위협받는 지역주민들에 대한 생활안정 대책을 수립하려는 목적'으로 2006년 3월 3일 제정된 법이다.

시·도지사는 '공여구역주변지역'과 '반환공여구역주변지역'의 발전 및 주민복지 향상을 위한 사업과 각종 지원에 대한 '공여구역주변지역등 발전종합계획'을 수립한다(법 제7조). 2021년 2월 전국 13개 시·도, 66개 시·군·구에 있는 338개 읍·면·동을 공여구역주변지역 및 반환공여구역주변지역으로 지정하였다. 공여구역주변지역이 160개이고 반환공여구역주변지역이 178개이다.

대표적인 곳이 미군기지가 이전된 평택지역인데 행정안전부는 '평택지역개발계획 2021년도 시행계획'을 수립하여 많은 예산을 지원하고 있다. 자세한 내용은 행정안전부 지역균형발전과의 보도자료 등을 확인하면 된다.

「규제자유특구 및 지역특화발전특구에 관한 규제특례법」(약칭: 지역특구법)의 제정목적은 지역특구의 지정 및 운영을 통하여 지역특성에 맞게 선택적으로 규제특례 등을 적용함으로써 지역의 자립적이고 지속적인 성장기반을 구축하여 국가균형발전과 지역의 혁신적이고 전략적인 성장에 기여하려는 것이다(지역특구법 제1조).

'지역특구'에는 '지역특화발전특구'와 '규제자유특구'가 있다. 국가균형발전과 지역의 혁신적 성장을 지원하는 지역특화발전제도이다. 2004년부터 전국 시·군·구의 지역특화사업 육성을 위해 규제특례를 적용하기 위한 기본계획인 '지역특화발전특구계획'을 수립하고, '특화특구토지이용계획'을 통하여 특화사업에 사용되는 토지를 효율적으로 이용하기 위한 계획을 수립하였다.

58개 법령의 128개 규제특례가 적용되는 지역특구는 2021년 말 기준으로 전국에 197개(지정된 211개 중 17개가 해제됨)를 운영 중이다.

'규제자유특구'란 중소벤처기업부장관이 '비수도권 시·도에서 혁신사업 또는 전략산업을 육성하기 위하여 규제특례 등을 적용하기 위하여 지정·고시한 구역'을 말한다(법 제2조제13호). 기존의 지역발전특구제도가

4차산업혁명을 선도하고 효율적으로 대응하는 데 유연성이 부족하여, 2018년 4월 17일 법을 개정하여 만들었다.

이 '규제자유특구' 내에서는 지역혁신성장사업 또는 지역전략산업의 육성을 위하여 「연구개발특구의 육성에 관한 특별법」, 「건축법」, 「전시산업발전법」, 「고압가스 안전관리법」, 「도로법」, 「전기통신사업법」 등 각종 개별법에 대한 특례가 적용된다.

2019년에 1, 2차로 전국 14곳(① 광주 무인 저속 특장차, ② 대전 바이오메디컬, ③ 울산 수소그린모빌리티, ④ 울산 수소그린모빌리티, ⑤ 전남 에너지신산업, ⑥ 경남 무인선박, ⑦ 제주 전기차충전서비스 등)의 규제자유특구가 지정되었다.

더 구체적인 사항은 국가정보법령센터에서 「지역특구법」과 「지역특화발전특구운영관리규정」과 「규제자유특구운영요령」(중소벤처기업부 고시)을 확인하면 된다. 다음 표는 '특구 추진 절차'를 정리한 것이다.

| 특구 추진 절차 - 지역특화발전 특구에 대한 규제특례법 |

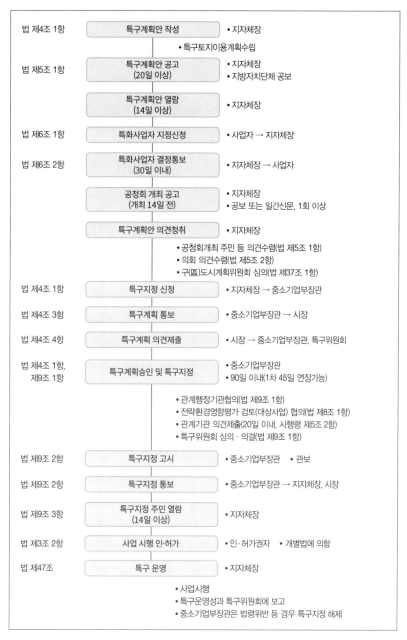

법 제4조 1항	특구계획안 작성	• 지자체장
법 제5조 1항	특구계획안 공고 (20일 이상)	• 특구토지이용계획수립 • 지자체장 • 지방자치단체 공보
	특구계획안 열람 (14일 이상)	• 지자체장
법 제6조 1항	특화사업자 지정신청	• 사업자 → 지자체장
법 제6조 2항	특화사업자 결정통보 (30일 이내)	• 지자체장 → 사업자
	공청회 개최 공고 (개최 14일 전)	• 지자체장 • 공보 또는 일간신문, 1회 이상
	특구계획안 의견청취	• 지자체장
		• 공청회개최 주민 등 의견수렴(법 제5조 1항) • 의회 의견수렴(법 제5조 2항) • 구(區)도시계획위원회 심의(법 제37조 1항)
법 제4조 1항	특구지정 신청	• 지자체장 → 중소기업부장관
법 제4조 3항	특구계획 통보	• 중소기업부장관 → 시장
법 제4조 4항	특구계획 의견제출	• 시장 → 중소기업부장관, 특구위원회
법 제4조 1항, 제9조 1항	특구계획승인 및 특구지정	• 중소기업부장관 • 90일 이내(1차 45일 연장가능)
		• 관계행정기관협의(법 제9조 1항) • 전략환경영향평가 검토(대상사업) 협의(법 제8조 1항) • 관계기관 의견제출(20일 이내, 시행령 제5조 2항) • 특구위원회 심의·의결(법 제9조 1항)
법 제9조 2항	특구지정 고시	• 중소기업부장관 • 관보
법 제9조 2항	특구지정 통보	• 중소기업부장관 → 지자체장, 시장
법 제9조 3항	특구지정 주민 열람 (14일 이상)	• 지자체장
법 제3조 2항	사업 시행 인·허가	• 인·허가권자 • 개별법에 의함
법 제47조	특구 운영	• 지자체장
		• 사업시행 • 특구운영성과 특구위원회에 보고 • 중소기업부장관은 법령위반 등 경우 특구지정 해제

중규모 개발은 지구단위계획 제도

우리나라 국토이용관리체제는 '용도지역제'로서 개별 소유자들의 체계적인 개발을 유도하는 것이나, 그 효과가 미흡하여 바람직한 국토개발을 위하여 (중규모 개발방식에) 독일의 토지이용규제방식을 본뜬 '지구단위계획제도'를 도입하였다.

1999년 「도시계획법」에서 도시계획의 상세계획의 필요성으로 입안된 '상세계획구역'과 1980년에 시작되어 1999년 「건축법」에 반영된 '도시설계제도'가 있었는데, 2000년 「건축법」의 도시설계제도를 「도시계획법」에 의한 도시계획체계로 흡수하면서 지구단위계획이 탄생하였다.

> **국토계획법 제2조(정의) 5**
> '지구단위계획'이란 도시·군계획 수립 대상지역의 일부에 대하여 토지 이용을 합리화하고 그 기능을 증진시키며 미관을 개선하고 양호한 환경을 확보하며, 그 지역을 체계적·계획적으로 관리하기 위하여 수립하는 도시·군관리계획을 말한다.

'지구단위계획'이란 기존의 평면적인 용도지역·지구·구역 제도만으로는 친환경적이면서 효율적인 개발을 기대할 수 없어, 용도지역에서 허용되는 건축물의 종류와 위치, 규모 등을 입체적으로 적정하게 배치하고 필요한 기반시설을 사전에 충분히 확보하게 하려는 새로운 개발규제방식이다. 즉 지구단위계획은 도시개발에 꼭 필요한 상세도시설계방식이므로 일정 면적 이상의 신개발과 기존 도시의 확충개발 및 재개발의 경우 반드시 도시·군계획시설(기반시설)을 사전에 충분히 계획해야 한다. 그러나 모든 지자체가 전 국토를 도시·군관리계획으로 사전에 지구단위계획을 수립하기에는 재정형편상 곤란하다. 또한 이용·보전지역 등은 사전에 개발계획을 수립할 필요가 없다. 때문에 지자체는 시범적인 몇 곳만 의무로 하고 나머지 개발은 필요할 때 그 지역의 사업시행자가 자기 비용으로 지구단위계획구역을 지정하고 지구단위계획을 수립하여 사업승인 등의 개발허가를 받도록 하는 것이다.

유의할 사항은 지구단위계획이 수립된 지역은 기존의 용도지역제에 의한「국토계획법」의 행위제한은 사실상 없어지고 그 대신 개발계획에 의한 새로운 행위제한이 생기게 된다. 그러므로 '지구단위계획구역'에서는 용도지역에 따른 행위규제가 적용되는 것이 아니라 그「지구단위계획지침」에서 정해진 행위제한에 따라야 한다.

지구단위계획구역의 지정 대상(법 제51조)	

도시지역
(제1항)
	1. 용도지구
	2. 도시개발구역
	3. 정비구역
	4. 택지개발(예정)지구
	5. 대지조성사업지구
	6. 산업단지, 준산업단지
	7. 관광단지, 관광특구
	8. 개발제한구역, 도시자연공원구역 등이 해제되는 구역
	   8의2. 도시지역 내 복합용도개발이 필요한 지역(2012. 4. 15.)
	   8의3. 도시지역 내 유휴토지 및 대규모시설 이전부지(2012. 4. 15.)
	9. 도시지역의 체계적·계획적 관리가 필요한 지역
	10. 시범도시, 개발행위허가제한지역, 조례로 정한 지역 등

비도시지역 (제3항)	1. 계획관리지역이 50% 이상이면서 나머지 지역이 보전관리지역 또는 생산관리지역인 지역 2. 개발진흥지구로서 영 제44조로 규정된 지역

지구단위계획을 통한 용도지역 변경 허용범위(법 제52조 및 영 제45조)	
도시지역	주거·상업·공업·녹지지역 내 변경과, 복합용도개발이 필요한 지역, 유휴토지 및 대규모시설 이전부지 내 변경
비도시지역	지구단위계획만으로 용도지역 변경불가(개별법으로 가능할 수 있음)

지구단위계획 제도의 진화

「국토계획법」의 연혁을 살펴보면 지구단위계획 제도의 진화를 알 수 있다.

(1) 난개발 방지 등을 위하여 비도시지역에 주거형 지구단위계획구역의 최소면적기준을 300,000㎡ 이상으로 제한하였으나, 초등학교 용지를 확보하여 관할 교육청의 동의를 얻은 경우 등은 최소면적기준을 100,000㎡ 이상으로 완화하여 민간 건설업체가 관리지역에서의 택지공급을 원활하게 할 수 있게 되었다[영 제44조 1항 2호 나목 (2), 개정 2005. 1. 15.].

(2) 계획관리지역은 비도시지역 중 개발에 적합한 지역이고, 지구단위계획 수립 시 적정한 기반시설의 확보가 가능하므로 용적률 완화 비율의 상한을 150%에서 200%로 상향 조정하였다. 도시화가 예정된 비도시지역 내에서 치밀한 개발계획을 전제로 한 주택(아파트)공급의 확대가 가능해진 것이다(영 제47조 1항, 개정 2007. 4. 20.).

(3) 도시지역 내의 지구단위계획구역에서 건축을 하려는 자가 공공시설이나 기반시설을 무상으로 설치·제공하는 경우에는 건폐율·용적률 및 높이제한을 완화하여 적용할 수 있다. 기반시설이 증가한 만큼 난개발 염려가 줄어들 것이므로 기반시설을 무상으로 제공한 자에게 그에 합당한 용적율 등을 높여주는 것은 공익과 사익의 형평성에 맞는 것이고, 지자체는 공공시설의 확보가 원활하게 된 것이다(영 제46조 1항, 개정 2011. 3. 9.).

(4) 지구단위계획이 지역 여건에 따라 토지이용을 효율화할 수 있는 구체적 집행수단으로 기능할 수 있도록 제1종 지구단위계획과 제2종 지구단위계획의 형식적 구분을 폐지하고 지구단위계획구역의 지정 목적, 중심기능 및 해당 용도지역의 특성 등을 고려하여 지구단위계

획을 수립할 수 있도록 하였다(영 제43조, 개정 2012. 4. 15.).

(5) 주거·상업·업무 등 복합적인 토지 이용을 증진시키고, 토지 이용을 합리화하기 위하여 다음의 경우 지구단위계획구역 지정 대상을 확대하였다. 복합용도개발이 필요한 지역, 도시지역 내 유휴토지를 효율적으로 개발할 필요가 있는 지역, 군사시설·교정시설 등 대규모 시설 이전에 따라 도시기능의 재배치와 정비가 필요한 지역의 면적 50% 이상이 계획관리지역이면 생산관리지역을 포함하여 지구단위계획구역으로 지정할 수 있도록 하였다(영 제42조의3 2항 8호, 개정 2012. 4. 15.).

(6) 도시지역 내 10,000㎡ 이상(5,000㎡로 완화, 2019. 1. 18.)의 유휴토지 또는 군사시설, 교정시설, 철도, 항만, 공항, 공장, 병원, 학교, 공공청사 등의 이전부지 및 복합용도개발이 필요한 지역에 대해서는 지구단위계획으로 용도지역 변경이 가능하도록 하였다(영 제43조 2항 및 3항, 개정 2012. 4. 15.).

(7) 지구단위계획을 수립할 때에 용적률이 높은 용도지역으로 변경되는 경우 뿐만 아니라 건축제한이 완화되는 용도지역으로 변경되는 경우 또는 도시·군계획시설 결정 해제 등으로 행위제한이 완화되는 경우에도 기반시설의 부지 제공 또는 설치를 고려하여 용적률 또는 건축제한을 완화할 수 있도록 하여 원활한 사업추진이 가능해졌다(영 제42조의3 제2항 12호, 2013. 6. 11.). 이 조문은 2021년 7월 13일 시행령에서 법으로 상향되었다(법 제52조의2).

(8) 시장·군수가 입안한 지구단위계획구역의 지정·변경과 지구단위계획의 수립·변경에 관한 도지사의 도시·군관리계획 결정 권한이 시장·군수에게 이양되었다(법 제29조 1항 1호, 시행 2014. 1. 17.).

(9) 지구단위계획구역 면적의 10%(용도지역 변경을 포함하는 경우에는 5%를 말한다.) 이내의 변경 및 동 변경지역 안에서의 지구단위계획의 변경을

알아두세요

경미한 변경

지구단위계획구역 내의 '경미한 변경'이란 관계 행정기관의 장과의 협의, 국토교통부장관과의 협의 및 중앙도시계획위원회·지방도시계획위원회 또는 공동위원회의 심의를 거치지 않고 할 수 있는 지구단위계획 변경을 말한다(국토계획법 제30조 제5항 단서).

'경미한 변경'으로 보아 변경 절차를 간소화하였다(영 제25조 4항 10호, 시행 2014. 1. 17.).

(10) 지구단위계획구역 면적의 50% 이상이 계획관리지역인 경우 생산관리지역 외에 보전관리지역도 지구단위계획구역에 포함할 수 있게 하였다. 보전관리지역은 녹지 또는 공원으로 계획하는 등 환경 훼손을 최소화하며 합리적이고 효율적으로 토지를 이용할 수 있도록 하였다(영 제42조의3 제2항 1호의2, 제44조 1항 1호, 시행 2014. 1. 17.)

(11) 「건축법」등 다른 법령의 규정에 따른 인센티브 반영을 위한 건폐율 또는 용적률 완화를 지구단위계획에 반영하는 경우에는 건축위원회와 도시계획위원회의 공동심의를 거치되, 기초조사, 주민의 의견 청취, 관계 행정기관의 장과의 협의 및 국토교통부장관과의 협의를 생략할 수 있도록 하였다(영 제25조 4항 14호, 시행 2016. 5. 17.).

(12) 비도시지역에 지정하는 지구단위계획구역은 그 면적에 따라 보전관리지역의 포함 비율을 10~20% 이내로 제한하고 있다. 그러나 이미 개발된 토지와 해당 토지를 개발하여도 주변지역의 환경오염 등의 우려가 없는 경우로서 해당 도시계획위원회 또는 건축위원회와 도시계획위원회의 공동위원회의 심의를 거친 경우에는 해당 토지의 면적을 보전관리지역의 면적 산정에서 제외하도록 하였다(영 제44조 1항 1호의2, 시행 2016. 5. 17.).

(13) 다양한 지역 특성과 수요를 반영하는 도시계획이 수립될 수 있도록 지구단위계획구역의 지정에 대한 지방자치단체의 권한을 확대하기 위하여 지구단위계획구역으로 지정할 수 있는 유휴토지·시설 이전지의 면적 요건을 10,000㎡ 이상에서 5,000㎡ 이상으로 변경하였다. 단, 도시·군계획조례로 정하는 면적 이상이어야 한다(영 제43조 3항, 시행 2019. 6. 20.).

(14) 지구단위계획 수립 시 용적률 등의 제한이 완화되는 경우에 제공 받을 수 있는 시설에 공공시설이나 기반시설 외에 공공임대주택·기숙사 등 공공 필요성이 인정되어 도시·군계획조례로 정하는 시설이나 그 부지도 포함하였다(영 제46조 및 제47조, 시행 2019. 6. 20.).

(15) 지구단위계획구역에 설치하는 모든 종류의 기반시설을 시장 및 군수가 지구단위계획으로 결정할 수 있도록 그 권한을 확대하였다. 다만 철도·항만·공항 등 다수의 시·군과 연계된 기반시설 중 특별시·광역시·도 등의 도시·군계획에 관한 조례로 정하는 기반시설은 시장 및 군수가 지구단위계획으로 결정할 수 있는 기반시설에서 제외하였다(영 제45조 3항, 개정 2019. 8. 6.)

 알아두세요

역세권 복합용도개발형 지구단위계획구역

도시지역 내 주거·상업·업무 등의 기능을 결합하여 복합적인 토지이용이 가능하도록 지하철, 버스 등 대중교통 이용이 용이한 지역이나 역세권의 체계적·계획적 개발이 필요한 지역에 지정하는 지구단위계획구역(법 제51조 1항 8호의2 및 영 제43조 1항)

(16) 역세권을 중심으로 주택공급을 원활하게 하기 위하여 역세권 복합용도개발형 지구단위계획구역으로 지정할 수 있는 대상지역에 일반주거지역을 추가하였다(영 제43조 1항, 시행 2021. 1. 26.). 종전에는 도시·군기본계획에 반영된 경우에만 지구단위계획구역 지정이 가능하도록 하던 제한을 없애 역세권 중심의 복합개발 사업을 신속하게 추진할 수 있도록 하였다.

(17) 역세권 복합용도개발형 지구단위계획구역 내 '준주거지역'에서 건축물을 건축할 때 공공시설 등의 부지를 제공하거나 공공시설 등을 설치하여 제공하는 경우에는 용적률을 700%(법정 상한인 500%의 1.4배)까지 완화하여 적용할 수 있도록 하고, 「건축법」에 따른 건축물 높이 제한을 200%까지 완화하여 적용할 수 있도록 하였다(영 제46조 11항 및 12항, 신설 2021. 1. 26.).

더 구체적인 내용은 이 법령과 「지구단위계획수립지침」 및 「도시·군관리계획수립지침」, 국토교통부가 발행하는 『국토계획법 해설집』 등을 확인하면 된다.

지구단위계획 수립(변경) 절차 및 일반적 기간

계획관리지역에서 '체육시설'을 설치하기 위한 지구단위계획 수립 절차 및 일반적인 기간의 예시는 아래와 같다.

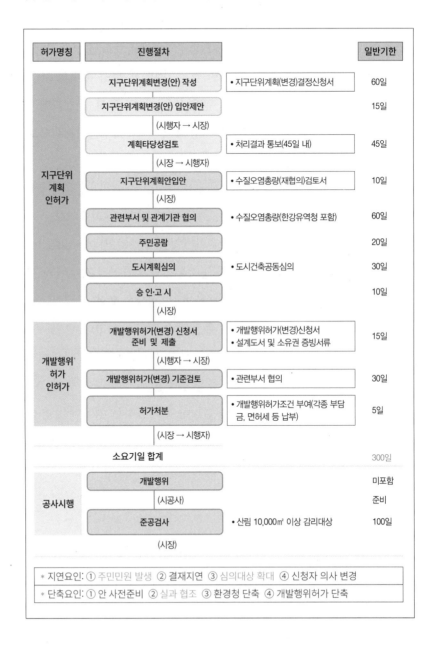

허가명칭	진행절차		일반기한
지구단위계획인허가	지구단위계획변경(안) 작성	• 지구단위계획(변경)결정신청서	60일
	지구단위계획변경(안) 입안제안 (시행자 → 시장)		15일
	계획타당성검토 (시장 → 시행자)	• 처리결과 통보(45일 내)	45일
	지구단위계획안입안 (시장)	• 수질오염총량(재협의)검토서	10일
	관련부서 및 관계기관 협의	• 수질오염총량(한강유역청 포함)	60일
	주민공람		20일
	도시계획심의	• 도시건축공동심의	30일
	승 인·고 시 (시장)		10일
개발행위허가인허가	개발행위허가(변경) 신청서 준비 및 제출 (시행자 → 시장)	• 개발행위허가(변경)신청서 • 설계도서 및 소유권 증빙서류	15일
	개발행위허가(변경) 기준검토	• 관련부서 협의	30일
	허가처분 (시장 → 시행자)	• 개발행위허가조건 부여(각종 부담금, 면허세 등 납부)	5일
소요기일 합계			300일
공사시행	개발행위 (시공사)		미포함 준비
	준공검사 (시장)	• 산림 10,000㎡ 이상 감리대상	100일

* 지연요인: ① 주민민원 발생 ② 결재지연 ③ 심의대상 확대 ④ 신청자 의사 변경
* 단축요인: ① 안 사전준비 ② 실과 협조 ③ 환경청 단축 ④ 개발행위허가 단축

소규모 개발은 개발행위허가 제도

소규모 개발은 「국토계획법」의 '개발행위허가' 또는 '농지·산지전용허가(농림지역)'로 시행한다. '개발행위허가'란 별도의 행정계획 없이 개인이 만든 개발계획을 허가청이 개발용지로 변경해주는 종합절차이다.

개발행위허가제도는 영국의 토지 공개념 제도인 계획개발을 본뜬 것이다. 도시·군관리계획으로 허용되는 개발이라 하더라도 (도시)기반시설 등의 설치계획이 먼저 수립되어 있지 않은 상태에서 그 소규모 면적이 연이어 개발되면 주변 환경에 피해를 주는 것은 물론 기반시설이 부족한 난개발이 발생되므로 이를 방지하기 위해 존재한다.

개발행위허가에서 사전에 체크해야 할 포인트는 크게 ① 진입로 개설, ② 환경성검토 및 각종 환경규제, ③ 지형·입목도에 따른 제척면적, ④ 위치에 따른 민원발생 가능성, ⑤ 인허가에 필요한 각종 사용승낙서 및 비용 등이다. 개발행위허가에는 연접개발제한이 있었으나 도시계획심의로 대체되었고, 다시 성장관리계획으로 진화하였다. 개발행위허가 기준에 대해서는 다음 장에서 구체적으로 다룰 것이다.

성장관리계획 제도

대형개발은 지구를 지정하고 중형개발은 지구단위계획을 수립하여 충분한 기반시설을 확보할 수 있다. 하지만 소형개발의 경우 도로 등 기반시설의 확보가 부족한 상태에서 개발수요가 증가하면 난개발이 될 수밖에 없다. 그러므로 도시·군계획시설이 설치되지 않은 녹지지역 및 비도시지역 등 개발행위허가가 많아질 곳을 '성장관리계획구역'으로 지정하는 것이다.

개발행위허가로 인한 난개발을 방지하려는 목적으로 2013년 7월 16일 「국토계획법」에 도입된 '성장관리지역'의 '성장관리방안'이 2021년 1월 12일 '성장관리계획구역'의 '성장관리계획'으로 시행령에서 법률로 진화한 것이다.

'성장관리계획'이란 성장관리계획구역에서의 난개발을 방지하고 계획적인 개발을 유도하기 위하여 수립하는 계획이다(법 제2조 5의3호).

'성장관리계획구역'은 도시지역의 녹지지역, 비도시지역(관리지역·농림지역·자연환경보전지역) 중 개발수요가 많거나, 시가화가 예상되는 지역 및 행위제한이 완화되는 지역 등 난개발이 예상되는 지역의 전부 또는 일부에 대하여 지정할 수 있다.

성장관리계획구역의 지정권자는 특별시장·광역시장·특별자치시장·특별자치 도지사·시장·군수이다(법 제75조의2).

시장·군수 등은 성장관리계획구역을 지정하면서 성장관리계획을 수립하여야 한다. 성장관리계획은 난개발의 방지와 체계적인 관리를 위하여 도로·공원 등 기반시설의 배치 및 규모, 건축물의 용도제한 및 건폐율·용적률, 건축물의 배치·형태·색체 및 높이, 환경관리 및 경관계획을 포함하고 있다(법 제75조의3 1항, 시행 2021. 7. 13.).

| 성장관리계획을 통한 건폐율 완화 가능한 용도지역 및 완화범위 |

용도지역	도시지역						비도시지역				
	주거지역	상업지역	공업지역	녹지지역			관리지역			농림지역	자연환경보전지역
				자연녹지	생산녹지	보전녹지	계획관리	생산관리	보전관리		
건폐율 완화여부	성장관리계획 수립지역 아님			○	○	×	○	○	×	○	×
완화범위				20 → 30%		–	40 → 50%	20 → 30%	–	20 → 30%	–

도시지역의 녹지지역 중 자연녹지와 생산녹지와 생산관리지역, 농림지역에 성장관리계획을 수립하면 건폐율을 30%까지 조례로 완화할 수 있

고, 계획관리지역은 건폐율 50% 이하, 용적률 125% 내에서 조례로 완화할 수 있다(법 제75조의3 2항, 시행 2021. 7. 13.).

또한 성장관리계획은 개발행위허가 기준 및 건축물 용도변경의 기준이 된다(법 제58조 1항 2호 및 제75조의4). 구체적인 내용은 이 법령 및 「성장관리 수립지침」(국토교통부 훈령) 또는 도시·군계획 조례 및 지침을 확인하자.

성장관리계획 제도의 진화

성장관리계획 제도의 연혁을 살펴보자. 앞으로 도시·군계획시설(도로 등)이 미리 결정되지 않은 녹지지역 및 비도시지역에 성장관리계획구역의 지정이 많아질 것이라 예상된다.

(1) 관리지역 등 난개발이 우려되는 지역의 체계적 관리를 위하여 성장 관리계획제도의 법률적 근거를 마련하였다(법 제2조 5호의3 및 제75조의 2, 제75조의3, 제75조의4, 제133조 1항 5호, 시행 2021. 7. 13.).

(2) 개발행위의 발생 가능성이 높은 지역을 대상지역으로 하여 기반시 설의 설치·변경 등에 관한 '성장관리방안'을 수립할 수 있도록 하고, 성장관리방안의 내용에 적합한 경우에만 개발행위허가를 하도록 개 발행위 허가기준을 보완하였다(법 제58조 1항 2호).

(3) 계획관리지역의 건폐율·용적률 규제에 따른 중소기업의 어려움을 해소하기 위하여 성장관리방안을 수립한 계획관리지역의 경우 해당 지방자치단체의 조례로 법정 건폐율 및 용적률의 125% 이내에서 각각 완화하여 적용할 수 있도록 하였다(법 제77조 1항 2호 다목 단서 및 제 78조 1항 2호 다목 단서 신설).

(4) 개발수요가 많아 무질서한 난개발이 진행되고 있거나 진행될 것으

로 예상되는 지역이나 향후 시가화가 예상되는 지역 등을 성장관리 방안 수립 대상지역으로 정함으로써 난개발에 대한 지방자치단체의 대응성을 높였다. 성장관리방안은 주민과 해당 지방의회의 의견청취, 공고 및 열람의 절차를 거쳐 수립하되, 건축물의 배치·형태·색채·높이 변경 등 경미한 변경은 주민과 지방의회의 의견청취를 생략할 수 있도록 하였다(영 제56조의2부터 제56조의4, 2014. 1. 17. → 법 제75조의2로 상향, 2021. 1. 12.).

(5) 2015년 7월 6일 성장관리방안 수립 대상이 비시가화지역 중 유보 용도지역으로 제한되어 있어 기반시설 설치 등에 필요한 합리적인 계획의 수립에 한계가 있다는 점을 고려하여, 성장관리방안 수립 면적의 20% 이하의 범위에서 보전 용도지역의 일부를 성장관리방안 수립 대상지역에 포함할 수 있도록 하였다(영 제56조의2 → 법 제75조의2로 상향, 2021. 1. 12.).

(6) 계획관리지역 내의 성장관리방안이 수립된 지역에서는 환경법령에 따라 대기·수질·소음·진동 등과 관련된 오염물 배출시설의 설치 허가 또는 신고 대상이 아닌 공장의 입지를 업종에 관계없이 허용하도록 하였다(영 [별표20] 제1호 자목). 화학제품제조시설 중 유기농화장품 제조시설 등과 섬유제조시설 중 천연물에서 추출되는 염료만을 사용하는 등의 요건을 갖춘 염색시설은 폐수를 공공하수처리시설·폐수종말처리시설로 전량 유입해 처리하거나 전량 재이용 또는 위탁처리하는 경우에 한정해 계획관리지역 내 입지를 허용하였다.

(7) 성장관리방안이 수립된 경우 조례로 건폐율을 완화할 수 있는 지역에 생산관리지역 및 자연녹지지역을 추가하고 공장 밀집 예상지역에 대한 성장관리방안 수립 및 공장 신·증축 애로를 해소하기 위하여 성장관리방안 수립지역 중 계획관리지역 외에 자연녹지지역·생산관리지역에서도 30% 이하의 범위에서 건폐율을 완화할 수 있도

록 하였다(영 제84조의3, 2016. 2. 12. → 법 제75조의3으로 상향, 2021. 1. 12.).

(8) 성장관리방안의 경미한 사항을 변경하는 경우에는 의견청취, 관계 기관 협의 및 도시계획위원회 심의를 생략할 수 있도록 근거를 마련 하였다(법 제58조 5항, 2018. 4. 19. → 법 제75조의4로 상향, 2021. 1. 12.).

(9) 계획관리지역의 난개발을 방지하기 위하여 지방자치단체가 성장관 리방안을 수립한 경우에 한하여 계획관리지역 내 공장 및 제조업소 의 설치를 허용하고(영 [별표20] 및 부칙 제2조), 공장 밀집도 및 증가율을 고려하여 공포 후 3년부터 7년까지 지역별로 적용 시기를 달리한다 (영 개정 2021. 1. 26.).

수도권 규제 이해하기

수도권정비계획법과 수도권정비계획

| 수도권·비수도권 인구비중 변화 |

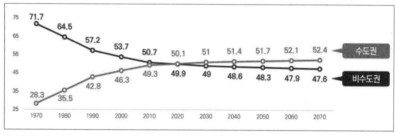

(출처: 국토교통부)

국토의 효율적 이용을 위한 '국토이용 체계 4단계'의 네 번째는 '수도권 규제'이다. 「수도권정비계획법」의 '수도권'이란 서울특별시, 경기도, 인천광역시를 말한다. 그래서 이 법은 수도권이 아닌 지역에는 적용되지 않는다.

「수도권정비계획법」은 1982년 12월 31일 국토의 균형 있는 발전을 기하기 위해 제정되었다. 당시 20여 년간의 공업화시책으로 전국토 면적의 11.8%에 불과한 수도권에 인구 및 산업의 35% 이상이 과도하게 밀집되어 있었다. 또한 국가안보의 취약성, 지역 간의 격차유발과 교통난·주택난·공해·범죄 등 도시문제의 심화현상이 발생하였다. 이를 해결하기 위해 「수도권정비계획법」을 제정하여 수도권의 인구 및 산업을 적정하게 재정비·배치하고 광역적인 차원에서 수도권의 질서 있는 정비를 위한 중앙정부차원의 정비계획을 마련한 것이다.

수도권 과밀화의 원인이 되는 '인구집중유발시설'은 ① 대학(교), ② 공장(건축연면적 500㎡ 이상), ③ 공공청사(1,000㎡ 이상), ④ 업무용·판매용·복합건축물(15,000~25,000㎡ 이상), ⑤ 교육원·직업훈련소(30,000㎡ 이상)이다(영 제3조).

| 제4차 수도권정비계획(2021~2040년) 공간구조 |

(출처: 국토교통부)

'수도권정비계획'은 국토교통부장관이 수도권의 인구 및 산업의 집중을 억제하고 적정하게 배치하기 위하여 중앙행정기관의 장과 서울특별시장·인천광역시장·경기도지사의 의견을 들어 입안한다. 그리고 수도권정비위원회의 심의를 거친 후 국무회의의 심의와 대통령의 승인을 받아 결정된다(법 제4조).

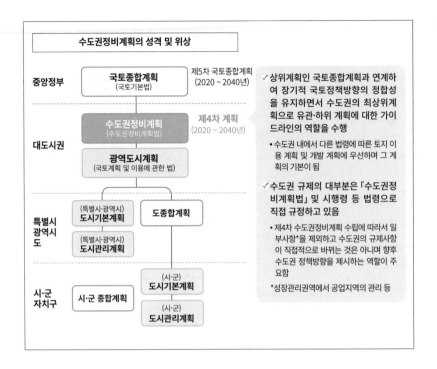

제4차 수도권정비계획(2021~2040년)은 「국토기본법」의 제5차 국토종합계획(2020~2040년)을 기본으로 한 수도권의 최상위 계획이다. 수도권 내에서 다른 법령에 따른 토지이용계획 및 개발계획에 우선하며 그 계획의 기본이 된다. 수도권 규제의 대부분은 「수도권정비계획법」 및 시행령에서 직접 규정하고 있어, 수도권정비계획은 주로 향후 수도권 정책방향을 제시하는 역할을 한다.

3개 권역의 특징 및 행위제한

(출처: 국토교통부)

수도권은 3개 권역으로 구분된다. 첫째, '과밀억제권역'은 인구와 산업이 지나치게 집중되었거나 집중될 우려가 있어 이전하거나 정비할 필요가 있는 지역이다. 둘째, '성장관리권역'은 과밀억제권역으로부터 이전하는 인구와 산업을 계획적으로 유치하고 산업의 입지와 도시의 개발을 적정하게 관리할 필요가 있는 지역이다. 셋째, '자연보전권역'은 한강 수계의 수질과 녹지 등 자연환경을 보전할 필요가 있는 지역이다(수도권정비계획법 제6조).

대규모 개발사업의 종류는 ① 택지조성사업(1,000,000㎡ 이상), ② 공업용지조성사업(300,000㎡ 이상), ③ 관광지조성사업(100,000㎡ 이상), ④ 도시개발사업(300,000~1,000,000㎡ 이상), ⑤ 지역개발사업(1,000,000㎡ 이상)이다(영 제4조). 대규모 개발사업과 관련된 법령은 앞서 설명하였다.

과밀억제권역

과밀억제권역의 행위제한은 학교, 공공청사, 연수시설, 공업지역 지정이 원칙적으로 안 되고, 다만 총량규제 내용에 적합한 범위 내에서 예외적으로 가능하다(법 제7조). 총량규제란 국토교통부장관이 공장·학교 등 인구집중유발시설이 수도권에 지나치게 집중되지 아니하도록 하기 위하여 그 신설 또는 증설의 총허용량을 정하여 이를 초과하는 신설 또는 증설을 제한하되, 총허용량과 그 산출 근거를 고시하는 것을 말한다(법 제18조). 또한 서울시에 업무용·판매용·복합용 건축물은 과밀부담금을 납부해야 한다(법 제12조).

성장관리권역

관계 행정기관의 장은 성장관리권역이 적정하게 성장하도록 하되, 지나친 인구집중을 초래하지 않도록 학교, 공공 청사, 연수 시설, 그 밖의 인구집중유발시설의 신설·증설이나 그 허가 등을 하여서는 안 된다(법 제8조 1항). 공업지역을 지정하려면 과밀억제권역에서 이전하거나, 밀집된 공장의 재정비, 산업정책의 필요 등의 범위 내에서 관계 행정기관의 장이 수도권정비계획으로 정하는 바에 따라야 한다(법 제8조 2항).

성장관리권역은 수도권 집중화를 방지하기 위하여 '인구집중유발시설'의 설치는 제한하되, 다른 권역의 기존 시설 재배치 및 총량규제의 범위 내에서 수도권정비위원회의 심의를 통하여 허용할 수 있는 등 비교적 다른 권역의 행위제한보다는 완화된 권역이다.

예를 들어 '수도권 공장건축 총 허용량'은 3년(2021~2023년)마다 고시하여 그 총량을 관리하는 것이나, 이번 (수도권정비)계획에서는 '성장관리권역'에서의 공장은 '개별입지'에서만 총량규제를 하는 것으로 변경되었다.

자연보전권역

자연보전권역에서는 대규모개발사업 중 30,000㎡ 이상의 개발은 허용
되지 않으나(법 제9조), 예외적으로 수질오염총량제를 시행하는 지역에서
는 30,000~500,000㎡ 이하의 범위 내에서 지구단위계획을 수립하여 수
도권정비위원회 심의를 통하여 허용된다. 인구집중유발시설은 오염총
량관리계획의 시행지역에만 제한적으로 가능하다(영 제14조).

| 수도권 3개 권역 내 행위제한 주요내용 |

구 분		과밀억제권역	성장관리권역	자연보전권역
공 장		총량규제(성장관리권역은 개별입지만 총량규제)		
대학	4년제 대학, 교육대	신설 금지 이전: 권역 내 심의 후 가능 (서울로는 이전 금지)	신설 금지 이전: 권역 내 또는 타권역에서 심의 후 가능	신설 금지
	전문, 산업	신설 허용 (단, 서울 제외)	신설 허용	산업대 금지, 전문대 심의 후 허용
공공청사		신축, 증축은 심의 후 허용	* 비수도권 시설 이전 시 신축 금지	
업무용·판매용·복합 건축물		과밀부담금부과(서울시만)	규제 없음	오염총량제 시행지역에서 허용
택지조성		100만㎡ 이상 심의 후 허용		〈오염총량제 시행〉 * 도시지역: 10만㎡ 이상 심의 * 비도시지역: 10만~50만㎡ 이하 심의 〈오염총량제 미시행〉 * 3만㎡ 미만 가능 * 3만~6만㎡ 이하 심의
공업용지조성		30만㎡ 이상 심의 후 허용		3만~6만㎡ 이하 심의 후 허용
관광지 조성		10만㎡ 이상 심의 후 허용		3만㎡ 이상 심의 후 허용 〈오염총량제 미시행〉 3만~6만㎡ 이하 심의 후 허용

그리고 수도권이라고 하여도 경기도 및 인천시의 낙후된 접경지역은
「접경지역법」에 의하여 규제의 예외가 적용된다.

내 토지 위에 건축물을 짓는 경우 '국토이용 4단계'의 개발체계에 따라 중·대규모 면적의 개발은 행정계획(개별법의 개발계획 또는 도시·군관리계획의 수립·변경)을 세워서 그 계획에 맞게 개발행위허가를 받은 후에 건축허가를 받아 건축하고, 소규모 면적의 개발은 (도시·군관리계획의 수립·변경 없이) 그 토지가 속한 「국토계획법」의 용도지역에서 허용되는 건축물을 허가를 받아 건축한다.

셋째마당

개발 인허가 절차

019

건축허가 이해하기

용도지역에 따른 건축물 허용용도

국가 및 지자체는 '국토의 효율적 이용'을 달성하기 위해 사유재산권을 제한하는 방법으로 허가제도를 운용하고 있다. 이 허가의 종류는 100여 가지 공법에 따라 100여 가지가 있는데 크게 ① 건축허가, ② 토목허가, ③ 환경허가로 나눌 수 있다. 아래 표에 있는 허가검토사항을 하나씩 살펴보기로 한다. 다만 건축물 내외부의 건축설계 기준은 생략한다.

허가검토사항(내재가치)		공부(公簿)와 현황(現況)의 차이 직접 확인	
(1) 건축허가	① 용도지역 등	건축물 허용용도 및 각종 건축법 기준	
	② 진입로 너비	2~3~4~6m/2m(허가권자의 재량, 건축조례)	
	③ 주변 규제	문화재(매장)/군사시설/도시계획시설 등	
(2) 토목허가	① 형질(지목)변경	개발행위허가·산지(농지·초지)전용 협의 등	
	② 기반시설 확보	(도시계획조례 및 운영지침) 접용·연결허가	
	③ 하수(개인정화시설)	사용승낙(하천, 하수도, 구거)/오폐수관로	
(3) 환경허가	① 소규모환경영향평가	계획관리 10,000㎡ 이상	* 오염총량제 등
	② 사전재해영향성 검토	5,000㎡ 이상	* 자연환경보전법(생태자연도)
	③ 배출시설설치허가	대기·수질·폐기물·소음진동·하수도 등	

전 국토는 39,514천 필지(2022.12.31. 기준)로 나누어져 있는데 각 필지마다 소재 지번이 부여되어 있고, 용도지역은 「국토계획법」의 도시·군관

리계획으로 21가지 용도지역 중 하나 또는 하나 이상으로 지정되어 있다. 그래서 내 토지의 용도지역이 무엇인지 알려면 '토지이음' 사이트 또는 토지이용계획확인서에서 확인할 수 있다.

그런데 내 토지 위에 지을 수 있는 건축물의 용도 및 건폐율 제한 등이 「건축법」에 규정되어 있는 것이 아니라, 내 토지가 속한 「국토계획법」의 용도지역 내의 허용 여부가 각각 다르게 정해져 있다(국토계획법 제76조). 다만 용도지구 또는 농림지역, 자연환경보전지역의 일부는 「국토계획법」 및 개별법에 허용 용도를 위임하고 있다(법 제76조 5항). 예를 들어 '보전산지'를 훼손해서 건축물을 지으려면 「국토계획법」 제76조 5항 3호에서 「산지관리법」으로 건축물 허용용도를 위임하였으므로 「산지관리법」 제12조에 규정된 산지전용이 가능한 건축물의 종류를 확인하여야 한다. 그러므로 토지의 가치는 '그 토지 위에 어떤 건축물을, 어느 정도 규모까지, 어떤 조건으로 지을 수 있느냐'로 결정되는 것이므로, 내 토지의 객관적 가치를 판단하려면 먼저 「국토계획법」의 도시·군관리계획으로 결정된 21가지 용도지역에서 허용되는 건축물의 용도 및 종류를 알아야 한다(영 제71조의 [별표2~22]). 그리고 용도지역에 따라 허용되는 건폐율·용적률·층수 제한이 다르다(법 제77~78조).

용도지역에 따라 허용되는 건축물 용도에는 ① 「국토계획법」에 따라 전국 공통으로 허용되는 건축물 용도와 ② (국토계획법에서) 지자체 조례로 위임되어 해당 지자체가 도시계획조례로 허용하는 건축물의 용도가 있다. 그러므로 그 토지 소재지 지자체 조례까지 확인하여야 그 토지(필지)에 허용되는 건축물의 용도 및 종류를 정확히 알 수 있다.

그리고 토지의 용도지역에 따라 건축물의 용도 및 종류를 허용하는 방식이 다르다. 예를 들어 사회발전에 따라 새롭게 생기는 모든 건축물의 용도 및 종류가 「건축법 시행령」에 빨리 포함되지 못할 수 있으므로, 준주거지역, (중심·일반·근린·유통)상업지역, 준공업지역, 계획관리지역 등 개발수요가 많은 곳은 그 용도지역 내에 허용되는 건축물만 규정하는 것이 아니라 건축할 수 없는 용도를 규정하여, 그 용도지역에서 제한(금지)되지 않은 나머지 건축물은 허용하되, 새로운 건축물은 지자체장이 원칙적으로 허용을 결정하도록 하려는 것이다(영 제71조 3항).

그리고 어떤 필지에 이미 건축된 건축물의 용도를 변경하려면 그 용도지역에서 허용되는 건축물 용도 내에서만 변경이 가능하다. 예를 들어 이미 건축된 건축물의 수익성이 떨어진 경우 그 건축물을 리모델링하는 등의 방법으로 그 지역에서 '최유효 이용'이 되는 용도로 바꾸려면 건축주 맘대로 바꿀 수 있는 경우도 있지만, 그 용도지역에서 허용되는 범위 내에서 용도변경허가(신고, 등록 등)를 받아야만 변경이 가능하다.

또한 건축물의 용도 및 종류의 정의가 개별법에 따라 약간 달라서 유의할 곳도 있다. 예를 들면 「산지관리법」의 곤충사육사를 축사로 볼 것인지 아니면 일반 건축물로 볼 것인지 또는 농업용 시설로 볼 것인지에 따라 그 허용범위와 적용법규가 달라진다. 농지에 곤충사육사를 짓는 경우에는 축사처럼 농지전용을 받지 않고 시설물을 지을 수 있다(농지법 시행령 제2조 2항 2호 나목).

무작정 따라하기

'토지이음'에서 계획관리지역에서 불허되는 건축물 찾기

① 토지이음 사이트에 지번을 입력하고, 법령의 제한을 확인한다.

■ 국토의 계획 및 이용에 관한 법률 시행령 [별표 20] <개정 2022. 1. 18.>

계획관리지역안에서 건축할 수 없는 건축물(제71조제1항제19호 관련)

1. 건축할 수 없는 건축물
   가. 4층을 초과하는 모든 건축물
   나. 「건축법 시행령」 별표 1 제2호의 공동주택 중 아파트
   다. 「건축법 시행령」 별표 1 제3호의 제1종 근린생활시설 중 휴게음식점 및 제과점으로서 국토교통부령으로 정하는 기준에 해당하는 지역에 설치하는 것
   라. 「건축법 시행령」 별표 1 제4호의 제2종 근린생활시설 중 다음의 어느 하나에 해당하는 것
   　(1) 「건축법 시행령」 별표 1 제4호아목의 시설 및 같은 호 자목의 일반음식점으로서 국토교통부령으로 정하는 기준에 해당하는 지역에 설치하는 것
   　(2) 「건축법 시행령」 별표 1 제4호너목의 시설로서 성장관리방안이 수립되지 않은 지역에 설치하는 것
   　(3) 「건축법 시행령」 별표 1 제4호더목의 단란주점
   마. 「건축법 시행령」 별표 1 제7호의 판매시설(성장관리계획구역에 설치하는 판매시설로서 그 용도에 쓰이는 바닥면적의 합계가 3천제곱미터 미만인 경우는 제외한다)
   바. 「건축법 시행령」 별표 1 제14호의 업무시설
   사. 「건축법 시행령」 별표 1 제15호의 숙박시설로서 국토교통부령으로 정하는 기준에 해당하는 지역에 설치하는 것

② 지자체 조례의 제한(불허) 건축물의 용도를 확인한다.

공주시 도시계획 조례 별표20(계획관리지역안에서 건축할 수 없는 건축물)

　[별표 20] (개정 2018. 4. 24., 2021.12. 6.) 계획관리지역안에서 건축할 수 없는 건축물 (영 제71조제1항제19호 및 제30조제19호관련)
　1. 「건축법 시행령」 별표 1 제3호, 4호의 제1종, 제2종의 근린생활시설 중 휴게음식점, 일반음식점 및 제과점으로서 별표 24에서 정하는 기준에 해당하는 지역에 설치하는 것과 안마시술소
　2. 「건축법 시행령」 별표 1 제15호의 숙박시설[「관광진흥법」에 의하여 지정된 관광단지의 조성계획(지구단위계획이 수립된 지역은 지구단위계획에 따른다)에 의하여 건축하는 경우와 관광농원 등 다른 법률에 따라 지정된 지역·지구·사업계획이 수립 고시된 지역에 건축하는 3층 이하의 생활숙박시설은 제외]
　3. 「건축법 시행령」 별표 1 제19호의 위험물 저장 및 처리 시설(같은 호 마목 및 자목만 해당한다)

法령정보센터 바로가기 >

③ 계획관리지역이라도 일반음식점은 또 다른 제한이 있다.

공주시 도시계획 조례 별표24(계획관리지역에서 일반음식점 등을 설치할 수 없는 지역)

[별표 24] (개정 2018. 4. 24., 2021.12. 6.) 계획관리지역에서 일반음식점 등을 설치할 수 없는 지역 (규칙 제12조 별표 2 및 제30조제23호관련) 다음 각 호의 어느 하나에 해당하는 지역. 다만, 일반음식점, 휴게음식점, 제과점은 「하수도법」에 따른 공공하수처리시설이 설치·운영되거나 다음 각 호의 지역내 10호 이상의 자연마을이 형성된 지역(대지 경계로부터 반경 300미터 이내)과 주요용도 시설운영과 관련된 시설의 편의(부대)시설은 제외한다.

1. 상수원보호구역으로부터 500미터 이내인 집수구역
2. 상수원보호구역으로 유입되는 하천의 유입지점으로부터 수계상 상류방향으로 유하거리가 10킬로미터 이내인 하천의 양안 중 해당 하천의 경계로부터 500미터 이내인 집수구역
3. 유효저수량이 30만세제곱미터 이상인 농업용저수지의 계획홍수위선의 경계로부터 200미터 이내인 집수구역
4. 「하천법」에 따른 국가하천·지방하천(유구천: 금강합류지점부터 사곡면 해월리와 신풍면 영정리가 만나는 지점에 한한다.)의 양안 중 해당 하천의 경계로부터 100미터 이내인 집수구역(「하천법」 제12조에 따른 홍수관리구역을 제외한다) 주 1) "집수구역"이란 빗물이 상수원·하천·저수지 등으로 흘러드는 지역으로서 주변의 능선을 잇는 선으로 둘러싸인 구역을 말한다. 2) "유하거리"란 하천·호소 또는 이에 준하는 수역의 중심선을 따라 물이 흘러가는 방향으로 잰 거리를 말한다. 3) 주택의 1호 산정기준은 「건축법 시행령」 별표1 제1호의 단독주택 중 가목 및 제4호의 제2종 근린생활시설 중 자목을 말하며, 제1호 나목, 다목 및 제2호 공동주택은 세대수를 호수로 산정하고, 폐가와 「농어촌정비법」 제2조제12호의 공가는 대상호수에서 제외한다.

법령정보센터 바로가기 >

건축허가 제도와 건축물 용도 29가지

부동산이란 토지 및 그 정착물을 말한다(민법 제99조). 정착물이란 건축물, 공작물 등 토지 위에 있는 각종 시설물을 말한다. 건축물을 지으려는 토지를 대지, 필지, 획지, 부지, 나대지 등으로 부르는데 각각의 용어는 개별 법령에 따라서 그 개념이 다르다. 대지(垈地)란 '(접도요건을 갖춘) 건축물을 지을 수 있는 토지'라고 해석되는 「건축법」의 용어이고, 대(垈)란 토지의 이용목적에 따라 나눈 28가지 지목의 하나로서 '영구적인 건축물을 지을 수 있는 토지'인 「공간정보관리법」의 용어이다.

그런데 건축물을 지을 수 있는 대지는 한 필지의 토지이거나 두 필지 이상을 합한 토지, 또는 한 필지의 일부가 될 수 있다(건축법 제2조 1항 1호). 그리고 대지 위에 짓는 건축물의 용도 및 종류는 「건축법 시행령」[별표1]에 크게 29가지 용도로 분류되고, 다시 150~400개의 종류로 세분되어 있다(다음 표 참조).

현행 「건축법」의 건축허가는 허가(법 제11조), 신고(법 제14조)가 있고, 그 허가 여부를 미리 알아보기 위한 사전결정(법 제10조)이 있다. 그리고 건축허가와 관련된 건축법령의 운영 및 집행에 관한 '질의민원' 제도가 있다(법 제4조의4~7).

그리고 토지매입 등 상당한 경제적 비용이 수반되거나 손실이 발생할 수 있는 법정민원은 건축허가 또는 개발행위허가의 일부 사항에 대해 사전 질의를 할 수 있는 '사전심사청구' 제도가 있다(민원처리법 시행령 제33조).

이 건축물을 짓기 위한 건축허가는 건축하려는 목적에 따라 5가지(신축·증축·개축·재축·이전)로 구분하고 있다(법 제2조 1항 8호). 건축허가는 지목이 '대' 또는 6가지 지목으로 형질변경된 대지 위에만 가능하다. 그러므로 대지의 형질변경을 위한 개발행위허가 및 건축물 진입로의 확보 등 대지를 「건축법」 기준에 맞게 변경하기 위한 다음 허가가 건축허가와 동시에 검토(허가와 일괄처리)될 수 있다(법 제11조 5항).

1. 제20조 제3항에 따른 공사용 가설건축물의 축조신고
2. 제83조에 따른 공작물의 축조신고
3. 「국토의 계획 및 이용에 관한 법률」 제56조에 따른 개발행위허가
4. 「국토의 계획 및 이용에 관한 법률」 제86조 제5항에 따른 시행자의 지정과 같은 법 제88조 제2항에 따른 실시계획의 인가
5. 「산지관리법」 제14조와 제15조에 따른 산지전용허가와 산지전용신고, 같은 법 제15조의2에 따른 산지일시사용허가·신고. 다만, 보전산지인 경우에는 도시지역만 해당된다.
6. 「사도법」 제4조에 따른 사도(私道)개설허가
7. 「농지법」 제34조, 제35조 및 제43조에 따른 농지전용허가·신고 및 협의
8. 「도로법」 제36조에 따른 도로관리청이 아닌 자에 대한 도로공사 시행의 허가, 같은 법 제52조 제1항에 따른 도로와 다른 시설의 연결 허가
9. 「도로법」 제61조에 따른 도로의 점용 허가
10. 「하천법」 제33조에 따른 하천점용 등의 허가
11. 「하수도법」 제27조에 따른 배수설비(配水設備)의 설치신고
12. 「하수도법」 제34조 제2항에 따른 개인하수처리시설의 설치신고
13. 「수도법」 제38조에 따라 수도사업자가 지방자치단체인 경우 그 지방자치단체가 정한 조례에 따른 상수도 공급신청
14. 「전기안전관리법」 제8조에 따른 자가용전기설비 공사계획의 인가 또는 신고
15. 「물환경보전법」 제33조에 따른 수질오염물질 배출시설 설치의 허가나 신고
16. 「대기환경보전법」 제23조에 따른 대기오염물질 배출시설설치의 허가나 신고
17. 「소음·진동관리법」 제8조에 따른 소음·진동 배출시설 설치의 허가나 신고
18. 「가축분뇨의 관리 및 이용에 관한 법률」 제11조에 따른 배출시설 설치허가나 신고
19. 「자연공원법」 제23조에 따른 행위허가
20. 「도시공원 및 녹지 등에 관한 법률」 제24조에 따른 도시공원의 점용허가
21. 「토양환경보전법」 제12조에 따른 특정토양오염관리대상시설의 신고
22. 「수산자원관리법」 제52조 제2항에 따른 행위의 허가
23. 「초지법」 제23조에 따른 초지전용의 허가 및 신고

건축허가를 신청하기 위한 구체적인 사항은 『건축행정길라잡이』(국토교통부 건축정책관, 2013. 12.)와 『그림으로 이해하는 건축법』(서울특별시, 2020. 12.)을 참조하고, 건축사와 상의하면 된다.

용도	용도별 건축물의 종류(시행령 제3조의5 관련)
1. 단독주택	단독주택의 형태를 갖춘 가정어린이집·공동생활가정·지역아동센터·공동육아나눔터(아이돌봄 지원법 제19조에 따른 공동육아나눔터를 말한다. 이하 같다.)·작은도서관(도서관법 제2조 제4호 가목에 따른 작은도서관을 말하며, 해당 주택의 1층에 설치한 경우만 해당한다. 이하 같다.) 및 노인복지시설(노인복지주택은 제외한다.)을 포함한다. **가. 단독주택** **나. 다중주택:** 다음의 요건을 모두 갖춘 주택을 말한다. 　1) 학생 또는 직장인 등 여러 사람이 장기간 거주할 수 있는 구조로 되어 있는 것 　2) 독립된 주거의 형태를 갖추지 않은 것(각 실별로 욕실은 설치할 수 있으나, 취사시설은 설치하지 않은 것을 말한다.) 　3) 1개 동의 주택으로 쓰이는 바닥면적(부설 주차장 면적은 제외한다. 이하 같다.)의 합계가 660㎡ 이하이고 주택으로 쓰는 층수(지하층은 제외한다.)가 3개 층 이하일 것. 다만, 1층의 전부 또는 일부를 필로티 구조로 하여 주차장으로 사용하고 나머지 부분을 주택(주거 목적으로 한정한다.) 외의 용도로 쓰는 경우에는 해당 층을 주택의 층수에서 제외한다. 　4) 적정한 주거환경을 조성하기 위하여 건축조례로 정하는 실별 최소 면적, 창문의 설치 및 크기 등의 기준에 적합할 것 **다. 다가구주택:** 다음의 요건을 모두 갖춘 주택으로서 공동주택에 해당하지 아니하는 것을 말한다. 　1) 주택으로 쓰는 층수(지하층은 제외한다.)가 3개 층 이하일 것. 다만, 1층의 전부 또는 일부를 필로티 구조로 하여 주차장으로 사용하고 나머지 부분을 주택(주거 목적으로 한정한다.) 외의 용도로 쓰는 경우에는 해당 층을 주택의 층수에서 제외한다. 　2) 1개 동의 주택으로 쓰이는 바닥면적의 합계가 660㎡ 이하일 것 　3) 19세대(대지 내 동별 세대수를 합한 세대를 말한다.) 이하가 거주할 수 있을 것 **라. 공관(公館)**
2. 공동주택	공동주택의 형태를 갖춘 가정어린이집·공동생활가정·지역아동센터·공동육아나눔터·작은도서관·노인복지시설(노인복지주택은 제외한다.) 및 「주택법 시행령」 제10조 제1항 제1호에 따른 원룸형 주택을 포함한다. 다만, 가목이나 나목에서 층수를 산정할 때 1층 전부를 필로티 구조로 하여 주차장으로 사용하는 경우에는 필로티 부분을 층수에서 제외하고, 다목에서 층수를 산정할 때 1층의 전부 또는 일부를 필로티 구조로 하여 주차장으로 사용하고 나머지 부분을 주택(주거 목적으로 한정한다.) 외의 용도로 쓰는 경우에는 해당 층을 주택의 층수에서 제외하며, 가목부터 라목까지의 규정에서 층수를 산정할 때 지하층을 주택의 층수에서 제외한다. **가. 아파트:** 주택으로 쓰는 층수가 5개 층 이상인 주택 **나. 연립주택:** 주택으로 쓰는 1개 동의 바닥면적(2개 이상의 동을 지하주차장으로 연결하는 경우에는 각각의 동으로 본다.) 합계가 660㎡를 초과하고, 층수가 4개 층 이하인 주택 **다. 다세대주택:** 주택으로 쓰는 1개 동의 바닥면적 합계가 660㎡ 이하이고, 층수가 4개 층 이하인 주택(2개 이상의 동을 지하주차장으로 연결하는 경우에는 각각의 동으로 본다.)

2. 공동주택	**라. 기숙사:** 다음의 어느 하나에 해당하는 건축물로서 공간의 구성과 규모 등에 관하여 국토교통부장관이 정하여 고시하는 기준에 적합한 것. 다만, 구분소유된 개별실(室)은 제외한다. 　1) 일반기숙사: 학교 또는 공장 등의 학생 또는 종업원 등을 위하여 사용하는 것으로서 해당 기숙사의 공동취사시설 이용 세대 수가 전체 세대 수(건축물의 일부를 기숙사로 사용하는 경우에는 기숙사로 사용하는 세대 수로 한다. 이하 같다)의 50퍼센트 이상인 것(「교육기본법」 제27조 제2항에 따른 학생복지주택을 포함한다) 　2) 임대형기숙사: 「공공주택 특별법」 제4조에 따른 공공주택사업자 또는 「민간임대주택에 관한 특별법」 제2조 제7호에 따른 임대사업자가 임대사업에 사용하는 것으로서 임대 목적으로 제공하는 실이 20실 이상이고 해당 기숙사의 공동취사시설 이용 세대 수가 전체 세대 수의 50퍼센트 이상인 것
3. 제1종 근린생활시설	가. 식품·잡화·의류·완구·서적·건축자재·의약품·의료기기 등 일용품을 판매하는 소매점으로서 같은 건축물(하나의 대지에 두 동 이상의 건축물이 있는 경우에는 이를 같은 건축물로 본다. 이하 같다.)에 해당 용도로 쓰는 바닥면적의 합계가 1,000㎡ 미만인 것 나. 휴게음식점, 제과점 등 음료·차(茶)·음식·빵·떡·과자 등을 조리하거나 제조하여 판매하는 시설(제4호 너목 또는 제17호에 해당하는 것은 제외한다.)로서 같은 건축물에 해당 용도로 쓰는 바닥면적의 합계가 300㎡ 미만인 것 다. 이용원, 미용원, 목욕장, 세탁소 등 사람의 위생관리나 의류 등을 세탁·수선하는 시설(세탁소의 경우 공장에 부설되는 것과 대기환경보전법, 물환경보전법 또는 소음·진동관리법에 따른 배출시설의 설치 허가 또는 신고의 대상인 것은 제외한다.) 라. 의원, 치과의원, 한의원, 침술원, 접골원(接骨院), 조산원, 안마원, 산후조리원 등 주민의 진료·치료 등을 위한 시설 마. 탁구장, 체육도장으로서 같은 건축물에 해당 용도로 쓰는 바닥면적의 합계가 500㎡ 미만인 것 바. 지역자치센터, 파출소, 지구대, 소방서, 우체국, 방송국, 보건소, 공공도서관, 건강보험공단 사무소 등 주민의 편의를 위하여 공공업무를 수행하는 시설로서 같은 건축물에 해당 용도로 쓰는 바닥면적의 합계가 1,000㎡ 미만인 것 사. 마을회관, 마을공동작업소, 마을공동구판장, 공중화장실, 대피소, 지역아동센터(단독주택과 공동주택에 해당하는 것은 제외한다.) 등 주민이 공동으로 이용하는 시설 아. 변전소, 도시가스배관시설, 통신용 시설(해당 용도로 쓰는 바닥면적의 합계가 1천제곱미터 미만인 것에 한정한다.), 정수장, 양수장 등 주민의 생활에 필요한 에너지공급·통신서비스제공이나 급수·배수와 관련된 시설 자. 금융업소, 사무소, 부동산중개사무소, 결혼상담소 등 소개업소, 출판사 등 일반업무시설로서 같은 건축물에 해당 용도로 쓰는 바닥면적의 합계가 30㎡ 미만인 것 차. 전기자동차 충전소(해당 용도로 쓰는 바닥면적의 합계가 1,000㎡ 미만인 것으로 한정한다.)
4. 제2종 근린생활시설	가. 공연장(극장, 영화관, 연예장, 음악당, 서커스장, 비디오물감상실, 비디오물소극장, 그 밖에 이와 비슷한 것을 말한다. 이하 같다.)으로서 같은 건축물에 해당 용도로 쓰는 바닥면적의 합계가 500㎡ 미만인 것 나. 종교집회장[교회, 성당, 사찰, 기도원, 수도원, 수녀원, 제실(祭室), 사당, 그 밖에 이와 비슷한 것을 말한다. 이하 같다.]으로서 같은 건축물에 해당 용도로 쓰는 바닥면적의 합계가 500㎡ 미만인 것

	다. 자동차영업소로서 같은 건축물에 해당 용도로 쓰는 바닥면적의 합계가 1,000㎡ 미만인 것
	라. 서점(제1종 근린생활시설에 해당하지 않는 것)
	마. 총포판매소
	바. 사진관, 표구점
	사. 청소년게임제공업소, 복합유통게임제공업소, 인터넷컴퓨터게임시설제공업소, 가상현실체험 제공업소, 그 밖에 이와 비슷한 게임 및 체험 관련 시설로서 같은 건축물에 해당 용도로 쓰는 바닥면적의 합계가 500㎡ 미만인 것
	아. 휴게음식점, 제과점 등 음료·차(茶)·음식·빵·떡·과자 등을 조리하거나 제조하여 판매하는 시설(너목 또는 제17호에 해당하는 것은 제외한다.)로서 같은 건축물에 해당 용도로 쓰는 바닥면적의 합계가 300㎡ 이상인 것
	자. 일반음식점
	차. 장의사, 동물병원, 동물미용실, 「동물보호법」 제32조 제1항 제6호에 따른 동물위탁관리업을 위한 시설, 그 밖에 이와 유사한 것
	카. 학원(자동차학원·무도학원 및 정보통신기술을 활용하여 원격으로 교습하는 것은 제외한다.), 교습소(자동차교습·무도교습 및 정보통신기술을 활용하여 원격으로 교습하는 것은 제외한다.), 직업훈련소(운전·정비 관련 직업훈련소는 제외한다.)로서 같은 건축물에 해당 용도로 쓰는 바닥면적의 합계가 500㎡ 미만인 것
	타. 독서실, 기원
4. 제2종 근린 생활시설	파. 테니스장, 체력단련장, 에어로빅장, 볼링장, 당구장, 실내낚시터, 골프연습장, 놀이형시설(관광진흥법에 따른 기타유원시설업의 시설을 말한다. 이하 같다.) 등 주민의 체육 활동을 위한 시설(제3호 마목의 시설은 제외한다.)로서 같은 건축물에 해당 용도로 쓰는 바닥면적의 합계가 500㎡ 미만인 것
	하. 금융업소, 사무소, 부동산중개사무소, 결혼상담소 등 소개업소, 출판사 등 일반업무시설로서 같은 건축물에 해당 용도로 쓰는 바닥면적의 합계가 500㎡ 미만인 것(제1종 근린생활시설에 해당하는 것은 제외한다.)
	거. 다중생활시설(다중이용업소의 안전관리에 관한 특별법에 따른 다중이용업 중 고시원업의 시설로서 국토교통부장관이 고시하는 기준과 그 기준에 위배되지 않는 범위에서 적정한 주거환경을 조성하기 위하여 건축조례로 정하는 실별 최소 면적, 창문의 설치 및 크기 등의 기준에 적합한 것을 말한다. 이하 같다.)로서 같은 건축물에 해당 용도로 쓰는 바닥면적의 합계가 500㎡ 미만인 것
	너. 제조업소, 수리점 등 물품의 제조·가공·수리 등을 위한 시설로서 같은 건축물에 해당 용도로 쓰는 바닥면적의 합계가 500㎡ 미만이고, 다음 요건 중 어느 하나에 해당하는 것 1) 「대기환경보전법」, 「물환경보전법」 또는 「소음·진동관리법」에 따른 배출시설의 설치 허가 또는 신고의 대상이 아닌 것 2) 「물환경보전법」 제33조 제1항 본문에 따라 폐수배출시설의 설치 허가를 받거나 신고해야 하는 시설로서 발생되는 폐수를 전량 위탁처리하는 것
	더. 단란주점으로서 같은 건축물에 해당 용도로 쓰는 바닥면적의 합계가 150㎡ 미만인 것
	러. 안마시술소, 노래연습장
5. 문화 및 집회시설	가. 공연장으로서 제2종 근린생활시설에 해당하지 아니하는 것
	나. 집회장[예식장, 공회당, 회의장, 마권(馬券) 장외 발매소, 마권 전화투표소, 그 밖에 이와 비슷한 것을 말한다.]으로서 제2종 근린생활시설에 해당하지 아니하는 것

5. 문화 및 집회시설	다. 관람장(경마장, 경륜장, 경정장, 자동차 경기장, 그 밖에 이와 비슷한 것과 체육관 및 운동장으로서 관람석의 바닥면적의 합계가 1,000㎡ 이상인 것을 말한다.) 라. 전시장(박물관, 미술관, 과학관, 문화관, 체험관, 기념관, 산업전시장, 박람회장, 그 밖에 이와 비슷한 것을 말한다.) 마. 동·식물원(동물원, 식물원, 수족관, 그 밖에 이와 비슷한 것을 말한다.)
6. 종교시설	가. 종교집회장으로서 제2종 근린생활시설에 해당하지 아니하는 것 나. 종교집회장(제2종 근린생활시설에 해당하지 아니하는 것을 말한다.)에 설치하는 봉안당(奉安堂)

7. 판매시설	가. 도매시장(농수산물유통 및 가격안정에 관한 법률에 따른 농수산물도매시장, 농수산물공판장, 그 밖에 이와 비슷한 것을 말하며, 그 안에 있는 근린생활시설을 포함한다.)
	 나. 소매시장(유통산업발전법 제2조 제3호에 따른 대규모 점포, 그 밖에 이와 비슷한 것을 말하며, 그 안에 있는 근린생활시설을 포함한다.)
	 다. 상점(그 안에 있는 근린생활시설을 포함한다.)으로서 다음의 요건 중 어느 하나에 해당하는 것
	   1) 제3호 가목에 해당하는 용도(시펌은 제외힌다.)로서 제1종 근린생활시설에 해당하지 아니하는 것
	   2) 「게임산업진흥에 관한 법률」 제2조 제6호의2 가목에 따른 청소년게임제공업의 시설, 같은 호 나목에 따른 일반게임제공업의 시설, 같은 조 제7호에 따른 인터넷컴퓨터게임시설제공업의 시설 및 같은 조 제8호에 따른 복합유통게임제공업의 시설로서 제2종 근린생활시설에 해당하지 아니하는 것

8. 운수시설	가. 여객자동차터미널 나. 철도시설 다. 공항시설 라. 항만시설 마. 그 밖에 가목부터 라목까지의 규정에 따른 시설과 비슷한 시설
9. 의료시설	가. 병원(종합병원, 병원, 치과병원, 한방병원, 정신병원 및 요양병원을 말한다.) 나. 격리병원(전염병원, 마약진료소, 그 밖에 이와 비슷한 것을 말한다.)
10. 교육연구 시설	(제2종 근린생활시설에 해당하는 것은 제외한다.) 가. 학교(유치원, 초등학교, 중학교, 고등학교, 전문대학, 대학, 대학교, 그 밖에 이에 준하는 각종 학교를 말한다.) 나. 교육원(연수원, 그 밖에 이와 비슷한 것을 포함한다.) 다. 직업훈련소(운전 및 정비 관련 직업훈련소는 제외한다.) 라. 학원(자동차학원·무도학원 및 정보통신기술을 활용하여 원격으로 교습하는 것은 제외한다.), 교습소(자동차교습·무도교습 및 정보통신기술을 활용하여 원격으로 교습하는 것은 제외한다.) 마. 연구소(연구소에 준하는 시험소와 계측계량소를 포함한다.) 바. 도서관
11. 노유자 시설	가. 아동 관련 시설(어린이집, 아동복지시설, 그 밖에 이와 비슷한 것으로서 단독주택, 공동주택 및 제1종 근린생활시설에 해당하지 아니하는 것을 말한다.) 나. 노인복지시설(단독주택과 공동주택에 해당하지 아니하는 것을 말한다.) 다. 그 밖에 다른 용도로 분류되지 아니한 사회복지시설 및 근로복지시설

12. 수련시설	가. 생활권 수련시설(청소년활동진흥법에 따른 청소년수련관, 청소년문화의집, 청소년특화시설, 그 밖에 이와 비슷한 것을 말한다.) 나. 자연권 수련시설(청소년활동진흥법에 따른 청소년수련원, 청소년야영장, 그 밖에 이와 비슷한 것을 말한다.) 다. 「청소년활동진흥법」에 따른 유스호스텔 라. 「관광진흥법」에 따른 야영장 시설로서 제29호에 해당하지 아니하는 시설
13. 운동시설	가. 탁구장, 체육도장, 테니스장, 체력단련장, 에어로빅장, 볼링장, 당구장, 실내낚시터, 골프연습장, 놀이형시설, 그 밖에 이와 비슷한 것으로서 제1종 근린생활시설 및 제2종 근린생활시설에 해당하지 아니하는 것 나. 체육관으로서 관람석이 없거나 관람석의 바닥면적이 1,000㎡ 미만인 것 다. 운동장(육상장, 구기장, 볼링장, 수영장, 스케이트장, 롤러스케이트장, 승마장, 사격장, 궁도장, 골프장 등과 이에 딸린 건축물을 말한다.)으로서 관람석이 없거나 관람석의 바닥면적이 1,000㎡ 미만인 것

14. 업무시설	가. 공공업무시설: 국가 또는 지방자치단체의 청사와 외국공관의 건축물로서 제1종 근린생활시설에 해당하지 아니하는 것
	나. 일반업무시설: 다음 요건을 갖춘 업무시설을 말한다.
	  1) 금융업소, 사무소, 결혼상담소 등 소개업소, 출판사, 신문사, 그 밖에 이와 비슷한 것으로서 제1종 근린생활시설 및 제2종 근린생활시설에 해당하지 않는 것
	  2) 오피스텔(업무를 주로 하며, 분양하거나 임대하는 구획 중 일부 구획에서 숙식을 할 수 있도록 한 건축물로서 국토교통부장관이 고시하는 기준에 적합한 것을 말한다.)

15. 숙박시설	가. 일반숙박시설 및 생활숙박시설(공중위생관리법 제3조 제1항 전단에 따라 숙박업 신고를 해야 하는 시설로서 국토교통부장관이 정하여 고시하는 요건을 갖춘 시설을 말한다.) 나. 관광숙박시설(관광호텔, 수상관광호텔, 한국전통호텔, 가족호텔, 호스텔, 소형호텔, 의료관광호텔 및 휴양 콘도미니엄) 다. 다중생활시설(제2종 근린생활시설에 해당하지 아니하는 것을 말한다.) 라. 그 밖에 가목부터 다목까지의 시설과 비슷한 것
16. 위락시설	가. 단란주점으로서 제2종 근린생활시설에 해당하지 아니하는 것 나. 유흥주점이나 그 밖에 이와 비슷한 것 다. 「관광진흥법」에 따른 유원시설업의 시설, 그 밖에 이와 비슷한 시설(제2종 근린생활시설과 운동시설에 해당하는 것은 제외한다.) 라. 삭제(2010. 2. 18.) 마. 무도장, 무도학원 바. 카지노영업소
17. 공장	물품의 제조·가공[염색·도장(塗裝)·표백·재봉·건조·인쇄 등을 포함한다.] 또는 수리에 계속적으로 이용되는 건축물로서 제1종 근린생활시설, 제2종 근린생활시설, 위험물 저장 및 처리시설, 자동차 관련 시설, 자원순환 관련 시설 등으로 따로 분류되지 아니한 것
18. 창고시설	(위험물 저장 및 처리 시설 또는 그 부속용도에 해당하는 것은 제외한다.) 가. 창고(물품저장시설로서 물류정책기본법에 따른 일반창고와 냉장 및 냉동 창고를 포함한다.) 나. 하역장 다. 「물류시설의 개발 및 운영에 관한 법률」에 따른 물류터미널 라. 집배송 시설

19. 위험물 저장 및 처리 시설	「위험물안전관리법」, 「석유 및 석유대체연료 사업법」, 「도시가스사업법」, 「고압가스 안전관리법」, 「액화석유가스의 안전관리 및 사업법」, 「총포·도검·화약류 등 단속법」, 「화학물질 관리법」 등에 따라 설치 또는 영업의 허가를 받아야 하는 건축물로서 다음 각 목의 어느 하나에 해당하는 것. 다만, 자가난방, 자가발전, 그 밖에 이와 비슷한 목적으로 쓰는 저장시설은 제외한다. 가. 주유소(기계식 세차설비를 포함한다.) 및 석유 판매소 나. 액화석유가스 충전소·판매소·저장소(기계식 세차설비를 포함한다.) 다. 위험물 제조소·저장소·취급소 라. 액화가스 취급소·판매소 마. 유독물 보관·저장·판매시설 바. 고압가스 충전소·판매소·저장소 사. 도료류 판매소 아. 도시가스 제조시설 자. 화약류 저장소 차. 그 밖에 가목부터 자목까지의 시설과 비슷한 것
20. 자동차 관련 시설	(건설기계 관련 시설을 포함한다.) 가. 주차장 나. 세차장 다. 폐차장 라. 검사장 마. 매매장 바. 정비공장 사. 운전학원 및 정비학원(운전 및 정비 관련 직업훈련시설을 포함한다.) 아. 「여객자동차 운수사업법」, 「화물자동차 운수사업법」 및 「건설기계관리법」에 따른 차고 및 주기장(駐機場) 자. 전기자동차 충전소로서 제1종 근린생활시설에 해당하지 않는 것
21. 동물 및 식물 관련 시설	가. 축사(양잠·양봉·양어·양돈·양계·곤충사육 시설 및 부화장 등을 포함한다.) 나. 가축시설[가축용 운동시설, 인공수정센터, 관리사(管理舍), 가축용 창고, 가축시장, 동물검역소, 실험동물 사육시설, 그 밖에 이와 비슷한 것을 말한다.] 다. 도축장 라. 도계장 마. 작물 재배사 바. 종묘배양시설 사. 화초 및 분재 등의 온실 아. 동물 또는 식물과 관련된 가목부터 사목까지의 시설과 비슷한 것(동·식물원은 제외한다.)
22. 자원순환 관련 시설	가. 하수 등 처리시설 나. 고물상 다. 폐기물재활용시설 라. 폐기물처분시설 마. 폐기물감량화시설

23. 교정 및 군사 시설	(제1종 근린생활시설에 해당하는 것은 제외한다.) 가. 교정시설(보호감호소, 구치소 및 교도소를 말한다.) 나. 갱생보호시설, 그 밖에 범죄자의 갱생·보육·교육·보건 등의 용도로 쓰는 시설 다. 소년원 및 소년분류심사원 라. 국방·군사시설
24. 방송통신 시설	(제1종 근린생활시설에 해당하는 것은 제외한다.) 가. 방송국(방송프로그램 제작시설 및 송신·수신·중계시설을 포함한다.) 나. 전신전화국 다. 촬영소 라. 통신용 시설 마. 데이터센터 바. 그 밖에 가목부터 마목까지의 시설과 비슷한 것
25. 발전시설	발전소(집단에너지 공급시설을 포함한다.)로 사용되는 건축물로서 제1종 근린생활시설에 해당하지 아니하는 것
26. 묘지 관련 시설	가. 화장시설 나. 봉안당(종교시설에 해당하는 것은 제외한다.) 다. 묘지와 자연장지에 부수되는 건축물 라. 동물화장시설, 동물건조장(乾燥葬)시설 및 동물 전용의 납골시설
27. 관광 휴게시설	가. 야외음악당 나. 야외극장 다. 어린이회관 라. 관망탑 마. 휴게소 바. 공원·유원지 또는 관광지에 부수되는 시설 라. 관망탑 마. 휴게소 바. 공원·유원지 또는 관광지에 부수되는 시설
28. 장례시설	가. 장례식장[의료시설의 부수시설(의료법 제36조 제1호에 따른 의료기관의 종류에 따른 시설을 말한다.)에 해당하는 것은 제외한다.] 나. 동물 전용의 장례식장
29. 야영장 시설	「관광진흥법」에 따른 야영장 시설로서 관리동, 화장실, 샤워실, 대피소, 취사시설 등의 용도로 쓰는 바닥면적의 합계가 300㎡ 미만인 것

비고
1. 제3호 및 제4호에서 '해당 용도로 쓰는 바닥면적'이란 부설 주차장 면적을 제외한 실(實) 사용면적에 공용부분 면적(복도, 계단, 화장실 등의 면적을 말한다.)을 비례 배분한 면적을 합한 면적을 말한다.
2. 비고 제1호에 따라 '해당 용도로 쓰는 바닥면적'을 산정할 때 건축물의 내부를 여러 개의 부분으로 구분하여 독립한 건축물로 사용하는 경우에는 그 구분된 면적 단위로 바닥면적을 산정한다. 다만, 다음 각 목에 해당하는 경우에는 각 목에서 정한 기준에 따른다.
   가. 제4호 더목에 해당하는 건축물의 경우에는 내부가 여러 개의 부분으로 구분되어 있더라도 해당 용도로 쓰는 바닥면적을 모두 합산하여 산정한다.

나. 동일인이 둘 이상의 구분된 건축물을 같은 세부 용도로 사용하는 경우에는 연접되어 있지 않더라도 이를 모두 합산하여 산정한다.

다. 구분 소유자(임차인을 포함한다.)가 다른 경우에도 구분된 건축물을 같은 세부 용도로 연계하여 함께 사용하는 경우(통로, 창고 등을 공동으로 활용하는 경우 또는 명칭의 일부를 동일하게 사용하여 홍보하거나 관리하는 경우 등을 말한다.)에는 연접되어 있지 않더라도 연계하여 함께 사용하는 바닥면적을 모두 합산하여 산정한다.

3. 「청소년 보호법」 제2조 제5호 가목 8) 및 9)에 따라 여성가족부장관이 고시하는 청소년 출입·고용금지업의 영업을 위한 시설은 제1종 근린생활시설 및 제2종 근린생활시설에서 제외하되, 위 표에 따른 다른 용도의 시설로 분류되지 않는 경우에는 제16호에 따른 위락시설로 분류한다.

4. 국토교통부장관은 [별표1] 각 호의 용도별 건축물의 종류에 관한 구체적인 범위를 정하여 고시할 수 있다.

건축허가의 진입로

건축허가에서 진입로는 '그 건축물 이용자의 편의와 긴급 시 피난차량의 통행로 확보'를 목적으로 허가신청자에게 부여된 의무이다.

대지의 접도의무는 1934년 「조선시가지계획령」에서부터 규정되어 있고, 1962년 1월 20일 「건축법」이 제정되면서 소방도로의 필요성과 그 이후 자동차 통행량의 증가로 진입로 규정이 조금씩 강화되고 있다.

건축허가에서 '도로'란 「건축법」 제44조의 접도의무(대지와 도로의 관계)를 충족하기 위한 진입로를 말하는 것으로, 「건축법」 제2조 1항 11호에 정의하고 있고, 제45조에 따라 만들어지고 있다.

그런데 건축법 도로가 아닌 현황도로로 허가될 수 있는 경우란 ① 제44조 1항 단서 1호의 '해당 건축물의 출입에 지장이 없다고 (허가권자가) 인정하는 경우(대법원 98두18299)'와 ② 단서 2호의 주변에 (영구적으로 건축물을 지을 수 없는) 공지가 있는 경우이다.

또한 제45조 1항 단서 2호에 의하여 '주민이 오랫동안 통행로 이용하고 있는 사실상의 통로로서 해당 지방자치단체의 조례로 정하는 것인 경우'에는 이해관계인의 동의 없이 건축위원회의 심의를 거쳐 건축법 도로로 지정할 수 있다. 이 규정에 따라 허가권자가 건축법 도로가 아닌 현황도로(사실상 도로, 관습상 도로 등)를 건축허가의 진입로로 인정하려면 소유자의 배타적사용권의 제한 여부를 판단하기 위해서 토지소유자의 소유권 보장과 공공의 이익을 비교교량하여야 한다(대법원 2016다264556 전원합의체 판결).

건축법 제2조(정의)

① 이 법에서 사용하는 용어의 뜻은 다음과 같다.

11. '도로'란 보행과 자동차 통행이 가능한 너비 4m 이상의 도로(지형적으로 자동차 통행이 불가능한 경우와 막다른 도로의 경우에는 대통령령으로 정하는 구조와 너비의 도로)로서 다음 각 목의 어느 하나에 해당하는 도로나 그 예정도로를 말한다.

　가. 「국토의 계획 및 이용에 관한 법률」, 「도로법」, 「사도법」, 그 밖의 관계 법령에 따라 신설 또는 변경에 관한 고시가 된 도로

　나. 건축허가 또는 신고 시에 특별시장·광역시장·특별자치시장·도지사·특별자치도지사 또는 시장·군수·(자치)구청장이 위치를 지정하여 공고한 도로

건축법 제44조(대지와 도로의 관계)

① 건축물의 대지는 2m 이상이 도로(자동차만의 통행에 사용되는 도로는 제외한다.)에 접하여야 한다. 다만, 다음 각 호의 어느 하나에 해당하면 그러하지 아니하다(개정 2016. 1. 19.).

　1. 해당 건축물의 출입에 지장이 없다고 인정되는 경우

　2. 건축물의 주변에 대통령령으로 정하는 공지가 있는 경우

건축법 제45조(도로의 지정·폐지 또는 변경)

① 허가권자는 제2조 제1항 제11호 나목에 따라 도로의 위치를 지정·공고하려면 국토교통부령으로 정하는 바에 따라 그 도로에 대한 이해관계인의 동의를 받아야 한다. 다만, 다음 각 호의 어느 하나에 해당하면 이해관계인의 동의를 받지 아니하고 건축위원회의 심의를 거쳐 도로를 지정할 수 있다(개정 2013. 3. 23.).

　1. 허가권자가 이해관계인이 해외에 거주하는 등의 사유로 이해관계인의 동의를 받기가 곤란하다고 인정하는 경우

　2. 주민이 오랫동안 통행로로 이용하고 있는 사실상의 통로로서 해당 지방자치단체의 조례로 정하는 것인 경우

'건축법 도로의 종류'는 「건축법」 제2조 1항 11호에 규정되어 있는데 가목의 「국토계획법」 「도로법」 「사도법」 그 밖의 관계법령에 의하여 신설·고시된 법정도로는 소유자가 국가 또는 지자체(사도법의 도로는 예외)로서 공도(公道) 또는 공로(公路)임이 명백하다.

그리고 나목의 도로는 허가권자가 건축허가(신고) 때마다 그 건축물의 진입로를 건축법 도로로 지정하여 개별적으로 도로관리대장을 만드는데 이 도로관리대장은 1981년 10월 8일부터 생겼기 때문에 그 이전의 건축허가에서는 건축법 도로로 지정하였지만 그 근거가 없고, 그 이후에 지정된 도로라도 문서보관 연한이 지났다는 등의 이유로 정보가 부존재하여 확인할 수 없는 경우가 많다.

그리고 '예정도로'란 대지가 건축법 도로에 접도하지 않아 새로 진입로를 확보하기 위해 현황도로 소유자로부터 사용승낙을 받거나, 개발행위허가(형질변경)로 새로 진입로를 만들기 위하여 토지소유자로부터 사용승낙을 받는 것을 말한다.

반면 1975년 12월 31일 이전에 이미 주민들이 사용하고 있는 너비 4m 이상의 사실상 도로는 건축법 도로 지정이 없었어도 건축법 도로(공로)로 본다(대법원 2011두27322).

또한 개발행위허가의 기반시설인 도로의 개설기준은 「건축법」에 맞게'라고 규정되어 있지만, 목적사업의 진입로를 개발행위허가(형질변경)로 개설하는 경우에는 「건축법」 기준과 다를 수 있다.

그리고 주민이 오랫동안 통행로로 이용하고 있는 사실상의 통로는 해당 지방자치단체의 건축조례에 정한 것에 한하여 건축위원회의 심의를 통하여 소유자의 동의 없이 허가권자가 건축법 도로로 지정할 수 있다(건축법 제45조 1항 단서 2호).

그런데 건축법 도로로 지정되지 못한 수많은 현황도로 중에서 마을간 연결도로는 농어촌도로이거나 관습상 도로로 추정하여 소유자의 동의를 요구하지 않으나, 건축물의 진입로라도 건축허가에서 도로(건축물의 진입로)로 지정하지 않았다면, 법원은 지자체장에게 공익과 사익을 비교교량하여 종합적으로 판단하라고 하였는데, 국가 및 지자체는 이런 현황도로의 배타적사용권의 포기 또는 제한에 대한 판단이 어렵다는 이유로 사실상 방치하고 있다. 이에 이웃 주민들 간의 분쟁은 물론 수도권 및 대도시에서 지방 또는 농촌으로 귀농어업하려는 사람들에게 불편을 주어 전국 균형발전의 걸림돌이 되고 있다.

그리고 비도시지역에서 200㎡ 미만이고 2층 이하인 건축물의 경우 2006년 5월 8일까지 건축신고 없이 (농지)전용만으로 건축할 수 있었으므로 그 진입로 상황이 현행법 기준에 못 미친 곳이 많다. 또한 용도지역이 상향된 곳과 대지를 새롭게 만들어 건축을 하는 경우 도시계획조례로 건축법 도로의 확보를 요구하고 있어 국민의 고통이 의외로 크다.

| 건축법 도로의 종류 |

기존·예정 도로			판단기준: 실제 현황(現況)으로 판단	
건축법 도로	법정 도로	국토계획법	(기반시설)도시계획시설결정·개발행위가·공공시설	
		도로법	국도·지방도·시군구도의 점용·연결허가	
		사도법	농어촌도로법의 도로(설계)기준 및 연결기준으로 완화	
		기타관계법	농어촌도로 등 도로법 도로로 고시하지 않음(의제처리 포함)	
	지정 도로	지정·공고	위시시킹은 허가긴지 의무, 고교는 시군구 게시판에	
		대장 유무	도로관리대장	(1999. 2. 8.) 현행 도로관리대장 양식
			도로대장 유	(1981. 10. 8. 의무) → (1994. 7. 21. 법정 양식신설)
			도로대장 무	지정시 누락 / 지정제외 지역·시기
		건축법부칙	(1975. 12. 31.)	4m 이상 모두 지정도로로 본다.(대법원)
			(1992. 6. 1.)	4m 미만 지정근거 필요
		개발행위가의 기반시설	'건축법에 맞게'- 사전 '형질변경 대상'	
		조례지정	건축위원회 심의 통과	소유자불명, 공익>사익 (배타적수익권)
현황 도로	미지정 도로	마을간 연결 도로	부동의 관습상 도로 추정(조례)	
		기타 건축물 있는 도로	도시계획조례로 재량적 판단(공익>사익)	
		사후신고건축물(~2006. 5. 8.)	비도시 200㎡, 2층 이하	용도지역상향

건축물 진입로인 공도 찾기

건축허가(신고)를 받을 때의 첫 번째 조건이 건축물 진입로의 확보인데, 내 대지가 공도에 접해 있다면 사용승낙 없이 건축허가를 받을 수 있으므로 공도 또는 공로 여부의 판단이 중요하다.

공도란 지적도 및 토지대장의 지목이 도로인 것을 말하는 것이 아니다. 지목이 도로라도 건축법 도로로 지정되지 않았으면 배타적사용권이 제한되었다고 단정하기 어려워서 대부분의 지자체는 사용승낙이 필요하다고 해석한다(『건축행정길라잡이』 45쪽 참조).

도시지역의 달동네, 녹지지역 또는 비도시지역에서 1970~1980년대 새마을사업 등으로 개설된 사실상 도로가 사유이면 배타적사용권의 포기 또는 제한된 곳일 텐데 그 근거가 없는 곳이 의외로 많다.

현재 국토교통부와 대부분의 지자체는 수십 년 된 사유인 마을길의 배타적사용권의 제한 여부 즉 사용승낙 여부에 대한 판단을 소극적으로 하면서 그 진입로 확보 책임을 수용권도 없는 일개 허가신청자에게 떠밀고 있는 실정이다.

예를 들어 2차선 도시계획시설 도로로부터 골목길로 이어지는 도시지역이나, 농어촌도로로부터 마을길 또는 농로로 이어지는 비도시지역이나 그 현황도로가 사유(私有)인 경우 그 소유자의 사용승낙이 필요한지 여부는 허가권자가 판단하기 쉽지 않다. 왜냐하면 지자체도 공법(건축법, 국토계획법, 산지관리법, 지적법 등)과 사법(민법 및 대법원 판례, 법제처 유권해석)을 종합적으로 이해하지 않으면 판단이 어렵기 때문이다.

공도를 찾는 순서는 현황도로가 있다면 그 지번을 확인하여 토지이용계획확인서를 보아야 한다. 2009년 8월 13일부터 건축법 지정도로는 토지이용계획확인서에 기재하도록 되어 있다. 그리고 그 이전에 지정된 곳은 건축허가(신고) 때마다 만들어지는 도로관리대장이 있으므로 건축과에 확인하면 된다.

다만 도로관리대장에 없는 현황도로는 임장활동을 통하여 그 도로가 언제 어떻게 개설되었는지 확인해야 한다. 만약 택지분양을 하면서 개설된 진입로는 배타적사용권이 제한되었다는 대법원 판례가 많고(대법원 2016다264556 등), 허가권자가 사유인 현황도로의 배타적사용권이 포기 또는 제한되었다는 것을 명확하게 밝히는 것을 제외하고는 소유자와 이용자간에 다툼이 있을 수 있다.

예를 들어 지자체 건설과 등에서 오래전부터 마을자조사업으로 마을길을 포장하면서 마을대표자가 토지소유자로부터 사용승낙을 받았거나, 상하수도과에서 상하수도관로를 매설하면서 그 토지소유자로부터 사용승낙을 받았거나, 지적법에 의하여 도로목적으로 분할하여 지목을 도로로 변경하였을 때는 그 현황도로가 공도일 가능성이 높은데도, 당시 법령이 미비하여, 또는 사용승낙 서류가 보관되지 않았거나 개설된 지 오래되어 근거서류가 없거나 또는 오래 전에는 그런 근거가 건축과로 모여지지 않았기 때문에 건축과에서는 사용승낙이 필요하다고 소극행정을 할 수밖에 없다.

그러므로 이럴 때에는 각 실과에 당시 관련서류를 정보공개 요청하여 근거를 찾아야 할 때도 있고, 마을이장 또는 건축사, 토목측량설계무실 등 전문가의 도움을 받아 현황도로의 배타적사용권의 포기 또는 제한 여부를 입증하기 위한 근거를 찾아야 한다.

허가권자의 배타적사용권 제한에 대한 판단은 건축허가(신고)를 신청하기 전에는 건축과에서도 쉽게 알아볼 수 없으나, 「민원처리법」에 의하여 서면으로 질의하는 방법 또는 사전심사를 신청하면 알아볼 수 있다.

그리고 허가를 신청하면 허가, 보완 또는 불허(반려)처분이 있다. 보완사항에 사용승낙을 요구하면 현황도로 소유자로부터 동의서를 받아서 제출해야 할 경우도 있고, 1976년 1월 31일 이전의 너비 4m 이상의 도로

이면 그 근거를 제출하면 된다.

또한 주민이 오랫동안 사실상 통로로 이용해온 현황도로는 건축법 제45조 1항 2호의 건축조례에 따라 건축법 도로로 지정해달라고 요청할 수 있다.

그리고 허가를 불허 또는 반려하면 60일 이내에 이의신청할 수 있고, 이와 별개로 90일 이내에 행정심판, 행정소송을 할 수 있으므로 법률전문가와 상담하여야 할 것이다.

또한 「민원처리법」에 의하여 지자체 감사부서에 고충민원을 신청하거나 국민권익위에 고충민원을 낼 수 있다.

그리고 보행 및 자동차 통행이 가능했던 통로 또는 마을길을 소유자가 막았다면 형법의 일반교통방해죄에 해당되는지 법률전문가(변호사)와 상담해볼 필요도 있다.

| 공도(公道)[1] 찾는 순서(2022. 4. 11.) | |

구분			실제 현황으로 판단[2]		
1단계 물건조사 (평가)	(1) 대지확인 (진입로)	① 공부확인	토지이용계획	건축법 도로 등재(2009. 8. 13)	
			도로대장	도로관리대장 확인(1999. 5. 9.)	
			토지대장(1976. 2. 1.)	인근 건축물·대장 확인	
		② 임장확인	㉠ 중개사 의견	㉡ 현지(이웃)주민 소문(정지·포장)	
		③ 현황도로 개설경위[3]	㉠ 공공개발	㉡ 지자체포장	㉢ 장기미집행
			㉣ 마을길·농로	㉤ 지정누락	㉥ 통행자유권
2단계 가치분석 (컨설팅)	(2) 문제발견 및 해결	① 통행권 확인	사실상 도로 현황파악(*택지분양, 분할·양도)		
			㉠ 막다른 도로 ㉡ 마을간 연결 ㉢ 지목만 도로		
		② 전문가 확인	㉠ (형질변경·경계측량)개발행위허가 용역업체		
			㉡ 공공개발(포장), 농어촌도로 지정 확인 등		
			[컨설팅] ① 법조문 ② 행정부유권해석 ③ 판례		
3단계 허가(신고) 신청 전	(3) 추가조사	① 정보공개	건축허가서(옆 포함)의 현장조사서(건물배치도)		
	(4) 대면상담	건축허가 담당 등	지정도로 → (44조)접도 예외 → (45조)조례도로 등		
			현황도로 시청의견(1999. 5. 9.-1994. 7. 21.-1981. 10. 8) * 지자체 건축조례 도로지정 가능성 검토		
	(5) 서면질의	① 허가권자	의견서 첨부(보고서 수준)·복합민원팀 질의		
		② 국토부	질의회신집(해설집) 및 기존질의 첨부		
		③ 법제처	행정부 질의회신 및 유권해석(판례 등) 첨부		
	(6) 사전심사		민원처리법 제30조(사전심사), 건축법 제10조(사전결정) 토지인허가간소화법 제9조(사전심의)		
4단계 허가(신고) 신청 후	(7) 보완[4]	① 현황도로 사용승낙[5]	접도의무예외	(농업)기반시설	(법정)지역권
			국(공)유지 협의 등 조건에 미달된 경우[6]		
			개발행위허가기준 미달인 경우(기존도로 대체)		
		② 지정요청	조례 지정기준에 충족/미달하는 경우[7]		
			장기미집행	(사후신고)2006. 5. 8.	용도지역상향
		③ 사전컨설팅	상급기관 사전컨설팅 신청	행정기본법	
	(8) 불허, 반려	① 이의신청	처분 받은 날부터 30일 이내(시행 2023. 3. 24.)		
		② 행정심판	90일 이내(www.simpan.go.kr)		
		③ 행정소송[8]	90일 이내(서울행정법원 홈페이지 참조)		
		④ 기타	고충민원(국민권익위원회 홈페이지 참조)		
통행방해	도로훼손		형법 제185조(일반교통방해죄)	통행방해금지(가처분)	

1) 허가권자는 「건축법」의 도로로 위치를 지정·공고하려면 이해관계인의 동의를 받아서, 도로관리대장을 작성하여야
   한다. 지정한 도로를 폐지하는 경우도 같다(건축법 제45조).
2) 판단기준: ① 사용승낙, ② 유일한(접도·긴급차량통행), ③ 배타적사용권 제한(공익>사익)
3) 도시계획조례와 허가권자의 종합적 판단 권한(재량): 대법원 전원합의체 판결 등
4) (세움터) 반드시 문서로 법률적 근거 제시 요청할 것(관련실과 협의내용 전부공개 요청)
5) 「민법」 211조(소유자는 법률의 범위 내에서 그 소유물을 사용, 수익, 처분할 권리가 있다.)
6) 국공유지 매수신청/대부계약(사용허가)/사용승낙 여부 판단, 주위토지통행권 판례 활용(94다14193)
7) 지자체 건축조례/도시계획조례에 따라 다름(공공성·공익성 등 배타적사용수익권 포기)
8) 형질변경(개발행위허가 및 전용)을 수반한 건축허가(신고)는 재량행위이고(대법원 2004두6181), 허가권자의 일탈·
   남용의 증명책임은 허가신청자에게 있다(대법원 2015두41579).

건축법 및 건축 관련법 연혁 이해하기

건축허가에서 알아야 할 특징적인 내용은「건축법」의 연혁을 보면 알 수 있다.

(1) 「건축법」이 1962년 1월 20일 제정되면서, 도시계획구역 내의 모든 건축물, 도시계획구역 외에는 일정 규모 이상의 건축물 및 학교, 병원 등 특수건축물에 관하여 그 대지, 구조, 설비의 기준과 용도 등의 허가기준을 규정하여, 건축물의 건축, 대수선 및 주요 변경은 시장 또는 군수의 허가를 받도록 하였다.

(2) 1992년 6월 1일부터 연면적 85㎡ 이하인 단독주택은 건축신고로 가능하고, 읍·면지역의 100㎡ 이하의 주택, 200㎡ 이하의 축사·창고도 건축신고로 가능하였다(영 제11조).

(3) 1996년 1월 6일 전에는 건축허가를 신청할 때 건축물의 구조·설비등 기술적인 사항까지 표시된 설계도서를 제출하도록 하였었다. 그러나 이후에는 건축물의 입지·용도·규모 등에 관한 기본설계도면만을 검토한 후 허가하도록 하고, 기술적인 사항은 당해 건축물을 설계한 건축사가 확인하여 착공신고 시에 제출하도록 하였다.

(4) 건축허가에서 지하층 설치의무는 폐지되었다(1999. 5. 9.).

(5) 2006년 5월 9일 이후 비도시지역에 있었던 사후신고 건축물이 없어지면서 모든 건축물이 신고대상이 되었다.

(6) 1992년 6월 1일 대형고층건축물을 건축하기 위한 건축계획의 구체적인 사항에 대하여 미리 '사전결정'을 신청하는 제도가 생겼는데, 2006년 5월 9일 이후에는 대형고층건축물이 아니어도 대지구입, 건축설계 착수 전에 '해당 대지에 건축하는 것이「건축법」및 다른 법령에 의하여 허용되는지 여부'에 대하여 사전결정을 받을 수 있게 되었

다(법 제10조).

(7) 건축공사는 건축허가 후 1년 이내에 착수하지 않으면 허가가 취소되지만 정당한 사유가 있다고 인정되면 1년을 연장할 수 있다. 2017년 7월 8일 모든 건축물의 공사착수기간이 2년으로 연장되었고, 정당한 사유가 있으면 1년 연장될 수 있다(법 제11조 7항 11호). 다만 「산업집적법」의 공장은 3년 이내로 연장되었다(2014. 1. 14.). 그리고 건축신고는 신고일로부터 1년 이내에 공사에 착수하지 않으면 신고의 효력이 없어진다. 다만 건축주의 요청에 따라 허가권자가 정당한 사유가 있다고 인정하면 1년의 범위에서 착수기한을 연장할 수 있다(법 제14조 5항).

(8) 경매 등으로 대지의 소유권을 잃은 경우에도 기존의 건축허가를 빌미로 새로운 건축허가 신청을 방해하는 등의 분쟁을 줄이기 위하여, 착공신고 전 경매 등으로 대지 소유권을 잃은 6개월 후에 공사의 착수가 불가능하다고 판단되면 허가권자는 기존 허가를 취소하도록 하였다(법 제11조 7항 3호, 2017. 7. 18.).

(9) 건축주가 직접 공사할 수 있는 건축면적은 주거용은 661㎡ 이하, 비주거용은 495㎡ 이하였으나, 2018년 6월 27일부터는 연면적 200㎡ 초과하는 건축물(농·축산업용 건축물을 제외한 공동주택 및 다중·다가구주택, 다중이용시설은 모두)은 건축주가 직접 건축할 수 없고 건설사업자가 건축하여야 한다(건설산업기본법 제41조 1항).

(10) 감리업무를 통한 건축물의 안전을 강화하기 위하여 건축주는 설계에 참여한 건축사를 감리자로 지정할 수 없고(법 제25조 2항), 연면적 200㎡ 초과하는 건축물[단독주택(영 [별표1] 1호 가목)과 농·축산업용 건축물 제외]과 다중·다가구·공동주택(복합건물 포함), 다중이용시설은 허가권자가 감리자를 지정하여야 한다. 세부사항은 '건축공사 감리세부기준(국토교통부고시 제2020-1011호)'을 참조하자.

(11) 불법건축행위에 대해서는 건축물의 안전·기능·미관 등을 확보하고 개인의 생명·재산을 지키기 위하여 다음 제재를 받을 수 있다.

> 1. 고발조치(법 제108조, 제110조)
> 2. 위반건축물에 대한 시정명령 및 영업제한 요청
> 3. 허가취소 및 공사중지 명령(법 제79조)
> 4. 이행강제금 부과(법 제80조)
> 5. 행정대집행(법 제85조)
> 6. '위반건축물'(건축물대장의 기재 및 관리 등에 관한 규칙 제8조)

(12) 건축위원회의 심의 결과는 2년간 유효하되(2011. 12. 1.), 심의결과에 이의가 있으면 재심의를 신청하고, 그 회의록은 원칙적으로 공개하도록 하였다(2014. 5. 28.).

(13) 대규모 지진 피해가 세계적으로 빈번함에 따라 지방자치단체장은 구조 안전 확인 대상 건축물에 내진성능 확보여부를 확인하여야 하고(2011. 9. 16.), 건축설계 기준에 내진등급(耐震等級)을 설정하였다(2014. 1. 17.). 2016년 7월 20일부터는 16층 이상인 건축물과 바닥면적이 5,000㎡ 이상인 건축물을 내진등급을 일반에 공개하도록 하였는데(법 제48조의3), 2016년 9월 12일 경주 지진으로 소규모 저층 건축물의 피해가 집중되어 내진설계 의무대상을 2층 이상 200㎡ 이상의 건축물로 확대하였고(2018. 6. 27.), 건축물대장에 내진등급을 표시하며, 공인중개사는 내진등급을 확인할 의무가 있다.

| 내진설계 의무 대상 확대 연혁 |

(14) 건축물대장의 등기촉탁은 지번·행정구역의 변경만 시장·군수·구청장이 의뢰하였던 것을, 건축물의 면적·구조·용도 등 표시 변경사항과 철거·멸실도 촉탁등기에 포함되었고(2003. 8. 29.), 건축물대장의 모든 기재사항의 변경 후 허가권자가 의무적으로 등기소에 등기를 촉탁하도록 하였다(2017. 7. 18., 법 제39조 1항).

(15) 건축협정 제도란 '도시 및 건축물의 정비를 토지소유자 등이 자발적으로 참여하여 효율적으로 추진할 수 있도록 토지소유자 등이 일정한 구역을 정하여 건축협정을 체결'하는 것이다. 2014년 1월 14일 「건축법」에 처음 도입되었는데(법 제77조의4부터 제77조의13), 건축협정 인가구역 안에서는 대지 안의 조경, 대지와 도로의 관계(접도의무), 지하층 설치, 「주차장법」의 부설주차장의 설치기준을 개별 건축물마다 적용하지 아니하고 건축협정구역의 전부 또는 일부에 통합 적용할 수 있고, 맞벽 건축 및 합벽 건축의 시행도 가능하다 (2015. 5. 18.).

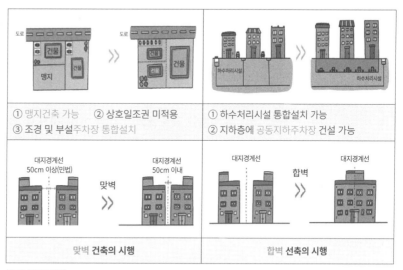

(출처: 국토교통부)

(16) 특별가로구역은 도로에 인접한 건축물의 조화로운 도시경관의 창출을 위하여 지정되는 곳으로, 건축물에 대한 조경, 건폐율, 높이 제한 등에 특례를 둔다. 원래 미관지구에 지정하였다가 2014년 1월 14일 경관지구 등으로 확대되었다(법 제77조의2 및 제77조의3). 그리고「국토계획법」의 미관지구는 2017년 12월 29일 경관지구로 통합되었다.

(17) 특별건축구역이란 '조화롭고 창의적인 건축물의 건축을 통하여 도시경관의 창출, 건설기술 수준향상 및 건축 관련 제도개선을 위하여「건축법」 또는 관계 법령에 따라 일부 규정을 적용하지 아니하거나 완화 또는 통합하여 적용(법 제60조의2, 제63조)할 수 있도록 특별히 지정하는 구역(법 제2조 1항 18호)'을 말한다. 2014년 1월 14일부터 시·도지사가 지정할 수 있다.

(18) 에너지 절약형 건축물의 확대·보급을 위하여 에너지 효율등급 인증제도를 법제화하였다(2009. 8. 7.).

(19) 「농지법」에 따른 농막은 접도의무가 면제되었다(법 제44조 1항 3호, 시행 2016. 7. 20.).

(20) '해당 건축에 관한 입지와 규모 등의 사전결정과 관련하여 협의를 요청받은 행정기관의 장이 15일 이내에 의견을 회신하지 아니한 경우에는 협의가 이루어진 것으로 간주하는 제도'를 도입하여 국민의 편의를 돕고 있다(시행 2019. 1. 19.).

(21) 건축물을 해체하려면 허가권자로부터 허가를 받고 착공신고를 하여야 한다. 다만 연적 500㎡ 미만, 높이 12m 미만, 3개층 이하의 건축물을 해체하는 경우에는 신고로 가능하다(건축물관리법 시행 2021. 10. 28.).

(22) 공유 건축물의 신축·개축·리모델링의 경우 공유지분자 수와 지분의 80% 이상의 동의를 얻으면 나머지는 매도청구가 가능하다(법 제

11조 11항 및 제17조의2, 시행 2016. 7. 20.). 「건축법」적용을 받는 30세대 미만의 연립주택, 다세대주택, 오피스텔 및 상가 등은 전체 소유권을 확보하여야만 재건축이 가능했는데, 「집합건물법」제47조의 구분소유자의 4/5 및 의결권의 4/5 이상의 재건축 결의(토지는 전체의 80% 이상)가 있으면 재건축이 가능해졌다(시행 2021. 11. 11.).

소규모 건축구조 기준 등

토지 모양이 정형화된 택지개발지구, 도시개발지구 등은 지구단위계획에 의하여 확정측량이 된 곳이므로 지구단위계획 지침에 정한 규정에 따라 건축물 용도, 건폐율, 용적률, 층수를 확인해볼 수 있다. 지구단위계획 외 지역이라도 도시지역은 '토지이음' 사이트를 통하여 간단하게 확인해볼 수 있다.

다만 녹지지역과 비도시지역의 토지 모양은 대부분 부정형이라서 건폐율, 용적률, 층수 산정이 쉽지 않고, 「주차장법」의 주차대수 등도 도시지역과 다르고 조례규정 등을 확인하여야 한다. 그러므로 건축설계에 관한 부분은 건축사와 미리 상의하는 것이 안전할 것이다.

참고로 「건축법」제14조에 의한 건축신고 대상 건축물의 '건축구조 기준'은 「건축법 시행규칙」제12조에 의하여 「소규모건축구조기준」(국토교통부고시 제2019-595호)을 확인하면 된다.

주차장법의 주차대수

「주차장법」은 1979년 4월 17일 '도시 내 자동차교통을 원활하게 하여 일반 공중의 편의와 도시기능의 유지 및 증진을 위하여' 제정되었다. 당시 「도시계획법」에 의하여 도시계획시설로 설치된 노상주차장 및 노외주차장, 그리고 「건축법」의 건축물부설주차장 규정이 이 법에 포함되었다.

또한 도시계획구역(현 도시지역) 외 지역에 설치한 노외주차장도 이 법을 준용할 수 있다. 부설주차장은 도시지역, 지구단위계획구역 및 지방자치단체 조례로 정하는 관리지역에 설치한다(주차장법 제19조).

노상주차장이란 '도로의 노면 또는 교통광장의 일정한 구역에 설치된 주차장'으로서, 시장·군수가 설치·관리하고 조례로 정해진 주차요금을 징수하는 일반의 이용에 제공되는 것을 말한다. 노외주차장이란 '도로의 노면 및 교통광장 외의 장소에 설치된 주차장'으로서, 관할시장·군수가 설치·관리하거나 「국토계획법」에 의해 도시계획시행허가를 받은 자가 설치·관리하여 일반의 이용에 제공되는 것을 말한다.

부설주차장이란 '건축물, 골프연습장, 그 밖에 주차수요를 유발하는 시설에 부대(附帶)하여 설치된 주차장'으로서 해당 건축물·시설의 이용자 또는 일반의 이용에 제공되는 것을 말한다. 부설주차장은 기존 시설물 내부, 인근 부지 및 새로 확보된 부지 안에서 위치를 변경할 수 있다. 단, 시설물과 인근 부설주차장의 관계를 부기등기(附記登記)하여야 한다(시행 2014. 9. 19.).

부설주차장은 단독주택의 경우 시설면적이 50㎡ 초과 150㎡ 이하에 1대이고 150㎡을 초과한 100㎡에 1대씩 추가된다. 다가구주택 및 공동주택은 「주택건설기준 등에 관한 규정」 제27조에 따라 세대당 1대(60㎡ 이하는 0.7)이고 원룸형 주택은 세대당 0.6대이다. 제1종 및 제2종 근린생활시설은 200㎡당 1대이다.

 알아두세요

부기등기

독립된 순위번호를 갖지 않고 기존의 등기에 부기번호(附記番號)를 붙여서 행하여지는 등기를 말하는데, 여기서는 건축물·시설물과 부설주차장을 따로 처분할 수 없도록 한다는 의미이다.

기타 자세한 설치대상 시설물 종류 및 설치기준은 「주차장법 시행령」 제6조 1항에 의한 [별표1]에 규정되어 있는데, 지자체 조례로 따로 정할 수 있다.

| 주차장법 시행령 [별표1](개정 2021. 3. 30.) |

부설주차장의 설치대상 시설물 종류 및 설치기준(주차장법 제6조 제1항 관련)	
시설물	설 치 기 준
1. 위락시설	• 시설면적 100㎡당 1대(시설면적/100㎡)
2. 문화 및 집회시설(관람장은 제외한다.), 종교시설, 판매시설, 운수시설, 의료시설(정신병원·요양병원 및 격리병원은 제외한다.), 운동시설(골프장·골프연습장 및 옥외수영장은 제외한다.), 업무시설(외국공관 및 오피스텔은 제외한다.), 방송통신시설 중 방송국, 장례식장	• 시설면적 150㎡당 1대(시설면적/150㎡)
3. 제1종 근린생활시설[건축법 시행령 별표1 제3호 바목 및 사목(공중화장실, 대피소, 지역아동센터는 제외한다.)은 제외한다.], 제2종 근린생활시설, 숙박시설	• 시설면적 200㎡당 1대(시설면적/200㎡)
4. 단독주택(다가구주택은 제외한다.)	• 시설면적 50㎡ 초과 150㎡ 이하: 1대 • 시설면적 150㎡ 초과: 1대에 150㎡를 초과하는 100㎡당 1대를 더한 대수[1+{(시설면적-150㎡)/100㎡}]
5. 다가구주택, 공동주택(기숙사는 제외한다.), 업무시설 중 오피스텔	• 「주택건설기준 등에 관한 규정」 제27조 제1항에 따라 산정된 주차대수. 이 경우 다가구주택 및 오피스텔의 전용면적은 공동주택의 전용면적 산정방법을 따른다.
6. 골프장, 골프연습장, 옥외수영장, 관람장	• 골프장: 1홀당 10대(홀의 수×10) • 골프연습장: 1타석당 1대(타석의 수×1) • 옥외수영장: 정원 15명당 1대(정원/15명) • 관람장: 정원 100명당 1대(정원/100명)
7. 수련시설, 공장(아파트형은 제외한다.), 발전시설	• 시설면적 350㎡당 1대(시설면적/350㎡)
8. 창고시설	• 시설면적 400㎡당 1대(시설면적/400㎡)
9. 학생용 기숙사	• 시설면적 400㎡당 1대(시설면적/400㎡)
10. 방송통신시설 중 데이터센터	• 시설면적 400㎡당 1대(시설면적/400㎡)
11. 그 밖의 건축물	• 시설면적 300㎡당 1대(시설면적/300㎡)

지하안전관리에 관한 특별법

건축사업의 승인기관장은 '지하안전평가서'의 작성 및 협의 절차가 끝나기 전에 허가 및 신고를 수리할 수 있고, 「건축법」에 따른 착공신고의 수리 전까지 협의 등의 절차를 끝내야 한다(법 제19조의2 신설, 시행 2022. 1. 28.).

지하안전관리에 관한 특별법(약칭: 지하안전법)은 지하개발 또는 지하시설물의 이용·관리 중에 주변 지반침하로 인한 피해를 방지하고 공공 안전을 확보하기 위해(법 제1조), 국토부장관 및 지자체장은 국가, 시·도 및 시·군·구 '지하안전관리계획'을 수립·시행하고, 일정 규모 이상의 지하 굴착공사를 수반하는 사업에 '지하안전평가' 및 착공 후 지하안전조사 등 지하안전관리제도를 시행하며, '지하정보통합체계' 등을 만들어야 한다.

'지하시설물'은 수도, 하수도, 전기설비, 전기통신설비, 가스·에너지 공급시설과 도로, 철도시설, 주차장, 건축물 등이고, 지하정보란 지질·시추·관정 정보 및 지하시설물의 현황에 관한 정보이다(영 제2조 및 제3조).

'지하안전평가' 대상사업은 도시개발사업, 산업입지 및 산업단지의 조성사업 등이 깊이 20m 이상의 굴착공사를 수반하거나 산악·수저 터널 외의 터널 공사를 수반하는 경우이고(영 제13조), 소규모 지하안전평가 대상사업은 굴착깊이 10~20m 미만의 굴착공사를 수반하는 경우이다(영 제23조). 다만, 굴착깊이를 산정할 때 집수정(集水井) 등은 제외하고, 굴착 지역의 경계에서 굴착깊이의 4배 이내의 거리에 시설물이 없는 개발사업의 경우 지하안전평가 대상에서 제외한다(영 [별표1]). 더 구체적인 사항은 「지하안전관리 업무지침」(국토교통부 고시)을 참고하면 된다.

알아두세요

지하안전평가

'지하안전평가'란 지하안전에 영향을 미치는 사업의 실시계획·시행계획 등의 허가·인가·승인·면허·결정 또는 수리를 할 때에 해당 사업이 지하안전에 미치는 영향을 미리 조사·예측·평가하여 지반침하를 예방하거나 감소시킬 수 있는 방안을 마련하는 것을 말한다(법 제2조 5호).

건축물의 최유효 이용(가로구역, 일조권의 높이 제한)

토지 및 건축물의 최유효 이용방안은 그 지역상권에 따라 달라질 수 있는데(상권분석은 앞장에서 설명했음), 건축법에 건축물의 높이를 제한하는 규정이 있어 최유효 이용에 걸림돌이 될 수 있으니, 조례 확인 및 건축사 도움을 받아야 한다.

첫째, '가로구역'으로 지정되면 허가권자는 건축물 높이를 제한할 수 있다(특별시 및 광역시장은 조례로 정할 수 있다). 이 높이를 완화하려면 건축위원회 심의를 받아야 한다(건축법 제60조). '가로구역' 지정 내용은 토지이용규제법 제8조에 따라 토지이음 등의 토지이용계획확인서에서 확인할 수 있다.

둘째, 전용주거지역과 일반주거지역에서는 이웃 건축물의 일조권 확보를 위한 높이 제한이 있다. 택지개발촉진법 등 대형개발의 경우 높이 이하로 할 수 있다. 2층 이하이고 높이가 8m 이하인 건축물은 지자체 조례로 일조권을 적용하지 않을 수 있으므로 조례를 확인해야 한다(건축법 제61조).

가로구역(街路區域)
(건축법) 도로로 둘러싸인 일단(一團)의 지역을 말한다.

일조권 확보(제한)
정북방향의 이웃 건축물의 채광(採光)을 확보하기 위하여 인접대지경계선으로부터 일정 거리를 띄우는 것을 말한다.

| 일조권 확보를 위한 이격거리(건축법 시행령 제68조 1항) |

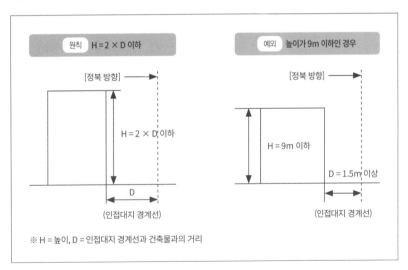

개발행위 살펴보기

개발행위허가

토지 위에 건축을 하려면 먼저 개발행위허가를 받아야 한다(국토계획법 제56조). 그런데 개발행위허가는 단독으로 받을 수 있지만, 공장설립승인, 관광농원사업승인 등을 제외하고 통상 건축허가와 함께 신청한다(건축법 제11조 5항). 이때 각종 허가가 의제 처리될 수 있다(국토계획법 제61조). 다만, 개별법의 각종 허가신청서는 모두 제출하여야 하고, 해당 부서의 동의가 있어야 한다.

예를 들어 지목이 임야인 토지에 「건축법」의 건축허가를 신청하려면 먼저 「국토계획법」의 개발행위허가(건축목적은 건축허가에서 검토하고, 형질변경은 개발행위허가에서 검토함)와 「산지관리법」의 산지전용허가를 모두 받아야 하는데, 이때 건축물 또는 개발행위허가의 진입로를 개설해야 하면 각종 점용·사용허가를 또 받아야 한다. 이런 여러 가지 개별법에 의한 허가를 따로따로 받는 것은 국민도 불편할 뿐만 아니라 행정력도 낭비될 수 있어 여러 가지 종류의 허가를 건축허가 또는 개발행위허가에 붙여서 일괄 처리하는 것을 의제 처리한다고 한다.

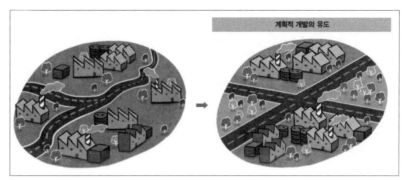

(출처: 국토교통부)

'개발행위허가' 제도는 「도시계획법」에 도입되었다(2000. 7. 1.). 그 이전에
는 '도시계획구역' 내에서 토지의 형질변경, 토석의 채취, 건축물(공작물)
의 건축, 물건의 적치, 토지분할 등은 시장·군수의 허가를 받아 시행했
다. 개발행위허가는 기존의 허가에 계획적 개발을 위한 도시기반시설
의 설치의무 등이 추가된 것이다. 개발행위허가 제도는 2003년 1월 1일
「국토계획법」이 시행되면서 비도시지역까지 확대되었다. 미리 도시계획
위원회의 심의를 거치도록 하여(법 제59조), 주변경관이 훼손되거나 기반
시설이 부족한 난개발을 사전에 차단하면서 계획적 개발을 유도하는 것
이다.

| 개발행위허가 개요 |

개발행위허가 대상	개발행위허가 규모	개발행위허가 기준
■ 건축물의 건축 ■ 공작물의 설치 ■ 토지의 형질변경 ■ 토석채취 ■ 토지분할 ■ 물건적치	■ 주거·상업·자연녹지·생산녹지지역: 10,000㎡ 미만 ■ 공업지역: 30,000㎡ 미만 ■ 보전녹지지역: 5,000㎡ 미만 ■ 관리·농림지역: 30,000㎡ 미만 ■ 자연환경보전지역: 5,000㎡ 미만	■ 개발행위 규모 기준에 적합 ■ 도시·군관리계획 및 성장관리 방안의 내용에 부합 ■ 도시·군계획사업 시행에 지장 미초래 ■ 주변지역의 토지이용실태, 주변환경이나 경관과의 조화 ■ 기반시설의 설치나 용지확보계획의 적정성 등

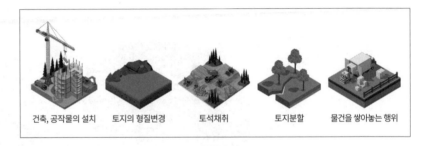

| 건축, 공작물의 설치 | 토지의 형질변경 | 토석채취 | 토지분할 | 물건을 쌓아놓는 행위 |

개발행위허가 대상은 ① 건축물의 건축, 공작물의 설치, ② 토지의 형질 변경, ③ 토석채취, ④ 토지분할, ⑤ 물건을 쌓아놓는 행위이다(법 제56조). 개발행위허가의 규모는 도시지역의 ① 주거지역, 상업지역, 자연녹지·생산녹지지역에서는 10,000㎡ 미만이고, ② 보전녹지지역은 5,000㎡ 미만이며 ③ 공업지역은 30,000㎡ 미만이다. 그리고 비도시지역의 ④ 관리지역과 농림지역은 30,000㎡ 미만이고, ⑤ 자연환경보전지역은 5,000㎡ 미만이다(영 제55조).

개발행위허가 기준은 다음과 같다. ① 개발행위 규모가 기준에 적합하며 ② 도시·군관리계획 및 성장관리 방안의 내용에 부합하며 ③ 도시·군계획사업 시행에 지장이 없어야 하고 ④ 주변지역의 토지이용실태 또는 주변 환경이나 경관과의 조화를 이루며 ⑤ 기반시설의 설치나 용지 확보 계획이 적절해야 한다(법 제58조 1항).

개발행위허가 절차(법 제57조)를 간략하게 살펴보자. 먼저 신청자가 개발 행위에 따른 기반시설의 설치 또는 그 용지의 확보, 위해(危害) 방지, 환경오염 방지, 경관, 조경 등에 관한 계획서를 첨부한 신청서를 허가권자에게 제출한다. 다만, 「건축법」의 적용을 받는 건축물의 건축 또는 공작물의 설치를 하려는 자는 「건축법」에서 정하는 절차에 따라 개발행위허가 신청서류를 제출한다(법 제57조 1항).

허가권자(특별시장·광역시장·특별자치시장·특별자치도지사·시장·군수)는 특별한 사유가 없으면 15일 이내(도시계획위원회 심의기간과 관계행정기관의 협의기간은 별도)에 허가 또는 불허가의 처분을 하여야 한다(법 제57조 2항). 이때 허가권자는 신청자에게 기반시설 등에 대해 조치할 것을 조건으로 허가할 수 있다(법 제56조 4항).

사실상 건축 및 형질변경에 대한 모든 개발행위는 허가대상이나 '개발행위허가'를 받지 않아도 되는 경미한 개발행위는 「개발행위허가운영지침」에 비교적 자세히 규정되어 있다. 이를 요약하면 다음과 같다.

1. 건축신고 대상 건축물의 증·개축을 위한 토지의 형질변경(법 제56조 4항 2호)
2. 건축허가 및 신고(가설건축물 포함) 대상이 아닌 건축물
3. 용도지역에 따라 50~150㎡를 이하인 공작물의 설치
4. 50㎝ 미만의 성토·절토·정지
5. 비도시지역에서 지목변경을 수반하지 않은 660㎡ 이하의 토지의 형질변경
6. 조성이 완료된 대지에 건축을 위한 토지의 형질변경
7. 사도법의 사도개설허가를 받은 토지의 분할 등(법 제56조 4항 3호)

개발행위허가 기준: 법령 – 지침 – 조례

개발행위허가는 건축물 또는 공작물을 안전하게 설치하기 위한 건축허가와 달리 해당 토지를 개발할 것인지 보존할 것인지를 도시계획 차원에서 검토하도록 하는 제도로서, 개별 건축물 또는 공작물의 입지 또는 안전기준을 구체적으로 정하지 않고 불확정 개념으로 규정하고 있다.

특히 「국토계획법」 제58조 1항 4호인 '주변 지역의 토지이용실태 또는 토지이용계획, 건축물의 높이, 토지의 경사도, 수목의 상태, 물의 배수, 하천·호소·습지의 배수 등 주변 환경이나 경관과 조화를 이룰 것' 등은 허가권자에게 재량권이 크게 부여된 것이므로 유의하여야 한다(대법원 2004두6181).

용도지역별 허가기준(법 제58조 3항 및 영 제55조에서 조례로 위임)		
시가화용도	개발유도	주거지역·상업지역 및 공업지역
유보용도	탄력완화	계획관리지역·생산관리지역 및 자연녹지지역
보전용도	강화	보전관리지역·농림지역·자연환경보전지역 및 생산녹지지역 보전녹지지역

개발행위허가 기준은 「국토계획법」 제58조 1항에 따라 허가할 수 있는 경우에는 '지역의 특성, 개발상황, 기반시설의 현황 등을 고려하여 허가기준을 시가화용도-유보용도-보전용도로 나누어 차등화된 기준을 구체적으로 적용할 수 있다(법 제58조 3항).

시가화용도는 개발을 유도하기 위해 도시·군관리계획으로 결정한 용도지역이므로 토지의 이용 및 건축물의 용도·건폐율·용적률·높이 등에 대한 용도지역의 제한에 따라 개발행위허가의 기준을 적용하는 곳이다. 유보용도는 도시계획위원회의 심의를 통하여 개발행위허가의 기준을 강화 또는 탄력적으로 완화하여 적용할 수 있는 용도지역이고, 보전용도는 도시계획위원회의 심의를 통하여 개발행위허가의 기준을 강화하여 적용할 수 있는 곳이다(영 제56조 1항의 [별표1의2]). 특히 보전용도의 토지에 대한 개발행위허가 기준은 토목측량설계사무실의 도움을 받아야 한다.

시행령 제56조의 [별표1의2]의 개발행위허가 기준은 ① 분야별 검토사항, ② 개발행위별 검토사항, ③ 용도지역별 검토사항으로 나누어져 있고, 시행령 [별표1의2]에 규정된 '개발행위허가기준'의 일부가 도시·군계획조례로 위임되어 있다. 그리고 개발행위허가의 세부적인 검토기준은 '개발행위허가운영지침'에 규정되어 있다(영 제56조 4항). 그런데 「국토계획법」이 위임한 범위 내에서 허가권자가 도시·군계획조례로 정한 허가기준은 '개발행위허가운영지침'에 우선한다(개발행위허가운영지침 1-2-2). 개발행위허가 허가기준 중 도시계획조례로 위임한 사항을 간단히 살펴보기로 하자.

시행령 [별표1의2]에서 도시계획조례로 위임한 사항	기호
경사도, 임상(林相), 표고(標高), 배수(排水) 등의 기준	1호 가목(3)
건축물의 용도·규모·층수·호수 등에 따른 도로의 너비 기준	1호 마목(3)
도로 등이 설치되지 않은 지역의 개발행위허가 기준	2호 가목(2)
특정 건축물의 이격거리, 높이, 배치 등의 기준	2호 가목(3)
형질변경 안전조치 (3) 토석채취, (4) 토지분할, (5) 물건적치 기준 등	2호 나목(2)

첫째, '토지의 형질변경'의 경우 경사도, 임상, 표고, 인근 도로의 높이, 배수 등이 도시·군계획조례가 정한 기준에 적합해야 하는데, 이때 경사도의 산정방법과 임상 산정방법은「산지관리법 시행규칙」에 따르도록 하였다(시행 2017. 1. 1.). 예를 들면 서울시의 경우 평균경사도 18°(녹지지역은 12°) 미만인 토지만 개발행위가 가능하고, 평균입목축적의 30%(녹지지역은 20%) 미만인 경우에만 가능하다. 다만 그 도시·군계획조례의 기준이 불합리한 경우에는 도시·군계획위원회의 심의를 거쳐 완화할 수 있다(영 [별표1의2] 1호 가목 (4)).

둘째, 개발행위허가에서 도로확보 기준인 '대지와 도로와의 관계'는「건축법」기준을 적용하되, 도시·군계획조례로 정하는 건축물의 용도·규모·층수·주택호수 등에 따른 도로 너비와 교통소통의 기준을 도시·군계획조례로 달리 정할 수 있도록 하였다(영 [별표1의2] 1호 마목 (3), 시행 2011. 3. 9.).

셋째, 도로·상하수도 등이 설치되지 않은 지역은 건축허가(건축목적의 토지의 형질변경 포함)를 하지 못한다. 하지만 녹지 및 비도시지역에는 개발행위허가 기준을 충족하기 어려운 곳이 많으므로 지역 여건을 감안하여 도시·군계획조례에 예외를 두어 개발행위가 가능하도록 하였다(영 [별표1], 시행 2005. 9. 8.).

넷째, 특정 건축물 또는 공작물에 대한 이격거리, 높이, 배치 등에 대한 구체적인 사항은 도시·군계획조례로 정할 수 있다. 다만, 다른 법령에서 달리 정하는 경우에는 그 법령에서 정하는 바에 따른다.

다섯째, 토지의 형질변경에 수반되는 옹벽 또는 석축의 설치에 대한 안전조치, 토석채취로 인한 인근 피해조치, 토지분할 최소면적 기준, 물건을 쌓아놓는 행위도 도시·군계획조례에 별도의 기준을 둘 수 있다(영 [별표1의2]).

각 지자체 도시계획조례는 「국토계획법」에서 위임되어 전국적으로 공통으로 집행되는 '개발행위허가운영지침'보다 우선이므로, 반드시 도시계획조례를 찾아서 살펴보아야 한다.

그리고 개발행위허가에 대한 구체적인 내용은 기존 민원회신, 법령해석 및 관련 판례를 정리한 『개발행위허가 관련 법령해설』(국토교통부 발행 2021.1.)과 『국토계획법 해설집』(국토교통부 발행 2018.7.)을 참고하면 된다.

개발행위허가 신청

개발행위허가 신청서는 「국토계획법 시행규칙」 제9조에 따라 '별지 제5호 서식'에 다음 서류를 첨부하여 허가권자에게 제출하여야 한다. 이때 첨부 서류는 개발행위허가 목적에 따라 해당되는 경우에만 제출하면 된다. 그리고 신청서류는 국토이용정보체계[통합인허가지원서비스(IPSS)]를 통하여 제출할 수 있다.

> 1. 토지의 소유권 또는 사용권 등 당해 토지를 개발할 권리증명 서류(모든 목적)
> 2. 배치도 등 공사 또는 사업 관련 도서(토지의 형질변경 및 토석채취 목적만)
> 3. 설계도서(공작물 설치인 경우만)
> 4. 당해 건축물의 용도 및 규모를 기재한 서류(건축목적의 형질변경만)
> 5. 폐지대체신설될 공공시설의 종류 및 도면 등(형질변경, 토석채취만)
> 6. 기반시설 확보, 환경오염방지 등의 설계도서 및 예산내역서(토지분할 제외)
> 7. 의제되는 타 행정기관(부서) 협의서류

개발행위허가와 지목변경

우리나라 국토면적은 100,443.6㎢(2022.12.31. 기준)로, 전체 면적 중 임야가 63.1%이고 농지(전·답·과수원)가 19.2%로 임야와 농지가 82.5%이다. 개발행위허가 대상 중 토지의 형질변경이란 '절토(땅 깎기)·성토(흙 쌓기)·정지(땅 고르기)·포장 등의 방법으로 토지의 형상을 변경하는 행위와 공유수면의 매립(경작용 형질변경 제외)'이다(영 제51조 1항 3호). 이 형질변경 목적의 개발행위허가를 받아 준공되면 그 바뀐 형질에 맞는 지목으로 변경된다.

> **개발행위허가 및 준공을 건축허가와 별개로 할 수 있다**
> 「국토계획법」 제62조에 따르면 개발행위를 마치면 준공검사를 받도록 하고 있으며, 준공검사 결과 허가내용대로 사업이 완료되었다고 인정하는 때에는 '개발행위준공검사필증'을 신청인에게 교부토록 하고 있습니다. 법령에서 건축물의 건축과 토지의 형질변경을 각각 별개의 허가대상으로 규정하고 있으므로 토지의 형질변경에 대한 개발행위를 준공처리 함에 있어 건축허가를 받아야 하는 경우로 제한하는 것은 타당하지 않을 것으로 판단됩니다(도시정책과-3414, 2012. 5. 30.).

[출처: 『국토계획법 해설집』(2018년 254쪽)]

「공간정보의 구축 및 관리 등에 관한 법률」(약칭: 공간정보관리법)의 지목변경이란 지적공부에 등록된 지목을 다른 지목으로 바꾸어 등록하는 것을 말한다(공간정보관리법 제2조 33호). 그 신청은 토지의 형질변경 등의 공사가 준공되거나 토지나 건축물의 용도가 변경된 경우 등의 사유가 발생한 날부터 60일 이내에 토지소유자가 지적소관청에 하여야 한다(법 제81조).

시행령 제67조(지목변경 신청)

① 법 제81조에 따라 지목변경을 신청할 수 있는 경우는 다음 각 호와 같다.

1. 「국토의 계획 및 이용에 관한 법률」 등 관계 법령에 따른 토지의 형질변경 등의 공사가 준공된 경우
2. 토지나 건축물의 용도가 변경된 경우
3. 법 제86조에 따른 도시개발사업 등의 원활한 추진을 위하여 사업시행자가 공사 준공 전에 토지의 합병을 신청하는 경우

여기서 '「국토계획법」 등 관계법령에 의한 토지의 형질변경 등의 공사가 준공된 경우'란 개발행위허가·농지전용허가·보전산지전용허가를 얻어 그 토지의 형질을 변경하여 준공을 받은 경우를 말하고, 지목변경 신청은 준공증명서, 용도변경 증명서, 국공유지인 경우에는 용도폐지서 등을 첨부하여야 한다(공간정보관리법 시행규칙 제84조).

토지의 형질변경은 「국토계획법」(시행 2003. 1. 1.) 부칙 제18조에 의하여 비도시지역의 산지전용은 산지전용허가를 받아야 하고(2012년 4월 15일부터는 농림어업용만 해당됨), 기타 형질변경은 개발행위허가를 받아서 개발행위준공을 받아야 한다. 그러므로 이 두 가지 절차를 통하여 토목 준공이 되기 전에는 지목변경신청을 할 수 없다. 또한 개발행위허가서와 산지전용허가서에도 건축허가(신고)가 선행되지 않으면 전용허가효력이 발생하지 않는다고 명시하고 있다. 그러므로 개발행위준공 또는 산지전용준공이 되지 않거나 또는 건축준공(사용승인)이 되지 않은 상태에서 지목변경이 먼저 될 수 없다(건축물 사용승인은 개발행위허가 준공승인 의제 - 건축법 제22조 제4항 8호).

다만 개발행위허가 없이 지목변경이 가능한 토지는 다음과 같다.

① 「농지법」, 「산림법」 등 관련법 시행 이전에 형질변경 된 토지
② 인·허가를 득해 준공한 후에 지목변경을 신청하지 아니한 토지
③ 1988년 10월 31일 이전에 형질변경된 농지 중에서 양성화가 가능한 토지
④ 산지의 경우 '불법전용산지에 관한 임시특례'가 있을 때에 그 특례기준에 해당되는 토지

'개발행위허가' 제도의 특징

개발행위허가 제도의 특징은 다음 「국토계획법」의 연혁을 살펴보면 알 수 있다.

(1) 개발행위허가의 기준을 용도지역 특성에 따라 '시가화용도-유보용도-보전용도'로 차등화하되(법 제58조), 시가화용도는 계획적인 개발을 유도하며, 유보용도는 허가기준을 일부 완화하고, 보전용도는 기준을 강화하였다(시행 2012. 4. 15.).

(2) 개발행위허가에 각종 인·허가 등이 의제되면 허가권자는 관계 행정기관의 상과 협의하기 위하여 '개발행위복합민원 일괄협의회'를 개발행위허가 신청일부터 10일 이내에 개최하는 제도가 2012년 8월 12일 시행되었다(법 제61조의2).

(3) 경작을 위한 토지의 형질변경은 개발행위허가 대상이 아니다(법 제56조 1항 2호). 그러나 옹벽의 설치 또는 2m 이상의 절토·성토가 수반되면 개발행위 허가대상이 된다(영 제51조 2항). 또한 2m 이내의 범위에서 지방자치단체가 도시·군계획조례로 강화할 수 있도록 하였다(시행 2019. 8. 6.).

(4) 관광객의 야영 편의를 제고하기 위하여 보전녹지지역 및 보전관리지역에서도 「건축법 시행령」에 따른 야영장 시설을 설치할 수 있도

록 하였다(시행 2016. 3. 22.).

(5) 녹지지역 및 비도시지역의 토지를 분할한 투기적 거래가 심해지자, 2006년 3월 23일부터 다음과 같은 토지분할은 개발행위허가 대상이 되었다(영 제51조 5호 및 [별표1의2] 2호 라목).

> ① 녹지지역 및 비도시지역에서 관계법령에 의한 허가를 받지 않은 분할
> ② 「건축법」의 분할제한면적 미만의 분할
> ③ 허가를 받지 않은 너비 5m 이하의 분할

(6) 녹지지역 등에서 기존 개발지에 접하여 개발하거나 수차례에 걸쳐 나누어서 개발하면 하나의 개발행위로 보아 개발행위 허가면적을 산정하고 있으나, 2009년 7월 7일부터 지구단위계획이 수립된 지역, 용도지역이 다른 지역, 2003년 1월 1일 전에 개발행위가 완료된 지역 등은 개발면적에서 제외하였다(영 제55조 4항 단서).

(7) 연접개발제한으로 공장 등이 분산 입지하여 국토경관을 훼손하거나, 투기적 목적의 개발 선점이 실수요자의 부지 확보를 어렵게 하여, 연접개발제한을 폐지하였다(2011. 3. 9.). 단, 도시계획위원회의 심의로 난개발을 방지하고, 법령에 연접개발제한이 없거나 시장·군수가 고시한 지역의 개발행위는 도시계획위원회의 심의를 생략하였다(영 제55조, 제57조 1항 1호의2).

(8) 제1종 및 제2종 근린생활시설, 주택은 연접제한을 받지 않는다. 또한 건축물의 집단화를 유도하기 위하여 이미 집단적으로 밀집된 지역은 조례로 정하는 일정한 요건을 갖춘 경우에 연접제한을 하지 않고 개발행위를 할 수 있도록 하였다(영 제55조 5항 3호 및 5호).

(9) 대규모 부지가 필요한 골프장, 스키장 등(시행 2011. 3. 9.)과 기존 사찰, 풍력발전시설 등의 형질변경에서 표고·경사도 등에 대한 도시계획

조례의 기준이 불합리하다고 인정되면 도시계획위원회의 심의로 완화하여 적용할 수 있다(영 [별표1의2] 1호 가목 (3) 단서). 지형 여건 또는 사업수행에 불합리하다고 인정되는 모든 시설에 대하여 도시계획위원회의 심의로 기준을 완화할 수 있다(시행 2015. 3. 11.).

(10) 토지의 형질변경 또는 토석채취에 대하여 도시·군계획조례로 개발행위허가기준을 정할 때 해당 토지에 대한 경사도의 산정방법(시행 2016. 5. 26)과 임상(林相) 산정방법을 「산지관리법 시행규칙」에 따르도록 하였다(시행 2017. 1. 1.).

(11) 「국토계획법 시행규칙」 [별표2] 휴게음식점 등의 설치가 제한되는 집수구역을 하천의 경계로부터 직선거리를 기준으로 한다(시행 2019. 3. 18.). 계획관리지역 내 휴게음식점이 안 되는 지역은 10호 미만의 8가지 자연마을로 하였다(시행 2020. 10. 19.).

(12) 개발행위 허가대상에서 도시·군계획사업을 뺀 입법취지는 지자체장이 결정한 계획적 개발사업을 중복 심의하는 것은 실익이 없기 때문이다. 택지개발사업실시계획, 산업단지실시계획 등도 개발행위허가 대상에서 제외하였다(시행 2018. 8. 14.).

(13) 개발행위허가를 받지 않고 개발행위를 하거나 허가내용과 다르게 개발행위를 하는 자에게 구체적인 조치내용 등을 서면으로 통지하도록 '원상회복명령서'의 서식을 마련하였다(2021. 2. 17.). 또한 개발행위허가의 조건을 이행하지 않은 자와 성장관리계획구역에서 그 성장관리계획에 맞지 않게 개발행위를 하거나 건축물의 용도를 변경한 자를 법률 등의 위반자에 대한 처분 대상에 추가하였다(법 제133조 1항 5호의3 및 7호의3, 시행 2021. 7. 13.).

「산업집적활성화 및 공장설립에 관한 법률」의 공장설립승인

「산업입지법」은 각종 산업단지의 지정 및 개발에 관한 법률이고, 「산업집적법」(산업집적활성화 및 공장설립에 관한 법률)은 공장설립 및 산업단지 관리, 산업집적화 등에 관한 법률이다.

공장이란 건축물 또는 공작물, 물품제조공정을 형성하는 기계장치 등 제조시설과 그 부대시설을 갖추고 제조업을 영위하기 위한 사업장으로서 통계청장이 고시하는 한국표준산업분류에 의한 제조업("C", 10~34)을 하기 위한 사업장을 말한다

공장을 설립하려면 산업통상자원부와 한국산업단지공단이 운영하는 '공장설립온라인지원시스템'(www.factoryon.go.kr)을 이용하거나, 지자체 지역경제과의 도움을 받아 공장설립 승인을 받아야 한다.

공장의 입지는 계획입지(산업단지)와 '개별입지로 나뉘는데, 계획입지는 산업단지 관리기관과 입주계약을 체결하고, 개별입지는 공장설립승인에 공장 및 진입로 부지에 대한 관련 허가가 의제처리된다(복합민원).

건축물 연면적 500㎡ 미만이면서 배출시설설치허가(신고) 대상이 아닌 제2종 근린생활시설인 제조업소가 있고, 500㎡ 이상의 면적의 공장은 국토계획법, 산업집적법 및 각종 환경허가(배출시설설치허가)를 받아서 공장등록을 한다.

알아두세요

개별입지

기업의 개별적인 사유로 산업단지 외의 지역에 공장부지를 매입한 후, 공장설립과 관련된 인허가 사항을 개별적으로 취득하여 공장을 설립하는 것을 말한다.

개별입지 공장설립 승인절차
① 공장설립 승인신청(사업계획서) → ② 관계부서협의(복합민원심의) → ③ 공장설립 승인서발급(공장설립 인허가부서) → ④ 토목공사 및 건축허가(착공신고 및 사용검사) → ⑤ 공장설립 완료신고(제조시설 설치) → ⑥ 공장등록(시장·군수)

무작정
따라하기

전국 지자체 도시계획조례, 건축조례 찾기

법령에서 지자체 조례로 위임한 사항에 대해서는 법령 범위 내에서 조례 및 규칙을 제정하여 허가 기준 등을 정할 수 있다. 지자체마다 그 기준은 조금씩 다르다.

① 행정안전부의 자치법규정보시스템(www.elis.go.kr)에서 조례 및 규칙을 확인해보자.

② 해당 지역 도시계획조례에서 개발행위허가 기준 등을 이해한다.

③ 도시계획조례에서 현황도로에 대한 기준을 이해한다.

제22조(도로 등이 미 설치된 지역에서의 건축물의 건축) 시장은 다음 각 호의 어느 하나에 해당하는 경우에는 영 별표 1의2 제2호 가목에 따른 도로·상수도 및 하수도가 설치되지 아니한 지역에 대해서는 무질서한 개발을 조래하지 아니하는 범위에서 건축물의 건축 및 건축을 목적으로 하는 토지의 형질변경을 허가할 수 있다. 이 경우 도로는 「건축법」제2조제1항제11호에 따른 도로를 말한다.〈개정 2017·5·1, 2018·12·31〉
1. 신청지역에 신청인이 인접한 기존시설과 이어지는 도로·상수도 및 하수도를 설치할 것을 조건으로 하는 경우(이 경우 도로는 「건축법」제44조에 적합하게 하여야 하며, 시장은 도시지역, 도시지역 외의 지구단위계획구역외의 지역에 도로를 설치한 경우에는 「건축법」제45조에 따라 그 위치를 지정·공고할 수 있다)
2. 창고 등 상수도·하수도의 설치를 필요로 하지 아니하는 건축물을 건축하고자 하는 경우로서 도로가 설치되어 있거나 도로의 설치를 조건으로 하는 경우
3. 생산녹지지역·자연녹지지역·생산관리지역·계획관리지역 또는 농림지역안에서 농업·임업·어업 또는 광업에 종사하는 사람이 해당 지역 안에서 거주하는 기존의 주거용 건축물 및 그 부대시설의 건축(신축을 제외한다)을 목적으로 1천 제곱미터 미만의 토지의 형질을 변경하고자 하는 경우
4. 신청지에 상수도 공급이 불가할 경우 상수도에 갈음하여 「먹는물 관리법」에 따른 먹는 물 수질기준에 적합한 지하수개발 이용시설을 설치할 경우(단지 내 및 동일필지에 5가구 이상 주택, 음식점, 기숙사, 「관광진흥법」에 따른 숙박업과 1일 물 사용량 10톤 이상에 대해서는 사전에 「지하수법」에 따른 적법절차 이행 후 먹는 물 수질기준에 적합한 수질검사성적서를 붙임하여야 한다) 다만, 분양 및 임대목적의 「주택법」제15조에서 정하는 주택건설사업은 제외한다.
5. 신청지에 하수도 설치가 불가하여 「하수도법」에 따른 개인하수처리시설을 설치할 경우

④ '건축조례'를 검색하여 「건축법」에서 지자체 건축조례로 위임된 내용을 확인한다.

⑤ '민원 처리'를 검색하여 (지자체) 인허가 민원을 처리하는 절차를 이해한다.

부동산 공법
무작정 따라하기

021

농지전용허가

농지전용허가와 농지전용부담금

농지에 전원주택을 지으려면 ① 「건축법」의 건축신고, ② 「국토계획법」의 개발행위허가, ③ 「농지법」의 농지전용허가(협의)는 필수이고, 그 토지의 형편에 따라 다른 허가도 포함될 수 있다. 농지란 지목이 전·답·과수원을 말한다. 농지전용이란 농지를 건축물의 대지 같은 농지 이외의 용도로 사용하는 것을 말한다.

| 농지전용위임면적(농지법 제51조, 영 제71조) |

	시·도지사	시장·군수
농업진흥지역 안	3,000~30,000㎡ 미만	3,000㎡ 미만
농업진흥지역 밖	30,000~300,000㎡ 미만(자연녹지·계획관리 30,000㎡ 이상)	30,000㎡ 미만
영 [별표3] 지역	100,000㎡ 이상	100,000㎡ 미만

농지전용허가권자는 농림식품부장관이다(농지법 제34조). 다만, 전용하려는 면적에 따라 도지사 또는 시장·군수에게 허가권한이 위임되어 있다(법 제51조 및 영 제71조).

농지는 농업진흥지역(속칭 진흥농지)과 외지역(속칭 일반농지)으로 나누어진다. 시·도지사는 농지를 효율적으로 이용하고 보전하기 위하여 농업진흥지역을 지정한다(법 제28조 1항).

농업진흥지역은 도시지역의 녹지지역과 비도시지역에 지정되어 있는데, 농업진흥구역과 농업보호구역으로 나뉜다. 농업진흥구역은 농업생산기반시설사업이 시행되는 등 집단화를 통하여 농업목적으로 이용할 필요가 있는 지역이다. 농업보호구역은 농업진흥구역의 용수원 확보 등 농업환경을 보호하기 위하여 지정되는 지역이다(법 제28조 2항).

농림지역 중 농업진흥지역의 행위제한(건축물·시설물의 용도·종류·규모)은 「농지법」에 따른다(국토계획법 제76조 5항 3호). 농업진흥지역의 농지는 농업용 이외의 용도로 전용할 수 있는 범위가 극히 제한적이고(법 제32조), 농업진흥지역 밖의 농지는 전용할 수 있는 범위가 상대적으로 넓다(법 제37조).

농지는 국토의 약 21%로, 지목이 전·답·과수원인 토지와 사실상 농지로 사용되는 토지를 말한다(법 제2조). 농지는 식량안보(식량자급율 약 23%)와 직결되므로 농지전용이 원칙적으로 제한되나, 도시지역과 계획관리지역, 개발진흥지구는 개발이 가능한 곳이므로 「농지법」 제37조 1항 1호의 대기오염배출시설, 2호의 폐수배출시설, 3호의 농업진흥 및 농지보전을 해칠 우려가 있는 시설이라도 ① 「대기환경보전법」·「물환경보전법」의 금지시설, ② 일정 면적 이상은 전용이 제한되는 시설, ③조례로 제한하는 시설 이외에는 농지전용이 가능하다.

다음 표는 농지(農地)를 다른 용도의 토지로 전용(轉用)할 수 있는 행위 및 면적을 「건축법」의 건축물 종류(용도 29가지)에 맞게 구분하면서, 농업진흥지역 외지역(일반농지)과 농업진흥지역 중 농업보호구역을 비교하였으며, 별도로 농업진흥지역 중 농업진흥구역에서 허용되는 행위 및 면적을 정리하였다.

| 농지전용 허용 종류 및 면적(2022. 6. 1.) | | |

건축물 종류 (건축법 시행령 별표1)	용도지역 (농지법)	외지역 허용면적 (법37조, 영44조)	농업보호구역 (법32조, 영30조)
1. 단독주택	가. 단독주택	1,000㎡↓ (농업인주택 660㎡ 이하)	1,000㎡↓
	나. 다중주택		불허
	다. 다가구주택		
	라. 공관		
2. 공동주택	가. 아파트	불허	불허
	나. 연립주택	15,000㎡↓	
	다. 다세대주택		
	라. 기숙사		
3. 제1종 근린 생활시설	가. 각종소매점(1천㎡↓)	1,000㎡↓	1,000㎡↓
	나. 휴게·제과점(300㎡↓)	불허	불허
	다. 이·미용원, 목욕장, 세탁소	1,000㎡↓	불허
	라. 의원, 한의원, 접골 등		1,000㎡↓
	마. 탁구장 등(500㎡↓)		
	바. 공공업무시설(1천㎡↓)	3,000㎡↓	
	사. 주민공동이용시설	지역아동센터 1천㎡↓	공중화장실
	아. 변전소·통신·정수장	3,000㎡↓	3,000㎡↓
	자. 일반업무(30㎡↓)	1,000㎡↓	불허
	차. 전기자동차충전소		
4. 제2종 근린 생활시설	가. 공연장·소극장(500㎡↓)	1,000㎡↓	1,000㎡↓
	나. 종교집회장(500㎡↓)		
	다. 자동차영업소(1천㎡↓)		불허
	라. 서점(1종근생 아닌 것)		1,000㎡↓
	마. 총포판매소		
	바. 사진관·표구점		
	사. 게임제공업소 등(500㎡↓)		
	아. 휴게·제과점(300㎡↓)	불허	불허
	자. 일반음식점		
	차. 장의사, 동물병원·동물미용실	1,000㎡ 이하	1,000㎡↓
	카. 학원·교습소·직업훈련(500㎡↓)		
	타. 독서실, 기원		
	파. 테니스·체력단련장 등(500㎡↓)		(골프연습장 제외)
	하. 금융·사무소·출판(500㎡↓)		
	거. 다중시설(고시원, 500㎡↓)		1,000㎡↓
	너. 제조업·수리점(500㎡↓)	불허(일부 제외)	
	더. 단란주점(150㎡↓)	불허	불허
	러. 안마시술소, 노래연습장	1,000㎡ 이하	
5. 문화 및 집회시설		불허	
6. 종교시설		3,000㎡↓	

	가. 도매시장 나. 소매시장	30,000㎡↓	[보호구역 허용행위]
7. 판매시설	다. 상점	15,000㎡↓	1. 진흥구역허용 모두
8. 운수시설		불허	2. 농업인소득증대
9. 의료시설		10,000㎡↑	① 관광농원
10. 교육연구 시설	가. 학교	30,000㎡↓	② 주말농원
	다. 직업훈련소 라. 학원 바. 도서관	불허	③ 태양광발전설비
11. 노유자시설 12. 수련시설		3,000㎡↓	④ 규칙[별표2의2]시설
13. 운동시설		5,000㎡↓	(ㄱ) 농촌융복합 3천㎡↓
14. 업무시설 15. 숙박시설 16. 위락시설		불허	(ㄴ) 농촌형승마 3천㎡↓
17. 공장 18. 창고		30,000㎡↓	(ㄷ) 농식품연구 5천㎡↓
19. 위험물처리시설		1,000㎡↓	(ㄹ) 농식품유통 1.5만㎡
20. 자동차 관련시설	주차장/운전·정비학원/주기장	1,000㎡↓	(ㅁ) 농자재제조·판매: 근생 1천, 공장 1.5만㎡↓
	세차장/폐차장/검사장/매매장/ 정비공장	불허	(ㅂ) 조합창고·판매: 근생 1천, 공장 1.5만㎡↓
26. 묘지관련		1,000㎡↓	(ㅅ) 농축산물생산 1만㎡
27. 관광휴게시설		불허	3. 농업인생활여건 개선시 설 (위 1~4호)
29. 야영장		3,000㎡↓	
농어촌정비법	관광농원 사업 시설	30,000㎡↓	20,000㎡↓
	주말농원		3,000㎡↓
태양에너지발전시설		30,000㎡↓	10,000㎡↓

농어촌체험휴양마을사업 및 농수산업관련은 해당법령 범위 내(영제44조3항7호)

위 시설부지 외는 10,000㎡ 초과 불허. 단, ① 농업진흥구역에 설치 시설, ② 도시·군계획시설, ③ 「농어촌정비법」의 마을정비구역에 설치 시설, ④ 고속국도의 도로부속물, ⑤ 「자연공원법」의 공원시설, ⑥ 「체육시설법」의 골프장은 타법 규제 없으면 면적초과 가능함. • 시·군 조례로 제한시설 있음 • 농업생산기반시설이 정비된 곳은 허가가능

[전용 제한시설] ① 대기오염, ② 폐수배출시설은 불허, ③ 농업진흥·농지보전을 해칠 시설은 금지시설 및 면적 제한이 있다. 다만, 도시지역, 계획관리지역, 개발진흥지구는 허가할 수 있다.

[범례] ↓는 면적 미만, ↑ 초과, ↑ 이상, ↓ 이하. [건축법 용도 1~29 분류]

농업진흥지역 중 농업진흥구역(진흥농지)에 허용되는 시설

1. 농수산물 가공, 연구	① 농수산물 가공·처리시설(근생제조업소·공장)로써 (ㄱ) 국내산 원료(농산·임산·축산·수산물)의 식품 생산시설, (ㄴ) 15,000㎡↓(미곡종합처리장 3만㎡) 중 판매시설 20%, ② 정부관리양곡 가공·처리시설 15,000㎡↓, ③ 시험·연구시설 3,000㎡↓
2. 농업인 공동생활 시설	① 창고·작업장·농기계수리시설·퇴비장, ② 경로당·어린이집·유치원·정자·진료소 등, ③ (농업인공동운영) 일반목욕장·화장실·구판장·운동시설·마을주차장·마을취수장, ④ (국가·지자체·농업생산단체설치) 농업인용 일반목욕장·운동시설·복지회관 등
3. 농·축·어업용 주택·시설	① 주택: 세대주 5년합산 (ㄱ) 전업농, (ㄴ) 660㎡↓, (ㄷ) 당해·연접 시·구·읍·면 설치 ② 시설: (ㄱ) 자기생산 농산물건조·보관시설, (ㄴ) 야생동물 인공사육시설, (ㄷ) 간이양축시설, (ㄹ) 탈곡장, 잎담배건조실, 관리사, 콩나물재배사(1,500㎡↓), (ㅁ) 양어장·양식장(3만㎡↓), 어업용자재보관, (ㅂ) 가축분뇨처리시설, (ㅅ) 가축방역소독시설

4-7. 공공시설 설치	4. 국방·군사시설, 5. 하천·제방, 6. 문화재 보수·발굴(매장)·공작물설치, 7. 도로·철도: (ㄱ) 상하수도·공동구·가스공급설비·전주·발전설비·관측시설 등, (ㄴ) 사도법 사도
8. 지하자원	개발 탐사 또는 지하광물 채광과 광석의 선별 및 설치 장소
9. 농어촌 발전 필요시설	② 농산물 집하·저장·유통시설 부지면적 3만㎡↓, ③ 농업기계수리시설 3천㎡↓, ④ 유기질비료제조 3천㎡↓(지자체.생산자단체 1만㎡), 사료제조시설 3천㎡↓(지자체.생산자단체 3만㎡)(유통·판매시설은 20%↓), ⑤ 농지타용도일시사용(제한없음), ⑥ 생산자단체가 설치운영하는 농수산물(가공포함) 판매 1만㎡↓(공산품판매시설 30%↓), ⑦ 태양에너지발전설비(건물지붕형), ⑧ 농산어촌체험시설 (ㄱ) 「도농교류법」(숙박·승마·음식)시설 1만㎡↓, (ㄴ) 자기(농어업인·법인)경영 체험교육·판매시설 1천㎡↓, ⑨ 농기자재 제조시설(대기·수질제한시설제외), ⑩ 농·축산물+IT결합시설 (스마트농업)(농림부장관고시지역에 허용. 단, 금지시설에 불가)
[토지이용행위] ① 농작물 경작, ② 다년생식물 재배, ③ 고정식온실·버섯재배사·비닐하우스와 부속시설, ④ 축사·곤충사육사, ⑤ 간이퇴비장, ⑥ 농지개량·농업용수개발, ⑦ 농막, 간이저온저장고 등	

농지전용허가는 우량농지이거나, 인근 농지에 피해를 줄 수 있거나, 토사유출의 우려가 있는 경우, 또는 사업계획이 불확실하거나 사업면적이 지나치게 넓은 경우 등은 제한될 수 있다(법 제37조 2항). 그래서 농업진흥구역에서 해제되어도, 우량농지의 농지전용허가에는 허가권자의 재량권이 있으므로 유의해야 한다(법 제37조 2항 1호). 구체적인 내용은 「농업진흥지역관리규정」(농림축산식품부훈령)을 참조하자.

농지전용 후 5년 이내에 목적사업의 용도변경은 시장·군수·자치구청장 승인사항이다(법 제40조). 그리고 농지전용신고 대상시설의 범위 및 규모는 시행령 [별표1]에 규정되어 있다. 기타 농지전용에 대한 상세한 내용은 「농지전용업무처리규정」(훈령)을 참조하면 된다.

농지전용에는 '농지보전부담금'이 부과되는데 전용하려는 농지의 개별공시지가의 30%이며 상한선은 ㎡당 5만 원이다(영 제53조). 다만 농업용시설과 공익(사업)시설, 산림으로 전용하는 경우, 주말체험영농 주택부지로 전용하는 경우(도시지역과 계획관리지역 제외) 등은 전용부담금이 감면된다(법 제38조 6항). 그리고 「농지의 보전 및 이용에 관한 법률」 제4조 제2항의 규정에 의하여 1981년 7월 29일 이전에 협의를 거쳐 주거지역·상업지역·공업지역으로 지정된 지역 안의 농지를 전용하는 경우에는 전용

부담금이 없다. 농지보전부담금이 감면대상 및 감면비율은 「농지법 시행령」[별표2]에 규정되어 있다.

농지의 취득과 농지취득자격증명

1949년 제정된 「농지개혁법」은 영세·생계농 보호 위주로 운영되었다. 농산물개방 압력이 심해진 1986년 우루과이라운드 이후 국가는 농업의 국제경쟁력을 확보를 위한 다양한 농업경영체의 육성과 농지유동화 촉진을 위하여 농지제도를 개편하는 「농지법」을 제정하여 1996년 1월 1일 시행하였다. 그전에는 농지의 취득, 전용허가(협의·신고) 규정이 「농지개혁법」 「농지의 보전 및 이용에 관한 법률」 「농어촌발전특별조치법」 등에 분산되어 있었다.

「헌법」 제121조 및 「농지법」 제6조의 경자유전(耕子有田)의 원칙에 따라 농지는 농업인만이 취득할 수 있다. 「농지법」(제정 1994. 12. 22.)은 농업 개방화·고령화에 대응하여 지속적인 농지 취득 및 소유 관련 사전 규제는 완화하고 농지처분제도를 도입하는 등 사후관리를 강화하는 방향으로 제도 개선이 되었다.

도시인에게 농지를 편법적 투자를 할 수 있게 한 것은 통작거리를 없애고, 주말·체험영농용 농지취득을 비농업인에게 허용하며(시행 2003. 1. 1.), 「조세특례제한법」에 각종 양도소득세 과세특례를 둔 것 등이다.

또한 농지가 산업단지, 공공주택단지 등 대규모 개발지로 전용되면서 개발 예정지 중심으로 농지 투기 행태가 발생하고 있어, 이를 근절하기 위해 「농지법」이 개선·보완되고 있다.

최근 「농지법」의 중요한 개정내용은 '농지취득자격증명'의 발급요건 강화이다. 농지를 취득하여 소유권을 이전하려면 그 농지소재지 시·구·

알아두세요

통작거리
(농지법이 제정되기 전에) 농지를 취득하여 소유권을 이전하려면 신규영농이나 기존농업인은 「농지임대차관리법」에 의하여 농지위원 2명이 확인하는 '농지매매증명'(현행 '농지취득자격증명'과 비슷함)이 필요한데, 이때 거주하는 읍·면 밖의 농지인 경우 20㎞ 통작거리 제한이 있었다. 현재는 양도소득세 자경감면 조건인 30㎞ 거리제한만 있다.

읍·면장으로부터 '농지취득자격증명'을 발급받아야 한다(법 제8조). 이때 농업경영계획서를 제출하여야 한다.

농업경영계획서가 있는 농취증은 발급기한이 4일에서 7일로, 농업경영계획서 제출의무가 없는 경우 2일에서 4일로(법 제8조 2항 단서), 농지위원회의 심의 대상은 14일로 늘어났다(법 제8조 4항, 시행 2022. 5. 18.).

그리고 주말·체험영농은 주말·체험영농계획서를 제출하여야 농지취득자격증명을 발급받을 수 있게 되었다. 또한 비농업인이 주말·체험영농목적의 농지의 취득은 그동안 모든 농지에 가능했지만 이제는 농업진흥지역의 농지는 주말·체험영농목적으로 취득이 불가능하다(법 제6조 2항 3호).

그리고 농지 투기가 성행하거나 성행할 우려가 있는 지역의 농지를 취득하려는 자 등 농림축산식품부령으로 정하는 자가 농지취득자격증명 발급을 신청한 경우 시·구·읍·면의 장은 법 제44조에 따른 농지위원회의 심의를 거쳐야 한다(법 제8조 3항, 시행 2022. 8. 18.).

또한 농지취득자격증명 심사요건을 강화하고, 증명서류를 거짓 또는 부정하게 제출한 사람은 500만 원 이하의 과태료 처분을 받게 되고(법 제64조 1항 1호, 시행 2022. 5. 18.), 처분명령을 받게 된다(법 제11조 1항 1호 신설) 구체적인 내용은 '농지취득자격증명발급심사요령(농림축산식품부훈령)'을 참조하면 된다.

참고로 누구든지(공인중개사 포함) 농지소유 제한(법 제6조), 위탁경영 제한(법 제9조), 임대차 또는 사용대차 제한(법 제23조)을 알고도 소유 또는 위탁경영, 임대차 등을 권유하거나 중개하는 행위와 이를 광고한 행위자는 3년 이하의 징역 또는 3천만 원 이하의 벌금에 처해질 수 있다(법 제60조).

도시지역(녹지제외)의 농지취득 이전등기에는 '농지취득자격증명'이 필요 없고(국토계획법 제83조), 기타 등기사항은 「농지의 소유권이전등기에 관한 사무처리지침」(등기예규 제1635호)을 참조하면 된다.

시·구·읍·면장이 농지 소유실태와 이용실태를 관리하기 위하여 세대별 농지원부를 작성하는데(법 제49조), 2022년 4월 15일부터 필지별로 작성하며(영 제70조 개정), 농지원부의 명칭이 농지대장으로 변경되었다. 농지를 보유한 사람은 농업경영계획서에 기재한 대로 경작의무가 부여된다. 농업경영계획서의 보존기간은 10년이다(법 제8조의2).

병역, 3개월 이상 해외여행, 질병·취학, 3개월 이상의 부상치료, 임신·분만의 경우 등(영 제8조) 부득이한 사유와 농업인이 자기 노동력이 부족한 경우에는(법 제9조) 한국농어촌공사 등에 영농을 위탁할 수 있다.

자세한 내용은 법 제10조 및 「농업경영에 이용하지 않는 농지 등의 처분 관련 업무처리요령」(농림축산식품부예규)을 참조하면 된다.

농업인 자격과 농업인 확인서

농업인이란 「농지법」의 시행 이전부터 농지를 보유·경작하던 기존 농업인만이 아니라 새롭게 「농지법」의 농업인 자격을 갖추려는 신규영농인도 포함된다. 농업인의 자격은 다음과 같다(영 제3조).

1. 1,000㎡ 이상의 농지에서 농작물 또는 다년생식물을 경작 또는 재배하거나, 1년 중 90일 이상 농업에 종사하는 자
2. 농지에 330㎡ 이상의 고정식온실·버섯재배사·비닐하우스, 그 밖의 농림축산식품부령으로 정하는 농업생산에 필요한 시설을 설치하여 농작물 또는 다년생식물을 경작 또는 재배하는 자
3. 대가축 2두, 중가축 10두, 소가축 100두, 가금(家禽: 집에서 기르는 날짐승) 1천 수 또는 꿀벌 10군 이상을 사육하거나, 1년 중 120일 이상 축산업에 종사하는 자
4. 농업경영을 통한 농산물의 연간 판매액이 120만 원 이상인 자

「농지법」의 농업인과 「농업식품기본법」의 농업인의 자격이 조금 다르므

로 해당 법률에서 정한 농업인 기준을 잘 확인하여야 한다.

「농업식품기본법」(농업·농촌 및 식품산업기본법)의 '농업'은 농작물재배업, 축산업, 임업 및 이와 관련된 산업이다. 또한 '농업인'이란 농업을 경영하거나 농업에 종사하는 사람으로 다음 기준에 해당하는 자를 말한다.

1. 1,000㎡ 이상의 농지를 경영하거나 경작하는 사람
2. 농업경영을 통한 농산물 연간 판매액이 120만 원 이상인 사람
3. 1년 중 90일 이상 농업에 종사하는 사람
4. 영농조합법인에 1년 이상 계속 고용되어 농산물 출하·유통·가공·수출활동을 한 사람
5. 농업회사 법인에 1년 이상 고용되어 판매활동을 한 사람

농업인이 되면 각종 지원이 있는데 이때 농업인 확인서가 필요할 때가 있다. 「농업농촌기본법」의 '농업인확인서'는 「농업인확인서발급규정」(농림축산식품부 고시)에 따라 '국립농산물품관리원'의 지원장이 10일 이내로 발급한다(규정 제6조).

농업인 확인서 발급규정의 '농업인 확인서' 발급 자격
제4조(농업인 확인 기준) 이 고시에 따라 농업인 확인서를 발급받기 위해서는 농업인 확인을 신청한 사람이 다음 각 호의 어느 하나에 해당하여야 한다.
1. 법 시행령 제3조 제1항 제1호(1,000㎡ 이상의 농지를 경영·경작)의 농업인 기준
    가. 「농어업경영체법」 제4조에 의해 농업경영정보를 등록한 자
    나. 「농지법」 제50조에 따라 농지원부등본을 교부받아 제출한 사람
    다. 「농지법」 제20조에 따라 대리경작자지정 통지서를 제출한 사람
    라. 「농지법」에 따른 임대차계약·사용대차계약의 서면 계약서를 제출한 사람
    마. 위 각 농지의 합계가 1,000㎡ 이상이면서 관련 서류를 제출한 사람
2. 법 시행령 제3조 제1항 제2호(농산물의 연 판매액이 120만 원 이상)의 농업인 기준
    가. 사업자등록을 한 자 등과 농산물 판매계약을 체결하고 서면 계약서를 제출하거나 농산물 출하·판매를 증명할 수 있는 서류(영수증 등)를 제출한 사람

나. 「산지관리법」의 산지에서 육림업, 임산물 생산·채취업(버섯 300㎡, 그 밖 1,000㎡ 이상) 및 임업용 종자·묘목 재배업(등록한 자)을 경영하는 사람

다. 기타 다음의 요건 중 어느 하나를 충족한 사람

(1) 농지에 330㎡ 이상의 고정식온실·버섯재배사·비닐하우스의 시설을 설치하여 식량·채소·과실·화훼·특용·약용작물, 버섯, 양잠 및 종자·묘목을 재배하는 사람

(2) 농지에 660㎡ 면적 이상의 채소·과실·화훼작물을 재배하는 사람

(3) 330㎡ 이상의 농지에 축사 관련 부속시설을 설치하여 [별표2] 이상의 가축규모나 [별표3] 이상의 가축사육시설면적에 [별표2] 이상의 가축을 사육하는 사람

(4) 「축산법」 제22조의 종축업, 부화업, 가축사육업의 허가받은 사람·등록한 사람

(5) 농지에 1,000㎡ 이상의 조경수를 식재(조경목적 제외) 생산하는 사람

(6) 「곤충산업법」 제12조에 따라 곤충의 사육 또는 생산에 대해 신고확인증을 받은 자로서 [별표4]의 사육규모 이상으로 대상곤충을 사육하는 사람

3. 법 시행령 제3조 제1항 제3호(1년 중 90일 이상 농업에 종사)의 농업인 기준 : ① 고용주와의 서면 계약서를 제출한 자, ② 농업인의 가족원은 일정 요건에 맞은 자

4. 법 시행령 제3조 제1항 제4호 및 제5호의 농업인 기준: 아래 법인과 고용계약을 체결한 서면 계약서를 제출한 자

(제4호) 「농어업경영체법」 제16조 제1항에 따라 설립된 영농조합법인의 농산물 출하·유통·가공·수출활동에 1년 이상 계속하여 고용된 사람

(제5호) 「농어업경영체법」 제19조 제1항에 따라 설립된 농업회사법인의 농산물 유통·가공·판매활동에 1년 이상 계속하여 고용된 사람

「농어업경영체법」(농어업경영체 육성 및 지원에 관한 법률)은 자유무역협정(FTA) 등 경제개방의 확대와 농어업인의 고령화에 대응하여 농어업경영정보의 등록, 농어업법인의 설립 및 지원 등이 규정되어 있다.

농어업·농어촌에 관련된 융자·보조금을 지원받으려면 농업경영체 등록을 하고 농업경영정보도 등록하여야 한다(법 제4조). '농업경영체'란 농

업인과 농업법인을 말하고, 어업경영체란 어업인과 어업법인을 말한다(법 제2조). '농어업경영정보'는 「농업농촌기본법」 제40조에 따른 농지·축사·임야·원예시설 등 생산수단, 생산농산물, 생산방법 및 가축사육 마릿수 등 농업경영 관련 정보 및 융자·보조금 등의 수령정보인 농업경영체 정보(영 [별표1])와 「수산업기본법」 제27조에 따른 어선·양식시설 등 생산수단, 생산수산물, 생산방법 및 어업생산규모 등 어업경영 관련 정보 및 융자·보조금 등의 수령정보인 어업경영체 정보(규칙 제2조)를 말한다(법 제4조).

그리고 영농조합법인 및 영어조합법인의 설립에 관한 사항(법 제16조), 농업회사법인 및 어업회사법인의 설립에 관한 사항(법 제19조)과 농업법인의 사업범위(법 제19조의4) 및 지원(법 제20조) 등이 규정되어 있다.

초지전용허가와 초지전용부담금

「초지법」은 축산업의 발전을 도모하기 위하여 초지의 조성·개발·개량·보전·관리 및 이용에 관한 사항을 규정한 법이다(제정 1969. 1. 17.). '초지(草地)'란 다년생개량목초(多年生改良牧草)의 재배에 이용되는 토지 및 사료작물 재배지와 목장도로·진입도로·축사 및 부대시설을 설치하는 토지이다(법 제2조 1호). 초지를 조성하려면 소유권 또는 이용권(국·공유지는 대부계약 등)을 가지고 '적지조사' 등을 통하여 시장·군수·구청장으로부터 허가를 받아야 한다(법 제5조).

'초지의 전용'이란 초지의 형질을 변경하거나 초지의 이용에 장해가 되는 시설 또는 구조물을 설치하는 등 초지를 초지 외의 목적으로 사용하는 것으로(법 제2조 4호), 조성된 초지는 산업시설, 공익시설, 주거시설, 관광시설, 농업용 시설 등으로만 전용이 허용된다(법 제23조).

1997년 4월 10일 초지조성 및 전용허가권자가 시장·군수·구청장으로 일원화되면서 초지조성심의위원회와 초지단지조성지구 지정제도가 폐지되었다. 1999년 6월 30일에는 초지조성지구고시제도, 대리관리자지정제도가 폐지되었다. 2003년 2월 24일 초지에도 660㎡ 이내의 농가주택을 건축할 수 있도록 허용하고(법 제23조) 대체초지조성비를 전액 면제하여 평시에는 농업인이 활용하고 주말 등에는 도시민이 휴양시설로 활용할 수 있도록 하였다. 도시와 농촌간의 인적·물적교류의 촉진을 통하여 농촌의 활력을 증진할 수 있게 된 것이다.

초지조성이 완료된 후 25년이 경과된 초지에 대하여는 허가 대신 신고로서 전용이 가능하도록 하였다(법 제23조 3항). 초지전용 목적사업에 사용되고 있거나 사용된 토지를 일정 기간 이내에 다른 목적으로 사용하려는 경우는 시장·군수·구청장의 승인을 받아야 한다.

국·공유지를 대부받아 조성한 초지의 대부기간은 5년이고 계속 연장될 수 있다. 그러나 초지조성이 완료된 날부터 25년이 지난 대부토지는 축산업 환경 및 초지이용 여건의 변화로 다른 용도로의 이용이 필요한 경우에 대부기간을 연장하지 않을 수 있다(법 제17조 4항).

초지를 전용할 때에 납부해야 하는 '대체초지조성비'는 1㏊(10,000㎡)당 16,226,000원(2022.1.14. 기준)으로, 이 금액은 1㏊당 초지조성단가 9,291,000원과 3년간 초지관리비 6,935,000원을 합한 금액이다. 이 초지전용부담금(대체초지조성비)은 산업단지 등 중요산업시설과 공용 또는 공공용 시설은 대부분 100% 면제되고, 농·림·축산·수산업 용도와 농업인주택용지 등은 100% 면제된다. 기타 50% 감면되는 시설 및 사업도 있다. 더 구체적인 내용은 「초지법 시행령」[별표2] 대체초지조성비의 감면기준을 참고하면 된다.

022

산지전용허가

산지의 행위제한과 대체산림자원조성비

(1) 산지는 '지목이 임야인 토지와 입목·죽 등이 집단적으로 생육하고 있는 토지 등'이다(산지관리법 제2조 1호). 그 면적은 국토의 약 63.4%를 차지하고 있다. 산지는 보전산지(78%)와 준보전산지(22%)로 구분하되, 보전산지는 다시 공익용산지(26%)와 임업용산지(52%)로 구분한다. 산지의 난개발을 방지하고 친환경적인 산지이용체계를 종합적이고 체계적으로 구축·관리하기 위하여 「산지관리법」을 「산림법」에서 분리하여 제정·시행하였다(2003. 10. 1.).

| 산지구분 현황 |

(출처: 산림청 산림복지국)

알아두세요

공익용산지

임업생산과 함께 재해 방지, 수원보호, 자연생태계 보전, 산지경관 보전, 국민보건휴양 증진 등의 공익 기능을 위하여 필요한 산지로서, 12가지 개별법에 의한 15가지 공익산지가 있다. 보전녹지의 임야를 제외하고 개발이 사실상 불가능한 산지이다.

임업용산지

산림자원의 조성과 임업경영기반의 구축 등 임업생산 기능의 증진을 위하여 필요한 산지로서 임업진흥보다 더 공익성이 높은 용도로는 일반인에게도 개발이 허용되는 것이다. 도로 등 공공시설과 농림어업용시설은 농촌개발 및 농림어업인의 소득증대이므로 공익으로 해석된다.

(2) 산지를 산지 이외의 용도로 사용하고자 할 때에는 산지전용허가(신고)·일시사용허가(신고) 등을 받아야 한다(법 제14~15조의2).

(3) 산지전용면적은 30,000㎡ 미만이다(영 [별표4의2]). 단, 공용·공공용 시설, 도시계획시설, 농어촌정비 사업, 도시지역 및 계획관리지역, 공장의 증·개축, 농림어업인 주택 및 제1종 근린생활시설 등은 제외하되, 동일인이 동일한 목적사업으로 다수의 전용허가를 신청하거나 준공 전에 연접하여 허가를 신청하면 면적을 합산한다.

(4) 산림청장은 국토의 효율적 이용을 위하여 전국의 모든 산지(법 제2조 1호) 중에서 보전산지를 지정한다(법 제4조). 산림청장이 보전산지를 지정하려면 '산지구분도'를 작성하여 산지 소유자의 의견을 듣고 관계 행정기관과 협의한 후에 (중앙) 산지관리위원회의 심의를 거쳐야 한다(법 제5조). 또한 산림청장은 보전산지의 지정요건에 해당하지 아니하거나 산지전용허가(신고)를 받아 복구준공검사를 받은 경우 등에는 보전산지의 지정을 해제할 수 있다(법 제6조). 이때 산지전용면적이 30,000㎡ 미만이면 시장·군수가 해제하고 30,000~1,000,000㎡ 미만이면 시·도지사가 해제할 수 있다(법·시행령 각 제52조).

(5) 준보전산지란 보전산지로 지정되지 않은 산지를 말한다(법 제4조 1항 2호). 준보전산지의 행위제한은 「산지관리법」에 없고 그 산지가 속한 「국토계획법」의 21가지 용도지역에서 허용되는 건축물 또는 시설물로 개발할 수 있다.

(6) 이때 유의할 점은 산지전용은 행위제한 이외에도 산지를 산지 이외의 용도로 변경하기 위한 일종의 토지형질변경 허가기준이 있는데, 준보전산지의 산지전용허가 기준은 「산지관리법」과 「국토계획법」을 동시에 적용받지만, 준보전산지는 경사도·입목축적 등이 그리 높지 않아서 산지전용허가 기준이 「국토계획법」의 개발행위기준에 따르고, 보전산지의 경우에는 경사도·입목축적 등 「산지관리법」이 정한

| 산지전용 허용시설 및 면적(산지관리법 10조·12조·영 12-13조) |

건축물 용도 및 종류\산지종류		공익용	임업용 산지
1. 단독주택	농림어업인 주택	660㎡ 미만(5년): 자기소유, 농림어업경영, 실거주 [200%]	
2. 공동주택	근로자기숙사	불허	공장종업원용 공동취사
1호 또는 2호	근로자주택		수도권정비계획법+근로자복지기본법
(주거용 아님)	산림경영관리사(임업인)	허용	200㎡ 미만(휴식 25% 이하) [200%]
	농업·축산용관리사·농막	불허	200㎡ 미만(주거용 아닌 것) [200%]
	간이농림어업용시설		200㎡ 미만(농수산물 간이처리시설)
6. 종교시설	제각(祭閣)	허용	100㎡ 미만
	사찰림 내 사찰	사찰신축·봉안시설·병원·사회복지·청소년수련 등	
	종교집회장 및 부대시설	증축 130%	1만 5천㎡ 미만(사찰·교회·성당) [200%]
9. 의료시설	병원 및 부대시설(일부)	불허	의료법의 (종합·치과·한방·요양)병원
10. 교육연구시설	우주항공기술시설 등	허용	과학기술기본법, 기초연구지원
	기업부설연구소 등/학교	불허	기초연구법·특정연구기관법/교육법
	직업능력개발훈련시설		근로자직업능력 개발법
11. 노유자시설	직장보육/국공립어린이집	불허/허용	영육아보육법
(아동·노인·장애인)	사회복지시설/복지회관	불허	사회복지사업법/비영리법인건립
12. (청소년)수련	수련시설(유스호스텔포함)	불허	청소년활동진흥법
17. 공장(생산시설)	유기질비료제조시설	불허	1만㎡ 미만[폐목·짚·음식(퇴비)·가축분뇨]
(임업인) [200%]	농기계수리시설		3천㎡ 미만(농기계창고)
18. 창고(농림어업)	창고·집하장·가공시설		3천㎡ 미만(농·축·수산물)
*임업진흥법의 임업인	생산·집하시설/버섯재배	불허	1만㎡ 미만 [200%]
(영 제2조)	임산물가공·건조·보관		3천㎡ 미만 [200%]
	자재보관·전시·판매시설		1천㎡ 미만 [200%]
	산촌개발사업(25조)	허용	1만㎡ 미만 [200%]
21. 동식물관련시설	양어장·양식장 [200%]	3천㎡ 미만(수산자원보호구역)	1만㎡ 미만 (+낚시터시설)
(농림어업인·생산자	축산시설 [200%]	불허	부지면적 3만㎡ 미만 [200%]
단체·영농(어)조합	가축방목·목초종자		5만㎡ 미만(조림 15년 경과, 산림보호시설)
법인)	농림업용 온실 [200%]		1만㎡ 미만(야생조수인공사육시설)
	누에사육·곤충 [200%]		3천㎡ 미만(누에사육시설·곤충)
	관상수재배(농림어업인)	1만㎡ 미만	3만㎡ 미만(*성절토로 50cm 이상 형질 변경만)
산채·약초·특용작물·야생화 등(임산물소득)		허용	제한 없음(벌채·굴취 수반 5만㎡ 미만)
22. 쓰레기처리시설	폐기물처리시설	국가·지자체	폐기물(법)이 아닌 물건 1년 적치
24. 방송통신시설	야외촬영시설	불허	영화진흥법·방송법·문화산업진흥법
25. 발전시설	발전·변전·송전·배전시설	허용	신재생에너지법의 이용·보급 시설
26. 묘지관련시설	화장시설, 봉안시설	불허	장사 등에 관한 법률(묘지·자연장지)
공용·공공용시설	군사·하천·도로·철도	허용	허용(삭도·궤도 포함)
	방송·통신시설, 액화석유·저 공해자동차연료공급시설 등	불허	허용
*지역사회개발및 산업발전에 필요시설 [(단순한)지구단위계획구역 지정은 제외]		국가	타법률+산림청장협의(오염배출방지 가능)
			주택사업승인·건축허가·개발행위허가
*(건축법) 건축물의 진입로 설치: 모든 임야에 유효너비(경사면 제외) 4m 이하, 길이 50m 이하			
농어촌휴양시설	관광농원, 농어촌관광단지	불허	3만㎡ 미만 [200%] (농어촌정비법)
수목원·산림생태원·자연휴양림·수목장림 등 산림공 익시설, 궤도(삭도)		지자체 허용	삼림욕장·숲속야영장·산림레포스시설·돌 레길, 산림교육시설·임산물홍보관 등
사도(私道)설치·농도(農道)·농업용(배)수로		허용	사도법·농어촌도로정비법·농어촌정비법

* [200%]: 산림청장이 중앙산지관리위원회의 심의로 2배 범위 완화 가능

엄격한 산지전용허가 기준을 따른다. 산지전용허가 기준은 뒤에서 설명겠다.

(7) 보전산지란 「산지관리법」의 용도지역으로서, 원칙적으로 훼손하지 않고 보전해야 하는 토지이다. 보전산지는 「국토계획법」 제56조 3항에 의하여 행위제한이 「산지관리법」으로 위임되어, 보전산지에서 허용되는 건축물 및 시설물은 「산지관리법」 제10조와 제12조 및 영 제12~13조에 규정되어 있다. 다만 사업부지에 준보전산지가 80% 이상인 경우 나머지 보전산지(임업용산지)에 대한 행위제한을 준보전산지에 준하여 완화할 수 있다(법 제18조 2항 및 5항 단서).

(8) 보전산지 중 공익용산지는 공용·공공용 시설 이외는 개발이 엄격히 제한되고, 보전산지 중 임업용산지는 농림어업용 시설 및 임업진흥보다 더 공익성이 있는 시설로의 전용을 허용하고 있는데, 앞 표에 정리하였다. 그런데 「산지관리법」의 시설물의 명칭과 「건축법」의 건축물 용도(29가지)의 명칭이 약간 다르고, 관련 개별법에 허용제한이 또 있을 수 있으므로 유의하여야 한다.

(9) 공익용산지 15가지 중 다른 법률에 별도의 행위제한이 있는 경우에는 「산지관리법」을 적용하지 않고 그 법률에 따른다(법 제12조 3항). 보전산지 중 공익용산지는 국가가 시행하는 지역사회개발사업, 지자체가 시행하는 수목원, 수목장, 산림공익시설이 허용되고, 농림어업인 주택, 산림경영관리사, 종교시설(제각, 사찰, 봉안시설, 병원 등), 우주항공기술시설, 산촌개발사업, 임산물소득(약초, 특용작물 등)사업만 허용된다. 그리고 공익용산지에서 허용되는 건축물의 진입로(유효너비 4m에 길이 50m 이하)가 허용되며, 「사도법」의 사도 설치, 농도, 농업용 수로 등이 허용된다.

(10) 임업용산지에는 공익용산지에서 허용되는 용도를 포함하여 임업진흥 관련시설 또는 공기 맑고 조용한 산속에서 허용되어야 하는

알아두세요

농림어업인 주택

농림어업인이 자기 소유의 산지에서 직접 농림어업을 경영하면서 실제로 거주하기 위하여 농림어업인 주택 및 부대시설을 설치할 경우 임업용산지와 공익용산지 안에서 부지면적 660㎡ 이하까지 허용된다(영 제13조 제2항). 주택의 부대시설이란 그 주택에 부속한 창고·축사·화장실·탈곡장·퇴비사 등을 말한다(규칙 제8조 제1항·제3항 및 제9조 제1항).

여러 병원, 복지시설, 청소년수련시설, 묘지시설, (신재생)발전시설 등 임업진흥보다 더 공익적 목적의 사업은 허용될 수 있다. 다만, 「산림보호법」의 산림보호구역, 사방지 등 그 법령에서 제한하고 있는 곳은 산지전용이 허용되지 않는다. 더 구체적인 내용은 앞의 표와 「산지관리법」 및 영, 규칙을 참조하면 된다.

(11) 「산림자원법」(산림자원의 조성 및 관리에 관한 법률)에는 수종갱신 등을 위한 입목(立木) 벌채허가, 임산물의 굴취(掘取)·채취를 위한 허가(신고) 절차 등을 규정하고 있다(산림자원법 제36조).

(12) 준보전산지의 건축물 및 시설물의 용도변경은 대체산림자원조성비가 납부되면 산림청장의 승인을 받지 않는다. 보전산지는 「국토계획법」 제76조에 따라 「산지관리법」의 적용을 받아 지목이 임야 외로 변경되어 산지에 해당되지 않더라도 그 건축물 및 시설의 용도·종류 및 규모 등의 제한에 대해서는 해당 토지에 대한 용도지역 변경이 있거나 해당 건축물 등에 대한 용도변경 승인 기간(5년)이 경과한 후 최초의 도시·군관리계획 정비가 있기 전까지 산지전용 허가지역에 대한 용도변경 승인 기준을 준용한다(영 제26조의2).

(13) 산림청장 등이 제42조에 따라 복구준공검사를 받은 경우에는 대체산림자원조성비를 환급하지 않도록 하되, 대체산림자원조성비를 잘못 산정하였거나 부과금액이 잘못 기재된 경우 또는 부과대상이 아닌 것에 대해 부과된 경우는 환급하도록 하였다(법 제19조의2 2항, 시행 2018. 3. 20.).

 알아두세요

대체산림자원조성비
산지전용으로 감소되는 산림자원을 대체 조성하기 위하여 신청자가 납부하는 비용

2023년 대체산림자원조성비 부과기준(산림청 고시, 시행 2023.1.17.)		
= 전용허가(일시사용) 면적 × (단위면적당 금액 + 개별공시지가의 1%)		
단위면적당 금액	준보전산지	7,260원/㎡
	보전산지	9,430원/㎡
	산지전용(일시사용)제한지역	14,520원/㎡
* 개별공시지가의 1%에 해당하는 금액은 최대 7,260원/㎡으로 한정한다.		

(14) 산림청장 등은 다른 법률에 따라 산지전용허가 등이 의제되는 행정처분을 받은 자가 대체산림자원조성비를 납부하지 않은 경우 등에는 관계 행정기관의 장에게 그 목적사업에 관련된 승인·허가 등의 취소를 요청할 수 있도록 하였다(법 제20조 3항, 시행 2018. 3. 20.).

(15) 대체산림자원조성비가 감면되는 용도에서 감면되지 않거나 감면비율이 낮은 용도로 변경하려는 경우 산림청장 등의 승인을 받도록 하였다(법 제21조 1항 1호, 시행 2018. 3. 20.).

(16) 대체산림자원조성비(대체조림비)는 보전산지와 준보전산지에 따라 감면율이 다르다(영 제23조). 국가 및 지방자치단체의 공용 또는 공공용 시설 등 공익시설, 산업단지·공장 등 중요 산업시설, 농·림·어업용시설 등은 50~100% 감면되는데, 태양에너지발전시설은 감면대상에서 제외되었다(시행 2018. 12. 4.).

(17) 지역개발사업구역 중 낙후지역에 설치하는 자연공원 및 도시공원의 공원시설, 체육시설업의 시설에 대한 대체산림자원조성비를 2024년 12월 31일까지 준보전산지에 대해 50%의 감면하노록 하고, 대체산림자원조성비의 감면대상을 확대하였다(시행 2020. 11. 24.).

(18) 한국도로공사기 설치하는 도로, 한국수자원공사가 설치하는 댐, 한국철도공사가 설치하는 철도 및 고속철도와 산지전용 등의 목적사업 수행을 위해 실시하는 매장문화재 발굴조사를 대체산림자원조성비의 감면대상으로 추가하고, 보전산지 및 준보전산지에 대해 각각 100%의 감면비율을 적용하여 감면한다(시행 2020. 11. 24.). 자세한 내용은 시행령 [별표5]를 참조하면 된다.

산림청 사이트에서 산지 및 산림정보 찾기

① 산지정보시스템(forestland.go.kr)에서 위치정보를 확인한다.

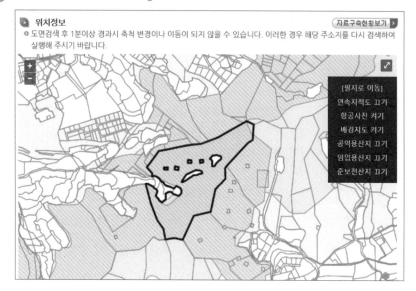

② 산지구분별 면적을 확인한다.

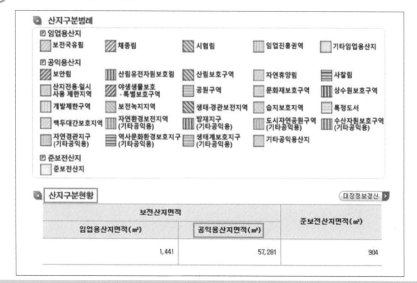

③ 임업정보다드림(gis.kofpi.or.kr)에서 '필지별산림정보서비스'를 클릭하여 표고 및 경사도 등을 확인한다. 자세한 내용은 토목측량설계사무실의 도움을 받아야 한다.

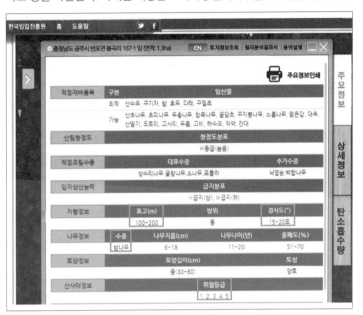

산지전용허가 기준

(1) 준보전산지를 전용하려면 「산지관리법」의 산지전용허가 기준과 「국 토계획법」의 개발행위허가 기준을 동시에 적용받는다. 이때 일부 허 가 기준은 지자체의 도시계획조례에 의하여 「산지관리법」에 위임되 어 있다.

(2) 보전산지의 전용허가 기준은 「산지관리법」의 적용을 받는다. 왜냐하 면 산지(임야)를 훼손하는 데 필요한 허가 기준이 「산지관리법」에 자 세히 규정되어 있고 임야를 보전하는 기준이 더 엄격하기 때문이다. 다만 산지전용허가 기준은 법령에 추상적으로 규정되어 있어 허가 권자의 재량적 판단 권한이 강하므로(대법원 2004두4482, 99두66 등), 토 목측량설계사무실과 산림분야 전문가의 도움을 받지 않으면 낭패를 볼 수 있다.

(3) 산지전용허가 기준은 「산지관리법 시행령」[별표4]의 '산지전용허가 기준의 적용범위와 사업별·규모별 세부기준', [별표3] '산지전용신 고의 대상시설 행위의 범위·설치지역 및 설치조건'에 규정되어 있 다. 또한 산지전용허가 기준에 대한 세부사항은 「산지관리법 시행규 칙」[별표1의3]에 상세히 규정되어 있다.

(4) 산지전용허가서에는 소유권 또는 사용·수익권의 범위 및 기간이 명 시된 서류를 첨부한다. 농업인 증명서류는 ① 「농지법」의 농지원부 (농지대장), ② 「농업식품기본법」의 농업인 확인서, ③ 「농어업경영체 법」의 농업경영체등록확인서 또는 농업경영체증명서이다(규칙 제10 조). 또한 매매·양도·경매, 사망 등으로 소유권이 변경되거나 권리· 의무를 양도한 경우 60일 이내에 변경신고를 하지 않으면 해당 허가 등이 취소 또는 철회된 것으로 본다(법 제51조). 그리고 산지전용허가 의 변경신고 등을 접수받은 경우 10일 이내에 신고수리 여부나 처리

기간 연장을 통지하지 아니하면 신고가 수리된 것으로 간주한다(법 제14조, 제15조, 제15조의2, 제17조, 제25조, 제30조).

(5) 산지전용·일시사용제한지역 및 보전산지(임업용산지와 공익용산지 모두) 에서 허용되는 건축물의 진입로(건축법 제2조 제1항 제11호의 도로)는 너비 4m 이하(절토·성토한 비탈면을 제외한 유효너비)로서 그 길이가 50m까지 허용된다(법 제10조 11호, 제12조 1항 15호, 제12조 2항 7호). 또한 농림어업인 주택은 자기소유의 기존 임도(林道)를 진입로로 활용할 수 있다 (영 [별표3] 5호, [별표4] 1호 마목 15).

(6) 산지전용 시 기존도로를 이용하지 않고 현황도로로 허가할 수 있는 시설 및 기준은 산림청 고시로 규정되어 있다(영 [별표4] 1호 마목 10). 계획상의 도로가 준공검사가 완료되지 않았으나 실제로 통행이 가능하면 도로관리청 또는 도로관리자가 그 도로이용에 동의한 경우 산지전용의 진입로로 인정한다(영 [별표4] 제1호 마목 10).

(7) 비탈면의 기울기는 토지에 따라 적정한 경사도와 높이를 유지하여 붕괴의 위험이 없어야 한다. 또한 비탈면의 수직높이가 15m 이하이어야 하며 5m 이하의 간격으로 너비 1m 이상의 소단을 설치하도록 사업계획에 반영하여야 한다. 다만 비탈면이 암반으로 이루어져 있어 산림분야 기술사가 안전하다고 인정하는 경우와 비탈면에 건축물의 벽체를 붙여 설치하여 건축분야 건축구조 기술사 등이 인정하는 경우에는 소단을 설치하지 아니할 수 있다(규칙 [별표1의3] 및 [별표 6]). 그런데 경기도의 경우 2020년 말에 '(재해 예방 및 산림환경 보전을 위한) 경기도 산지지역 개발행위 개선 및 계획적 관리지침'을 통하여 이 기준을 강화하였다.

 알아두세요

소단(小段)

비탈면 꼭대기에서 아래로 빗물 또는 토사가 빠르게 쏟아 내리지 않도록 중간에 일종의 완충장치인 작은 계단을 만드는 것으로, 비탈면 높이 전체를 3~5m로 쪼개어 그 중간에 좁은 폭(1~3m)으로 평탄하게 만든 계단을 말한다.

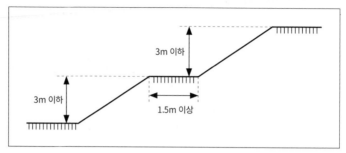

비탈면 설치 기준 예시

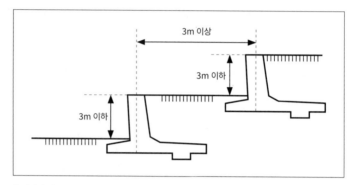

옹벽 설치 기준 예시

(8) 목적사업이 「건축법 시행령」 [별표1]의 단독주택, 공동주택, 수련시설, 숙박시설, 공장 신축인 경우에는 아래의 예와 같이 형질변경되는 부지의 최대폭의 2배 거리만큼 산정부 방향으로 수평투영한 지점에 해당하는 원지반까지의 경사도가 25° 이하여야 한다. 다만, 형질변경되는 부지 상부 비탈면의 모암(母巖) 또는 산림의 상태가 안정적이어서 토사유출이나 산사태가 발생할 가능성이 낮은 경우에는 그렇지 않다.

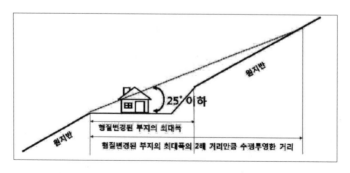

(9) 산지를 전용하여 설치하는 건축물의 높이는 스카이라인, 주변 수목 높이 등을 고려하여 최소화하되, 산지의 표고의 50% 미만만 전용할 수 있다. 다만 국방·군사시설, 도로 등 공용·공공용 시설 등과 해당 산지의 표고가 100m 미만인 경우, 해발고 300m 미만의 산지(해당 시·군·구의 산림률이 전국 평균 이상인 지역만 적용) 등은 가능하다. 평창 동계올림픽대회의 경기장 등 대회직접관련시설은 전용하려는 산지가 해당 산지의 표고(標高)의 50% 이상에 위치할 수 있다.

표고

산자락하단부를 기준으로 한 산 정부의 높이를 말한다.

(10) 표고 및 평균경사도 등에 관한 허가기준은 해당 지방자치단체의 조례로 100분의 20의 범위에서 강화할 수 있다. 100분의 10의 범위에서 완화하여 정한 산지전용허가기준 중 평균경사도 등에 관한 허가기준은 지방산지관리위원회의 심의를 거친 경우 당초 허가기준의 100분의 10의 범위에서 추가로 완화하여 적용할 수 있다(규칙 제20조 제7항 및 영 [별표4] 비고 제4호·제5호).

(11) 660㎡ 미만의 소규모 산지의 전용허가 또는 변경허가(신고)는 산림조사서 및 평균경사도조사서를 제출하지 않는다. 산지면적이 20,000㎡ 이상 집단화된 보전산지가 산지전용허가 대상에 포함될 경우에는 ha당 입목축적이 산림기본통계상 관할 시·군·구의 ha당 평균입목축적의 150% 이하이어야 한다. 산림조사서의 산불 발생·솎아베기·벌채는 5년이 지나지 않으면 그 이전의 입목축적을 환산하여 조사·작성 시점까지의 생장율을 반영한 입목축적이 되어야 한다. 그리고 산지의 면적이 20,000㎡ 이상(연접한 산지면적 합산)인 경우에는 '산사태위험지판정기준표(규칙 [별표1의 2])'에 따라 산림기술자가 조사·작성한 재해위험성 검토의견서를 제출하여야 한다(규칙 제10조 2항 1호 차목).

산지관리법 연혁과 허가기준

산지전용허가의 특징적인 내용은 「산지관리법」의 연혁을 살펴보면 알수 있다.

(1) 산지전용허가 등을 한 후 매매·양도·경매, 사망 등으로 소유권이 변경되거나 권리·의무를 양도한 경우 권리·의무 승계를 위한 변경신고 기간을 30일에서 60일로 연장하였다(법 제51조 2항, 시행 2020. 8. 19.).

(2) 산지전용·일시사용제한지역, 임업용산지 및 공익용산지에 건축물과 도로를 연결하기 위해 설치하는 진입로의 유효너비 기준을 3m 이하에서 4m 이하로 완화하여 진입로 설치 및 통행에 따른 편의를 도모하였다(영 제10조 8항, 제12조 제12항 및 제13조 5항, 시행 2020. 11. 24.).

(3) 산지전용허가 기간은 면적에 따라 3~10년 이내로 결정하되, 천재지변, 일시적 자금부족 그 밖에 부득이한 사유가 있다고 산림청장이 인정하는 경우에는 최초의 산지전용기간을 초과하여 연장할 수 있다(영 제19조 2항 4호 및 규칙 [별표2], 시행 2009. 4. 20.).

(4) 단독주택 축조를 위한 산지전용허가는 토지가 자기 소유이어야 하고, 공유·합유·총유인 경우에는 다른 공유자·합유자 전원의 동의 또는 사원총회의 결의 등 해당 산지의 처분에 필요한 요건을 갖추어야 한다(영 [별표4] 1호 마목 11).

(5) 산지전용·일시사용제한지역에서는 태양에너지 설비를 설치하는 행위를 하지 못하도록 하였다(법 제10조 7호 나목, 시행 2020. 6. 4.).

(6) 태양에너지발전시설은 산지전용에 따른 토지 가격의 상승, 산지환경의 훼손, 토사유출에 따른 주민피해 등의 부작용을 방지하기 위하여 재해방지시설의 설치계획, 폐기되는 태양에너지발전설비의 처리계획 등이 반영된 사업계획서를 작성하여 산지일시사용허가를 받도

록 하였다(영 [별표3의2] 2호 나목, 시행 2018. 12. 4.).

(7) 산지전용 허가(신고)의 효력은 목적사업을 시행하기 위하여 다른 법률에 따른 인가·허가·승인 등 행정처분이 필요한 경우에는 그 행정처분을 받아야 발생하고, 대체산림자원조성비 및 복구비를 내야 효력이 발생한다(법 제16조 1항, 시행 2017. 12. 3.).

(8) 보전산지 중 공익용산지로 지정된 사찰림의 산지에서 사찰 신축, 봉안시설, 병원, 사회복지시설, 청소년수련시설 등을 설치할 수 있도록 하고, 가축의 방목에 필요한 목초 종자의 파종을 산지일시사용신고 대상행위에 추가하였다(법 제12조 2항 4호 다목 및 제15조의2 2항 5호 등, 시행 2017. 6. 3.)

(9) 국가정원과 지방정원 및 국립묘지를 보전산지 중 임업용산지에 설치할 수 있도록 하였다(법 제12조 1항 3호·9호 및 제15조 1항 1호, 시행 2022. 6. 17.).

(10) 산지전용 신고대상은 ① 임업인의 산림경영시설(3,000~10,000㎡ 미만), ② 산촌개발사업시설과 임업연구시설(부지면적 10,000㎡ 미만), ③ 관계 법령에 따른 산림공익시설, ④ 농림어업인 주택(330㎡ 미만), ⑤ 농림축수산물 창고 및 농기계수리시설(1,000~3,000㎡ 미만), ⑥ 곤충사육시설(3,000㎡ 미만) 등으로 자세한 내용은 시행령 [별표3]에 있다.
이때 임업인은 ① 3ha 이상의 임업 경영자, ② 연 90일 이상 임업 종사자, ③ 임업경영으로 임산물 판매액이 연 120만 원 이상인 자, ④ 「산림조합법」의 조합원으로서 임업을 경영하는 자이다(임업진흥법 시행령 제2조).

(11) 산지를 형질변경한 후 다시 산지로 환원하거나 계속 산지의 용도로 사용하는 경우 등 지목변경이 수반되지 않는 경우에는 간단한 절차에 의하여 산지를 활용할 수 있도록 산지일시사용제도를 도입하였다(시행 2010. 12. 1.) 또한 산지일시사용의 세부기준을 마련하였

 알아두세요

ha

1ha(헥타르)
= 100a(아르)
= 10,000㎡
= 0.01㎢
= 3,025평
= 1.008333정보
= 2.471054ac(에이커)
= 11959.9005yd²(제곱야드)

다(영 제18조의2부터 제18조의4).

(12) 산지전용 시 복구설계서를 제출하되(법 제40조), 660㎡ 미만은 '복구개요서'로 대신한다(규칙 제42조 2항 3호). 산지전용(10,000㎡ 이상), 토석채취(100,000 ~ 200,000㎡ 이상) 후의 재해발생, 경관파괴, 수질오염 등의 부실을 방지하기 위하여 산지복구공사에 대한 감리제도가 있다(법 제40조의2).

(13) 산지전용, 산지 일시사용, 토석채취를 한 산지를 산림으로 복구할 때에 폐기물관리법령에서 허용하는 재활용 사업장 폐기물을 복토용으로 활용하면 토양 및 지하수 오염이 될 수 있으므로, 토석으로 성토한 후 표면을 수목의 생육에 적합하도록 흙으로 덮도록 한다(법 제39조 4항).

(14) 적법한 절차를 거치지 않고 산지를 5년 이상 전·답 등 다른 용도로 사용하는 경우 실제 용도에 맞추어 지목변경을 할 수 있도록 불법전용산지의 양성화 특례조항이 1년 동안 한시적으로 시행되었다(시행 2010. 12. 1.).

(15) 2016년 1월 21일 기준으로 3년 이상 계속 농지로 사용하거나 농지원부(농지대장)에 농지로 등록한 경우에는 1년 동안 한시적으로 심사를 거쳐 불법전용산지의 양성화 특례 및 지목변경을 할 수 있었다(법 부칙 제2조, 시행 2017. 6. 3.).

(16) 산지전용 신청면적이 300,000㎡ 이상[풍력발전시설 또는 삭도(궤도)시설은 660㎡]이면 기본계획·지역계획과 산지전용·산지일시사용의 필요성, 적합성, 환경성 등을 종합적으로 검토하기 위한 산지전용 타당성조사를 받아야 한다(법 제18조의2).

(17) 풍력발전시설의 산지 일시사용 기간은 10년 이내이고 허가면적은 100,000㎡ 이하로서, '산사태위험지도'의 1등급지가 아니고, 해발 300m 이상의 산지는 가장 높은 봉우리의 중심점으로부터 수평거

리 50m 이상 떨어져야 하며, 진입로 길이는 10㎞ 이하로 하고 그 유효너비는 4m 이하로 하며(영 [별표3의3] 3호 나목), 경관 훼손에 대한 대책을 수립하여야 한다.

(18) 토석채취기간의 연장허가 신청 시 사업경계구역으로부터 300m 안에 소재하는 가옥의 소유자, 주민, 공장의 소유자·대표자 및 종교시설의 대표자 중 3분의 2 이상의 동의서를 제출하여야 한다. 단, 허가권자가 허가기간을 연장할 경우 인근지역 주민 피해 등 재해 발생이 예상되어 주민동의가 필요하다고 인정되는 경우에 한정하고, 「환경영향평가법」에 따른 환경영향평가 또는 소규모 환경영향평가를 거친 경우에는 동의서를 제출하지 않는다(규칙 제26조 1항 1호 다목 단서, 시행 2009. 11. 28.).

자연재해대책법의 재해영향 평가와 재해영향성 검토

개별 법령이 정하는 바에 따라 부지면적이 5,000㎡ 이상이거나 길이가 2㎞ 이상인 개발사업의 허가·승인 등을 하려는 허가권자는 그 허가 전에 행정안전부 장관과 「자연재해대책법」의 '재해영향평가 협의'를 하여야 한다(자연재해대책법 제4조 1항).

행정안전부장관의 재해영향평가등의 협의에 관한 권한 중 시·도지사가 요청하는 협의는 해당 시·도지사에게, 시장·군수·구청장이 요청하는 협의는 해당 시장·군수·구청장에게 권한이 위임되어 있다(법 제76조 1항). '자연재해'란 태풍, 홍수, 호우, 강풍, 해일 등 자연현상으로 발생하는 피해를 말한다(재난안전법 제3조). '재해영향성검토'는 행정계획을 수립하기 위하여 자연재해 유발요인를 예측·분석하여 이에 대한 대책을 마련하는 것이다. '재해영향평가(구 사전재해영향성검토)'는 개발사업을 하기 위해 자연재해 유발 요인을 조사·예측·평가하여 이에 대한 대책을 마련하는 것이다(법 제2조).

'자연재해위험개선지구'는 상습침수지역, 산사태위험지역 등 재해발생 우려가 있는 지역을 시장·군수·구청장이 지정·고시하고(토지이용규제법에 따라 지형도면 포함) 시·도지사를 거쳐 행정안전부장관과 관계 중앙행정기관의 장에게 보고하여야 한다(법 제12조).

자연재해위험개선지구로 지정·고시된 지역에서 재해 예방을 위하여 필요하면 건축, 형질 변경 등의 행위를 제한할 수 있다. 다만, 건축, 형질 변경 등의 행위와 함께 자연재해에 관한 예방대책을 추진하면 건축 등이 가능하다(법 제15조).

재해영향평가 등의 협의를 해야 하는 행정계획과 개발사업 대상은 「자연재해대책법 시행령」 제6조 1항 및 [별표1]에 규정되어 있다. 예를 들어 개발사업 부지에 5,000㎡ 이상의 임야가 포함되면 허가권자는 「산지관리법」에 의한 산지전용허가 또는 1년 이상의 산지일사사용허가를 하기 전에 행정안전부 장관과 재해영향평가 협의를 하여야 한다(영 [별표1] 2. 개발사업 사목 8에 의거).

그리고 「국토계획법」 제56조의 개발행위허가는 용도지역별 개발행위허가 규모를 초과한 경우, 「산업집적법」의 공장설립승인은 10,000㎡ 이상이면 허가를 하기 전에 협의해야 한다. 또한 같은 사업자가 같은 영향권역에서 같은 종류의 사업을 시행하는 경우, 각 사업 규모의 합이 협의대상 범위에 해당하는 경우에는 협의를 하여야 한다(영 [별표1] 2호 비고 참조).

관계 중앙행정기관의 장 등은 재해영향성검토 등에 관한 협의를 효율적으로 하기 위하여 재해 영향을 검토 및 평가하는 데 필요한 서류의 사전검토를 전문기관에 요청할 수 있도록 하고, 허가권자가 재해영향성검토 등에 관한 협의를 요청하는 경우 통보받은 사전검토 의견과 그 의견의 반영 여부를 첨부하도록 하였다(법 제4조 4~6항, 시행 2021. 10. 21.).

더 구체적인 내용은 '재해영향평가 등의협의 실무지침(행정안전부 고시 제 2021-1호)'을 확인하면 된다.

환경허가

환경법과 개발법의 환경보호

특정지역의 자연환경·물환경·대기환경을 보호하거나, 공장 등 환경오염 물질을 배출하는 시설을 설치하거나, 일정 면적 이상의 토지개발로 환경을 훼손하는 곳에서 건축허가 및 개발행위허가를 받으려면 각종 환경 관련법에 규정된 환경허가를 받아야 한다.

「헌법」 제35조에 '환경권의 내용과 행사에 관하여는 법률로 정한다.'고 규정되어 있다. 환경권이란 모든 국민이 깨끗하고 청정한 환경에서 건강하고 쾌적한 생활을 영위할 수 있는 권리를 말한다. 오염 사전예방 정책은 특정지역에 대하여 오염을 야기하는 일정 행위를 제한하는 입지제한 정책이 대표적이다.

환경법제로는 「환경정책기본법」의 상수원 수질보전 특별대책지역, 「수도법」의 상수원보호구역, 「한강수계법」 등 4대강수계법의 수변구역, 「물환경보전법」의 폐수배출시설 설치제한지역 등이 있다. 이 중 수변구역 지정제도는 규제지역을 최소화하면서 수질과 하천생태계에 민감한 지역을 집중적으로 관리하기 위해 도입되었다.

토지법제로는 「국토계획법」의 자연환경보전지역, 「개발제한구역법」의 개발제한구역, 「수도권정비계획법」의 자연보전권역, 「농어촌정비법」의

저수지 상류지역, 「산림보호법」의 산림보호구역 등이 있다. 또한 각종 개발사업의 지속적인 증가로 하천에 유입되는 오염물질 총량이 증가함에 따라 전국적으로 '오염총량관리제'를 도입하였다.

산림보호구역

「산림보호법」의 산림보호구역(구 보안림)은 ① 생활환경보호구역, ② 경관보호구역, ③ 수원함양보호구역, ④ 재해방지보호구역, ⑤ 산림유전자원보호구역으로 나뉘는데, 입목·죽(竹)의 벌채, 임산물의 굴취·채취, 가축의 방목, 토석 굴취·채취 등을 할 수 없는 등 건축목적의 개발은 불가능한 곳이다.

| 환경보전 지역·지구 등에서의 행위제한 및 지정현황(수질환경) |

구분	상수원보호구역	특별대책지역	수변구역	배출시설설치제한지역
제정시기	1961	1990	1999	2007
근거법	수도법	환경정책기본법	4대강(한강, 영산강, 낙동강, 금강)수계법	물환경보전법
지정목적	상수원의 확보와 수질보전	수도권의 대규모 식수원인 팔당·대청호 수질보전	4대강수계의 수자원과 오염원 적정 관리	상수원 상류에 특정수질유해물질 배출시설설치 제한
지정기준	취수시설이 설치되어 있거나 설치 예정인 지역	환경오염 우려가 현저하거나 환경기준을 자주 초과	하천 경계로부터 500m~1㎞ 이내	배출되는 수질오염물질로 환경기준 유지가 곤란한 경우
행위제한	수질오염물질 등을 버리는 행위 등	오수배출시설, 폐수배출시설 등 입지 제한	폐수배출시설, 축산폐수 배출시설 등 신규 입지 제한	특정수질유해물질 배출시설 금지
지정현황	341개소 1,258㎢	- 팔당호: 경기도 4시 3군 - 대청호: 대전 1구, 충북 3군	1,201㎢	-팔당호(3,747.7㎢) -임진강(1,296.3㎢)

또한 국토·도시계획이 환경의 질을 고려하지 않고 개발과 이용에 치우친 과잉·난개발이 초래되면서 환경부와 국토교통부는 환경과 개발이 조화되는 국토 발전이라는 공동의 목표 달성을 위하여 2019년 12월 국

토·환경계획의 통합관리를 적용한 제5차 국가환경종합계획(2020~2040년)과 제5차 국토종합계획(2020~2040년)을 연계 수립하였다.

「환경정책기본법」은 오염원인자의 행위 또는 사업활동으로 인한 환경오염 또는 훼손에 대한 복원과 피해구제에 드는 비용을 부담하도록 명시하고 있다. 한편 2002년 10월 1일부터 대기·폐수배출시설, 오수·축산폐수배출시설에 대한 허가(신고), 지도 점검 및 행정처분 업무가 지방자치단체로 이관되었다.

환경영향평가법의 환경영향평가 제도

| 환경영향평가 제도 변천 |

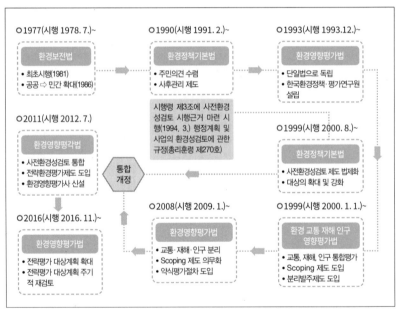

(출처: 『2020 환경백서』)

환경영향평가 제도는 1977년 「환경보전법」이 최초 도입되고 1990년 「환경영향평가법」이 제정되면서 본격적으로 시행되었다. 이어 개발계획의 초기단계부터 사업규모의 적정성, 입지의 타당성 및 주변 환경과의 조화 등을 고려하기 위해 1999년 「환경정책기본법」을 통해 사전환경성 검토제도가 도입되었다. 「환경영향평가법」에서는 환경평가제도를 전략환경영향평가, 환경영향평가 및 소규모 환경영향평가로 구분한다. 종전의 「환경정책기본법」에 따른 사전환경성검토 대상 중 행정계획은 '전략환경영향평가'를 받도록 하고, 개발사업은 '소규모 환경영향평가'를 받도록 하였다.

| 환경영향평가법 시행령 [별표4](2020. 5. 12.) |

소규모 환경영향평가 대상사업의 종류			
법률	용도지역		면적(㎡) 이상
국토계획법	도시지역	주거·상업·공업	60,000
		녹지지역	10,000
	관리지역	계획관리	10,000
		생산관리	7,500
		보전관리	5,000
	농림지역		7,500
	자연환경보전지역		5,000
개발제한구역법	개발제한구역		5,000
자연환경보전법	생태·경관핵심보전구역		5,000
	생태·경관완충보전구역		7,500
	생태·경관전이보전구역		10,000
	자연유보지역		5,000
야생생물보호법	(특별)보호구역		5,000
산지관리법	공익용산지		10,000
	공익용산지 외		30,000
자연공원법	공원자연보존지구		5,000
	공원자연환경 등		7,500
습지보전법	습지보호지역		5,000
	주변관리·개선지역		7,500

수도법	광역상수도 상류 1km 이내	7,500
	(공동주택)	(5,000)
하천법	하천구역	10,000
소하천법	소하천구역	7,500
지하수법	지하수보전구역	5,000
초지법	초지조성허가	30,000

* 그 밖의 개발사업: 대상면적의 60% 이상이 환경오염, 자연환경훼손 등으로 지역균형발전과 생활환경이 파괴될 우려가 있는 사업으로서 조례로 정한 사업과 관계행정기관장이 환경정책위원회 의견을 듣고 필요성을 인정한 사업

● 위 표의 면적은 [별표4]의 '비고'에 적용대상에서 제외되는 경우와 주변 개발면적을 합산하는 경우 등 예외가 상세히 규정되어 있다.

'소규모 환경영향평가'란 환경보전이 필요한 지역이나 난개발이 우려되어 계획적 개발이 필요한 지역에서 개발사업을 시행할 때 입지의 타당성과 환경에 미치는 영향을 미리 조사·예측·평가하여 환경보전방안을 마련하기 위한 제도이다. 1999년 「환경정책기본법」에 '사전협의' 근거를 마련하여 20개 용도지역·지구에서 사업규모 5,000~50,000㎡인 개발사업을 사전협의 대상으로 하여 2000년 8월부터 시행하였다. 2011년 7월 21일 「환경영향평가법」이 개정되어 '소규모 환경영향평가'로 변경되면서 평가 대상사업은 관리지역·개발제한구역 등 21개 보전지역에서 행해지는 환경영향평가 대상사업 규모 이상의 개발사업이다. 자세한 내용은 「환경영향평가법 시행령」 [별표3]와 [별표4]을 확인하면 된다. '환경영향평가정보지원시스템(ELASS)'을 이용하면 도움이 된다.

환경분쟁조정법과 환경오염피해구제법

'환경분쟁조정 제도'는 환경분쟁을 간편한 절차와 적은 비용으로 당사자의 이해관계를 조정하여 국민이 변호사의 도움 없이도 피해배상을 받

을 수 있도록 도와주는 준사법적 기능의 합의제 행정절차이다.

1990년 8월 1일 환경오염으로 인한 피해의 조사와 그로 인한 분쟁을 신속하고 공정하게 해결할 수 있는 조정·구제절차를 마련한「환경오염피해분쟁조정법」이 제정되었다. 1993년 3월 1일 환경분쟁조정대상을 확대하고 다수인관련분쟁과 환경단체 등이 참여할 수 있도록「환경분쟁조정법」이 개정·시행되었다.

또한 환경오염사고는 피해를 입은 국민이 과학적 인과관계 규명이 어려워, 그 원인을 입증하기 위한 장기간 소송으로 많은 비용과 노력이 필요하였다. 이에 무과실책임과 인과관계추정 법리를 실체규정으로 체계화하여 피해자의 입증부담을 완화하는「환경오염피해 배상책임 및 구제에 관한 법률」(약칭: 환경오염피해구제법)이 제정되었다(제정 2014. 12. 31.).

환경부 사이트에서 환경규제 지도 찾기

'국토환경정보센터' 또는 '환경공간정보서비스(EGIS)'에서 환경규제 지도를 확인할 수 있다.

✱ '환경공간정보서비스'에서 환경주제도, 토지이용규제지역도, 생태자연도를 확인해 보자.

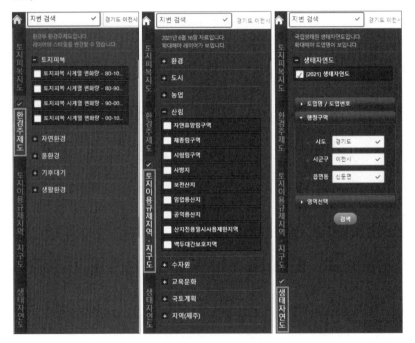

자연환경 허가

 알아두세요

습지

'습지'란 담수(淡水: 민물), 기수(汽水: 바닷물과 민물이 섞여 염분이 적은 물) 또는 염수(鹽水: 바닷물)가 영구적 또는 일시적으로 그 표면을 덮고 있는 지역으로서 내륙습지 및 연안습지를 말한다 (습지보전법 제2조).

자연환경보호지역은 생태·경관보전지역, 습지보호지역, 자연공원, 특정도서, 백두대간보호지역, 해양생태계 보호구역, 산림유전자원보호구역, 야생생물특별보호구역 등이다. 2019년 말 기준으로 생태·경관보전지역 15개소(313㎢), 국립공원 22개소(6,726㎢), 습지보호지역 45개소(366㎢), 특정도서(독도 포함) 257개소(13㎢), 백두대간보호지역 2,656㎢(국공유 87%, 사유 13%) 등이 지정되어 있다.

| 환경보전 지역·지구 등에서의 행위제한 및 지정현황(자연환경) |

구분	개발제한구역	생태경관보전지역	습지보호지역	도시자연공원구역
제정시기	1971	1991	1999	2003
근거법	개발제한구역법	자연환경보전법	습지보호법	국토계획법
목적	도시의 무질서한 확산 방지	자연생태, 지형가치가 우수한 지역 보전	습지의 효율적 보전·관리	도시의 자연환경 및 경관 보호, 도시민 여가·휴식 공간 제공
지정기준	도시가 무질서하게 확산되는 것을 제한할 필요가 있는 지역	자연상태가 원시성을 유지하고 생물다양성이 풍부하여 보전 및 학술적 연구가치가 큰 지역	자연생태계가 원시성을 유지하고 생물 다양성이 풍부한 지역	시·군의 지리적 물리적, 사회·문화적 여건 등을 종합하여 지정
행위제한	건축물의 건축 및 용도변경, 공작물 설치, 토지 형질변경 등 금지	건축물 그 밖의 공작물의 신축·증축 및 토지의 형질변경 등 금지	건축물·공작물의 신·증축, 습지 수위 또는 수량 증감 행위 금지	건축물 건축, 공작물 설치, 토지의 형질변경, 토석 채취, 토지 분할 등 금지
지정현황	3,925㎢	15개소 313㎢	45개소 366㎢	11개소 20㎢

1967년 제정된 「공원법」은 1980년 「도시공원법」과 「자연공원법」으로 분리되었다. 「자연공원법」의 자연공원(Natural Park)이란 '자연풍경지를 보호하고, 적정한 이용을 도모하여 국민의 보건휴양 및 정서생활의 향상에 기여함을 목적으로 지정·이용·관리되는 공원'으로 국립공원 22개소,

도립공원 29개소, 군립공원 27개소, 지질공원 7개소가 있다.

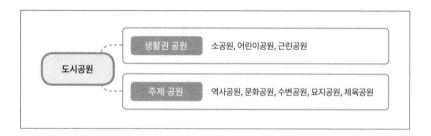

「공원녹지법」의 도시공원(City Park)은 '도시계획구역 안에서 자연경관의 보호와 시민의 건강·휴양 및 정서생활의 향상에 기여하기 위하여 도시관리계획으로 결정된 공원'으로 「국토계획법」의 도시계획시설의 하나이다. 도시에 있는 야산 중에서 주택지와 거리가 가깝고 산의 규모가 적으면 도시공원으로 지정될 수 있고, 주택지와 거리가 멀고 산의 규모가 좀 크다면 도시자연공원구역으로 지정될 수 있다.

「자연환경보전법」의 생태자연도(Ecological Zoning Map)란 산·하천·내륙습지·호소(湖沼)·농지·도시 등에 대하여 자연환경을 생태적 가치, 자연성, 경관적 가치 등에 따라 작성된 지도이다. 생태자연도는 전국의 자연환경정보를 등급화하여, 1등급(보전)·2등급(훼손 최소화)·3등급(개발) 권역과 별도관리지역(법률상 보호지역)으로 구분한다.

생태자연도 작성은 1997년 「자연환경보전법」이 개정되면서 법제화되었으며, 2007년 4월 전국 규모의 생태자연도가 고시되었고, 이후 지속적인 보완·갱신이 이뤄지고 있다. 생태자연도 및 비오톱지도(도시생태현황지도, Biotop Map)는 '환경공간정보서비스'에서 확인할 수 있는데, 이런 토지는 일반 개발이 불가능하다.

배출시설 설치허가

오염원은 오염물질의 배출형태에 따라 점오염원(Point Source)과 비점오염원(Non-pointsource)으로 구분된다. 점오염원은 생활하수·산업폐수·축산폐수 등 일정한 배출경로를 가진 오염원이며, 비점오염원은 도시·도로·농지·산지·공사장 등 불특정 장소에서 불특정하게 주로 빗물과 함께 수질오염물질을 배출하는 배출원을 말한다.

(1) 오·폐수는 오염원별로 환경기초시설 또는 자체 처리시설에서 정화 처리하고 있다. 즉 생활하수는 공공하수처리시설 또는 오수처리시설에 의하여, 산업폐수는 공공폐수 처리시설 또는 개별공장의 자체 수질오염방지시설에서 처리하고 있다.

폐수배출시설의 종류 및 규모는 「물환경보전법」에 따라 지정·관리되고 있다. 폐수배출시설의 규모는 1일 폐수배출에 따라 1~5종으로 구분해 관리하고 있으며, 1종은 1일 폐수배출량이 1일 2,000㎥ 이상, 2종은 1일 700~2,000㎥, 3종은 1일 200~700㎥, 4종은 1일 50~200㎥, 5종은 1일 50㎥ 미만이다. 폐수배출시설은 2018년 전국 51,991개소로 그 시설의 설치는 허가를 받아야 한다.

과거 「오수·분뇨 및 축산폐수의 처리에 관한 법률」 중 오수·분뇨에 관하여는 「하수도법」에 통합하여 규정하고, 가축분뇨에 관하여는 「가축분뇨법」을 제정하여(2006. 9. 27.) 가축사육제한구역을 지정하고 가축의 종류(10종)에 따라 축사면적 900~3,000㎡ 이상일 때에는 배출시설허가를 받아 수질오염의 방지를 위해 정화하여 하천 등으로 방류하여야 한다(가축분뇨법 시행령 [별표1] 참조).

(2) 하수와 오수는 동일한 물질이므로 「하수도법」의 하수와 「오수·분뇨 및 축산폐수의 처리에 관한 법률」의 오수를 통합하여 하수도시설의

 알아두세요

가축사육제한구역

가축사육제한구역은 지역주민의 생활환경보전 또는 상수원의 수질보전을 위하여 가축사육의 제한이 필요하다고 인정되는 지역에 대하여 시장·군수·구청장이 「가축분뇨법」 제8조 및 조례로 지정한 구역으로, 토지이용계획확인서로 확인할 수 있다.

분류체계를 단순화하였다(개정 2006. 9. 27.).

하수도는 크게 공공하수도와 개인하수도로 구분된다. 2018년 기준 도시지역의 하수도보급률은 96.0%이고 농어촌지역의 하수도 보급률은 71.8%이다. 공공하수도를 사용하는 배수구역 안의 토지소유자가 개인하수도를 설치하는 경우 배수설비 설치신고를 하여야 한다(하수도법 제27조). '하수처리구역'에서의 개인하수처리시설의 설치의무를 단계적으로 면제하고, 건축물 등을 신축·증축하거나 용도변경하여 오수가 하루에 10㎥ 이상 증가되는 경우 지방자치단체의 조례로 정하여 해당 건축물 등의 소유자에게 공공하수도 개축비용의 전부 또는 일부를 부담시키는 '하수도 원인자부담금' 제도가 시행되고 있다(법 제61조). 구체적인 내용은 「하수도법 시행령」 제24조 5항 및 '건축물의 용도별 오수발생량 및 정화조 처리대상인원 산정방법(환경부 고시)'을 참고하면 된다.

하수도시설은 오수와 우수를 배출하는 하수관로, 오수를 정화하는 하수처리장, 하수찌꺼기를 처리하는 하수슬러지처리시설 등으로 구성된다. 수거식화장실 분뇨와 정화조 및 오수처리시설의 청소과정에서 발생되는 찌꺼기 등의 대부분은 분뇨처리시설(2018년 기준 186개소)에 유입·처리하고 있는데, 전체 분뇨처리시설 중 83.3%인 155개소는 공공하수처리시설과 연계처리하고 있다. 그리고 농어촌지역 등 오염원이 넓게 퍼져 있는 곳은 하수관로를 설치하는 비용이 과다하여 공공하수도를 보급하기 곤란한 지역이므로 '개인하수처리시설'을 설치하여 처리하고 있다.

(3) 「소음진동법」의 소음배출시설은 허가 또는 신고를 받아야 하는데 공장설립으로 허가 및 신고를 하여야 하는 대상 소음배출 업소 수는 2018년 기준으로 41,030개소이다. 교통소음은 도시지역은 물론 고속도로 등 각종 도로망의 확장으로 농촌까지 확대되고 있다. 생활소

음 배출원은 확성기, 건설공사장, 소규모 공장, 유흥업소 심야소음 등 매우 다양하다. 항공기소음의 기준이 신설되었다.

진동은 기계·기구의 사용으로 인한 강한 흔들림이 주로 지반을 통하여 건축물에 전파되어 건물 내에 2차 소음을 발생시키는 것으로 2018년 기준 진동배출 허가·신고대상 업소 수는 8,262개소이다.

배출시설의 설치신고 및 허가를 받아야 할 곳은 다음 시설의 경계선으로부터 직선거리 50m 이내이다. ① 종합병원, ② 공공도서관, ③ 학교, ④ 공동주택, ⑤ 「국토계획법」의 주거지역 또는 지구단위계획구역(주거형만), ⑥ 100개 이상 병상의 노인요양병원, ⑦ 입소규모 100명 이상인 어린이집이 해당 시설이다. 다만, 산업단지 등의 공장은 제외하되 별도의 허가기준을 적용한다(소음·진동관리법 제8조).

(4) 악취는 일반적인 대기오염과는 달리 그 원인물질이 다양하고 복합적으로 국지적·순간적으로 발생·소멸하는 특성이 있으므로 「악취방지법」을 제정(시행 2005. 2. 10.)하여 관리하고 있다. 시·도지사 및 대도시(인구 50만 이상)의 장은 일정한 경우 '악취관리지역'을 지정하여야 하고, 주민의 생활환경을 보전하기 위하여 환경부령으로 정한 범위에서 지자체 조례로 정한 배출허용기준보다 더 엄격한 기준을 적용할 수 있다. 구체적인 내용은 「악취방지법 시행규칙」의 [별표1] 지정악취물질, [별표2] 악취배출시설, [별표3] 배출허용기준 및 설정범위를 확인하면 된다.

(5) 과거 배출시설 허가제도의 부각되었던 문제점들은 ① 최대 10개가 넘는 배출시설 인·허가와 중복허가의 발생, ② 오염물질이 매체별로 전이되는 현상, ③ 배출구의 농도만을 획일적으로 규제하는 방식, ④ 다변화된 업종 특성이나 지역의 환경 여건을 반영하지 못하는 점 등이다.

(출처:『2020 환경백서』)

이를 탈피하고자 환경부는 기존 7개의 개별법령(대기환경보전법, 소음·진동
관리법, 물환경보전법, 악취방지법, 잔류성오염물질관리법, 토양환경보전법, 폐기물관리
법)의 10개 인허가를 사업장 단위에서 통합하여 환경오염을 총체적으로
관리할 수 있는「환경오염시설의 통합관리에 관한 법률」을 2015년 12월
22일 제정·공포하였다.

통합법 적용 대상은 환경에 미치는 영향이 큰 발전·철강·석유정제 등
통합법 시행령에서 규정하고 있는 19개 업종을 영위하는 대형사업장(대
기 또는 수질 1종) 약 1,400여 개소이다. 환경부는 2017년부터 2021년까지
5년간 단계적으로 제도를 확대 시행하였고 기존 사업장에 대해서는 업
종별 적용일부터 4년간의 유예기간을 적용하고 있다.

물환경 보호 및 허가

1)「수도법」의 상수원보호구역

상수원보호구역 제도는 깨끗한 상수원수를 확보하고 각종 오염과 유해
물질의 유입을 원천적으로 차단하여 상수원수의 수질을 보호하기 위해
1961년부터「수도법」에 근거하여 운영하는 핵심 제도이다.

「수도법」에 의해 상수원을 오염시킬 수 있는 물질을 버리거나 사용하는
행위 일체가 금지되며, 건축물, 그 밖의 공작물의 신축·증축·개축·재축

(再築)·이전·용도변경 또는 제거, 입목(立木) 및 대나무의 재배 또는 벌채, 토지의 굴착·성토, 그 밖에 토지의 형질변경 등은 허가를 받아야 한다(수도법 제7조). 보호구역에 거주하는 주민은 소득기반 및 생활환경 개선을 위한 최소한의 범위에서 행위허가가 가능하다.

'상수원보호구역'은 「수도법」과 금강·낙동강·영산강수계 물관리 법령에 따라 환경부장관과 시·도지사가 지정 및 변경하고 시장·군수·구청장이 관리한다. 2018년 말 기준 상수원보호구역은 서울시 잠실상수원보호구역 등 283개소(1,131㎢)가 지정되어 있다. 또한 2010년부터 상수원보호구역 상류 또는 상수원보호구역 미지정 취수시설 상류·하류 일정지역에 공장설립을 제한하기 위해 공장설립제한·승인지역(2019년 말 기준 15,016㎢)을 지정하여 공장 배출 오염물질이나 사고 등에 의한 상수원 오염을 예방하고 있다.

「상수원관리규칙」(제정 1992. 12. 15.) 제12조에는 보호구역 안의 원주민 또는 거주민의 생활환경개선 및 소득기반시설의 설치를 위한 허용행위(건축물 등의 종류 및 규모)가 상세히 규정되어 있다. 또한 제13조에는 오염물질의 발생 정도가 종전보다 낮은 용도로 변경하는 경우 건축물의 용도변경이 일부 허용된다고 규정하고 있다.

제14조에는 상수원보호구역 지정 이전부터 형성되어 있는 자연부락으로서 하수도의 정비 및 하수처리시설의 설치가 용이한 지역은 '환경정비구역'으로 지정하여 건축물 및 공작물의 설치허가 기준을 완화하고 있다.

2) 「물환경보전법」의 설치제한지역

「물환경보전법」(구. 수질 및 수생태계보전에 관한 법률)은 상수원보호구역의 상류지역, 특별대책지역 및 그 상류지역, 취수시설이 있는 지역 및 그 상류지역의 배출시설로부터 배출되는 수질오염물질로 인하여 환경기준을 유지하기 곤란하거나 주민의 건강·재산이나 동식물의 생육에 중대한 위해를 가져올 우려가 있다고 인정되는 경우에는 배출시설의 설치를 제한(허가 및 신고)할 수 있다. 환경부장관은 지역별 제한대상 시설을 고시하고 있다(법 제33조). 구체적인 사항은 「물환경보전법 시행규칙」 [별표2] 수질오염물질, [별표3] 특정수질유해물질, [별표4] 폐수배출시설 등을 확인하면 된다. 또한 '물환경정보시스템' 사이트를 활용하면 도움이 되니 참고하자.

3) 「환경정책기본법」의 팔당·대청호 상수원 수질보전 특별대책지역

환경부장관은 '팔당·대청호 상수원 수질보전 특별대책지역'을 지정·고시하고 그 지역의 토지 이용과 시설 설치를 제한하는 '특별종합대책'을 수립하여, 관할 시·도지사에게 시행하게 한다(환경정책기본법 제38조). 상수원보호구역과 특별대책지역 1권역 및 2권역 그리고 수변구역에서의 행위제한은 다음 표로 요약하였다.

한강수계 중 상수원보호구역, 수변구역 및 상수원의 수질을 보전하기 위하여 필요한 지역으로서 토지 또는 그 토지에 부착된 시설에 대하여 소유자가 국가에 매도할 수 있는 지역을 종전에는 특별대책지역 중 한강 등의 경계로부터 1.5㎞ 이내의 지역 또는 지천의 경계로부터 1㎞ 이내의 지역으로 하던 것을, 한강 등의 경계로부터 1㎞ 이내의 지역으로 변경하는 등 매수대상 지역의 범위를 합리적으로 조정하였다(한강수계법 제7조 1항 및 규칙 제7조, 시행 2021. 8. 5.).

구분		상수원 보호구역	특별대책지역		수변구역
			I 권역	II 권역	
면적	팔당	158.817㎢	2,096.46㎢(1990년 7월)		186.937㎢
	대청	178.999㎢	700.69㎢(1990년 7월)		372.787㎢
공장		입지 불허	○ 200㎥/일 이상 폐수배출시설 입지 불허 ○ 특정수질유해물질 배출시설 입지 불허. 다만, 소규모배출시설로 전량 위탁 시, 원폐수가 「수생태법」[별표13]의2 기준 미만 시 입지 가능	○ 특정수질유해물질 배출시설 입지 불허 – 다만, 소규모배출시설로 전량 위탁 시 및 구리 등 3종 물질은 불검출 수준으로 처리 시, 원폐수가 「수생태법」[별표13의2] 기준 미만 시, 원료 등 변경이나 증설 시 「수생태법」[별표13의2] 기준보다 엄격한 수준으로 처리하는 경우 입지 가능 ○ 기타 시설은 BOD 30ppm 이하 처리 또는 하수처리장 유입처리 시 입지 허용	○ 폐수배출시설은 입지 불허 (용도변경 포함)
숙박업		입지 불허	○ 연면적 400㎢ 이상 입지 불허 단, 하수처리장 유입처리 또는 오염총량제 시행지역 입지 가능	○ 입지 가능	○ 입지 불허 단, 특별대책지역 외 수변구역에서는 BOD 10ppm 이하 처리방류 시 입지 가능
식품 접객업		입지 불허	○ 연면적 400㎢ 이상 입지 불허 단, 하수처리장 유입처리 또는 오염총량제 시행지역 입지 가능	○ 입지 가능	○ 입지 불허 단, 특별대책지역 외 수변구역에서는 BOD 10ppm 이하 처리방류 시 입지 가능
축산시설		입지 불허	○ 허가대상시설 입지 불허(우사: 450㎡ 이상, 돈사: 500㎡ 이상) 단, 한강수계 오염총량제 시행지역 입지 가능)	○ 입지 가능	○ 입지 불허 단, 특별대책지역 외 수변구역에서 가축분뇨를 퇴비하거나 공공처리시설에서 처리할 목적으로 설치하는 배출시설은 입지 가능
양식장		입지 불허	○ 신규 입지 및 면허기간 연장 불허	○ 양식어업 신규 입지 및 면허기간 연장 불허	–
어업		원거주민 및 허가된 자망·연승어업	○ 신규면허·허가·신고(증설 포함) 불허	○ 입지 가능	–

유·도선업	공익 목적 외 선박운항 금지	○ 신규면허·허가신고(증설 포함) 불허 단, 주민교통목적 도선업 가능	○ 입지 가능	–
일반 건축물	주택(신축)(100㎡ 이하, 영농시설, 공공시설 제한적 허용)	○ 연면적 800㎡ 이상 입지 불허 단, 하수처리장 유입처리 또는 공공복리시설 또는 오염총량제 시행지역 입지 가능	○ 입지 가능	○ 단독주택(다가구주택에 한정), 공동주택, 종교시설, 노인복지 시설(30명 이상 양로시설, 노인복지주택, 30명 이상 노인 요양시설), 청소년수련시설 입지 불허 단, 특별대책지역 외 수변구역에서는 BOD 10ppm 이하 처리 방류 시 입지 가능
폐기물 처리시설	입지 불허	○ 매립시설, 폐기물처리업, 재활용신고자 입지 불가. 다만, 생활폐기물, 도자기재생, 폐목재 처리시설 가능	○ 매립시설,폐기물처리업,재활용신고자 입지 불가. 다만, 생활폐기물, 도자기재생,폐목재 처리시설 가능	–
골프장· 골프연습장	입지 불허	○ 입지 불허(1995. 2. 9.~)	○ 오염총량제 시행지역 골프장 입지 가능 ○ 천연잔디 골프연습장은 저감시설 설치 후 입지 가능	–
광물 채굴·채석	입지 불허	○ 입지 불허. 단, 지자체에서 공공목적의 석재 채굴은 사전 협의 후 가능	○ 입지 불허. 단, 지자체에서 공공목적의 석재 채굴은 사전 협의 후 가능	–
집단묘지	입지 불허	○ 공설묘지와 법인이 설치하는 사설묘지의 신규입지 불허	○ 공설묘지와 법인이 설치하는 사설묘지의 신규입지 불허	–

4) 수변구역과 국토계획법의 규제지역 비교

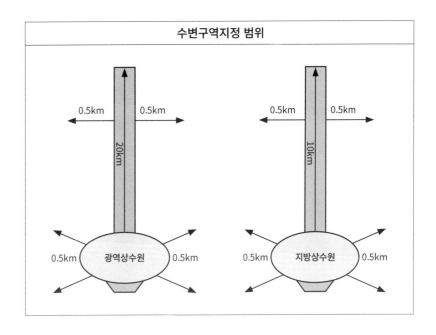

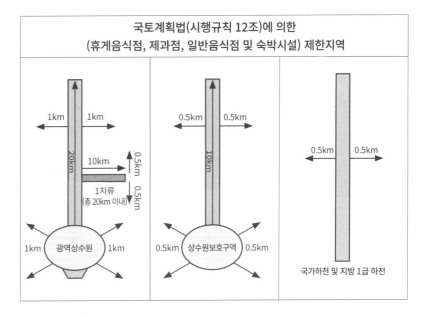

5) 오염총량관리제

각종 개발사업의 지속적인 증가로 농도 중심의 오염원 관리 방식으로는 하천 수질개선에 한계가 있어 '오염총량관리제'를 도입하게 되었다. 중·대형 개발은 지자체장으로부터 오염배출량을 할당받지 못하면 개발할 수 없다.

4대강수계법 제정 등을 통해 제도적인 기반을 구축하고, 2004년 7월 5일 한강수계의 경기도 광주시 등 팔당지역 7개 지자체 임의제 시행을 시작으로 2020년 1월 현재까지 전국 124개 지자체에서 오염총량관리제를 실시하고 있다.

구체적인 사항은 「오염총량관리 기본방침」(환경부훈령)을 확인하면 된다.

대기환경 보호 및 허가

공장 등에 대기 오염물질 배출시설을 설치하려는 자는 시·도지사의 허가를 받거나 시·도지사에게 신고하여야 한다(대기환경보전법 제23조). 환경부장관은 배출시설의 효율적인 설치 및 관리를 위하여 그 배출시설에서 나오는 오염물질 발생량에 따라 사업장을 1종부터 5종까지로 분류하여 허가를 규제하고 있다. 또한 상주인구 2만 명 이상인 지역에서 반경 1㎞ 이내에 연간 10t 이상(두 가지 이상이 25t) 특정대기유해물질의 배출시설 설치는 제한된다.

| 대기환경보전법 시행령 [별표1의3] |

사업장 분류기준(제13조 관련)	
종별	오염물질발생량 구분
1종사업장	대기오염물질발생량의 합계가 연간 80t 이상인 사업장
2종사업장	대기오염물질발생량의 합계가 연간 20t 이상 80t 미만인 사업장
3종사업장	대기오염물질발생량의 합계가 연간 10t 이상 20t 미만인 사업장
4종사업장	대기오염물질발생량의 합계가 연간 2t 이상 10t 미만인 사업장
5종사업장	대기오염물질발생량의 합계가 연간 2t 미만인 사업장

특정대기유해물질(제4조 관련)		
1. 카드뮴 및 그 화합물	13. 염화비닐	25. 1, 3-부타디엔
2. 시안화수소	14. 다이옥신	26. 다환 방향족 탄화수소류
3. 납 및 그 화합물	15. 페놀 및 그 화합물	27. 에틸렌옥사이드
4. 폴리염화비페닐	16. 베릴륨 및 그 화합물	28. 디클로로메탄
5. 크롬 및 그 화합물	17. 벤젠	29. 스틸렌
6. 비소 및 그 화합물	18. 사염화탄소	30. 테트라클로로에틸렌
7. 수은 및 그 화합물	19. 이황화메틸	31. 1, 2-디클로로에탄
8. 프로필렌 옥사이드	20. 아닐린	32. 에틸벤젠
9. 염소 및 염화수소	21. 클로로포름	33. 트리클로로에틸렌
10. 불소화물	22. 포름알데히드	34. 아크릴로니트릴
11. 석면	23. 아세트알데히드	35. 히드라진
12. 니켈 및 그 화합물	24. 벤지딘	

현재 대기관리의 기본법인 「대기환경보전법」은 1990년 8월에 제정되었다. 이에 따른 주된 배출시설 관리수단은 첫째, 대기 오염물질 배출시설의 설치 및 변경에 대한 허가·신고 제도이다. '특정대기 유해물질'을 일정 기준농도 이상으로 배출하는 시설이나 '대기보전특별대책지역'에 설치하는 배출시설은 허가를, 그 밖에 시설은 신고를 하여야 한다.

둘째, 배출허용기준의 단계적 강화 및 예고제 시행이다. 현재 배출허용기준이 설정되어 있는 물질은 먼지 등 36개 물질이다. 배출허용기준 강화 시 3~5년 단위로 배출허용기준을 미리 알려주는 예고제를 운영하고 있으며, 2020년 1월 1일부터 배출허용기준이 강화되어 적용되고 있다.

셋째, 사업장에 대한 지도 점검을 자속적으로 실시하고 이동측정차량 및 드론 등 최신기술을 활용한 점검을 통하여 사업자의 배출시설 및 방지시설 적정 운영을 유도하고 있다.

그리고 「환경정책기본법」 제38조에 의한 '대기보전특별대책지역 지정 및 동 지역 내 대기오염저감을 위한 종합대책 고시(환경부고시 제2018-23호)'의 특별대책지역은 울산광역시 울산·미포 및 온산국가산업단지, 전라남도 여수시 여천국가산업단지 및 확장단지이다. 대기오염저감을 위한 종합대책과 「대기환경보전법」 제44조의 휘발성유기화합물 관리에 관한 사항이 규정되어 있다. 구체적인 내용은 환경부 대기환경정보(에어코리아) 등을 확인하면 된다.

기타 개발에 필요한 각종 허가

국·공유재산 사용허가

국유재산은 행정재산과 일반재산으로 나뉘고, 행정재산은 공용·공공용·기업용·보존용 재산으로 나뉜다. 그리고 행정재산 이외의 일반재산은 매각할 수 있다(국유재산법 제48조). 구체적인 사항은 각 행정부의 「국유재산관리규정」을 참고하면 된다.

「공유재산법」(공유재산 및 물품관리법)은 대부분 「국유재산법」과 비슷하고, 구체적인 사항은 「지방자치단체 공유재산 운영기준」(행정안전부 고시)을 확인하면 된다.

그리고 국가 외에는 국유재산에 건물, 교량 등 구조물과 그 밖의 영구시설물을 축조하지 못하나, 기부를 조건으로 축조하는 경우, 법률에 따라 국가로 소유권이 귀속되는 공공시설을 축조할 때, 매각대금을 분납하는 경우, 민간참여 개발인 경우 등은 가능하다(법 제18조). 하천 등 국유재산에 도로를 개설할 목적으로 교량을 설치하는 경우에는 기부가 전제되어야 한다.

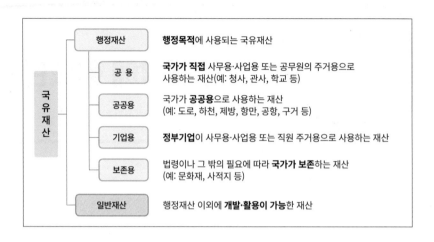

	행정재산	**행정목적**에 사용되는 국유재산
국유재산	공용	**국가가 직접** 사무용·사업용 또는 공무원의 주거용으로 사용하는 재산(예: 청사, 관사, 학교 등)
	공공용	국가가 **공공용**으로 사용하는 재산 (예: 도로, 하천, 제방, 항만, 공항, 구거 등)
	기업용	**정부기업**이 사무용·사업용 또는 직원 주거용으로 사용하는 재산
	보존용	법령이나 그 밖의 필요에 따라 **국가가 보존**하는 재산 (예: 문화재, 사적지 등)
	일반재산	행정재산 이외에 **개발·활용이 가능**한 재산

국유재산에는 사권(私權)을 설정하지 못한다. 하지만 일반재산에는 다른 법률 또는 확정판결에 따라 사권을 설정하는 경우, 일반재산의 사용 및 이용에 지장이 없고 재산의 활용가치를 높일 수 있는 경우로서 중앙관서의 장 등이 필요하다고 인정하는 경우에는 가능하다(법 제11조).

주위토지통행권은 사권이 아니므로 행정재산에도 적용 가능하다(대법원 94다14193).

국유재산 중 행정재산을 '사용허가' 받아 사용할 수 있는 기간은 5년 이내이다. 기부한 행정재산은 기부자 및 상속인, 포괄승계인의 사용료 총액이 기부가액의 범위를 넘지 않는 선에서 사용허가를 할 수 있다. 국가나 지자체가 직접 공용 또는 공공용으로 사용하는 경우 등을 제외하고, 수의계약이 가능하지 않은 경우라도 5년 이내의 범위에서 1회에 한하여 사용허가를 갱신할 수 있다(법 제35조).

국유재산 중 행정재산의 사용허가는 일반경쟁에 부치는 것이 원칙이나, 그 사용허가의 목적·성질·규모 등을 고려하여 참가자의 자격을 제한하거나 참가자를 지명하여 경쟁에 부치거나 수의의 방법으로 할 수 있다(법 제31조). 수의의 방법으로 결정할 수 있는 경우는 주거용, 실경작용, 기부재산, 비영리 공익사업용 등일 때이다.

 알아두세요

주위토지통행권

「민법」상의 상린관계의 규정은 인접하는 토지 상호간의 이용관계를 조정하기 위하여 인지소유자에게 소극적인 수인의무를 부담시키는 데 불과하므로, 그중의 하나인 「민법」 제219조 소정의 주위토지통행권이 위에서 말하는 사권의 설정에 해당한다고 볼 수 없고, 또 그러한 법정의 통행권을 인정받기 위하여 특별히 행정당국의 허가를 받아야 하는 것이라고도 할 수 없다(대법원 94다14193).

국유재산 중 일반재산은 1~20년 동안 대부계약이 가능하다. 이때 수의의 방법으로 국유재산을 대부할 수 없는 경우에도 1회에 한하여 갱신이 허용된다. 다만 일반재산의 대부계약으로 기부를 조건으로 영구시설물을 축조하는 경우에는 10년 이내로 한다(법 제46조). 또한 신탁업자의 신탁개발 또는 민간참여 개발은 30년까지 가능하고 20년에 한하여 1회 연장할 수 있다.

국유재산 중 일반재산은 ① 중앙관서의 장이 행정목적으로 사용하기 위하여 행정재산의 사용 승인이나 관리전환을 신청한 경우, ②「국토계획법」등 다른 법률에 따라 그 처분이 제한되는 경우, ③ (장래 행정목적의 필요성 등을 고려하여) 국유재산종합계획의 처분기준에서 정한 처분제한 대상에 해당하는 경우 외에는 원칙적으로 매각이 가능하다(법 제48조).

행정재산이 행정목적에 사용되지 않거나 사용하기로 결정된 날로부터 5년이 지나도 사용되지 않으면 용도폐지하여(법 제40조) 매각할 수 있다(법 제41조).

> **민법 제245조(점유로 인한 부동산소유권의 취득기간)**
> ① 20년간 소유의 의사로 평온, 공연하게 부동산을 점유하는 자는 등기함으로써 그 소유권을 취득한다.
> ② 부동산의 소유자로 등기한 자가 10년간 소유의 의사로 평온, 공연하게 선의이며 과실 없이 그 부동산을 점유한 때에는 소유권을 취득한다.

행정재산은「민법」제245조의 시효취득 대상이 되지 않으므로(법 제7조), 20년 이상 평온·공연하게 점용했더라도 점유취득시효에 의한 소유권을 주장할 수 없다.

매각절차는 매각계획을 수립하여 시가를 고려한 1년 이내의 감정평가업자의 감정평가서로 예정가격을 결정한 후 다음 절차에 따라 일반경쟁·지명경쟁·수의계약으로 처분한다.

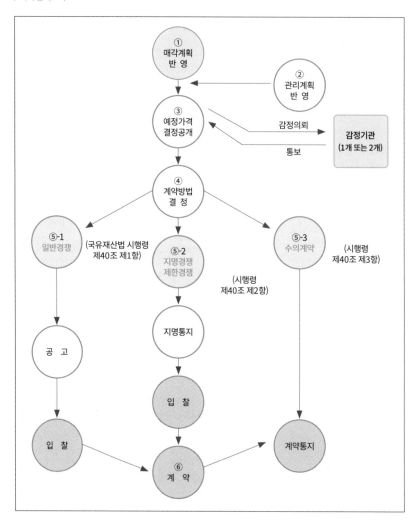

도로점용(연결)허가

「도로법」의 '도로'란 차도, 보도(步道), 자전거도로, 측도(側道), 터널, 교량, 육교 등으로서 고속국도(지선 포함), 일반국도(지선 포함), 특별시도(特別市道)·광역시도(廣域市道), 지방도, 시도, 군도, 구도와 그 도로의 부속물을 포함한다. 도로 노선을 지정하는 자는, 고속국도와 일반국도는 국토교통부장관이고, 특별시도·광역시도, 지방도는 해당 특별시장·광역시장, 도지사이며, 시·군·구도는 시장·군수·구청장이다.

이 「도로법」의 도로에 연결하여 개발행위 등을 하려면 도로구역, 접도구역(接道區域), 도로(점용)연결허가 등을 알아야 한다.

첫째로, 도로구역은 <u>도로관리청이 해당 도로의 도로구역을 결정·변경· 폐지하면서 정해지는 것</u>이다. 이때 도로관리청은 그 결정 사유, 위치, 면적을 일간신문과 인터넷 등에 구체적으로 밝혀서 미리 주민 및 관계 전문가의 의견을 들어야 한다(법 제26조). 도로구역이 결정·변경·폐지되면 지체 없이 고시(告示)하고 그 도면을 일반인이 열람할 수 있게 하여야 한다(법 제25조). 그리고 도로구역 및 도로구역 예정지에서 건축물의 건축, 공작물의 설치, 토지의 형질변경, 토석(土石)의 채취, 토지의 분할, 물건을 쌓아놓는 행위, 입목·죽(竹)을 심는 행위를 하려는 자는 시장·군수·구청장 등의 허가를 받아야 한다(법 제27조).

둘째로, 접도구역은 도로관리청이 도로 구조의 파손방지, 미관훼손 또는 교통위험 방지를 위하여 소관 도로의 경계선에서 5m, 또는 고속국도의 도로경계선에서 30m를 넘지 않는 곳에 지정하는 것이다. 도로관리청은 접도구역을 지정하면 지체없이 이를 고시하고 관리하여야 한다.

다만 도로관리를 위한 자재 적치장 등 도로경계선이 5m가 넘는 여유부지에는 접도구역을 5m만 지정하고, 도시군계획구역 밖의 집단생활근

 알아두세요

도로관리청

'도로관리청'이란 도로에 관한 계획, 건설, 관리의 주체가 되는 기관으로서, 고속국도와 일반국도는 국토교통부장관이고 국가지원지방도는 도지사·특별자치도지사이며 그 밖의 도로는 해당 도로 노선을 지정한 행정청이다. 그리고 특별시·광역시·특별자치시·특별자치도 또는 시의 관할구역에 있는 일반국도와 지방도는 각각 해당 시·도지사 또는 시장이 도로관리청이 된다(법 제23조).

거지, 도시군계획구역 간 거리가 10㎞ 이내인 곳 등에는 접도구역을 지정하지 않는다(다음 지정 예외 예시도 참조).

접도구역 지정 예외 예시도

【 예시도 1 】 A - B : 구간은 접도구역 지정 제외

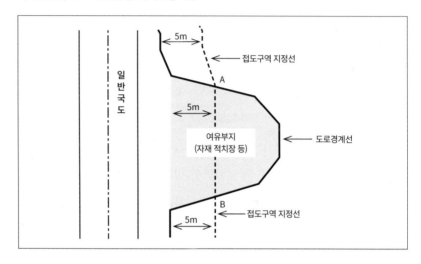

【 예시도 2 】 A - B : 구간은 접도구역 지정 제외

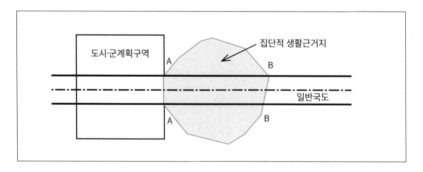

【예시도 3】 A - B 구간은 접도구역 지정 제외

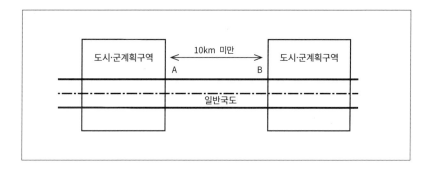

그리고 접도구역에서는 토지의 형질변경, 건축물·공작물의 신축·개축·증축을 할 수 없으나, 도로 구조의 파손, 미관의 훼손 또는 교통위험을 가져오지 않는 범위에서 10㎡ 이하의 화장실 등의 건축, 주차장·통로·배수로 설치 등은 가능하다(영 제39조).

접도구역 지정으로 인하여 효용이 현저히 감소하거나 사실상 사용수익이 불가능한 토지를 접도구역 지정 전부터 소유한 자 및 상속자는 도로관리청에 해당 토지의 매수를 청구할 수 있다(법 제41조).

접도구역은 '토지이음사이트' 및 '토지이용계획확인서'에서 확인할 수 있다. 구체적인 규제사항은 「접도구역 관리지침」(국토교통부지침)을 확인하면 된다.

셋째로, '도로연결허가'란 도로관리청이 아닌 자가 고속국도, 자동차전용도로, 일반국도, 지방도, 4차로 이상의 도로구역이 결정된 도로에 다른 도로나 통로 그 밖의 시설을 연결하기 위해 도로관리청의 허가를 받는 것을 말한다. 다만, 고속국도와 자동차전용도로에 연결할 수 있는 시설은 도로 또는 국가·지방자치단체, 공공기관, 해당 지방자치단체의 조례로 정한 공공단체가 시행하는 개발행위만 가능하다(법 제52조).

도로에 연결하는 허가기준 및 절차, 설치기준 등은 '도로와 다른 시설의 연결에 관한 규칙(국토교통부령)'에 상세히 규정되어 있고, 그 밖의 도로는 해당 도로관리청이 속해 있는 지방자치단체의 조례로 규정되어 있다(법 제52조 제3항). 이때 연결허가를 받은 시설이 일반인의 통행에 이용하는 진출입로인 경우 해당 연결허가를 받은 사람은 일반인의 통행을 제한할 수 없다(법 제53조). 그러므로 다른 사람도 기존의 진출입로를 공동으로 사용할 수 있는데, 먼저 연결허가를 받은 사람은 공동사용부분에 대한 비용의 분담을 요구할 수 있다(법 제53조 제3항).

만약 먼저 허가를 받은 자가 정당한 이유 없이 진출입로의 공동사용에 협력하지 않으면 적당한 비용(공동사용면적에 대한 설치비용의 합계액을 해당 연결허가를 받은 자의 수로 나눈 금액)을 공탁하고 연결허가를 신청할 수 있다(법 제53조 5항).

넷째로, '도로점용허가'란 도로 및 도로구역에 공작물·물건, 그 밖의 시설을 신설·개축·변경·제거하거나 그 밖의 사유로 도로를 점용하기 위해 도로관리청으로부터 허가를 받는 것을 말한다(법 제61조). 도로점용허가 기준은 「도로법 시행령」 [별표2]에 상세히 규정되어 있다(영 제54조 5항). 「도로법」의 도로는 자동차통행에 방해가 되는 점용허가는 받을 수 없고, 점용허가를 받을 수 있는 공작물은 다음과 같다(영 제55조).

1. 전봇대·전선·가로등·태양광발전시설·송전탑 등 지상에 설치하는 시설
2. 수도관·가스관·전기관 등 지하에 매설하는 시설
3. 주유소·자동차충전시설·주차장·자동차수리소 등 도로이용자를 위한 시설
4. 간판, 현수막, 버스표판매대 등 도로 구조의 안전과 교통에 지장이 없다고 도로관리청이 인정한 공익시설 등

도로점용허가를 받은 사람은 점용료를 내야 하는데(법 제66조), 공익시설, 주택 출입로, 장애인편의시설 등은 감면받을 수 있다(법 제68조 및 영 제73조). '점용료 산정기준'은 「도로법 시행령」 [별표3]에 상세히 규정되어 있다(영 제69조 1항).

도로와 다른 시설의 연결에 관한 규칙

국도와 지방도 및 4차선 이상의 도로의 교통안전과 원활한 소통, 도로 구조 보전을 위해 다른 도로, 통로, 그 밖의 시설을 연결하기 위한 허가 기준, 허가절차, 설치기준은 「도로와 다른 시설의 연결에 관한 규칙」에 규정되어 있다(법 제52조). 이 「도로법」의 도로에 연결하여 개발행위 등을 하려면 '변속차로'와 '연결허가 금지구간' 등을 알아야 한다.

1) 변속차로

'변속차로'란 자동차를 가속 또는 감속시키기 위하여 설치하는 차로로서 그 길이는 「도로와 다른 시설의 연결에 관한 규칙」 [별표5]에서 정한 기준 이상이어야 하고, 폭은 3.25m 이상이 되어야 하며, 접속부는 곡선 반지름이 12m 이상의 곡선이 되어야 한다. 구체적인 사항은 규칙 [별표 5], [별표3]를 확인하여야 한다. 다음 표는 변속차로의 최소길이를 요약한 것이다.

| 변속차로의 최소길이 |

(지구단위/2단계집행계획 외 지역의 본선 설치)(단위: m)

시 설 \ 4차선(2차선)	주차 대수 (가구 수)	감속부의 길이		가속부의 길이	
		감속차로	테이퍼	가속차로	테이퍼
나. 휴게소·주유소 등	-	45 (30)	15 (10)	90 (65)	30 (20)
라. 사도·농로·마을진입로 또는 그 밖에 이와 유사한 교통용 통로 등	-	20 (15)	10 (10)	40 (30)	20 (20)
마. 판매시설 및 일반 음식점 등	10대 이하	20 (15)	10 (10)	40 (30)	20 (20)
	11대 이상 30대 이하	30 (20)	10 (10)	60 (40)	20 (20)
	31대 이상	45 (30)	15 (10)	90 (65)	30 (20)

사. 공장·숙박시설·업무시설·근린생활시설 및 기타시설	20대 이하	20 (15)	10 (10)	40 (30)	20 (20)
	21대 이상 50대 이하	30 (20)	10 (10)	60 (40)	20 (20)
	51대 이상	45 (30)	15 (10)	90 (65)	30 (20)
아. 주택 진입로 등	(5가구 이하)	도로모서리의 곡선화(곡선반지름: 3m)			
	(100가구 이하)	30 (20)	10 (10)	60 (40)	20 (20)
	(101가구 이상)	45 (30)	15 (10)	90 (65)	30 (20)
자. 농어촌 소규모 시설(소규모모축사, 창고 등), 태양광발전시설 등	-	도로 모서리의 곡선화(곡선반지름: 3m)			

2) 연결허가금지구간

일반국도의 구간에 다른 시설을 연결할 수 없는 '연결허가금지구간(도로와 다른 시설의 연결에 관한 규칙 제6조)'이 있다. 일반국도에 다른 시설(휴게소, 주유소, 공장, 아파트 진출입로 등을 위한 변속차로 등)을 연결하려고 할 때 연결허가를 신청하기 전에 연결을 신청하려는 도로의 구간이 연결허가금지구간에 해당되는지 관리청에 사전에 알아볼 수 있다(도로와 다른 시설의 연결에 관한 규칙 제4조의2, 신설 2021. 8. 3.).

민원인은 '도로와 다른 시설의 연결허가 사전확인 신청서'에 위치도와 현장사진을 첨부하여 도로관리청에 제출하면 7일 이내에 답을 얻을 수 있다. 이 회신은 약식 검토이므로 실제 허가신청에서 시설물 구조 등의 검토 및 현장조사 결과에 따라 불허처분을 받을 수 있으므로 토목설계사무실을 통하여 신청하는 것이 안전할 것이다.

'연결허가금지구간' 6가지에 대해 간단히 살펴보면 첫째, 시거(視距)가 확보되지 못한 곳이다(규칙 제6조 1호). 곡선반지름이 280m(2차로 도로는 140m) 미만인 곡선구간의 안쪽 차로 중심선에서 장애물까지의 거리가 「도로와 다른 시설의 연결에 관한 규칙」[별표3]에서 정하는 최소거리 이상이 되

 알아두세요

시거

운전자가 자동차 진행방향의 전방에 있는 장애물 또는 위험요소를 인지하고 제동을 걸어 정지하든가 혹은 장애물을 피해서 주행할 수 있는 길이를 말한다.

지 못한 곳의 안쪽 곡선구간이다.

| 도로와 다른 시설의 연결에 관한 규칙 [별표3](개정 2014. 12. 29.) |

(단위: m)

곡선구간의 곡선반지름 및 장애물까지의 최소거리(제6조 제1호 관련)							
구분	4차로 이상				2차로		
곡선반경	260	240	220	200	120	100	80
최소거리	7.5	8	8.5	9	7	8	9

비고: 최소거리는 곡선구간의 안쪽 차로 중심선에서 장애물까지의 최소거리를 말한다.

둘째, 종단(縱斷) 기울기가 평지는 6%, 산지는 9%를 초과하는 구간이다 (규칙 제6조 제2호). 다만, 오르막 차로가 설치되어 있는 경우 오르막 차로의 바깥쪽 구간에 대해서는 연결을 허가할 수 있다.

셋째, 터널 및 지하차도 등 시설물의 내부와 외부 사이의 명암 차이가 커서 장애물을 알아보기 어려워 조명시설 등을 설치한 다음 구간이다(규칙 제6조 제5호).

① 설계속도가 시속 60㎞ 이하인 일반국도는 해당 시설물로부터 300m 이내의 구간
② 설계속도가 시속 60㎞를 초과하는 일반국도는 해당 시설물로부터 350m 이내의 구간

넷째, 교량 등의 시설물과 근접되어 변속차로를 설치할 수 없는 구간은 연결허가 금지구간이다(규칙 제6조 제6호).

다만 도시지역에 있는 일반국도로서 도시·군관리계획으로 정비되어 있거나 1단계 집행계획에 포함된 경우에는 규칙 제6조의 1호, 2호, 5호, 6호는 금지구간에 포함되지 않는다(규칙 제6조 1항 단서).

다섯째, 버스정차대, 측도 등 주민편의시설은 이를 옮겨 설치할 수 없거나 옮겨 설치하는 경우 주민 통행에 위험이 발생될 우려가 있는 구간이다(규칙 제6조 제7호).

여섯째, 일반국도와 다음 도로가 연결되는 [별표4]의 교차로 연결금지 구간 이내의 구간이다(규칙 제6조 제3호).

① 도로법 도로
② 2차선 이상의 면도(농어촌도로정비법)
③ 폭 6m(길어깨 제외) 이상의 2차로 이상의 도로
④ 관할 경찰서장 등이 교통안전과 소송에 현저한 지장이 초래할 것으로 인정된 도로

다만 이때에도 도시지역에 있는 일반국도로서 도시·군관리계획으로 정비되어 있거나 1단계 집행계획에 포함된 경우 또는 5가구 이하의 주택과 농어촌 소규모 시설(건축신고대상 소규모 축사 또는 창고 등)의 진출입로를 설치하는 경우에는 다음 [별표4]의 1호의 변속차로가 설치되지 않은 평면교차로의 제한거리만 적용한다.

| 도로와 다른 시설의 연결에 관한 규칙 [별표4](개정 2014. 12. 29.) |

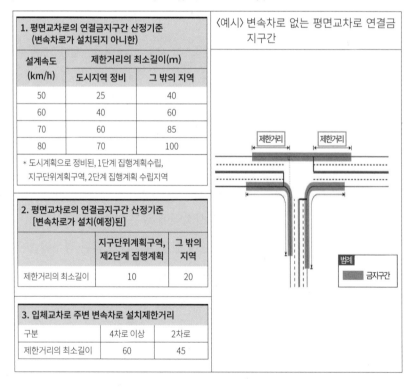

1. 평면교차로의 연결금지구간 산정기준 (변속차로가 설치되지 아니한)		
설계속도 (km/h)	제한거리의 최소길이(m)	
	도시지역 정비	그 밖의 지역
50	25	40
60	40	60
70	60	85
80	70	100

* 도시계획으로 정비된, 1단계 집행계획수립, 지구단위계획구역, 2단계 집행계획 수립지역

2. 평면교차로의 연결금지구간 산정기준 [변속차로가 설치(예정)된]		
	지구단위계획구역, 제2단계 집행계획	그 밖의 지역
제한거리의 최소길이	10	20

3. 입체교차로 주변 변속차로 설치제한거리		
구분	4차로 이상	2차로
제한거리의 최소길이	60	45

〈예시〉 변속차로 없는 평면교차로 연결금지구간

제한거리 제한거리

범례 금지구간

참고로 [별표4의2]에 따른 교차로 주변의 변속차로 등의 설치제한거리 이내의 구간인 '교차로 영향권'은 교차로 부근에서 교차로로 인하여 차량 운행이 영향을 받는 구간을 말하는데, 2014년 12월 29일 법 개정으로 용어가 없어졌다.

물 점용허가

개발행위허가 등으로 건축물 및 시설물을 설치하고자 할 때에 그 진입로를 개설할 부분에 물이 흐르면 「하천법」 「소하천법」 「공유수면법」 「농어촌정비법」에 의한 물 점용허가가 있다.

1) 하천법의 하천점용허가

알아두세요

하천

'하천'이라 함은 지표면에 내린 빗물 등이 모여 흐르는 물길로서 공공의 이해와 밀접한 관계가 있어 국가하천 또는 지방하천으로 지정된 곳을 말하며, 하천구역과 하천시설을 포함한다.

하천은 국가하천과 지방하천으로 구분되고(2007. 4. 6. 지방하천 등급구분 없어짐) 국가하천은 환경부장관이, 지방하천은 관할구역의 시·도지사가 관리한다(법 제8조). 하천관리청은 10년 단위의 하천기본계획을 수립하며(법 제25조), 하천관리청이 아닌 자의 하천공사는 하천관리청의 허가를 받아 하천공사나 하천의 유지·보수를 할 수 있다. 이때 하천관리청은 하천기본계획에 적합한지 여부를 검토하여야 한다. 또한 이 경우 하천관리청은 미리 관계 행정기관의 장과 협의하여야 한다(법 제30조).

'하천구역'은 다음과 같은 토지를 말한다(법 제10조).

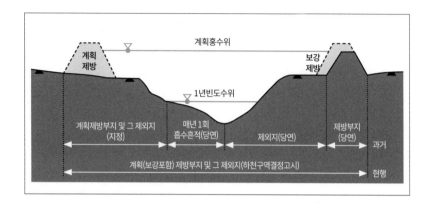

'하천구역'은 '하천기본계획'에 완성제방, 계획제방이 있는 곳은 그 제방 부지 및 그 밑의 토지, 제방의 설치계획이 없는 구간에서는 계획 하폭에 해당하는 토지, 댐·하구둑·홍수조절지·저류지의 계획홍수위 아래에 해당하는 토지, 철도·도로 등 선형 공작물이 제방의 역할을 하는 곳에서는 선형 공작물의 하천쪽 비탈머리로부터 그 밑의 토지, 하천기본계획이 수립되지 아니한 하천에서는 하천에 물이 계속하여 흐르고 있는 토지 및 지형, 그 토지 주변에서 풀과 나무가 자라는 지형의 상황, 홍수 흔적, 그 밖의 상황을 기초로 평균하여 매년 1회 이상 물이 흐를 것으로 판단되는 수면 아래에 있는 토지(대홍수나 그 밖의 자연현상에 의하여 일시적으로 그 상황을 나타내고 있거나 유로가 변경된 토지는 제외)를 말한다(법 제10조).

하천구역 안에서 토지의 점용, 하천시설의 점용, 공작물의 신축·개축·변경, 토지의 굴착·성토·절토 등 형질변경, 토석·모래·자갈의 채취, 그 밖에 하천의 보전·관리에 장애가 될 수 있는 행위로서 죽목·갈대·목초·수초 등을 채취하는 행위, 식물을 식재하는 행위, 선박을 운항하는 행위, 스케이트장, 유선장·도선장·계류장(부유식인 경우만 해당)을 설치하는 행위 등은 하천관리청의 점용허가를 받아야 한다(법 제33조).

2) 소하천정비법의 점용허가

「소하천정비법」은 행정안전부가 1995년에 제정한 법이다. 이 법에 제정되기 전까지 소하천은 국가의 제도적 관리대상에서 사실상 제외되어 체계적인 관리 없이 방치되어 매년 수해 발생의 주요 원인으로 작용하였다. 또한 각종 쓰레기의 투기 및 축산 오·폐수 등의 유입으로 인하여 하천 환경오염이 심화되는 등 날로 황폐화되어 가고 있었기에 소하천을 체계적으로 정비하기 위한 제도적 장치를 마련한 것이다.

'소하천'은 「하천법」의 적용 또는 준용을 받지 아니하는 하천으로서, 관할 시장·군수·구청장이 그 명칭과 구간을 지정·고시하는 하천을 말한다(법 제2조). 소하천의 지정 기준은 '일시적이 아닌 유수(流水)가 있거나 있을 것이 예상되는 구역으로서 평균 하천 폭이 2m 이상이고 시점(始點)에서 종점(終點)까지의 전체 길이가 500m 이상인 것'이다(영 제2조).

'소하천구역'은 관리청(특별자치시장·시장·군수·자치구청장)이 지정한다. 소하천의 형상과 기능을 유지하고 있는 토지의 구역, 소하천시설이 설치된 토지의 구역, 제방이 있는 곳은 그 제방으로부터 물이 흐르는 쪽의 토지의 구역 중 어느 하나에 해당하는 구역을 소하천구역으로 지정할 수 있다(법 제3조의3).

소하천 등(소하천 예정지는 제외)에서 다음에 해당하는 행위를 하려는 자는 행정안전부령에 따라 관리청의 허가를 받아야 한다(법 제14조).

1. 유수(流水)의 점용
2. 토지의 점용
3. 소하천시설의 점용·신축·개축·변경 또는 제거
4. 그 밖의 인공구조물의 신축·개축 또는 변경
5. 토지의 굴착·성토(盛土) 또는 절토(切土), 그 밖에 토지의 형상 변경
6. 토석(土石)·모래·자갈·죽목(竹木), 그 밖의 소하천 등 산출물의 채취
7. 그 밖에 소하천 등의 형상과 기능에 지장을 줄 수 있는 행위

다만, 소하천구역 안에서 영농목적으로 유수 및 토지 등을 관습적으로 점용하는 경우와 하천시설 또는 그 밖의 인공구조물을 임시로 설치하는 경우, 주민이 일상생활과 관련하여 유수 및 토지 등을 일시적으로 점용하는 경우 등은 관리청의 허가대상이 아니다(영 제11조). 구체적인 내용은 소하천 설계기준(행정안전부고시 제2020-53호) 등을 확인하면 된다.

3) 공유수면법의 사용(점용)허가

공유수면(公有水面)이란 바다, 바닷가, 하천, 호소(湖沼)·구거(溝渠), 그 밖에 공공용으로 사용되는 수면 또는 수류(水流)로서 국유(國有)인 것이다. 단, 「하천법」·「소하천정비법」·「농어촌정비법」·「항만법」·「어촌어항법」의 공유수면은 「공유수면법」을 적용하지 않는다(법 제3조).

공유수면에서 다음 행위를 하려는 자는 공유수면관리청으로부터 공유수면의 점용 또는 사용의 허가를 받아야 한다(법 제8조).

1. 공유수면에 부두, 방파제, 교량, 수문, 신·재생에너지 설비, 건축물, 그 밖의 인공구조물을 신축·개축·증축·변경·제거하는 행위
2. 공유수면에 접한 토지를 공유수면 이하로 굴착(掘鑿)하는 행위
3. 공유수면의 바닥을 준설(浚渫)하거나 굴착하는 행위
4. 포락지(浦落地) 또는 개인의 소유권이 인정되는 간석지(干潟地)를 토지로 조성하는 행위
5. 공유수면으로부터 물을 끌어들이거나 공유수면으로 물을 내보내는 행위
6. 공유수면에서 흙이나 모래 또는 돌을 채취하는 행위
7. 공유수면에서 식물을 재배하거나 베어내는 행위
8. 공유수면에 흙 또는 돌을 버리는 등 공유수면의 수심(水深)에 영향을 미치는 행위
9. 점용·사용허가를 받아 설치된 시설물로서 국가나 지방자치단체가 소유하는 시설물을 점용·사용하는 행위
10. 공유수면에서 「광업법」에 따라 광물을 채취하는 행위
11. 제1호부터 제10호까지에서 규정한 사항 외에 공유수면을 점용·사용하는 행위

공유수면 점용·사용기간은 인공구조물의 형태와 내구연한 등을 고려하여 30년, 15년 및 5년으로 세분되어 있고, 점용료를 부과하되 공익사업 등은 감면할 수 있다. 구체적인 내용은 「공유수면 관리 및 매립에 관한 업무처리 규정」(해양수산부고시 제2020-212호)을 확인하면 된다.

4) 농어촌정비법의 농업생산기반시설 사용허가

알아두세요

농업생산기반시설

'농업생산기반시설'이란 농업생산기반 정비사업으로 설치되거나 그 밖에 농지 보전이나 농업 생산에 이용되는 저수지, 양수장(揚水場), 관정(管井: 우물) 등 지하수 이용시설, 배수장, 취입보(取入洑: 하천에서 관개용수를 수로에 끌어 들이기 위하여 만든 저수시설), 용수로, 배수로, 유지(溜池: 웅덩이), 도로[농어촌도로 정비법의 농도(農道) 등 농로를 포함한다.], 방조제, 제방(堤防: 둑) 등의 시설물 및 그 부대시설과 농수산물의 생산·가공·저장·유통시설 등 영농시설을 말한다.

「농어촌정비법」의 '농업생산기반시설 사용허가'란 농업생산기반시설 관리자(이하 관리자)가 농업생산기반시설이나 용수(用水)를 본래 목적 외의 목적에 사용하려 하거나 타인에게 사용하게 할 때에는 시장·군수·구청장의 사용허가를 받아야 한다. 이때 그 사유·내용 및 기간 등을 게시판과 인터넷 홈페이지에 14일 이상 공고하여 관계 주민에게 열람하게 하고 의견을 제출할 수 있도록 하여야 한다(시행 2021. 11. 19.). 다만 관리자가 한국농어촌공사인 경우, 농업생산기반시설 사용허가 면적이 300㎡ 이하인 경우, 당초 허가내용의 변경 없이 갱신하는 경우에는 관리자가 결정한다.

그리고 관리자는 농업생산기반시설이나 용수를 사용허가 받아 사용하는 사용자로부터 농업생산기반시설을 유지·보수하는 데에 필요한 경비의 전부 또는 일부를 사용료로 징수할 수 있다(법 제23조). 구체적인 내용은 「농업생산기반시설 관리규정」(농림축산식품부훈령)을 확인하면 된다. 그런데 현재 지방자치단체의 '농업생산기반시설'의 등록 및 관리는 단순 서류철에 의존하고 있어 현황 관리가 어렵고 노후화된 기반시설의 안전관리 미비로 자연재해 위험성 및 수질 오염 등의 문제가 있어, 2022년 6월 1일부터 '농업생산기반시설 정보체계'를 마련하여 시설을 종합적·체계적으로 설치·관리·운영할 계획이다.

또한 지방자치단체장은 농업생산기반시설이 본래의 목적으로 이용되지 않거나 방치되고 있으면 그 시설의 폐지를 요구할 수 있되, 이때 관리자는 폐지 범위 등을 결정한 후 농업생산기반시설의 폐지를 신청하거나 폐지 불가 의견을 제출하려는 경우에는 농업생산기반시설로부터 이익을 얻고 있는 주민 등의 의견을 들어야 한다(영 제32조의2, 제32조의3 신설, 시행 2021. 10. 14.)

5) 공간정보관리법의 구거점용

보통 '농업생산기반시설 사용허가(구, 농업생산기반시설 목적 외 사용)'를 편의상 구거점용허가라고 한다. 구거를 진입로 등으로 점용·사용하려면 그 구거의 소유자(관리자 포함)에 따라 또는 구거의 실제 이용상태에 따라 각기 다른 허가를 받게 된다.

「공간정보관리법」의 구거(溝渠: 도랑)는 인공구거와 자연구거(사실상 구거 포함)가 있는데, 이 구거가 농업생산기반시설로 등록되면 '농업생산기반시설 사용허가'를 받아야 한다(농어촌정비법 제17조 및 영 제25조). 그리고 구거가 하천구역에 포함되면 '하천점용허가'를, 소하천구역에 포함되면 '소하천점용허가'를, 그 이외 국유(國有)인 공유수면은 '공유수면 사용허가'를 받아야 한다.

그러나 지목은 구거이지만 오래 전에 말라서 농업용수로 기능을 할 수 없는 마을길 또는 농로로 이용되고 있다면, 소유자가 국·공유이면 그런 현황도로를 그대로 사용할 수 있다. 다만 현재 도로를 확장·포장해야 한다면 '국(공)유재산 사용허가'를 받아서 도로를 개설할 수 있다.

또한 구거는 「국토계획법」의 기반시설은 아니지만 공공시설의 하나이므로, 국·공유로서 지목이 구거인 토지를 점용하려면 사용허가를 받아야 한다. 다만 구거가 사유이면서 구거의 기능이 완전히 없어졌다면 개발행위허가를 받아서 지목을 도로로 변경할 수 있다.

알아두세요

구거(溝渠)
「공간정보관리법」의 구거(도랑)는 용수(用水) 또는 배수(排水)를 위하여 일정한 형태를 갖춘 인공적인 수로·둑 및 그 부속시설물의 부지와 자연의 유수가 있거나 있을 것으로 예상되는 소규모 수로부지를 말한다.

문화재 관련 허가

행정계획을 수립하거나 개발행위허가를 통하여 토지의 형질변경 및 건축물의 건축을 위한 대지를 조성하고자 할 때에, 인근에 지상 또는 지하에 문화재가 있다면 「문화재보호법」과 「매장문화재법」의 허가 등을 받아야 한다.

1) 문화재보호법

「문화재보호법」의 국가지정문화재인 보물·국보, 사적·명승·천연기념물, 국가민속문화재는 그 외곽 경계에서 10~100m를 보호구역으로 지정하고(영 [별표2]), 건설공사(토목공사, 건축공사, 조경공사, 토지나 해저의 원형변경이 수반되는 공사)로 인하여 문화재가 훼손, 멸실 또는 수몰될 우려가 있거나 그 밖에 문화재의 역사·문화·환경 보호를 위하여 필요한 때에는 그 건설공사의 시행자는 문화재청장의 지시에 따라 필요한 조치를 하여야 한다(법 제12조).

시·도지사는 지정문화재(동산문화재와 무형문화재 제외)의 역사·문화·환경 보호를 위하여 문화재청장과 협의하여 조례로 '역사문화환경 보존지역(이하 보존지역)'을 정한다. 또한 건설공사의 인가·허가 등을 담당하는 행정기관은 보존지역을 보호하기 위하여 지정문화재 외곽경계의 외부 지역에서 시행하려는 건설공사의 시행이 지정문화재의 보존에 영향을 미칠 우려가 있는 행위에 해당하는지 여부를 그 공사의 인가·허가 전에 검토하여야 한다(법 제13조).

보존지역의 범위는 해당 지정문화재의 역사적·예술적·학문적·경관적 가치와 그 주변 환경 및 그 밖에 문화재보호에 필요한 사항 등을 고려하여 그 외곽경계로부터 500m 안으로 한다.

그리고 문화재청장 또는 시·도지사는 문화재를 지정하면 그 지정 고시

알아두세요

보호구역

'보호구역'이란 지상에 고정되어 있는 유형물이나 일정한 지역이 문화재로 지정된 경우에 해당 지정문화재의 점유 면적을 제외한 지역으로서 그 지정문화재를 보호하기 위하여 지정된 구역을 말한다(문화재보호법 제2조).

가 있는 날부터 6개월 안에 역사문화환경 보존지역에서 지정문화재의 보존에 영향을 미칠 우려가 있는 행위에 관한 구체적인 행위기준을 정하여 고시하여야 한다. 그러므로 토지이용계획확인서에 표시된 보존지역에서의 현상변경 허가기준 등은 관할청에 문의하면 된다.

국가지정문화재, 보호물 또는 보호구역 안에서 국가지정문화재의 현상이 변경될 수 있는 다음 행위는 문화재청장의 허가를 받아야 한다(법 제35조 1항 1호).

1. 건축물·시설물의 신축·증축·개축·이축(移築)·용도변경하는 행위
2. 수목을 심거나 제거하는 행위
3. 토지 및 수면의 매립·간척·땅파기·구멍 뚫기·땅 깎기·흙 쌓기 등 지형이나 지질의 변경을 가져오는 행위
4. 수로·수질·수량에 변경을 가져오는 행위
5. 소음·진동·악취 등을 유발하거나 대기오염물질·화학물질·먼지·빛·열 등을 방출하는 행위 등

국가지정문화재의 보존에 영향을 미칠 우려가 있는 다음 행위는 문화재청장의 허가를 받아야 한다(법 제35조 1항 2호).

1. 경관을 저해할 수 있는 건축물의 설치, 수목식재, 소음·진동·악취·대기오염물질 방출 등을 하는 행위
2. 문화재 소재지역의 수로의 수질과 수량에 영향을 줄 수 있는 건설공사 등
3. 문화재와 연결된 유적지 훼손
4. 천연기념물이 서식·번식하는 지역을 손상시키는 행위
5. 그 밖에 문화재 외곽 경계의 외부 지역에서 하는 행위로서 문화재청장 또는 해당 지방자치단체의 장이 국가지정문화재의 역사적·예술적·학술적·경관적 가치에 영향을 미칠 우려가 있다고 인정하여 고시하는 행위

2) 매장문화재법

「매장문화재법」의 '매장문화재'는 토지 또는 수중에 매장되거나 분포되어 있는 유형의 문화재, 건조물 등에 포장(包藏)되어 있는 유형의 문화재, 지표·지중·수중(바다·호수·하천 포함) 등에 생성·퇴적되어 있는 천연동굴·화석, 그 밖에 대통령령으로 정하는 지질학적인 가치가 큰 것(영 [별표 1] 참조)을 말한다(법 제2조).

매장문화재가 존재하는 것으로 인정되는 지역(이하 '매장문화재 유존지역')은 원형이 훼손되지 아니하도록 보호되어야 하며, 누구든지 이 법에서 정하는 바에 따르지 아니하고는 매장문화재 유존지역을 조사·발굴할 수 없다(법 제4조). 그리고 국가와 지방자치단체 등 개발사업을 계획·시행하고자 하는 자는 매장문화재가 훼손되지 아니하도록 하여야 한다. 또한 개발사업 시행자는 공사 중 매장문화재를 발견한 때에는 즉시 해당 공사를 중지하여야 한다. 이를 어기면 2년 이하의 징역 또는 2천만 원 이하의 벌금형을 받게 된다.

'매장문화재 유존지역'이란 다음의 지역을 말한다.

1. 국가와 지방자치단체에서 작성한 '문화유적분포지도'에 매장문화재가 존재하는 것으로 표시된 지역
2. 문화재청장이 적정하게 작성한 것으로 인정한 지표조사 보고서에 매장문화재가 존재하는 것으로 표시된 지역
3. 매장문화재에 대한 발굴 이후에 그 매장문화재가 보존 조치된 지역
4. 발견신고 및 확인절차를 거쳐서 매장문화재가 존재하는 것으로 인정된 지역
5. 국가지정문화재, 시·도지정문화재, 임시지정문화재가 있는 지역
6. 보호구역에서 문화재청장이 매장문화재에 대하여 조사한 결과 매장문화재가 존재하는 것으로 인정된 지역
7. 「고도육성법」의 고도지역, 수중문화재 분포지역, 폐사지 등 역사적 가치가 높은 지역

문화재청장은 '매장문화재 유존지역'의 위치에 관한 정보를 전자적인 방법을 통하여 상시적으로 유지·관리하여야 하며, 그 정보를 문화재청의 인터넷 홈페이지 등에 공개하여야 한다(영 제3조).

'매장문화재 유존지역'은 발굴할 수 없다. 다만, 연구 목적으로 발굴하는 경우, 유적의 정비사업을 목적으로 발굴하는 경우, 토목공사, 토지의 형질변경 또는 그 밖에 건설공사를 위하여 부득이 발굴할 필요가 있는 경우, 그리고 멸실·훼손 등의 우려가 있는 유적을 긴급하게 발굴할 필요가 있는 경우에는 문화재청장의 발굴허가를 받아야 발굴할 수 있다(법 제11조).

건설공사의 시행자는 토지·내수면·연안에서 사업면적이 30,000㎡ 이상인 경우와 30,000㎡ 미만이라도 지자체장의 요청이 있는 경우에 해당 건설공사 지역에 문화재가 매장·분포되어 있는지를 확인하기 위하여 사전에 매장문화재 '지표조사'를 하여야 한다.

지자체장이 30,000㎡ 미만의 건설공사에 지표조사가 필요하다고 인정하는 지역이란 다음과 같다.

1. 과거에 매장문화재가 출토되었거나 발견된 지역
2. 역사서, 고증된 기록, 관련 학계의 연구결과 등을 검토한 결과 문화재가 매장되어 있을 가능성이 높은 지역
3. 조례로 정하는 구역 등에서 시행되는 건설공사

지표조사의 실시시기는 개발사업의 실시계획 또는 사업계획 수립 전이다(규칙 [별표1] 참조).

군사기지법의 군사시설 협의

알아두세요

군사시설

'군사시설'이란 전투진지, 군사목적을 위한 장애물, 폭발물 관련 시설, 사격장, 훈련장, 군용전기통신설비, 연구시설 및 시험시설·시험장, 대공방어시설, 군용통신시설, 군용부두 및 전쟁장비·물자의 생산·저장시설을 말한다.

중요한 군사시설을 보호하고 군작전의 원활한 수행을 기하기 위하여 1972년 12월 26일 「군사시설보호법」이 제정되어, 보호구역 내에서 일정 행위를 하고자 하는 자는 관할부대장의 허가를 받도록 하고, 관계행정청은 보호구역 내에서 허가 기타의 처분을 하고자 할 때에는 국방부장관이나 관할부대장과 협의하도록 하였다.

그 이후 국민의 재산권 행사를 제한하는 군사시설보호구역의 축소 및 토지이용규제의 완화요구 민원이 증가되었다. 이에 군사작전에 지장이 없는 범위 안에서 각종 군사시설 지정범위와 행위규제 등을 정비하고, 국민의 토지이용 불편을 최소화하고 재산권을 보장하기 위해 「군사시설보호법」, 「해군기지법」 및 「군용항공기지법」 등을 하나로 통합한 「군사기지 및 군사시설 보호법」(약칭: 군사기지법)을 제정하였다(시행 2008. 9. 22.).

알아두세요

군사기지

'군사기지'란 군사시설이 위치한 군부대의 주둔지·해군기지·항공작전기지·방공(防空)기지·군용전기통신기지, 그 밖에 군사작전을 수행하기 위한 근거지를 말한다.

| 군사기지 및 군사시설 보호구역 규제완화 현황(2021년) |

(단위: 만㎡)

구분	군사기지 및 군사시설 보호구역 등		구분	군사기지 및 군사시설 보호구역 등	
	해제	변경		해제	변경
2007	929	0	2015	2,036	451
2008	21,290	24,047	2016	2,544	22
2009	1,281	19	2017	3,712	0
2010	2,522	267	2018	33,841	1,317
2011	4,954	570	2019	7,710	5
2012	159	624	2020	10,067	133
2013	2,779	76	2021	905	2,076
2014	2,672	4,653	총계	97,401	34,260

(출처: 국방부 보도자료, 2022. 2. 8.)

알아두세요 ─────

비행안전구역

'비행안전구역'이란 군용항공기
의 이착륙에 있어서의 안전비행
을 위하여 국방부장관이 「군사기
지법」 제4조 및 제6조에 따라 지
정하는 구역을 말한다.

대공방어협조구역

'대공방어협조구역'이란 대공(對
空)방어작전을 보장하기 위하여
국방부장관이 「군사기지법」 제4
조 및 제7조에 따라 지정하는 구
역을 말한다.

군사기지 및 군사시설의 보호구역(이하 '보호구역'), 민간인통제선, 비행안전구역 및 대공방어협조구역은 군사작전의 원활한 수행 및 군용항공기의 비행안전에 필요한 최소한의 범위 안에서 지정되어야 한다(법 제3조).

'보호구역' 중 '통제보호구역'은 고도의 군사활동이 보장되어야 하는 군사분계선의 인접지역과 중요한 군사기지 및 군사시설의 기능이 보전되어야 하는 구역이다. '제한보호구역'은 군사작전의 원활한 수행을 위하여 필요한 지역과 지역주민의 안전이 요구되는 구역이다(법 제5조).

그래서 허가청은 보호구역 안의 건축허가 등을 하기 전에 관한 부대장과 협의하여야 한다(법 제13조). 다만 보호구역이 도시지역 안에 있거나 농공단지 등 작전에 미치는 영향이 경미하면서 지역사회발전 및 주민편익을 도모할 수 있는 지역의 협의업무는 행정기관의 장에게 위탁할 수 있다.

이 협의업무를 위탁받은 관계 행정기관의 장은 위탁받은 내용이 명확하게 기록된 지형도면 등을 열람하게 해야 한다. 따라서 이해관계인은 해당 필지에 대한 「군사기지법」에 의한 행위규제 사항을 허가청에 직접 확인할 수 있다(법 제14조).

통제보호구역 안에서 주택의 신축은 금지하되, 국방부장관 또는 관할부대장 등이 군사작전에 지장이 없다고 판단하여 협의한 다음 건축물이나 시설은 가능하다(영 제8조 7항).

1. 지방자치단체의 공공사업에 따른 건축물의 신축
2. 연면적 200㎡ 이하의 창고시설 또는 동·식물 관련 시설
3. 연면적 200㎡ 이하의 농업·임업·축산업·어업용 가설건축물의 신축

더 자세한 규제내용은 「군사기지 및 군사시설 보호구역 등 관리훈령」(국방부훈령) 등을 확인하면 된다.

'민간인통제선'이란 고도의 군사활동 보장이 요구되는 군사분계선의 인접지역에서 군사 작전상 민간인의 출입을 통제하기 위하여 국방부장관이 제4조 및 제5조에 따라 지정하는 선을 말한다.

군사분계선 인접지역의 민간인통제선 지정범위를 군사분계선으로부터 10㎞ 이내로 축소하였다. 또한 군사분계선 인접지역 외의 지역에 위치한 통제보호구역의 경우 개별 군사시설의 최외곽경계선으로부터 300m 이내로 축소하였다. 제한보호구역은 개별 군사시설의 최외곽경계선으로부터 500m 이내로 축소 조정하였다(법 제5조).

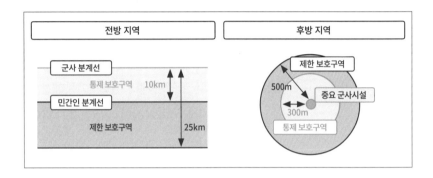

부동산 공법
무작정 따라하기

025

개발 인허가 지원 법률

기업규제완화법·토지인허가간소화법

「기업활동 규제완화에 관한 특별조치법」(약칭: 기업규제완화법)은 기업활동을 규제하는 행정규제의 완화 및 특례를 규정하여, 기업활동 진작과 국민경제발전에 이바지하려는 법으로, 다른 법률에 우선한다(법 제3조).

중소기업자가 수의계약으로 공장용지로 매수할 수 있는 국·공유지는 '용도폐지된 행정재산'으로 확대되었고, 공장용지 면적의 50% 이하까지 확대되었다(영 제9조). 공장설립승인을 받으면 토지거래허가를 받지 않아도 되고, 개발진흥지구의 초지전용은 받지 않아도 되며, 농취증 없이 농지취득이 가능하고, 허가청은 사도개설허가를 하여야 한다. 설립 신청이 「창업사업계획의 승인에 관한 통합업무처리지침」(중소벤처기업부 고시)에 맞으면 「산업집적법」의 협의가 면제된다.

「토지이용 인·허가 절차 간소화를 위한 특별법」(약칭: 토지인허가간소화법)은 「국토계획법」 제56조 개발행위의 허가, 「건축법」 제11조 건축허가, 「산업집적법」 제13조 공장설립의 승인 등에 대하여 적용한다(법 제3조). 인·허가 신청을 위한 일부 요건이 부족해도 정식 인·허가와 같은 절차를 밟을 수 있는 '사전심의제도'를 도입하여 인·허가 신청자의 매몰비용을 최소화할 수 있도록 하였다(법 제9조). 예를 들어 관련 위원회의 사전심의를 받으려면 개별 법령에서 정한 서류를 제출하되, 토지 확보 증명서류 및 다른 법률의 인·허가 의제 서류는 제출하지 않아도 된다(영 제5조).

물류시설의 개발 및 운영을 지원하는 「물류시설법」과 「산단절차간소화법」은 둘째마당에서 설명하였다.

중소기업창업지원법 및 소기업지원법

「중소기업창업지원법」(약칭: 중소기업창업법)은 중소기업이 공장 등 제조업을 창업하기 위해 사업계획서를 작성하여 허가권자로부터 승인받는 절차 및 허가기준 등을 규정한 창업 지원법이다.

사업계획승인에 17가지 허가, 공장 건축허가에서 14가지 허가, 건축물 사용승인에서 11가지 검사를 동시에 받을 수 있다. 사업계획승인을 받은 창업자는 7년 동안 농지보전부담금, 대체초지조성비가 면제되고, 3년 동안 16가지 부담금이 면제된다(법 제39조의3).

더 자세한 내용은 「창업사업계획의 승인에 관한 통합업무처리지침」(중소벤처기업부고시)을 확인하면 된다.

「중소기업진흥에 관한 법률」(약칭: 중소기업진흥법)에는 1,000㎡ 미만의 소기업에 대한 ① 농지보전부담금, ② 대체산림자원조성비, ③ 개발부담금 면제 등 지원규정이 있다.

첫째마당에서는 부동산 가치판단의 기초상식을 안내하였고, 둘째마당에서는 개발허가를 규제하는 행정계획을 설명하기 위한 '국토이용체계 4단계'에 대해 알아보았으며 셋째마당에서는 개발가치를 실현하기 위한 각종 인허가 절차 및 관련 법령을 살펴보았다. 넷째마당에서는 개발가치 실현에 도움이 되는 절세 및 개발사업 관련 법령과 건축물 분양 및 농어촌개발 법령, 도시 및 비도시 균형발전 법령을 살펴보려고 한다.

토지개발의
일반 상식

026 절세 및 개발사업 관련 법령

양도소득세 절세방안

「소득세법」의 '양도'란 부동산 이전 등기와 관계없이 매도, 교환 등 유상(有償)으로 사실상 소유권을 이전하는 것이다. 양도소득세 신고는 양도일이 속한 달 말일부터 2개월 이내에 해야 한다. 그런데 잔금일 이전에 이전등기를 하면 등기일이 양도일이 되고, 부담부증여 시 수증자가 부담하는 채무액도 양도금액으로 본다.

'양도소득금액'은 '양도가액'에서 '필요경비'를 공제한 '양도차익'에서 '장기보유 특별공제액'을 공제한 금액이다. 양도소득세는 해당 과세기간의 양도소득과세표준에 세율을 곱하여 누진공제한 후 산출된 금액이다. 양도소득세는 1년간 양도소득을 합산하는 것이므로 1년에 두 번 이상 양도하여 양도소득액이 많아지면 세율이 높아지고, 반대로 양도하는 부동산을 2년으로 나누어 양도하면 양도소득금액이 적어져서 양도세율이 낮아지므로 절세할 수 있다.

양도소득세 계산공식
양도차익 = 양도가액 – 필요경비(취득가액 + 자본적 지출액 + 양도경비) 양도소득 = 양도차익 – 장기보유특별공제(양도차익 × 공제율) 과세표준 = 양도소득 – 양도소득기본공제(250만 원, 1인당 연 1회) 산출세액 = (과세표준 × 세율) - 누진공제 납부세액 = 산출세액 + 지방소득세(산출세액의 10%)

'필요경비'란 취득가액, 자본적 지출액, 양도비 등을 말한다(소득세법 제97조).

'취득가액'은 실지거래가액이나, 실지거래가액을 알 수 없을 때에는 매매사례가액, 감정가액, 환산취득가액을 취득가액으로 할 수 있다.

'자본적 지출액'이란 그 부동산의 가치를 찾고 높이는 데 투입한 비용인데, 경비로 인정될 수 없는 비용도 있으므로 유의하여야 한다. 또한 신고 시 지출 증빙서류와 금융거래 증명서류까지 필요하게 강화되었으므로, 모든 거래는 통장으로 해야 절세할 수 있다.

장기보유특별공제율은 10년에 30% 공제되던 것이 15년에 30% 공제되는 것으로 강화되었다. 만약 비사업용 토지에 해당되면 다음 일반세율(6~45%)에 10%의 세율이 추가되므로, 건축물이 없는 나대지 등은 사전에 비사업용 토지에서 벗어날 수 있는 방법을 찾아야 한다(소득세법 제104조 3 참조).

양도소득세 모의계산은 국세청 '홈택스'에서 누구나 해볼 수 있고, 양도세 신고도 홈택스로 가능하다. 하지만 실지취득가액을 모르거나 비사업용토지인 경우에는 토지전문 세무사를 통하여 절세방안을 찾아야 할 것이다.

양도소득세 기본 세율		
과세표준	세율	누진공제
1,200만 원 이하	6%	
~ 4,600만 원 이하	15%	108만 원
~ 8,800만 원 이하	24%	522만 원
~ 1억 5천만 원 이하	35%	1,490만 원
~ 3억 원 이하	38%	1,940만 원
~ 5억 원 이하	40%	2,540만 원
~ 10억 원 이하	42%	3,540만 원
10억 원 초과	45%	6,540만 원

양도소득세 중과세율	
조정대상지역(2021. 6. 1.~)	2주택 +20%, 3주택 +30%
비사업용토지	+10%

「조세특례제한법」은 조세의 감면 또는 중과 등 조세특례를 규정하여 과세의 공평을 도모하고 국민경제의 건전한 발전에 이바지하기 위해 제정된 법으로, 자경 농·임·어업인과 영농조합법인에 해당되거나, 공익사업에 수용되거나, 수도권 밖으로 이전하는 경우 등은 많은 혜택이 있으므로 토지 전문 세무사를 통하여 절세방안을 찾아야 한다.

제69조 자경농지에 대한 양도소득세의 감면
제69조의2 축사용지에 대한 양도소득세의 감면
제69조의3 어업용 토지등에 대한 양도소득세의 감면
제69조의4 자경산지에 대한 양도소득세의 감면
제70조 농지대토에 대한 양도소득세 감면
제77조 공익사업용 토지 등에 대한 양도소득세의 감면
제77조의2 대토보상에 대한 양도소득세 과세특례
제85조의10 국가에 양도하는 산지에 대한 양도소득세의 감면

양도소득세 모의계산 하기

① 국세청 '홈택스' 사이트의 오른쪽 세금모의계산을 클릭한다.

② '양도소득세 자동계산하기'를 클릭한다. 양도소득세 이외에도 각종 세금을 모의계산할 수 있다.

③ 로그인하지 않아도 계산할 수 있으나, 취득가를 모르는 경우는 로그인해야 한다.

④ 양도가액 8천만 원이고 취득가액(3년 전)이 4천만 원일 때의 모의계산은 다음과 같다.

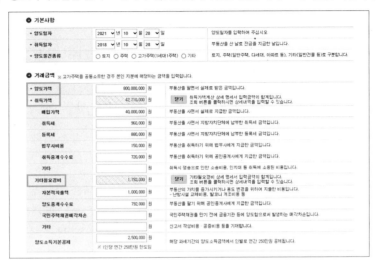

⑤ 산출금액에 지방세 10%가 추가된다. 비사업용 토지는 세율이 10% 가산되지만 산출금액은 10% 이상이 될 수 있다. 모의계산 후 이 사이트에서 양도세 신고도 가능하니 참고하자.

• 간편계산 사용으로 양도소득세 신고가 되지 않으며 양도소득세 신고 및 신고서 작성요령은 아래 유의사항을 참고하시기 바랍니다.

간편계산 사용일자 : 2021-10-28

양도소득세 간편 계산 (부동산)

구분		일반세율(6~45%) [1-10]	비고
① 소재지			
② 양도가액		800,000,000	양도일자 : 2021-10-28
③ 취득가액		42,710,000	취득일자 : 2018-10-28
④ 필요경비		1,792,000	
양도차익	⑤ 전체양도차익	755,498,000	② - ③ - ④
	⑥ 비과세 양도차익	0	
	⑦ 과세대상 양도차익	755,498,000	
⑧ 장기보유특별공제		45,329,880	6% 적용
⑨ 양도소득금액		710,168,120	⑦ - ⑧
⑩ 양도소득기본공제		2,500,000	
⑪ 과세표준		707,668,120	⑨ - ⑩
⑫ 세율		42%	
⑬ 산출세액		261,820,610	(⑪ × ⑫) - 35,400,000 (누진공제)
⑭ 자진납부할세액		261,820,610	

양도소득세 계산을 위해 선택한 사항 요약

◎ 미등기양도 사항 (아니오)	◎ 비사업용 토지 (아니오)
◎ 피상속인 취득일 (해당없음)	◎ 상속받은 자산 (아니오)

개발부담금 등 각종 부담금

「부담금관리기본법」의 '부담금'이란 중앙행정기관의 장, 지방자치단체의 장, 행정권한을 위탁받은 공공단체 또는 법인의 장 등 법률에 따른 부과권자가 분담금, 부과금, 기여금, 그 밖의 명칭에도 불구하고 재화 또는 용역의 제공과 관계없이 부과하는 조세 외의 금전지급의무를 말한다. 「개발이익 환수에 관한 법률」(약칭: 개발이익환수법) 등 91개 법령에 따른 각종 부담금이 있다. 흔히 볼 수 있는 사례 몇 가지만 적는다.

> 1. 「개발이익환수법」 제3조에 따른 **개발부담금**
> 2. 「개발제한구역법」 제21조에 따른 **개발제한구역 보전부담금**
> 14. 「국토계획법」 제68조에 따른 **기반시설설치비용 부과금**
> 23. 「농지법」 제38조에 따른 **농지보전부담금**
> 39. 「산지관리법」 제19조에 따른 **대체산림자원조성비**
> 42. 「수도권정비계획법」 제12조에 따른 **과밀부담금**
> 43. 「수도법」 제71조에 따른 **원인자부담금**
> 46. 「물환경보전법」 제41조에 따른 **배출부과금**
> 62. 「자연환경보전법」 제46조에 따른 **생태계보전협력금**
> 76. 「초지법」 제23조에 따른 **대체초지조성비**
> 79. 「하수도법」 제61조에 따른 **원인자부담금**
> 80. 「학교용지법」 제5조에 따른 **학교용지부담금**

「개발이익환수법」의 '개발부담금'이란 '개발사업'으로 발생한 개발이익을 환수하는 것으로, '개발사업'이란 국가나 지방자치단체로부터 인가·허가·면허 등(신고 포함)을 받아 시행하는 택지개발사업, 산업단지개발사업 등(법 제5조 1항)과 토목공사 및 건축으로 지목변경이 되는 사업을 말한다. 부과대상 면적은 특별시·광역시·특별자치시의 도시지역은 660㎡ 이상, 그 외의 시(市)의 도시지역은 990㎡ 이상이고, 비도시지역과 개발제한구역(지정 전 소유자)은 1,650㎡ 이상인 경우에만 해당된다.

개발부담금 납부의무자는 토지소유자이지만 개발사업이 완료하기 전에 사업시행자의 지위(분할된 토지 포함)를 승계받는 자도 납부의무자가 될 수 있으므로 유의하여야 한다.

국가 및 지자체가 공공의 목적으로 시행하는 사업은 개발부담금이 면제되고, 공공기관 및 지방공기업, 특별법에 따른 공기업과 조합의 사업은 개발부담금이 감면되며, 비수도권의 산업단지·관광단지·물류단지, 중소기업 창업 공장용지 조성사업 등은 개발부담금이 감면된다. 자세한 내용은 「개발이익환수법 시행령」 및 규칙 [별표1]을 참조하면 된다.

그리고 「재건축초과이익환수법」은 「도시정비법」 및 「소규모주택정비법」의 재건축사업으로 발생하는 과도한 개발이익을 환수하고, 주택가격의 안정과 사회적 형평을 기하기 위하여 지난 2006년 5월 2일 제정되었다. 자세한 내용은 「재건축초과이익 환수업무처리지침」(국토교통부 고시)을 확인하면 된다.

자본시장법의 부동산 신탁과 PF

부동산 개발정보와 자금 및 전문인력이 여의치 않은 시행사가 부동산 개발사업을 원활히 수행하기 위해서는 부동산 신탁회사의 도움이 필요하다. 민간이 부동산 개발사업에서 빠른 자금회수를 위하여 착공 후 분양을 하려면 신탁회사와의 신탁계약이 필요하고, PF(Project Financing)도 신탁사의 자금관리를 통하지 않고 시행사로 직접 받을 수 없다.

민간의 개발사업에서 주로 이용하는 신탁업무에는 개발(토지)신탁, 관리형 토지신탁, 책임준공형 토지신탁 등이 있다. 이 상품별 차이점을 간략히 정리해보자.

1) 개발(토지)신탁

아파트 개발이 목표인 시행사는 사업부지의 인허가 가능 여부를 검토한 후에 토지 매수자금 및 건축공사비 등 자금계획을 수립할 것이다. 이때 시행사는 토지매입자금의 10% 내외를 마련하여 신탁사로부터 잔여 토지대금의 금융사를 통한 자금주선, 인허가, 건축공사비 등의 지원을 받는다.

개발신탁이란 위탁자인 시행사가 신탁사에게 사업부지의 토지소유권 신탁등기를 하면 신탁사는 시공사를 선정하고 공정에 따라 공사비를 지급한다. 그리고 신탁사가 착공 후 분양하여 분양대금에서 건설공사비 등을 우선 충당하고 사업수익을 시행사에 돌려주는 개발방식이다. 개발신탁에는 임대형, 분양형이 있다.

| 분양형 토지신탁의 흐름 |

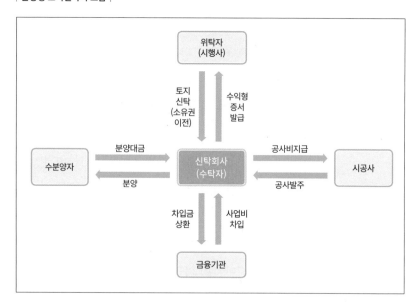

2) 관리형 토지신탁

시행사 및 시공사가 자기 책임으로 자금조달, 인허가 절차 진행, 분양 등의 제반업무를 수행하는 것이다. 다만 시행사(토지소유자, 위탁자)가 신탁사

(수탁자)에 신탁하면 신탁사는 사업시행자로서 분양계약 및 자금관리 등의 역할을 수행하여 분양대금으로 제비용을 차감하고 잔금을 위탁자(시행사)에게 지급한다.

과거에는 토지소유권, 인허가 명의, 자금관리 등이 시행사로 되어 있어, 공사비 등 소요자금의 90% 이상을 지원한 시공사는 10% 내외를 투입한 시행사의 협조를 얻지 못하면 난감한 상황이 생길 수 있었다. 그래서 글로벌 위기 이후에 시공사가 소유권 행사 및 자금관리 등을 신탁사에게 요청한 '관리형 토지신탁'이 생긴 것이다.

| 관리형 토지신탁의 흐름 |

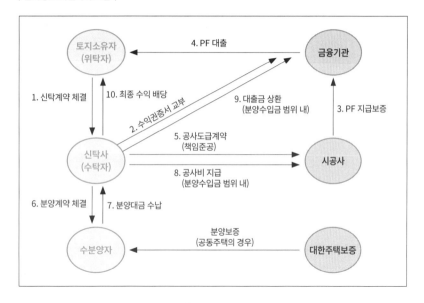

3) 책임준공형 토지신탁

책임준공형 신탁상품은 시행사, 시공사, 금융사 등 시장참여자의 요구에 따라 최근 진화하여 생긴 상품이다. 개발신탁 상품은 시행사가 위탁을 하면 소유권이 신탁사로 넘어가고 신탁사가 건설사에 공사비를 지급하는 구조이므로 시행사 입장에서는 모든 권한이 신탁사에 있어 시행사가 사업에 개입할 여지가 없다.

그런데 당초 예상대로 분양이 안 되어 시행사의 사업이 어려운 경우에는 신탁사와 시행사와 갈등이 발생할 수 있다. 또한 건축공사 중 신탁사가 선정한 시공사의 부도 발생, 하청업체의 유치권 행사 등으로 사업이 중단된 경우 다음 시공사 선정까지 금융비용 발생 등으로 시행사는 큰 어려움에 처할 수 있다. 그리고 개발자금을 지원한 금융사는 시공사의 공사 중단 등으로 공기가 지연되면 자금회수가 어려워질 수 있다.

책임준공형 토지신탁은 이런 문제점을 해결하기 위해 신탁사의 책임으로 공사를 준공하여 분양대금 등 사업자금을 정리하는 신탁상품이다. 책임준공 상품은 주로 자금능력이 있는 은행 계열의 신탁사가 취급하고 있다. 더 구체적인 사항은 「자본시장법」과 「신탁법」 등을 참조하면 된다. 이외에도 신탁사 업무에는 담보신탁, 근저당 대체상품, 자금관리 대리 사무 등이 있다.

토지보상법의 수용 및 손실보상

「헌법」 제23조에 의하여 「공익사업을 위한 토지 등의 취득 및 보상에 관한 법률」(약칭: 토지보상법)에 규정된 112가지 '공익사업'을 수행하는 사업시행자(법 [별표])는 그 사업에 필요한 토지 및 건축물, 시설물 등을 협의를 거쳐(법 제16조) 수용할 수 있다(법 제19조). 이때 사업시행자는 수용당하는 토지 등의 소유자에게 정당한 보상을 하여야 한다. 수용할 수 있는 공익사업이란 다음 사업을 말한다(법 제4조).

1. 국방·군사에 관한 사업
2. 공익시설·공용·공공용시설 사업(도시계획시설 등)
3. 공공주택, 산업단지 조성 및 부속시설 사업
4. (위 사업을 위한) 주택·공장 이주단지 조성사업
5. 법 제20조의 사업인정 또는 사업인정에 의제되는 [별표1] 사업

이때 국토교통부장관은 사업인정 전에 관계 중앙행정기관의 장, 시·도지사, 중앙토지수용위원회와 협의하여야 하며, 이해관계인의 의견도 들어야 한다(법 제21조).

사업시행자의 손실보상은 사전보상, 현금보상, 개인별 보상, 일괄보상이어야 하며 사업시행 이익과의 상계금지가 되어야 한다(법 제62~66조). 또한 토지소유자가 대토보상을 원하는 경우에 주택용지는 990㎡, 상업용지는 1,100㎡ 이하의 면적(법 제63조 2항)을 일반 분양가격으로 보상한다(법 제63조 1항 2호).

그리고 보상액의 산정은 감정평가법인 3인(시행자+시·도지사+토지소유자)이 평가하되, 시·도지사 또는 토지소유자가 추천하지 않으면 2인이 평가한다(법 제68조).

손실보상의 종류는 ① 취득 또는 사용 토지보상, ② 잔여지 손실보상 및 수용청구, ③ 건축물 등 보상 및 잔여 건축물 손실보상, ④ 각종 권리 보상, ⑤ 영업손실 보상, ⑥ 주택의 이주대책 수립, ⑦ 공장의 이주대책 수립 등이 있다(법 제70~79조). 손실보상 부동산 등의 감정평가 기준은 「토지보상법 시행규칙」에 자세히 규정되어 있다.

공익사업으로 취득한 토지의 전부 또는 일부가 사업계획의 폐지·변경으로 필요 없게 되면, 취득 당시 토지소유자 또는 포괄승계인은 폐지·변경 고시일 또는 사업완료 후 10년 이내에 환매 청구할 수 있다(법 제91조 개정, 시행 2021. 8. 10.).

미공개 정보를 이용한 투기행위를 차단하기 위하여, 공익사업 시행자 및 승인 기관에서 소속되거나 퇴직 후 3년이 경과하지 않은 사람과 사업승인 고시 전부터 계약체결(수용재결)일까지 1년 이상 계속하여 해당 건축물에 거주하지 않은 경우에는 토지나 주택을 공급하지 않고 이주정착금을 지급한다(영 제41조 제3호 및 제4호 신설, 시행 2021. 11. 23.)

그리고 「하천편입토지 보상 등에 관한 특별조치법」(약칭: 하천편입토지보상법)은 하천구역 등으로 지정된 후에 소멸시효의 만료로 보상청구권이 소멸되어 보상을 받지 못한 경우 시·도지사가 그 손실을 보상하는 법으로, 현재 보상청구권의 소멸시효는 2023년 12월 31일이다. 보상금은 국가하천은 국고에서, 지방하천은 시·도에서 부담한다.

참고로 「주택법」에 의한 주택사업의 경우 80~95% 이상의 소유권을 확보하면, 나머지 토지는 사업시행자가 매도청구권을 행사할 수 있다(주택법 제22조). 다만 매도청구는 3개월 이상의 협의를 거쳐 (개발이익이 포함된) 시가로 보상하여야 한다.

각종 영업 관련 법

토지의 형질변경허가를 받아 건축물을 건축한 후에 그 토지 및 건축물에서 영업활동을 하려면 각 법률의 영업규제를 받게 된다. 그래서 개발행위허가 또는 건축허가는 목적사업의 영업기준을 충족하지 못하면 허가될 수 없다. 몇 가지 사례를 들어보자.

「식품위생법」의 휴게음식점, 일반음식점 영업을 위한 토지의 형질변경 및 건축허가는 그 허용 여부가 「국토계획법」의 용도지역이 자연녹지·생산녹지의 경우 지자체 조례에 위임되어 있다. 계획관리지역에서는 상수원 보호를 위하여 공공하수처리시설이 설치·운영되는 곳이나 10호 이상의 자연마을이 형성된 곳만 허용된다. 그리고 「식품위생법」의 업종별 시설기준을 갖추어야 영업이 가능하다.

「석유사업법」의 주유소 또는 「액화석유가스법」의 LPG 충전소를 운영하려면 다음의 기준을 충족해야 영업이 가능하다. 주유소 또는 충전소가 허용되는 「국토계획법」의 용도지역을 찾아야 하고, 위치가 시내인 지역은 특정 건축물과의 거리 제한을 두어야 하며 그리고 도시 외곽의 도로법 도로에 접한 경우에는 변속차로(가감속차선)를 확보할 공간이 있어야 한다. 또한 「석유사업법」, 「위험물관리법」, 「액화석유가스법」 등의 시설기준에도 충족해야 한다.

「체육시설의 설치·이용에 관한 법률」(약칭: 체육시설법)은 「국민체육진흥법」에 규정된 국민이 일상생활에서 쉽게 이용할 수 있는 공공체육시설 등의 설치·이용과 체육시설업의 시설·설치 인허가 절차를 간소화하는 법이다. '체육시설'의 종류는 45가지이고, '시설형태'는 운동장, 체육관, 종합체육시설, 가상체험체육시설이며, '체육시설업'의 종류는 10가지이다. 시설물의 설치 및 부지면적의 제한이 있고(체육시설법 시행령 [별표3]), 시설의 설치기준이 있다(체육시설법 시행규칙 [별표1~4]).

「청소년활동진흥법」은 미래사회의 주역이 될 청소년의 수련활동, 문화활동, 교류활동 등을 통하여 자신의 기량과 품성을 함양하고 꿈과 희망을 펼칠 수 있도록 하는 법이다. 주택 3천호 이상의 사업에는 청소년수련시설의 설치가 의무화되어 있다.

「사회복지사업법」은 「아동복지법」, 「노인복지법」 등 27개 법률에 규정된 사회복지를 필요로 하는 사람에게 인간의 존엄성과 인간다운 생활을 할 권리를 보장하는 등 사회복지의 증진에 이바지하려는 법이다. 「노인복지법」은 민간건설업체가 경쟁적으로 노인복지주택을 건설하고 입소자격이 아닌 자에게 분양하여 일반 공동주택처럼 분양되는 것을 막기 위해 2015년에 분양형을 폐지하였고, 입소 자격은 60세 이상과 19세 미만으로 하였다.

「장사 등에 관한 법률」(약칭: 장사법)은 2001년 국토의 효율적 이용을 위하여 분묘의 설치기간을 15년(3회 연장)으로 제한하고, 시·도지사 및 시장·군수·구청장은 공설묘지·공설화장시설·공설봉안시설·공설자연장지를 설치·조성·관리하여야 한다고 명시하고 있다. 2008년에 자연장 제도가 도입되어 국가, 시·도지사 또는 시장·군수·구청장이 아닌 자도 수목장림이나 (사설)자연장지를 조성할 수 있게 되었다.

묘지설치 제한지역(장사법 제17조)은 다음과 같다.

1. 녹지지역 중 「국토계획법」에 따라 묘지·화장시설·봉안시설·자연장지의 설치·조성이 제한되는 지역
2. 상수원보호구역
3. 문화재보호구역
4. 주거·상업·공업지역
5. 4대강 수변구역, 특별대책지역
6. 접도구역
7. 하천구역
8. 농업진흥지역
9. 산림보호구역
10. 군사시설보호구역 등

「동물보호법」의 '동물장묘시설업'은 「장사법」 제17조에 해당하는 지역과 20호 이상 민가, 학교, 공중이 수시로 집합하는 시설로부터 300m 이내인 곳은 불허한다(동물보호법 제33조).

건축물 분양 및 농어촌 개발 법령

분양자격 관련 법률

1) 주택법

「주택법」 제4조에 의하면, 단독주택 및 공동주택을 연간 20호 이상(도시형 생활주택은 30세대) 건설하려는 사업자는 국토교통부장관에게 '주택건설사업등록'을 하여야 한다. 또한 연간 10,000㎡ 이상의 대지를 조성하려는 사업자는 '대지조성사업등록'을 하여야 한다. 이때 자본금 3억 원과 해당 기술인 1인 이상과 사무실을 확보하여야 한다. 그리고 토지소유자가 주택을 건설하는 경우 '등록사업자'와 공동사업을 할 수 있다. 주택조합은 자본금 5억 원 이상의 ① 「주택법」의 등록사업자, ② 공인중개사, ③ 정비사업전문관리업자, ④ 「부동산개발업법」의 등록사업자, ⑤ 신탁업자에게 업무를 대행하게 할 수 있다.

2) 부동산개발업의 관리 및 육성에 관한 법률(약칭: 부동산개발업법)

「부동산개발업법」은 건축물 연면적 2,000㎡(연간 5,000㎡) 이상, 토지면적 3,000㎡(연간 10,000㎡) 이상인 부동산을 개발하여 소비자에게 공급하는 사업자에게 적용된다.

'부동산개발업'이란 건설공사를 위해 토지의 형질변경하는 행위, 건축물의 건축 및 공작물의 설치 행위이다. 토지를 택지·공장용지·상업용지로 조성하거나, 건축 및 공작물을 건축하여, 판매·임대하는 업을 말한다. 부동산 개발업자는 시·도지사에게 등록하여야 하는데 자본금 3억 원과 사무실 및 상근 전문인력 2인 이상이라는 등록요건을 갖추어야 한다. 토지소유자는 등록사업자와 공동으로 부동산개발을 할 수 있다[부동산개발 공동사업의 협약에 관한 규정(국토교통부고시) 참조]. 전문인력의 범위는 시행령 [별표1]에 규정되어 있다.

3) 건축물의 분양에 관한 법률(약칭: 건축물분양법)

「건축물분양법」은 분양사업자가 건축허가 후 사용승인 전에 2인 이상에게 분양하는 ① 바닥면적의 합계가 3,000㎡ 이상인 건축물, ② 30실 이상의 오피스텔, 생활형숙박시설, ③ 복합용도의 경우 주택 외 면적이 3,000㎡ 이상인 건축물, ④ 임대 후 우선 분양전환 조건부 임대(3,000㎡ 이상) 건축물에 적용된다.

그리고 분양사업자가 착공신고 후 분양하려면 「자본시장법」의 신탁업자와 신탁계약을 체결하거나 금융기관으로부터 분양보증을 받아야 한다. 또한 해당 건축물의 사용승인에 대해 다른 건설업자 둘 이상의 연대보증을 받아 공증한 경우에는 골조공사가 2/3 이상 완료된 후에 가능하다.

4) 산업입지 및 개발에 관한 법률(약칭: 산업입지법)

「산업입지법」은 산업단지를 개발하여 분양·임대하려는 ① 국가 및 지방자치단체, ② 「공공기관운영법」의 공공기관, ③ 「지방공기업법」의 지방공사, ④ 산업단지 개발목적의 법인으로서 위 ①~③의 기관이 50% 이상의 지분을 소유한 사업시행자에게 적용된다. 이 사업시행자는 개발한 토지·시설을 처분(분양·임대·양도)하려면 처분계획을 세워 「산업집적법」의 관리기관과 협의하여야 하며, 관리기관에 분양·임대에 대한 업무를 위탁할 수 있다.

5) 농어촌정비법

「농어촌정비법」의 '생활환경정비사업' 시행자는 조성용지, 농어촌주택 등을 환지·분양·임대할 수 있고(법 제68조), 농어촌 관광휴양단지 및 관광농원은 준공검사를 받으면 토지와 시설을 분양·임대할 수 있으며(법 제84조), 한계농지 정비사업 시행자는 준공검사를 받으면 그 토지 및 시설을 분양·임대할 수 있다(법 제98조).

투기과열지구·조정대상지역·분양가상한제

1) 투기과열지구

「주택법」 제63조의 '투기과열지구'는 국토교통부장관 또는 시·도지사가 지정한다. 투기과열지구가 되면 다음과 같은 제한이 있다.

> 1. 지역별 입주자 자격, 재당첨제한, 공급 순위 차등
> 2. 10년 이내의 주택의 전매행위 제한
> 3. 2년 이상 거주자 주택 우선공급(주택공급에 관한 규칙)
> 4. 20% 내에서 거주자 우선분양 및 전매제한(건축물분양법)
> 5. 「공공주택특별법」·「기업도시법」 등의 조성토지 공급제한
> 6. 입주권 양도자 금융조회(금융실명법)
> 7. 「도시정비법」, 「소규모주택정비법」의 조합원 자격의 제한 등

투기과열지구 및 청약과열지역(조정대상지역)에서 입주자 모집을 위한 제1순위 청약 접수일은 해당 지역이 그 밖의 지역보다 우선하도록 하되, 청약자격은 세대주이며, 재당첨 제한기간이 아니고, 과거 5년 이내 당첨

된 이력이 없어야 하며, 2주택(분양권 포함) 이상이면 1주택 처분 서약서를
제출해야 한다. 복잡한 주택 청약제도에 대해서는 국토교통부(www.molit.
go.kr) '정책자료'에서 '주택청약 FAQ(2021. 7. 27.)'를 다운로드해 살펴보자.

2) 조정대상지역

「주택법」 제63조의2의 '조정대상지역'은 국토교통부장관이 시·도지사
의견을 들어 주택 분양이 과열되거나 거래가 위축되는 곳에 지정한다.
조정대상지역 중 주택 분양이 과열되거나 과열될 우려가 있는 지역을
'청약과열지역'이라 한다.

조정대상지역이 되면 다음과 같은 각종 규제를 받게 된다.

> 1. 지역별 입주자 자격, 재당첨제한, 공급 순위 차등
> 2. 10년 이내의 주택의 전매행위 제한
> 3. 20% 내에서 거주자 우선분양 및 전매 제한(건축물분양법)
> 4. 1세대 2~3주택(분양권·입주권 포함)의 양도소득세 세율 중과(소득세법)
> 5. 농어촌주택 및 고향주택 양도세 비과세 혜택 제외(조세특례제한법)
> 6. 종합부동산세 중과(종합부동산세법)
> 7. 법인 및 다주택자의 취득세 중과(지방세법) 등

3) 분양가상한제

「주택법」 제57조의 '분양가상한제' 적용지역이란 주택가격상승률이 물
가상승률보다 현저히 높은 지역을 국토교통부장관이 시·도지사의 의견
을 들어 지정하는 곳이다.

분양가격 제한은 공공택지와 국토부장관의 지정지역에 한한다. 다만 ① 도
시형 생활주택, ② 경제자유구역, ③ 관광특구, ④ 도시정비사업 및 소규
모주택정비사업 등에는 예외가 있다.

분양가상한제 적용주택은 다음과 같은 각종 규제를 받게 되는데 부득이
한 경우 예외도 있다.

1. 산정된 분양가격 이하로 공급(주택법)
2. 기본형 건축비 고시(공동주택분양가규칙)
3. 10년간 재당첨 제한(주택공급에 관한 규칙)
4. 수도권·행복도시·공공재개발사업은 5년 이내 실거주 의무(주택법)
5. 10년 이내 전매 및 알선 제한
6. 거주의무 기간 중 이전하려면 한국주택토지공사에 매입신청(매입금액은 주택법 시행령 [별표3의2] 참조)

4) 공동주택 분양가격의 산정 등에 관한 규칙(약칭: 공동주택분양가규칙)

「공동주택분양가규칙」(2007년 제정)의 '분양가상한제 적용주택'은 국민의 알 권리 보장을 위해 토목, 건축, 기계설비 등 분양가격의 공시항목을 62 개로 세분류하고, 입주자의 선택품목을 ① 발코니 확장, ② 시스템 에어컨, ③ 주방형 붙박이 가전제품, ④ 붙박이 가구 등으로 확대하였다.

공공주택 관련법

「공공주택특별법」은 다음 공공임대주택을 건설·공급·관리하는 법이다.

1. 50년 영구임대 주택
2. 30년 국민임대주택
3. 행복주택
4. 장기전세주택
5. 분양전환공공임대
6. 기존주택매입임대
7. 기존주택 전세임대 등

공공주택 건설에 여러 가지 인허가 특례 및 세제 지원이 있다. 국토교통부장관은 공공주택지구 지정을 제안한 자를 공공주택사업자로 우선 지정할 수 있고, 공공주택지구로 지정되면 「토지보상법」에 의하여 수용할 수 있다.

「민간임대주택에 관한 특별법」(약칭: 민간임대주택법)의 민간임대주택은 민간건설임대주택과 민간매입임대주택으로 구분한다.

'공공지원민간임대주택'은 임대사업자가 주택도시기금의 출자를 받아 건설 또는 매입하여 10년 이상 임대할 목적으로 취득하는 주택으로 임대료 및 임차인의 자격제한을 받는다.

'장기일반임대주택'은 임대사업자가 공공지원민간임대주택이 아닌 주택을 10년 이상 임대할 목적으로 취득하여 임대하는 주택을 말한다. 임대사업자는 시장·군수·구청장에게 등록을 신청하여야 한다. 등록 민간임대주택은 임대의무기간 및 임대료 상승률 제한(연 5%)을 다음과 같은 내용을 표시하여 부기등기하여야 한다.

> "이 주택은 「민간임대주택에 관한 특별법」 제43조 제1항에 따라 임대사업자가 임대의무기간 동안 계속 임대해야 하고, 같은 법 제44조의 임대료 증액기준을 준수해야 하는 민간임대주택임"

국가·지방자치단체·공공기관·지방공사는 직접 소유하거나 조성한 토지를 공급(매각 또는 임대)하는 경우에는 「주택법」 제30조 제1항에도 불구하고 민간임대주택을 건설하려는 임대사업자에게 우선적으로 공급할 수 있다. 또한 임대사업자가 전용면적 85㎡ 이하의 민간임대주택을 100호 이상 건설하기 위하여 사업 대상 토지면적으로 80% 이상을 확보한 경우에는 나머지 토지를 「토지보상법」에 의하여 수용할 수 있도록 시·도지사에게 공익사업 지구로 지정을 요청할 수 있다.

「부도공공건설임대주택 임차인 보호를 위한 특별법」(약칭: 부도임대주택법)은 국민주택기금의 지원을 받아 공공건설임대주택을 건설한 민간사업자의 부도로 임대보증금을 환불받지 못한 임차인을 보호하는 법이다. 이 법에 따라 경매 등으로 부도주택을 취득한 주택매입사업시행자는 임차인의 보증금을 반환하여야 한다.

토지거래허가구역

'토지거래허가구역'에 대한 규제는 「국토계획법」에서 2017년 「부동산거래신고법」(부동산 거래신고 등에 관한 법률)으로 이전되었다. 토지거래허가구역이란 '국토의 효율적 이용계획의 수립과 집행을 저해할 수 있는 투기적 거래 및 지가의 급등지역에서 일정 면적 이상의 소유권·지상권 이전계약은 시장·군수·구청장의 허가를 받아서 거래해야 하는 지역'을 말한다. 허가구역은 5년 이내의 기간으로 시·도지사 또는 국토부장관이 지정하고(부동산거래신고법 제10조), 허가기준의 첫 번째는 실수요성이다(법 제12조). 허가구역 내의 토지를 취득하려면 목적이 ① 자기 거주용 주택용지, ②

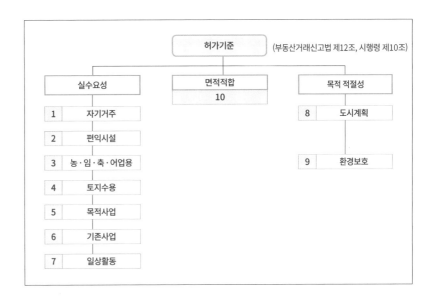

복지시설 및 편익시설 용지, ③ 농업·축산업·임업·어업 경영용, ④ 공익사업 목적, ⑤ 현상보전 등이고, 도시·군관리계획 등에 맞아야 하며, 이용목적에 적정한 면적이어야 한다.

불허가처분되면 1개월 이내에 이의신청을 할 수 있고(법 제13조), 불허가처분된 토지는 매수청구할 수 있으나 공시지가 수준으로 매수하며(법 제16조), 국가는 선매(先買)할 수 있다(법 제15조). 자세한 허가기준은 「토지거래업무처리규정」(국토교통부훈령)에 규정되어 있다.

그리고 허가신청 의무는 매도인·매수인에게 공동으로 부여되어 있으므로(법 제11조), 만약 매수인이 허위로 신청하면 매도인까지 처벌받을 수 있다. 허가를 받은 토지는 5년 이내의 기간 동안 이용의무가 있고(법 제17조), 이용목적의 변경은 변경허가를 받아야 한다.

또한 허가받은 목적대로 이용하지 않은 경우 불이행하면 이행강제금이 부과된다(법 제18조). 자세한 내용은 「토지거래허가를 받은 토지의 사후이용관리지침」(국토교통부예규)에 규정되어 있다.

| 토지거래계약 허가 절차도(부동산 거래신고 등에 관한 법률 제10-23조) |

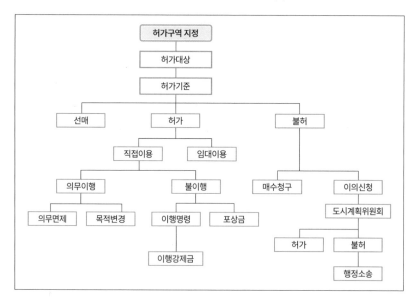

그리고 부동산거래신고법에는 부동산(권리 포함)의 매매계약 및 주택임대차계약 후 30일 이내에 그 부동산 소재지를 관할하는 시장·군수·구청장에게 공동으로 신고하여야 한다고 명시되어 있다. 매매의 경우에는 계약서를 작성한 공인중개사에게 신고의무가 있고, 계약이 해제되면 해제 신고의무도 있다. 다만 주택임대차의 경우에는 공인중개사가 아닌 당사자가 직접 신고하여야 한다.

농어촌 관광휴양사업(관광농원, 농어촌민박)

「농어촌정비법」의 농어촌정비사업 중 '농어촌 관광휴양자원 개발사업'이 있다. 그중 대규모인 '농어촌 관광휴양단지사업'은 사업규모가 1,000,000㎡ 미만까지 농업인이 아닌 사람도 개발할 수 있으며, 준공검사를 받으면 토지와 시설을 분양하거나 임대할 수 있다(법 제82조).

그리고 중규모인 관광농원은 농업인 또는 농업법인이 100,000㎥ 미만까지 개발할 수 있다(법 제83조). 소규모인 농어촌민박사업(펜션)은 농업인이 아닌 현지 거주자이면 단독주택을 이용해 영업이 가능하다(법 제86조).

농어촌민박사업의 '시설기준'은 「농어촌정비법 시행규칙」 [별표3]에 있고, '농어촌민박사업의 서비스·안전기준'은 [별표3의2]에 규정되어 있다. 그리고 각종 지원사항은 농식품사업시행지침서(농림축산식품부)를 확인하면 된다.

농어촌정비법 시행규칙 [별표3](개정 2019. 8. 16.)

| 농어촌 관광휴양사업의 규모(제47조 관련) |

구 분	규 모
농어촌 관광휴양단지사업	15,000㎡ 이상 1,000,000㎡ 미만
관광농원사업	100,000㎡ 미만(임야 30,000㎡·농지 10,000㎡ 이하)
농어촌민박사업(펜션)	주택 연면적 230㎡ 미만 (문화재보호법의 지정문화재 주택은 규모 제한 없음)

농촌(농업식품기본법)	어촌(수산업기본법)
① 읍(邑)·면(面)의 지역	
② 시·군·구의 동(洞)지역은 「국토계획법」의 주거·상업·공업지역 외 지역	
③ 자치구 동은 생산·보전녹지, 생산·보전관리, 농림·자연환경보전지역(수도권 제외)	
④ (2002. 8. 14.) 개발제한구역 → 제1종 일반주거지역의 집단취락지구(수도권 제외)	

준농어촌: 광역시 자치구 중 농어촌 외 지역으로 농업진흥지역과 개발제한구역

| 관광농원사업 시설기준 |

시설 종류	시설 기준
영농체험시설 (기본시설)	농장(식량·특용·약용작물,채소,과수·화훼·유실수·버섯 등이 입식된) 농수산물 생산 토지 및 시설[저수지·조류사육장·초지·축사·양어장·유리하우스·분재원 등(자연림·자연초지·야생화 등 자생지 제외)] 면적 2,000㎡ 이상이고 관광농원 승인면적의 20% 이상일 것
지역특산물 판매시설	지역농수산물이나 특산물의 전시 및 판매를 위한 시설 (식품위생법 시행규칙의 해당 사업의 기준에 적합할 것)
체육시설	요트장업·조정장업·카누장업·빙상장업·승마장업·종합체육시설업·수영장업·체육도장업·골프연습장업·체력단련장업·당구장업·썰매장업의 영업시설(체육시설법 시행규칙의 시설기준에 적합할 것)
휴양시설	원두막이나 낚시터 등 이용객에게 휴식을 제공할 수 있는 시설 (농림축산식품부장관·해양수산부장관 기준에 적합할 것)
음식물 제공시설	휴게음식점·영업일반음식점영업·제과점영업의 영업시설 (식품위생법 시행규칙의 해당 시설 기준에 적합할 것)
기타시설	관광농원사업의 운영에 필요한 시설 (농림축산식품부장관·해양수산부장관 기준에 적합할 것)

※ 비고: '기본시설'이란 사업시행자가 반드시 설치해야 하는 시설을 말함

| 농어촌관광휴양단지사업 시설기준 |

시설의 종류	시설기준
농어업전시관 (기본시설)	농기구 등 농어업 관련 장비와 사진 등을 전시하기에 적합한 시설로서 면적이 60㎡ 이상일 것
학습관 (기본시설)	학습에 필요한 책상과 의자 등을 갖춘 면적이 60㎡ 이상일 것 다만, 농어업전시관이 학습관의 기능을 수행할 수 있으면 미설치
지역특산물 판매시설	지역농수산물이나 특산물의 전시 및 판매를 위한 시설 (식품위생법 시행규칙의 해당 사업의 기준에 적합할 것)
체육시설	「체육시설법 시행규칙」의 해당 시설의 기준에 적합할 것
휴양시설	원두막이나 낚시터 등 이용객에게 휴식을 제공할 수 있는 시설
그 밖의 시설	농어촌 관광휴양단지사업의 운영에 필요한 시설

※ 비고: '기본시설'이란 사업시행자가 반드시 설치해야 하는 시설을 말함

기본시설	① (건물 등에) 「소방시설법 시행령」 별표1에 따른 소화기, 단독경보형 감지기, 휴대용 비상조명등을 설치할 것 ② 연면적 150㎡ 이하는 「소방시설법 시행령」 별표의 '유도표지'를, 연면적 150㎡ 초과는 '피난구유도등'을 설치할 것 ③ 연면적 150㎡ 초과이고, 3층 이상인 건물은 3층부터 객실마다 「소방시설법 시행령」 [별표1]의 완강기를 설치할 것
조식 제공시설 (제공시)	① 음식의 원재료의 보관을 위하여 냉장고 등의 시설을 갖출 것 ② 음식 조리는 위생적으로 조리·세척하는 시설을 갖출 것 ③ 주방 환기시설을 갖출 것(단, 창문 등 자연환기 가능하면 제외) ④ 수돗물이나 먹는 물의 수질기준에 적합한 지하수공급시설 갖출 것 ※ 기타 필요한 시설기준은 시장·군수·구청장이 추가할 수 있음
난방기 및 안전시설	① 화기취급처(난방기설치장소·각종 보일러실·주방 등)에 일산화탄소경보기, 가스누설경보기, 소화기·자동확산소화기 등 설치할 것 ② 객실마다 일산화탄소 경보기를 설치할 것(단, 객실과 연소기가 분리되어 일산화탄소 유입위험이 없는 경우는 제외)

※ 비고: '기본시설'이란 사업시행자가 반드시 설치해야 하는 시설을 말함

어촌·항만·섬발전촉진법

「어촌·어항법」은 어촌·어항의 개발 및 이용을 위해 어촌발전기본계획(어촌·어항법 제4조), 어촌종합개발계획(법 제6조), 어촌종합개발사업계획을 수립한다(법 제7조).

국가어항의 지정권자는 해양수산부장관이고, 지방어항은 시·도지사, 어촌정주어항 및 마을공동어항의 지정권자는 시장·군수·구청장이다(법 제16조). 지정권자는 어촌관광의 활성화를 위하여 어항구역에 어촌관광을 위한 구역을 설정할 수 있다(법 제18조). 어촌관광을 위한 구역에는 다음의 관광객을 위한 휴게시설을 설치할 수 있다(영 제19조).

1. 유람선(모터보트 포함)·낚시어선·요트·윈드서핑 등 해양관광·레저용 선박 등의 계류시설 및 그 보조시설
2. 바다낚시시설 및 그 부대시설
3. 어촌관광 안내소, 주차장 등 관광객 편의시설
4. 지역특산품 판매장, 횟집 등 어촌소득증대 또는 관광객이용을 위한 시설
5. 숙박시설, 목욕시설, 오락시설

「마리나항만의 조성 및 관리 등에 관한 법률」(약칭: 마리나항만법)은 기본계획에 따라 마리나선박(유람·스포츠·여가용)의 출입 및 보관, 승·하선 시설을 개발할 수 있는 법으로, 개발사업계획을 수립할 수 있는 사업시행자는 다음과 같다(법 제9조).

1. 국가·지방자치단체
2. 항만공사
3. 공공기관(한국토지주택공사·한국관광공사·한국농어촌공사 등)
4. 지방공기업
5. 사업구역 토지 면적의 50% 이상 소유한 자
6. 사업구역 토지 면적의 1/3 이상 신탁받은 신탁회사
7. 일정한 기준의 등록건설업자·부동산투자회사·외국기업·민관합동법인 등

「항만 재개발 및 주변지역 발전에 관한 법률」(약칭: 항만재개발법)은 노후 또는 유휴인 항만 및 주변 지역을 정비하기 위해 2020년 제정된 법으로, 해양수산부장관은 '항만재개발기본계획'을 수립하고, 항만재개발사업의 시행자를 지정할 수 있다(법 제15조). 사업시행자의 자격은 마리나 사업시행자와 비슷하다. 이곳에는 복합시설용지(항만시설과 주거·교육·휴양·관광·문화·상업·체육 등과 관련된 시설의 일부 또는 전부를 설치하기 위한 용지)를 개발할 수 있는 특례가 있다(법 제10조).

「섬발전촉진법」은 섬을 문화·관광·환경·해양·생태자원으로서 국가의 새로운 성장동력으로 보고, 종합적이고 체계적인 조사·연구·정책수립하고 섬 지역주민의 소득 증대와 복지향상에 맞게 개발계획을 세우기 위한 방안을 마련하기 위해 제정되었다.

행정안전부는 전국 371개의 섬(8개 시·도의 36개 시·군·구) 1,561㎢를 대상으로 제4차 섬종합개발계획(2018~2027년)을 수립하였다. 지정된 섬의 사업시행자가 될 수 있는 자는 다음과 같다.

1. 국가·지방자치단체
2. 공공기관
3. 개발사업에 필요한 대상 토지 면적의 50% 이상의 토지를 소유한 자 또는 동의를 얻은 자
4. 정부가 자본금 또는 출자금의 25% 이상을 출자한 법인
5. 공공기관이 자본금 또는 출자금의 50% 이상을 출자한 법인
6. 농업협동조합, 지역산림조합, 수산업협동조합 또는 어촌계, 새마을운동조직, 조례에 지정된 읍·면·동 개발위원회 등

028 > 도시 및 비도시 균형발전 법령

국가균형발전특별법과 국가재정법

「국가균형발전특별법」(약칭: 국가균형발전법)은 지역간 불균형을 해소하고, 자립형 지방화를 촉진할 수 있는 '국가균형발전계획'을 수립·시행하고, '국가균형발전위원회(대통령 자문기구)', '국가균형발전특별회계'를 설치·운영하여 일관성 있는 균형발전을 이루기 위해 제정된 법이다.

국가균형발전계획은 중앙행정기관장의 '부문별 계획'과 '시·도발전계획'을 기초로, 17개 사항을 넣어 5년 단위로 수립되고, 국무회의 심의를 거쳐, 대통령의 승인을 받는다(법 제4조). '시·도발전계획'은 해당 시·도의 특성 있는 발전과 경쟁력 향상을 위하여 관계 중앙행정기관장과 협의하여 11개 사항을 넣어 5년 단위로 수립하며 국가균형발전위원회에 제출한다(법 제7조).

국가와 지방자치단체는 지역의 여건과 특성에 적합한 지역혁신체계를 구축하기 위하여 다음 각호의 사항에 관한 시책을 추진하여야 한다(법 제9조의2).

1. 지역혁신체계의 유형 개발에 관한 사항
2. 산·학·연 협력의 활성화에 관한 사항
3. 지역혁신을 위한 전문인력의 양성에 관한 사항
4. 기술 및 기업경영에 대한 지원기관의 확충에 관한 사항
5. 대학·기업·연구소·비영리단체·지방자치단체 등의 교류·협력의 활성화에 관한 사항
6. 지역혁신 관련 사업의 조정 및 연계운용에 관한 사항
7. 그 밖에 지역혁신체계의 구축 및 활성화에 필요한 사항

주요 국가균형발전 추진사업은 다음과 같다.

1. 성장촉진지역·특수상황지역·농산어촌 개발
2. 인구감소지역 시책추진
3. 산업위기대응특별지역 지원
4. 공공기관 지방이전 및 혁신도시 활성화
5. 국가혁신융복합단지 지정
6. 기업 및 대학 지방이전
7. 지역인재 우선채용
8. 지역 문화·관광 육성
9. 상생형지역일자리 등 지역경제활성화
10. 교통·물류망 확충
11. 지역 복지 보건의료 확충 등

 알아두세요

인구감소지역

행정안전부가 「국가균형발전특별법」에 의하여 서울을 제외한 전국 시·군·구 89곳을 지정하여, 지방소멸대응기금 등을 지원하는 지역이다.

회계는 지역자율계정, 지역지원계정, 제주특별자치도계정, 세종특별자치시계정으로 구분하여 운영한다(법 제32조).

「국가재정법」은 20개 특별회계와 69개 기금설치 근거 법률이 있다. 총사업비가 500억 원 이상이고 국가의 재정지원 규모가 300억 원 이상인 신규사업은 예비타당성 조사가 필요하나, 지역균형발전, 긴급한 경제·사회적 대응은 제외할 수 있다.

농어촌 및 농어업인 지원법

「농어촌정비법」의 농어촌정비사업과 생활환경정비사업은 다음과 같다.

농어촌정비사업	생활환경정비사업
1. 농업생산기반 정비사업	1. 새로운 농어촌마을 건설사업
2. 농어촌생활환경 정비사업	2. 농어촌마을 재개발사업
3. 농어촌산업 육성사업	3. 간이 상수도, 마을 하수도 설치
4. 농어촌 관광휴양자원 개발사업	4. 정주생활권 개발사업
5. 한계농지 정비사업	5. 빈집 정비사업
	6. 농어촌주택 개량사업
	7. 슬레이트 제거 및 처리작업 등

농어촌정비사업 중 한계농지 정비사업에서 '한계농지'란 일반농지로서 평균 경사율이 15% 이상 또는 집단화된 농지가 20,000㎡ 미만인 농지로, 준공 후 분양할 수 있다(법 제91~100조).

「농어촌마을 주거환경 개선 및 리모델링 촉진을 위한 특별법」(약칭: 농어촌리모델링법)

농어촌의 주거환경 및 노후불량 주택을 계획적·효율적으로 개선하여 친환경적이고 살기 좋은 '농어촌 마을'을 만들기 위한 '농어촌마을 정비 종합계획'의 수립 및 정비구역의 지정에 대해 명시하고 있다.

「농업생산기반시설 및 주변지역 활용에 관한 특별법」(약칭: 농업기반시설법)

농업생산기반시설 및 그 주변지역을 농업생산기반시설 본래의 기능을 유지하는 범위에서 계획적이고 친환경적으로 개발·이용하여 농업생산기반시설의 유지관리재원을 마련하고 농어촌 지역발전에 이바지하기 위해 제정되었다.

농업생산기반시설 및 주변지역 활용사업은「농어촌정비법」의 폐지된 농업생산기반시설을 활용한 농어촌지역 경제 활성화를 위한 다음 사업을 말한다.

1. 농어촌주택의 분양·임대사업, 농어촌 관광휴양단지 개발사업
2. 농·수산물 공판장, 집하장 설치사업
3. 관광농원사업, 농어촌 체험·휴양마을 사업의 기반정비
4. 관광단지 개발사업
5. 신·재생에너지 설치사업
6. 대지조성사업
7. 체육시설업

「농어촌도로정비법」(1991년 제정)

농어촌도로의 개설, 확장 및 포장과 보전으로 농어촌 생활환경 개선과 경제 활성화에 기여하기 위한 법이다. 군수는 도로기본계획을 수립하고, 5년마다 도로정비계획을 수립하며, 도로사업계획을 수립한 후, 도로의 노선지정을 한다. 도로의 종류는 면도·리도·농도가 있고, 도로대장이 있으며, 노선지정 공고가 되면「토지보상법」의 '사업인정' 고시가 된 것으로 보아서 보상협의가 안 되면 수용(收用)이 가능하다(농어촌도로정비법 제13조).

「소규모공공시설법」

2016년에 행정안전부가 제정한 법률이다. 1970~1980년대 경제개발 성장기에 마을 단위로 설치한 농어촌지역의 마을안길, 농로, 소교량 등 소규모 공공시설이 비법정시설인 데다 관리주체가 불분명하고 관리 및 정비가 되지 않아 매년 반복적인 자연재난 피해가 발생하여, 그 관리를 체계적으로 하기 위해 제정되었다. '소규모 공공시설'이란「도로법」·「하천법」등으로 관리되지 않는 소교량(小橋梁), 세천(細川), 취입보(取入洑), 낙차

공(落差工), 농로(農路) 및 마을 진입로를 말한다. 소규모 공공시설은 관리청이 공공시설 대장을 작성하여 관리하여야 한다.

「농업식품기본법」과 「농업경영체법」은 앞에서 살펴보았다.

「자유무역협정농어법」

협정의 이행으로 피해를 입거나 폐업하는 농어업인 등에게 지급하는 '피해보전 직접지불금' 및 '폐업지원금'의 대상품목 및 기간을 정하고 있다.

「후계농어업인 및 청년농어업인 육성·지원에 관한 법률」(약칭: 후계청년농어업인법)

농어업 인력의 체계적인 육성을 통하여 후계농어업인 및 청년농어업인의 안정적인 농어촌 정착을 유도하고 지속가능한 농어촌사회의 발전에 이바지하기 위해 제정되었다. '후계농어업인'은 50세 미만으로, 총 영농어 기간이 10년 미만인 사람이다. 또한 '청년농어업인'이란 농업 또는 어업 분야에 종사하고 있거나 창업 또는 취업할 의사가 있는 사람으로서 40세 미만인 사람을 말한다.

「농촌융복합산업의 육성 및 지원에 관한 법률」(약칭: 농촌융합산업법)

농업을 제조·가공·유통·관광 등 타 산업과 연계하여 종합산업으로 육성하고자 하는 6차산업의 지원법이다. 「국토계획법」의 생산관리지역에서 허용되지 않은 '식품접객업'의 휴게음식점·제과점·일반음식점과 전시장, 일반·생활숙박시설이 이 법에 의해 지자체 조례가 정하는 바에 따라 각각 500㎡ 허용된다.

「도시와 농어촌 간의 교류촉진에 관한 법률」(약칭: 도농교류법)

도시민들의 농어촌체험·관광과 1사1촌 운동 등 도시와 농어촌마을과의 교류를 지원하는 법으로, 농어촌체험휴양마을사업자 지정제도, 도농교류확인서의 발급제도, 도농교류지원기구의 지정제도 등을 명시하고 있다.

「농어업인 삶의 질 향상 및 농어촌지역 개발촉진에 관한 특별법」(약칭: 농어업인삶의질법)

농림어업인 등의 복지증진, 교육여건 개선, 지역개발 촉진을 위한 '기본계획'을 수립하여 농어업인 등의 삶의 질을 향상시키고 지역 간 균형발전을 도모한다.

「귀농어·귀촌 활성화 및 지원에 관한 법률」(약칭: 귀농어귀촌법)

농어촌 이외의 지역에 거주하는 농업인·어업인이 아닌 사람이 농어업인이 되기 위하여 농촌지역으로 이주한 '귀농어업인'과 농어촌에 자발적으로 이주한 '귀촌인'에게 국가 및 지자체가 보조, 융자, 세제혜택 등의 각종 금전적 지원을 할 수 있는 법이다. 해양수산부의 '귀어귀촌 정보 종합제공 플랫폼'을 활용하면 많은 정보를 얻을 수 있다.

「수산자원관리법」

어촌 주민소득증대를 위하여 일반음식점, 자동차야영장, 숙박시설 등의 설치를 허용한다(법 제52조 및 영 제40조의 [별표16]).

「도시농업법」(도시농업의 육성 및 지원에 관한 법률)

도시인이 도시지역에 농작물 경작·재배, 수목·화초 재배, 곤충사육(양봉 포함)을 하기 위해 도시농업공동체, 공영도시농업농장, 민영도시농업농장을 개설하면 그 운영경비의 전부 또는 일부를 지원하는 규정을 명시하고 있다.

「곤충산업의 육성 및 지원에 관한 법률」(약칭: 곤충산업법)

곤충(사슴벌레, 장수풍뎅이, 반딧불이, 동애등에, 꼭무지, 뒤영벌, 거미류, 지네류 등)을 생산, 가공, 유통하는 관련 산업을 지원하는 법이다.

| 2021년 곤충업 신고 농가법인은 3,012개소(2022.7.13. 기준) |

연도	계	경기 (서울· 인천)	강원	충북	충남 (세종· 대전)	경북 (대구)	경남 (부산· 울산)	전북	전남 (광주)	제주
신고 (개소)	3,012	744	132	286	422	536	331	342	186	33

행복도시법·제주특별법·새만금사업법·
혁신도시법·기업도시법

1) 행복도시법

「신행정수도 후속대책을 위한 연기·공주지역 행정중심복합도시 건설을 위한 특별법」(약칭: 행복도시법)은 국가의 균형발전과 국가경쟁력 강화를 위한 '신행정수도건설법'이 2004년 위헌 결정을 받으면서 수도권 집중 해소를 위해 제정된 '행정중심복합도시' 건설법이다. '행정중심복합도시'는 국가균형발전을 선도하는 행정기능과 대학, 연구소, 종합병원이 어우러진 복합 자족도시 건설을 목표로 계획하였으나, 민간참여가 부족한 실정이다.

「행복도시법」으로 조성된 토지는 경쟁입찰 방법으로 공급하되 단독주택용지 및 국민주택규모 이하의 주택 건설용지, 공장용지는 추첨 방법으로 분양되었다(행복도시법 시행령 제19조). 행복도시의 '광역도시계획'의 수립권한이 행복청장에게 이관되어, 2019년 기본계획이 수립되어 계획대로 추진되고 있다.

2) 제주특별법

「제주특별법」은 제주도를 선진적인 지방분권 모델로 구축하고, 각종 행정규제를 완화하며 중앙권한을 대폭 이양하여 국제자유도시로 조성·발전시키고자 2006년 제정된 법이다. 관광·교육·의료산업 등을 핵심 고부가가치 산업으로 육성·발전시키고자 관련 행정규제와 제도를 개선하고, 종합적인 행정도시기능 수행을 위한 중앙권한을 단계적으로 이양하기 위해 많은 '조례' 특례를 두어 자치권한을 강화하였다.

'제주투자진흥지구'는 총사업비가 5백만 달러 이상으로, 지구 지정의 조건을 토지 2/3 이상 소유권 확보로 완화하고, 교육·의료기관, 전자·정보·생명공학 관련사업을 추가하였다(영 제36조).

3) 새만금사업법

「새만금사업법」은 농지목적의 간척사업을 진행해 온 새만금지역을 동북아시아의 경제 중심지로 발전시키고자 2007년에 농업용지, 산업용지, 관광용지로의 개발계획을 수립하였다가, 다시 2021년 2월 기본계획을 변경하였다.

기본계획의 5대 개발목표는 ① 그린에너지와 신산업 허브, ② 명품 수변도시, ③ 친환경 첨단농업육성 거점, ④ 관광·생태 중심도시, ⑤ 개방형 경제특구로서, 2050년 사업 완료 예정이다. 2030년까지 신공항·신항만을 건설하여 경제특구 거점을 조성할 계획이고, 내부간선도로 18㎞ 구간은 국가가 건설하여, 2030년 정주 인구 15만의 자립도시 건설을 목표로 하고 있다.

| 새만금사업 |

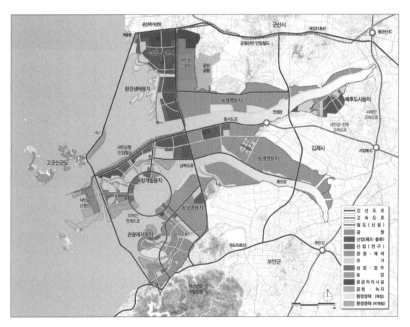

(출처: 2021 새만금기본계획)

4) 기업도시법

「기업도시법」의 '기업도시'란 민간기업이 산업·연구·관광·레저업무 등의 주된 기능과 주거·교육·의료·문화 등의 자족적 복합기능을 갖춘 도시를 말한다. 혁신도시와 기업도시의 개발구역에는 다른 법률에 우선한 특례가 있고, 더 완화한 규정이 있으면 그 법률을 적용한다. 2005년 선정된 기업도시 6곳 중 4곳이 완료 또는 진행 중이다.

| 기업도시 현황 |

(출처: 국토교통부)

5) 혁신도시법

「혁신도시법」의 '혁신도시'란 이전 공공기관을 수용하여 기업·대학·연구소·공공기관 등이 서로 긴밀하게 협력할 수 있는 여건과 수준 높은 정주환경을 갖춘 미래형 도시로서 전국에 14개가 있다. 혁신도시는 미래형 스마트 도시 조성, 복합혁신센터 건립, 산업클러스터 활성화를 위한 기업유치, 지역인재 채용 등을 목표로 하고 있다.

| 혁신도시 현황 |

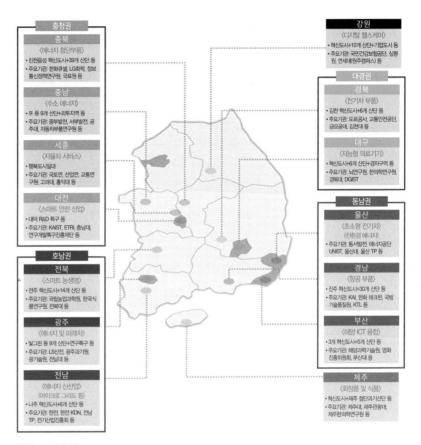

(출처: 국토교통부)

2003년 수도권 소재 공공기관의 지방이전 방침이 발표된 후 10개 혁신도시에 최종 153개 공공기관의 지방이전이 결정되어 중앙정부 주도로 혁신도시가 조성되어 계획대로 이전하였고, 2018년부터 지방정부 주도로 혁신도시 시즌 2가 시작되었다.

	시즌 1(2005~2017)	시즌 2(2018~2030)
추진주체	중앙정부(탑다운 방식)	지방정부(보텀업 방식)
정책비전	수도권집중 완화 및 자립형 지방화	국가균형발전을 위한 신지역성장거점 육성
추진목표	공공기관 이전 완료	가족동반 이주율 제고, 삶의 질 만족도 향상, 지역인재 채용 확대, 기업업주 활성화
정책대상	수도권 소재 공공기관	혁신도시 이전 공공기관, 지역주민, 지방대학생, 혁신도시 입주기업 등
추진과제	공공기관의 차질 없는 이전 이전기관 종사자 지원 수도권 종전부동산 매각	이전기관의 지역발전 선도, 미래형 스마트혁신도시 조성, 산업 클러스터 활성화, 주변지역과의 상생발전, 추진체계 재정비
법적근거	공공기관 지방이전에 따른 혁신도시 건설 및 지원에 관한 특별법	혁신도시 조성 및 발전에 관한 특별법

(출처: 국토교통부 혁신도시발전추진단)

민간투자법 · 공공토지비축법 · 스마트도시법

「사회기반시설에 대한 민간투자법」(약칭: 민간투자법)은 사회기반시설에 대한 민간의 투자로 확충·운영하는 법률로서, 사회기반시설은 도로 등 57개 유형이 있다. 민간투자사업 추진방식에는 다음과 같은 방식이 있다.

1. BTO: 민간 사업자가 시설을 직접 건설한 뒤 정부 등에 소유권을 양도한 뒤, 일정기간 직접 시설을 운영하면서 수익을 거두는 방식
2. BTL: 민간사업자가 자기자금과 경영기법을 투입하여 공공시설을 정부에 임대하는 방식
3. BOT: 민간사업자가 자금을 조달하고 건설한 후 일정 기간 운영까지 맡는 수주 방식
4. BOO: 민간이 주도하여 소요자금을 조달하여 건설하고, 소유권을 가지고 운영하는 방식. 즉 선 투자, 후 회수 방식
5. BLT: 사업시행자가 시설을 준공한 후 일정 기간 타인에게 임대하고 임대 기간 종료 후에 시설물을 국가 또는 지방자치단체로 이전하는 민간자본 활용 방식
6. 혼합형
7. 결합형 등

「공공토지의 비축에 관한 법률」(약칭: 공공토지비축법)은 공익목적을 위해 장래 이용·개발이 필요한 '공공토지'를 미리 확보하여 토지은행(한국토지주택공사)에 비축함에 있어 필요한 사항을 규정한다. 국토교통부장관은 10년 단위의 종합계획과 매년 시행계획을 수립·시행하여야 한다. 공공개발용 토지의 비축사업계획을 승인받은 경우 한국토지주택공사는 해당 토지를 「토지보상법」에 의한 수용방식으로 취득할 수 있다.

「스마트도시 조성 및 산업진흥 등에 관한 법률」(약칭: 스마트도시법)은 인공지능, 빅데이터, 자율주행차, 드론 등 4차 산업혁명의 혁신기술들을 도시공간에서 실제로 구현하여, 도시를 효율적으로 관리하고 미래 성장동력을 창출하기 위한 스마트도시를 적극적으로 추진하기 위해 제정된 법이다.

스마트도시 조성 확산을 위하여 기금 융자 등 법령상 지원을 받을 수 있는 스마트도시건설사업의 규모를 1,650,000㎡ 이상에서 300,000㎡ 이상으로 완화하여 적용대상을 확대하였다(2017. 9. 22.). 적용대상 건설사업은 다음과 같다(스마트도시법 제3조).

1. 택지개발사업
2. 도시개발사업
3. 혁신도시개발사업
4. 기업도시개발사업
5. 행정중심복합도시건설사업
6. 도시재생사업
7. 주택법, 도시(재)정비법, 산업입지법, 공공주택특별법, 관광진흥법, 새만금사업법, 역세권법 등의 사업

찾아보기